자기 자신에 대한 진실 말하기

자기 자신에 대한 진실 말하기

초판 1쇄 펴낸날 2024년 6월 28일

지은이 미셸 푸코
옮긴이 오트르망 심세광·전혜리
펴낸이 이건복
펴낸곳 도서출판 동녘

편집 이정신 이지원 김혜윤 홍주은
디자인 김태호
마케팅 임세현
관리 서숙희 이주원

등록 제311-1980-01호 1980년 3월 25일
주소 (10881) 경기도 파주시 회동길 77-26
전화 영업 031-955-3000 편집 031-955-3005 전송 031-955-3009
홈페이지 www.dongnyok.com **전자우편** editor@dongnyok.com
페이스북 · 인스타그램 @dongnyokpub
인쇄 · 제본 영신사 **라미네이팅** 북웨어 **종이** 한서지업사

ISBN 978-89-7297-133-7 04100
978-89-7297-844-2 (세트)

• 잘못 만들어진 책은 구입처에서 바꿔 드립니다.
• 책값은 뒤표지에 쓰여 있습니다.

만든 사람들
편집 김지영·이정신 **디자인** 김태호

Dire vrai sur soi-même

자기 자신에 대한 진실 말하기

미셸 푸코
미공개 선집
4

오트르망 심세광·전혜리 옮김

미셸 푸코

동녘

일러두기

1. 맞춤법과 띄어쓰기는 〈한글 맞춤법〉에 따랐다.
2. 외국 인명이나 지명, 작품명은 되도록 국립국어원의 〈외래어 표기법〉에 따르되, 필요에 따라서는 원어의 발음에 가깝게 표기하는 것을 원칙으로 삼았다. 단, 굳어진 용례는 관행을 따라 표기했다.
3. 본문에 등장하는 외서는 국내에 번역된 경우 번역서 제목으로 표기했다. 단 본문에 등장하는 고전은 번역에 직접 참고하지 않은 경우 별도로 한국어 판본의 서지 정보를 표기하지 않았다.
4. 본문에 사용한 기호의 쓰임새는 다음과 같다.
   《 》: 단행본, 잡지
   〈 〉: 강의, 단편, 논문, 시 등
   〔 〕: 푸코가 직접 말하지 않았거나 잘 들리지 않아서 이해가 힘든 부분을 원서 편집자가 추측해서 추가하거나, 옮긴이가 번역하는 과정에서 원서에는 없지만 한국어로 옮겼을 때 이해하기 힘든 부분을 추가로 설명한 것이다. 따라서 원서 편집자나 옮긴이의 해석이 들어 있으며, 가독성을 높이는 데 목적이 있다. 옮긴이가 추가한 내용일 경우에는 '옮긴이'라고 표기한다.
5. 각주는 대부분 이 책의 원서 편집자가 단 것이며, 옮긴이가 추가한 내용은 '옮긴이'라고 표기한다. 숫자로 표시한 각주는 해당 내용에 덧붙이는 것이고, 알파벳으로 표시한 각주는 해당 텍스트의 작성 상태에 관한 것이다. 옮긴이 주는 *로 표시한다.

차 례

푸코 작품 약어

AN *Les anormaux. Cours au Collège de France. 1974-1975*, éd. V. Marchetti et A. Salomoni, Paris, Seuil-Gallimard, 1999. 《비정상인들》, 박정자 옮김, 동문선, 2001.

CCS *Qu'est-ce que la critique? suivi de La culture de soi*, éd. H.-P. Fruchaud et D. Lorenzini, Paris, Vrin, 2015. 《비판이란 무엇인가?/자기 수양》, 오트르망 옮김, 동녘, 2016.

CV *Le courage de la vérité. Le gouvernement de soi et des autres II. Cours au Collège de France*. 1984, éd. F. Gros, Paris, Seuil-Gallimard, 2009. 국내 미번역, 《진실의 용기, 자기 통치와 타자 통치 제2권: 콜레주드프랑스 강의 1984년》.

DE II *Dits et écrits II, 1976-1988*, éd. D. Defert et F. Ewald avec la collaboration de J. Lagrange, Paris, Gallimard, 2001. 국내 미번역, 《말과 글 제2권: 1976-1988년》.

DV *Discours et vérité précédé de La parrêsia*, éd, H.-P. Fruchaud et D. Lorenzini, Paris, Vrin, 2016. 《담론과 진실: 파레시아》, 오트르망 옮김, 동녘, 2017.

GSA *Le gouvernement de soi et des autres I. Cours au Collège de France. 1982-1983*, éd. F. Gros, Paris, Seuil-Gallimard, 2008. 국내 미번역, 《자기 통치와 타자 통치 제1권: 콜레주드프랑스 강의 1982-1983년》.

GV *Du gouvernement des vivants. Cours au Collège de France. 1979-1980*, éd. M. Senellart, Paris, Seuil-Gallimard, 2012. 국내 미번역, 《생명 존재들의 통치에 관하여: 콜레주드프랑스 강의 1982-1983년》.

HF *Histoire de la folie à l'âge classique*, Paris, Gallimard, 1972(première édition: Folie et déraison. Histoire de la folie à l'âge classique, Paris, Plon, 1961). 《광기의 역사》, 이규현 옮김, 나남, 2003.

HS *L'herméneutique du sujet. Cours au Collège de France. 1981-1982*, éd. F. Gros, Paris, Seuil-Gallimard, 2001. 《주체의 해석학》, 심세광 옮김, 동문선, 2007.

MC *Les mots et les choses. Une archéologie des sciences humaines*, Paris, Gallimard, 1966. 《말과 사물》, 이규현 옮김, 민음사, 2012.

MFDV *Mal faire, dire vrai. Fonction de l'aveu en justice*, éd. F. Brion et B. Harcourt, Louvain-la-Neuve, Presses universitaires de Louvain, 2012. 국내 미번역, 《악을 행하고 진실을 고백하다: 사법에서 고백의 기능》.

OHS *L'origine de l'herméneutique de soi. Conférences prononcées à Dartmouth College, 1980*, éd. H.-P. Fruchaud et D. Lorenzini, Paris, Vrin, 2013. 《자기해석학의 기원》, 오트르망 옮김, 동녘, 2022.

SP *Surveiller et punir. Naissance de la prison*, Paris, Gallimard, 1975. 《감시와 처벌: 감옥의 탄생》, 오생근 옮김, 나남, 2016.

SS *Histoire de la sexualité III. souci de soi*, Paris, Gallimard, 1984. 《성의 역사 3: 자기 배려》(이하 《자기 배려》),

이혜숙 · 이영목 옮김, 나남, 2016. *갈리마르에서 'tel' 시리즈로 나온 책은 쪽수가 다르다.

SV *Subjectivité et vérité. Cours au Collège de France. 1980-1981*, éd. F. Gros, Paris, Seuil-Gallimard, 2014. 국내 미번역, 《주체성과 진실: 콜레주드프랑스 강의 1980-1981년》.

UP *Histoire de la sexualité II. L'usage des plaisirs*, Paris, Gallimard, 1984. 《성의 역사 2: 쾌락의 활용》(이하 《쾌락의 활용》), 문경자 · 신은영 옮김, 나남, 2018. *갈리마르에서 'tel' 시리즈로 나온 책은 쪽수가 다르다.

VS *Histoire de la sexualité I. La volonté de savoir*, Paris, Gallimard, 1976. 《성의 역사 1: 지식의 의지》(이하 《지식의 의지》), 이규현 옮김, 나남, 2010.

머리말

이 책은 1982년 5월 31일부터 6월 26일까지 토론토 빅토리아대학교에서 개최된 '기호학 및 구조 연구회 제3회 국제하계학교'에서 미셸 푸코가 행한 일련의 강연과 세미나를 소개한다.

텍스트는 다음과 같은 방식으로 작성했다.

1. 강연

강연 중 두 번째 강연만 녹음했는데, 음질이 좋지는 않지만 매우 가치 있는 것이다.

두 번째 강연을 제외한 강연 텍스트는 프랑스국립도서관이 소장한 푸코의 유고 중 타자로 친 원고와 수고(NAF 28730, boîtes 29 et 76)를 기초로 작성했고, 첫 번째 강연의 프랑스어 버전은 캘리포니아대학교 버클리캠퍼스의 도서관과 IMEC(프랑스현대출판기록원)의 것을 기초로 작성했다.

처음 세 강연을 각각 출간하기 위해 우리는 몇몇 뼈대를 배치했는데, 몇몇은 때로 어려운 선택이었고, 뒤쪽 세 강연은 상황이 정반대였다. 네 번째와 다섯 번째 강연은 불완전한 수고만 남아 있고, 여섯 번째 강연의 수고는 보존되어 있지 않았다.

푸코는 처음 세 강연의 프랑스어 버전 원고를 토론토에 가기 전에 작성한 것 같다(그중 몇몇 부분은 1982년 콜레주드프랑스에서 열린 〈주체의 해석학〉 강의의 요지를 작성하는 데 재활용된다). 그 후 빅토리아칼리지 학생들이 세 텍스트를 영어로 번역했고, 푸코가 이 번역에 기초해 세 강연의 새로운 버전을 영어로 작성한 것 같다.

—'자기 테크놀로지'라는 제목이 붙은 서류 파일에 보존된 첫 강연의 새로운 버전은 푸코가 실제 강연한 텍스트인 듯하다(이 세미나 청강생의 '네 가지 테크놀로지'에 관한 지적으로 미뤄 짐작할 수 있다).

—녹취가 남아 있는 푸코의 두 번째 강연은 수정된 버전에 기초한 것이다.

—푸코는 앞부분을 다시 쓴 세 번째 강연의 새로운 버전을 작성하고 마지막 부분 역시 수정했을 수도 있는데, 텍스트가 완결되지 않았기에 이는 가설에 불과하다.

푸코는 토론토에 체류하는 동안 킹스턴의 퀸스대학교에도 자기 수양에 관한 강연을 하러 갔다. 〔하지만〕 이 텍스트를 찾아낼 수 없었다. 푸코는 '자기 테크놀로지' 강연 텍스트를 재활용한 것 같다.

우리는 이 강연 텍스트를 출간하기 위해 첫 세 강연의 원본을 소개하기로 했고(푸코가 원본을 프랑스어로 작성했고 세 강연이 일관된 총체를 이루기 때문에), 다음을 추가했다. 요컨대 첫 번째 강연에는 '자기 테크놀로지'라는 제목이 붙은 다른 버전을 추가했고, 두 번째 강연에는 반복되는 부분이 있음에도 불구하고 실제 강연의 녹취 버전을 추가했으며, 세 번째 강연에는 푸코가 수정한 그대로 도입부를 추가했다.

네 번째와 다섯 번째 강연은 보존 중인 완결되지 않은 영어 텍스트의 번역을 소개한다.

2. 세미나

강연과 반대로 세미나는 공식 녹취가 빅토리아칼리지 도서관과 IMEC에 있고, 원고는 전혀 발견되지 않았다. 이 텍스트는 녹취를 기초로 데이비 톰린슨이 전사轉寫를 도와 복원했다.

이 텍스트는 가능한 한 있는 그대로 옮기는 방식으로 구성했다. 우리는 필요하다고 생각될 때만 반복되는 몇몇 부분을 삭제하거나 비문을 수정했다. 청강생의 질문은 요약해 싣기로 했다.

‘기호학 및 구조 연구회 제3회 국제하계학교’의 조직에 참여하고 푸코의 강연에 참석한 클리브 톰슨은 이 기획이 진행되는 내내, 특히 두 번째 강연의 녹취를 찾아내는 데 소중한 도움을 주셨다. 이에 특별한 감사를 드린다. 이 녹취를 기꺼이 공유해준 앨런 오코너에게도 감사드린다.

푸코의 유고 문서를 열람할 수 있도록 허락해준 프랑스국립도서관에도 감사드린다.

앙리-폴 프뤼쇼

다니엘레 로렌치니

들어가며

미셸 푸코는 1982년 5월 31일부터 6월 26일까지 토론토 빅토리아대학교에서 개최된 '기호학 및 구조 연구회 제3회 국제하계학교'에 주최자 폴 부이삭의 초청으로 참여했다. 푸코는 여기서 〈자기 자신에 대한 진실 말하기Dire vrai sur soi-même〉라는 강연을 여섯 차례, 동일한 주제로 세미나를 한 차례 진행했다. 토론토의 하계학교 참가자 중에는 존 설과 움베르트 에코, 대항해시대부터 18세기까지 여행기에 사용된 묘사의 전략에 관한 기술記述을 발표한 다니엘 드페르도 있었다.[1]

푸코는 토론토에 가기 전인 1982년 전반기에 콜레주드프랑스에서 고대 그리스-로마의 '자기 수양'에 할애된 〈주체의 해석학〉을 강의한다. 푸코는 여기서 자기 돌봄[배려-옮긴이]과 자기 테크닉을 통해 '자기 수양'을 연구한다.[2] 파레시아parrêsia 개념도 이 강의에서 처음 나왔다(통상 이 개념은 '솔직히 말하기', '발언의 자유'로 번역된다). 푸코는 1983년과 1984년에 자신의 마지막 연구를 이 개념에 할애한다.[3] 이 강의에서 연구한 고대의 자기 수양이라는 테마는 이후 일련의 발표의 출발점이 된다. 푸코는 1982년 5월 그르노블대학교에서 자기 돌봄[배려-옮긴이]이라는 관점으로 파악한 그리스-로마 철학 연구 범주에서 파레시아에 관한 최초의 개요라

---

1 이 발표의 전문과 관련해서는 R. Joseph, "An Encyclopedia of Semiotics: ISISSS '82 in Review", *Semiotica*, vol. 45, n° 1-2, Janvier 1983, p. 103-113 참조.

2 HS 참조.

3 GSA, DV, CV 참조.

할 수 있는 강연을 한다.[4] 그리고 몇 주 후 토론토에서 이 책의 주제가 되는 일련의 강연과 세미나를 한다. 푸코는 1982년 10월 벌링턴에 있는 버몬트대학교에서 '자기 테크닉Les techniques de soi'에 관한 세미나를 개최하는데, 이때 토론토에서 더욱 통합된 형태로 진행한 '강의와 세미나' 시리즈에서 다룬 문제를 다시 다룬다.[5] 1983년 4월에는 캘리포니아대학교 버클리캠퍼스에서 '자기 수양'에 관한 강연을 한다.[6] 이 강연의 주제는 토론토에서 세 차례 강연한 주제와 동일하지만, 푸코는 이 주제를 칸트에게서 물려받은 "현재 우리는 무엇인가?"라는 역사적이고 비판적인 물음이 열어젖힌 관점 안에 명시적으로 재설정한다.[7] 마지막으로 1984년 5월과 6월에 고대 그리스-로마에 할애된 《성의 역사 2: 쾌락의 활용》(이하 《쾌락의 활용》)과 《성의 역사 3: 자기 배려》(이하 《자기 배려》)가 출간됐다.[8] 《자기 배려》 두 번째 장에 '자기 수양'이라는 제목이 붙는다.[9]

푸코는 토론토에서 첫 강연을 할 때, 자신이 다뤄보고자 하는 주제를 언급한다. 그는 상이하지만 그럼에도 불구하고 일정한 역사적 연속성을 보이는 두 연이은 맥락에서 자기해석학의 형성을 연구해보고자 한다고 말한다. 이는 한편으로 제정기 그리스-로마의 철학이고 다른 한편으로 수도원의 실천과 제도가 발전하는 시대의 그리스도교 영성이다.[10] 푸코는 성현상la sexualité의 역사

4 M. Foucault, "La parrêsia" dans DV, p. 21-75.
5 M. Foucault, "Les techniques de soi", dans DE II, n° 363, p. 1602-1632.
6 M. Foucault, "La culture de soi", dans CCS, p. 81-109.
7 *Ibid.*, p. 84.
8 UP와 SS 참조.
9 SS, p. 53-85.
10 이 책 34쪽.

에 관한 연구의 범위에서 성과 관련된 금지 사항은 자기 자신에 대한 진실을 말할 의무와 관계가 있다는 사실을 확인함으로써 이런 종류의 물음을 제기하게 됐다고 구체적으로 밝힌다.

토론토 강연에서 푸코가 수행하는 연구는 1980년대 초반에 발생했고 긴밀하게 연관되어 있는, 그의 사유의 세 가지 중대한 변화가 교차하는 지점에 위치하고 있다. 첫 번째 변화는 주체의 문제와 관련되고, 두 번째 변화는 진실의 문제와 관련되며, 세 번째 변화는 그의 분석의 역사적 범위와 관련된다.

주체의 문제 혹은 더 정확하게 주체화의 문제는 푸코에게 새로운 문제는 아니지만, 그는 1980년부터 이 문제를 다른 관점에서 접근한다. 요컨대 이제 주체가 권력-지식 메커니즘에서 그리고 권력-지식 메커니즘에 의해 구축되는 방식을 연구하는 것뿐만 아니라, 주체가 일련의 자기 테크닉을 통해 자기 자신을 구축하는 방식을 연구하는 것도 관건이 된다. 이제부터 푸코의 연구는 근대 (서구) 주체의 계보학에 속하게 된다.[11] 주체가 역사적으로 구축된 방식을 분석하는 것을 목표로 하고 동시에 명확하게 비판적 차원을 갖춘[12] "우리 자신의 역사적 존재론"[13]을 목표로 하는 계보학에 속하는 것이 된다.

두 번째 변화는 푸코가 이 역사적 절차에서 주체와 진실의 관계에 부여하는 근본적인 역할과 관련이 있다. 요컨대 진실 말하기는 주체성의 근간이 된다. 실제로 "진실을 말하는 행위acte de

---

11 OHS, p. 33.

12 D. Lorenzini et A. I. Davidson, "Introduction", dans CCS, p. 21-26.

13 M. Foucault, "La culture de soi", conférence citée, p. 84. 다음도 참조할 것. GSA, p. 21-22; M. Foucault, "What is Enlightenment?" dans DE II, n° 339, p. 1390, 1393, 1396; "Qu'est-ce que les Lumières?" dans DE II, n° 352, p. 1506-1507.

vérité"[14] — 특히 자기 자신에 대한 진실 말하기와 타자에 관한 (그리고 타자 앞에서) 진실 말하기 — 를 통해 주체는 자기 자신과 관계를 스스로 구축하고, 자신이 발화하는 진실에 자신을 연루시킴으로써 이 관계를 변화시킨다. 푸코가 연구한 진실 말하기 형태 가운데 과오의 고백, 더 구체적으로 그리스도교의 죄의 고백과 파레시아, 위험을 감수한 용기 있고 때로는 불손한 진실 말하기가 중심적 위치를 점유한다.

세 번째 변화는 푸코가 한 분석의 역사적 범위의 확장과 관련이 있다. 푸코는 이를 통해 고대 그리스-로마의 자기 수양, 특히 1-2세기 로마제국의 자기 수양에 관심을 갖게 됐다. 푸코는 여기서 그리스도교의 주체성 모델과 다르고 근대의 주체성 모델과도 다른 주체화 실천 그리고 주체와 진실의 관계를 발견한다. 그래서 푸코는 이 주체화 실천을 성의 역사의 최종 버전의 출발점으로 삼을 뿐만 아니라, 콜레주드프랑스 마지막 강의를 할애하려 한 완전한 연구 영역으로 삼는다. 푸코는 고대 그리스-로마를 참조해 근대 (서구) 주체의 계보학에서 그리스도교가 보여주는 단절을 명확히 해명할 수 있게 됐다.[15]

푸코는 주체의 계보학, 주체와 진실의 관계, 고대 그리스-로마에 대한 새로운 관심이라는 세 차원에 힘입어 토론토 강연의 주제를 정할 수 있었다. 요컨대 지극히 특수한 유형의 자기 인식과 고대 그리스-로마에서 주체를 구축한 자기 관계를 기술하고, 그리스도교 초기 몇 세기에 (특히 수도원 공동체에서) 자기해석학 — 푸코에 따르면 수많은 변화에도 불구하고 여러 측면에서 여전히

---

14 GV, p. 79-80.

15 1980년대 푸코 사유의 주요 테마에 대한 통합적 설명과 관련해서는 D. Lorenzini et A. Revel, A. Sforzini(dir.), *Michel Foucault: éthique et vérité (1980-1984)*, Paris, Vrin, 2013, p. 7-28 참조.

현대 우리의 것으로 존속하는 자기해석학—을 탄생시킨 역전이 어떻게 발생했는지 이해하는 것이 문제가 된다.

푸코는 고대 그리스-로마와 초기 그리스도교의 맥락에서 자기해석학이 어떻게 출현했는지 이미 연구했다. 1980년 가을에 우선 캘리포니아대학교 버클리캠퍼스에서 강연한 〈주체성과 진실〉, 이것을 약간 수정해 다트머스대학에서 진행한 〈주체성과 진실〉, 〈그리스도교와 고백〉이라는 일련의 강연으로 말이다(게다가 푸코는 이 강연들과 관련해 이것이 '자기해석학의 기원'일 수 있고 '자기해석학의 기원'이어야 했다고 말한 적이 있다).[16] 그러나 이 강연들과 토론토 강연에는 근본적 차이가 있다. 1980년에는 고대의 자기 수양이 푸코에게 아직 심화 연구 대상이 되지 못했다. 그렇기에 푸코는 연구를 고대 그리스-로마와 초기 그리스도교의 범위에서 의식 점검과 고백을 비교하는 데 국한한다. 반면 토론토 강연에서 연구 영역은 훨씬 더 광범위하다. 초기 수도원 공동체에서 구축된 자기해석학의 관점에 비춰본 고대 자기 수양 전체가 그 연구 영역이다.

그러나 토론토 강연을 편집하는 데 출발점이 되는 1차 자료의 〔불완전한-옮긴이〕 상태로 이 강의에 대한 파편적이고 불균형한 비전을 갖게 되는 것이 유감이다. 우리는 첫 세 강연은 완전한 버전(심지어 각 강연에 대한 다수의 버전)을 갖고 있는 반면, 부분적으로 혹은 주로 그리스도교에 할애된 다음 두 강연은 불완전하고, 푸코가 "서구 문화에서 자기해석학의 가능한 역사를 위한 몇몇 기

16 OHS 참조(인용과 관련해서는 이 책 45쪽 주 a 참조).

준"[17]을 제시하려 한 마지막 강연은 찾을 수 없었다. 이로 인해 고대 자기 수양에 할애된 전반부 일련의 강의는 그리스도교 자기해석학의 탄생이 감안되지 않은 채 과도한 위치를 점한다. 하지만 실제 강연에서는 그렇지 않았다. 1980년 가을 버클리캠퍼스와 다트머스대학의 강연, 특히 버몬트대학교에서 열린 '자기 테크닉'에 관한 세미나는 토론토 강연에 없는 몇 가지 사항을 분명히 제공한다. 그럼에도 불구하고 토론토에서 개진된 그리스도교 자기해석학에 대한 접근법은 그 후 푸코가 재론하지 않는 몇몇 특수성을 보여준다. 따라서 토론토 강연은 얼핏 보기와는 다르게 고대의 자기 수양에 관한 설명이 아니라, 무시할 수 없는 일정한 연속이 있음에도 불구하고 지극히 상이한 두 형태의 자기 인식과 자기 관계의 양태에 대한 균형 잡힌 설명이라는 사실을 강조할 필요가 있다.

푸코가 토론토 강연 전반부에서 전개한 그리스-로마의 자기 수양에 대한 분석은 (이 강의가 있기-옮긴이) 몇 달 전에 그가 〈주체의 해석학〉에서 전개한 분석과 대단히 유사하다. 푸코가 "소크라테스의 시기" (혹은 소크라테스-플라톤 시기) 다음으로 중요시하는 시기는 로마제국 초기 두 세기인데, 그는 이 시기를 자기 수양의 황금시대로 생각한다. 푸코는 이 시기를 단지 철학자들의 의견에 입각해 연구하는 것이 아니라 "자기를 돌보기prendre soin de soi" 위해 실제로 적용된 실천에 관심을 집중해 연구한다. 그는 절정기에 수행한 자기 돌봄(배려-옮긴이)을 특징짓기 위해 그 기준점으로서 그보다 수세기 앞서는 플라톤의 《알키비아데스》를 채택해 로마제정 초기에 발견되는 자기 돌봄(배려-옮긴이) 개념과 소크라테

17 이 책 42쪽.

스-플라톤의 자기 돌봄(배려-옮긴이) 개념을 일대일 대응식으로 비교하면서 네 가지 중요한 차이점을 확인한다.

첫째, 《알키비아데스》는 오직 한 부류 사람들에게 관련되고, 그들 삶의 구체적인 한 시기와 관련된다. 요컨대 그것은 야심에 찬 젊은 귀족과 그들이 정치적 삶에 막 입문하려는 시기와 관련된다. 바로 이 때문에 자기 돌봄(배려-옮긴이)은 도시국가를 돌보는 것과 긴밀하게 연관돼 있었다. 요컨대 도시국가를 잘 통치하는 법을 배우려면 자기 자신을 돌봐야 한다. 반면 제정 초기 두 세기 동안 자기 돌봄(배려-옮긴이)은 사회에 광범위하게 확산된 활동이 됐고, 청년기뿐만 아니라 평생 수행해야 하는 활동이 됐으며, 이윽고 노년에서만 발견할 수 있는 활동이 됐다. 그러므로 이제는 단순히 (정치적) 삶을 위한 채비가 중요한 게 아니라 완전한 형태의 삶이 중요하다. 그 결과 자기 돌봄(배려-옮긴이)은 도시국가의 돌봄(배려-옮긴이)과 분리되는데, 누군가에겐 정치적 삶의 포기까지 포함하는 정도로 나아갈 수 있는 실천이 된다.

둘째, 《알키비아데스》에서 자기 돌봄(배려-옮긴이)의 목적은 불충분한 교육의 결함을 보완하게 하여, 청년이 실행해야 하지만 배운 적이 없는 훌륭한 통치 원리를 찾을 수 있게 하는 데 있었다. 제정기에는 자기 배려의 이런 교육적 기능이 사라지고 새로운 기능, 요컨대 비판적 기능(그릇된 의견에서 해방되기), 투쟁적 기능(영적 투쟁), 의학적 기능(자신의 정념을 치료하기)으로 대체됐다.

셋째, 플라톤에게서 자기 돌봄(배려-옮긴이)은 자기 인식과 동일시된다. 요컨대 청년은 자기 자신의 영혼을 명상함으로써 상기를 통해 정의가 무엇인지, 훌륭한 통치의 원리가 무엇인지 발견하게 된다. 반면 제정 초기 두 세기 동안 자기 수양에서는 자기 돌봄(배려-옮긴이)이 가장 중요한 역할을 담당한다. 요컨대 자기 돌봄(배려-옮긴이)의 목표는 주체에게 외부 세계와 맞설 수 있는 일련의 진실을 갖추게 하는 데 있다. 그러므로 자기 인식은 자기 돌봄(배려-옮긴이)에 종속됐다. 요컨대 자기 인식은 이 진실의 전유에서 단지 주체의 진척 정도를 가늠할 수 있게 할 뿐이다.

넷째, 《알키비아데스》에서 자기 돌봄(배려-옮긴이)이 스승과 에로스적이고 철학적인 관계의 범주에서 행사된 반면, 제정 시대 자기 돌봄(배려-옮긴이)에서는 타자의 존재가 필요했지만 에로스적 관계는 사라졌다. 교육이나 지도, 조언의 관계는 우정의 관계를 수반할 수도 있지만 필요하진 않았고, 이제 학원이나 강연, 사적 조언자, 에피쿠로스주의자들과 같은 철학 공동체 등 다양한 형태로 나타나고 규칙화된 실천에 의거한다.

푸코는 이런 식으로 소크라테스-플라톤의 자기 돌봄(배려-옮긴이)과 아주 다른 자기 관계의 출현을 제시한다. 경청, 글쓰기, 전원에 은거, 불행에 관한 사전 명상praemeditatio malorum, 인고, 표상에 대한 항상적 점검, 죽음에 대한 명상 등의 실천을 통해 새로운 주체성이 구축된다. 제정 시대의 자기 수양은 주체에 의한 진실과 진리의 습득뿐만 아니라 그 **체득**을 목적으로 하는 실천을 거치게 된다. 이 진실과 진리는 주체의 품행의 항상적 모태가 돼야 하고, 필요 시 스스로 모습을 드러내야 한다.[18] 이런 장치에서 자기 인식은 부차적 위치를 점할 뿐이다. 요컨대 자기 인식은 "우리가 참된 담론을 습득해서 그것을 자신 안에 통합하고 그것의 도움을 받아 우리가 스스로 자신을 변화시키는 절차를 통제하는"

18 이 책 135-141쪽 참조. 다음도 참조할 것. HS p. 233, 303-313, 316; M. Foucault, "L'écriture de soi", dans DE II, n° 329, p. 1238; "L'éthique du souci de soi comme pratique de la liberté", entretien avec H. Becker, R. Fornet-Betancourt et A. Gomez-Müller, dans DE II, n° 356, p. 1532; "Les techniques de soi", conférences citées, p. 1618.

역할을 담당할 뿐이다. 푸코는 다음과 같이 덧붙인다. "자기를 그 진실 속에, 참된 담론 속에 드러나게 하는 것이 관건이 아닙니다. 관건은 진실한 담론이, 항상적으로 통제되는 진실의 자기화를 통해 자기를 변형시키게 하는 것입니다."[19] 푸코는 버클리캠퍼스와 다트머스대학에서 1980년에 사용한 표현을 다시 사용하면서 이 자기 인식을 "격언적gnomique"[20]이라고 규정한다.

푸코는 토론토 강연 후반부에서 이 격언적 자기 인식과 기원후 5-6세기 초기 수도원 공동체에서 출현한 자기해석학을 대조한다. 그는 이 새로운 주체화 방식이 발생시키는 역전을 규정하기 위해 "진실을 지향하는truth-oriented" 자기 수련과 "현실을 지향하는reality-oriented" 자기 수련의 아주 복잡한 구분—그러나 그는 이 구분을 몇 달 뒤 버몬트대학교 세미나에서는 다시 사용하지 않는다—을 도입한다. 진실을 지향하는 자기 수련은 주체가 자기 자신과 "소유 및 최고권 관계"를 수립할 수 있게 하고 주체가 세계와 대결할 채비를 갖출 수 있게 하는 "윤리 생산éthopoétique"을 목표로 하며, 반대로 "개종métanoétique"의 역할을 맡고 있는 현실을 지향하는 자기 수련과 대립한다. 〔현실을 지향하는 실천에서는-옮긴이〕—자기 자신을 변화시킴으로써—다른 세계와 영원한 삶에 도달하기 위해 이 세계를 포기하는 것이 관건이기 때문이다. 즉 "그리스도교의 수련은 이 세계에서 벗어나 내세를 획득하는 것을 목표로 설정합니다. 그리스도교의 수련은 진정한 삶에 실제적으로 도달하는 표면상의 죽음을 통해, 하나의 현실에서 또 다른 하나

---

19 이 책 138쪽.

20 이 책 138쪽 참조. 《자기해석학의 기원》, 58쪽〔OHS, p. 50〕 참조. "그노메는 의지와 인식의 일치를 지시하는 말입니다. (…) 그리스 혹은 헬레니즘과 로마 철학에서 모델로 제시된 이런 유형의 주체는 기원후 1세기와 같이 늦은 시기에 이르기까지 격언적 자기라고 말할 수 있습니다. 이 격언적 자기 내에서 진실의 힘과 의지의 형태가 일체를 이룹니다."

의 현실로, 죽음에서 삶으로 '이행하는 예식'입니다".[21]

그러나 현실을 지향하는 그리스도교의 자기 수련은 진실을 지향하는 자기 수련을 전제한다. 푸코에 따르면 실제로 그리스도교는 상이하지만 불가분하게 연관된 두 가지 "진실의 의무"를 부과하고, 이를 통해 주체는 자신이 진실과 맺는 관계에서 스스로 자신을 변화시킨다. 요컨대 한편으로 계시된 진실(도그마, 성서)을 믿어야 할 의무와 다른 한편으로 주체가 현실 속에서 자기 자신을 인식하고 자기 내면의 심층부를 탐색해 거기에서 자신을 이 세계에 연연하게 만드는 모든 것을 추적할 의무다. 이런 자기해석학적 인식은 자기 포기의 조건이다. 그러므로 고대 이교와 달리 단순히 체득돼야 하는 것이 아니라 **해독돼야 하는** 진실이 그리스도교와 더불어 출현한다.

이처럼 푸코는 그리스도교에서 두 가지 해석학적 인식을 구분한다. 요컨대 다양한 유형의 인식(역사적 유형, 우의적 유형, 신비적 유형, 비유적 유형)을 통해 성서의 진리를 추구하는 "주석 해석학herméneutique interpretative"과 사유의 움직임에 천착하여 식별 작업을 통해 그 기원(신, 사탄)을 판별하려는 "식별 해석학herméneutique discriminative"이 그것이다. 푸코는 이 두 가지 해석학의 출현을 자신이 세심하게 분석한 《요한 카시아누스의 담화집》(이하 《담화집》)에서 발췌한 텍스트에서 포착한다. 유감스럽게도 수고가 분석 끝부분에서 중단돼 우리는 뒷부분을 추측할 수 있을 뿐이다. 그렇지만 두 가지 그리스도교 해석학에 이어, 수사가 자신의 가장 미세한 사유의 움직임을 상급자에게 털어놓음으로써 식별적 자기해석학을 실천

21 이 책 123, 136쪽 참조. 푸코는 "이교의 자기 수련에서 그리스도교의 자기 수련으로 이행"의 문제를 콜레주드프랑스 마지막 강의 〈진실의 용기Le courage de la verité〉에서 다시 논의한다. CV, p. 290-294 참조.

하는 작업인 카시아누스에게서 발견되는 엑사고레우시스exagoreusis 에 대한 설명이 나온다고 추정할 수 있다.[22]

푸코는 고대의 자기 수양과 그리스도교의 자기해석학에 관한 연구에서 긴밀하게 연관된 것으로 보이지만 교대하며 우위를 점하는 자기 돌봄(배려-옮긴이)과 자기 인식, "너 자신을 돌보라"와 "너 자신을 알라"는 정언의 끊임없는 시소게임을 강조한다. 《알키비아데스》에서 야심 찬 젊은이가 정치 생활 입문을 준비하기 위해 실천해야 하는 자기 돌봄(배려-옮긴이)은 명백히 자기 인식의 형태를 취한다. 즉 플라톤의 독트린에 따라 정의正義 혹은 훌륭한 통치와 같은 관념에 접근하기 위해서는 자기 자신의 영혼을 명상해야 한다는 것이다. 이와 반대로 로마제국 초기 두 세기 철학자들에게는 자기 돌봄(배려-옮긴이)이 가장 중요한 위치를 점한다. 요컨대 자기 인식은 자기 돌봄(배려-옮긴이)에 종속되고 주체의 품행의 모태를 구축해야 하는 참된 담론의 자기화 절차를 단순히 통제하는 역할만 한다. 마지막으로 그리스도교와 더불어 새로운 역전이 발견된다. 주체 내면의 탐색과 해독으로 간주되는 자기 인식이 우위를 점하고 자기 돌봄(배려-옮긴이)은 결국 소거되고 만다. 푸코는 이 자기 인식의 우세가 더는 변하지 않을 것이라고 설명한다. 이 우세는 서구 사회의 역사에서 첫째로 도덕의 원리가 다른 모든 것보다 자기 자신에게 많은 중요성을 부여해야 한다는 계율 위에 엄격한 도덕을 기초할 수 있는 모든 가능성을 배제하는 도덕 원리로 변화했기 때문이다. 둘째로 데카르트 이후 '사변적' 철학에서 자기 인식이 중요성을 갖게 됨으로써, 셋째로 인간 존재를

22 엑사고레우시스와 관련해서는 GV, p. 283-307; OHS, p. 74-88; MFDV, p. 123-150, 161-166; M. Foucault, "La *parrêsia*", conference citée, p. 23; "Les techniques de soi", conferences citées, p. 1627-1632 참조.

우선적으로 인식의 대상으로 삼는 인간과학이 발전함으로써 이 우위는 유지된다.[23]

푸코가 토론토 강연 사이사이에 진행한 세미나는 동일한 주제를 다루지만 그 역할과 목표는 달랐다. 푸코는 1982년 콜레주 드프랑스 강의를 시작하면서 수강자에게 강의 전반부는 일반적 설명에, 후반부는 텍스트 해설에 할애하겠다고 공고했다.[24] 이 원칙을 그다음 강의부터 적용하지 않게 됐지만, 이 원칙은 몇 달 후 토론토에서 조금 다른 형식으로 발견된다. 푸코는 강연을 이론적 설명에 할애한 반면, 강연에서 언급한 몇몇 텍스트는 세미나에서 상세히 분석한다. 푸코는 강의나 책에서 일반적으로 이 텍스트의 요점을 취했지만, 세미나에서는 이런 분석 중에서도《에픽테토스의 강의》(이하《강의》)에서 발췌한 몇몇 구절의 분석을 통해 자신이 이 텍스트에 대해 얼마나 심화된 지식을 갖고 있었는지 보여준다. 그러므로 강연과 세미나에는 지속적인 상호 참조 작용이 있고, 이 강연과 세미나는 진정으로 하나의 총체를 구성한다. 푸코는 강연과 세미나에 참석한 학생들의 반응에 세심한 주의를 기울이며 그들이 이해하지 못한 듯 보이는 부분을 지속적으로 명확히 설명하려 했고, 이 강연 주제를 자기 연구의 전체적 틀에 자리매김하려고 노력한다.

푸코는 세 번째와 네 번째 세미나에서 파레시아 개념을 설명하는 데 긴 시간을 할애한다. 〈주체의 해석학〉 강의에서 처음 등장한 파레시아는 거기서 자기 돌봄〔배려–옮긴이〕 개념과 긴밀하게 연결돼 있었다. 요컨대 자기 자신을 적절하게 돌보기 위해서는

23 이 책 42-44쪽.
24 《주체의 해석학》, 39쪽〔HS, p. 3〕.

우리에게 자신의 진실을 말하는 타자(친구 혹은 스승)의 도움이 절대적으로 필요하고, 이 타자는 파레시아를 갖춰야 한다. 그래서 푸코는 파레시아를 "말해야 할 바를 말하고 싶기 때문에 그것을 말하고 싶은 순간에, 그것을 말하는 데 필요한 형식 속에서 말하게 만드는 솔직함, 자유, 개방과 같은 것"[25]이라 정의한다. 푸코는 얼마 지나지 않아 먼저 그르노블 강연에서 그리고 토론토 세미나에서[26] 파레시아가 고대 그리스 시대, 헬레니즘 시대, 로마 시대에 가졌던 다양한 의미를 분석함으로써 연구 영역을 대폭 확장한다. 그렇지만 여러 유사성에도 불구하고 두 설명에는 중요한 차이가 존재한다. 푸코는 그르노블에서 고대 철학 전문가들로 구성된 청중을 대상으로 강연한 반면, 토론토에서는 때때로 다양한 고대 저자들의 텍스트를 참조하면서 훨씬 더 교육적인 설명을 했다.

푸코는 토론토에서 파레시아의 정의로 설명을 시작하는데, 파레시아를 행사하는 장을 정치 영역으로 확장해 파레시아에 위험 개념을 도입한다. 파레시아는 윤리와 정치 영역에서 진실을 말하는 자유인 동시에 의무다. 요컨대 파레시아는 말하는 자가 그의 말을 듣는 자 혹은 자들(민회, 군주, 피지도자)보다 권력이 약하고, 그로 인해 말하는 자가 〔자신이 말하는-옮긴이〕 이 진실과 긴밀하게 결부된 것으로 보임에 따라 그에게 위험을 발생시킬 수 있는 상황으로 특징지어진다. 푸코는 이런 파레시아 개념을 상이한 세 맥락에서 연구한다. 하나는 모든 시민이 자신이 생각하는 바를 동료 시민에게 자유롭게 말할 수 있는 권리로 파레시아가 향유되는 아테나이 민주주의의 맥락이다. 다른 하나는 고문이 군주에게 파레

---

25 《주체의 해석학》, 398쪽(HS, p. 356).

26 토론토 세미나 출판과 더불어 이제 우리는 파레시아에 관한 푸코의 발언을 모두 수중에 넣었다.

시아를 발휘해야 한다면 군주는 대신 자기가 듣게 될 수 있는 진실, 심지어 불쾌한 진실까지 받아들여야 한다는 것을 지적하기 위해 푸코가 파레시아 계약을 도입하는 군주제의 맥락이다. 마지막으로 사람들이 자신이 필요로 하는 진정한 파레시아스트*를 식별할 수 있게 해주는 기준의 문제 —그 해답은 적어도 플루타르코스와 갈레노스의 경우 파레시아스트의 삶의 패턴의 독창성, 그의 로고스와 비오스, 요컨대 그의 담론과 그가 사는 방식의 일치에 있다 —가 제기되는 자기 돌봄〔배려 - 옮긴이〕의 맥락이다.

이런 분석의 일부는 파레시아에 관한 푸코의 1983-1984년 연구 작업에서 다시 발견될 것이다.[27] 토론토뿐만 아니라 그르노블에서도 소크라테스의 파레시아와 견유주의의 파레시아 연구, 파레시아의 역사가 비판적 태도의 계보학의 한 단계를 구성한다는 견해[28]는 아직 나타나지 않는다. 그러나 푸코가 자기 자신에 대한 진실 말하기의 분석과 더불어, 주체와 진실의 새로운 관계에 대한 연구를 개시하는 것을 볼 수 있어 놀랍다. 주체와 진실이 맺는 새로운 관계 형식은 타인에 대한 진실을 그 타인을 마주보고 말하는 것으로, 푸코의 마지막 연구에서 거의 독점적인 주제가 될 것이다.

앙리-폴 프뤼쇼

다니엘레 로렌치니

---

* 파레시아를 행하는 자.

27 이 책 13쪽 각주 3 참조.

28 GSA, p. 322와 DV, p. 103, 108-109, 297-298 참조. Daniel Lorenzini, "Introduction", art. cit., p. 25도 참조.

자기 자신에 대한 진실 말하기

토론토 빅토리아대학교

기호학 및 구조 연구회 제3회 국제하계학교의 강연

(1982년 5월 31일~6월 26일)

첫 번째 강연[a]

I

기호학에 관한 학술회의에 제가 설 자리가 거의 없다는 것쯤은 잘 알고 있습니다. 저를 이곳에 불러주신 것은 온전히 여러분의 지적 자유주의와 너그러움 덕분입니다. 언젠가 폴 부이삭[1]에게 제 연구가 어떤 상태에 있는지 설명했을 때, 그는 여기 계신 선생님들께서 하시는 탐구와 제 작업에 어떤 관계가 있다고 생각하고 싶어 했습니다. 서구 그리스도교 사회에서 성현상la sexualité과 관련된 규칙과 책무, 의무 사항의 역사에서 저를 사로잡은 한 가지는 이런저런 행위의 금지, 이런저런 관계의 금지가 자기 자신에 대한 진실을 말해야 하는 특정한 의무와 아주 일정하게 결합돼 있었다는 사실입니다. 더욱이 이 자기에 관한 진실을 말해야 하는 의무는 단순히 저지를 수 있었던 (허용되거나 금지된) 행위하고만 관련되는 것이 아니라, 느낄 수 있는 정서나 감정, 욕망하고도 관련된다는 것입니다. 이런 의무는 심지어 주체로 하여금 자기 자신 안에 숨겨져 있거나 환상의 형태 하에 위장돼 있을 수도 있는 것을 찾아내라고 부추깁니다. 다른 주요한 금지 체계와 달리 성현상과 관련된 금지 체계는 자기 자신에 대한 일정한 해독解讀의 의무와 짝을 이뤘습니다.[2] 이것은 정신분석학의 최근 역사에서 명백히 나타

---

a 프랑스어 강연을 위한 첫 번째 버전의 타자 원고(Bibliothèque de l'Université de Californie à Berkeley, BANC MSS 90/136z 1: 10)와 〈자기 테크놀로지Technologie de soi〉 강연을 위한 여러 번역본(BnF NAF 28730, boîte 29, dossier 5)을 전사한 것이다.

1 토론토 빅토리아대학교 기호학과 폴 부이삭 교수가 주관한 '기호학 및 구조 연구회 제3회 국제하계학교'에 푸코를 초대했다.

2 《지식의 의지》, 81-83쪽(제3장 10-12문단), 91-92쪽(제3장 24문단)(VS, p. 80-82, 93-94)을 보라.

납니다.[a] 하지만 이는 중세 이래 의식 지도와 참회 실천의 오랜 역사에서도 마찬가지였습니다.[4] 초기 그리스도교에서도요. 그러니까 4세기의 주요한 금욕주의 운동은 육욕의 포기라는 주제와 영혼의 거의 감지 불가능한 운동의 해독의 원칙을 결부했습니다.[5] 그리고 행위의 금지와 말할 의무(자기 자신에 대한 진실을 말할 의무)의 이런 결합은 이미 그리스-로마 철학에서 그 윤곽이 발견되는 것 같습니다.[6]

이렇게 해서 저는, 아마 좀 이상할 수도 있겠지만, 성적 행동의 변화를 연구하는 것이 아니라(이런 연구는 사회사 전문가들이 아주 잘하고 계십니다), 이 금지와 의무의 관계의 역사를 연구하려는 기

---

a　〈자기 테크놀로지〉 강연에서는 이 마지막 문장 대신 다음과 같이 말한다.
"제 생각에 우리〔서구-옮긴이〕 사회에서 성현상에 관련된 금기와 여타의 거대한 금지 체계에는 아주 중대한 차이가 있는 것 같습니다. 전자는—저는 성에 관한 금기를 의미하는데—진실을 말할 의무와 자기에 대한 어떤 해독을 실행할 의무와 결합돼 있었습니다.
저는 물론 두 가지 사실을 아주 잘 알고 있습니다. 첫 번째는 고해와 고백이 형벌 제도와 종교 제도에서, 성적 과오뿐만 아니라 모든 죄, 경범죄와 중범죄에서 아주 중요한 역할을 수행했다는 것입니다.[3] 하지만 자신의 사유나 욕망을 분석해야 하는 의무가 다른 모든 죄(아마도 교만은 제외하고)보다 성적 과오에서 중요했다는 것은 분명합니다.
저는 다른 한편으로 성적 품행이 다른 모든 품행보다 비밀, 절제, 겸손이라는 엄격한 규칙에 따랐다는 사실도 충분히 잘 알고 있습니다.
따라서 성현상은 우리〔서구-옮긴이〕 사회에서 상당히 기묘하고 복잡한 방식으로 언어적 금지와 연결된 동시에 진실의 의무와도 연결돼 있습니다. 성현상은 우리가 행하는 바를 숨겨야 할 의무와 연결되고, 우리가 누구인지 해독해야 할 의무와도 연결돼 있습니다.
행위와 말에 대한 금지, 성에 대해 말하라는 선동의 이런 조합은 우리〔서구-옮긴이〕 문화의 항상적 특징입니다.
정신분석학이 빅토리아 시대 중반에 탄생했다는 사실을 유념해야 합니다."

3　(이 책 30쪽 각주 a에 붙은 각주) 푸코는 1981년 3월 13일과 20일 루뱅대학교 강의에서 중세부터 20세기까지 사법 제도와 사법 절차에서 고백이 담당한 역할의 역사를 되짚는다. MFDV, p. 161-233 참조.

4　푸코는 1975년 2월 19일 콜레주드프랑스의 〈비정상인들〉 강의와 1981년 3월 13일 루뱅대학교 강의에서 이런 역사에 대해 더 상세한 정보를 제공한다. 《비정상인들》, 208-230쪽(9-34문단)〔AN, p. 161-179〕; MFDV, p. 182-189 참조.

5　다음을 참조하라. GV, p. 283-307; 《자기해석학의 기원》, 78-93쪽〔OHS, p. 74-88〕; MFDV, p. 123-150, 161-166; M. Foucault, "Sexualité et solitude", dans DE II, n° 295, p. 995-997; "Le combat de la chasteté", dans DE II, n° 312, p. 1124-1127; 《담론과 진실: 파레시아》, 27-28쪽〔"La parrêsia", dans DV, p. 23〕; 〈자기의 테크놀로지〉, 《자기의 테크놀로지》, 이희원 옮김, 동문선, 2002, 78-86쪽〔"Les techniques de soi", dans DE II, n° 363, p. 1627-1632〕.

6　까다로운 이 문제에 관해서는 다음을 보라. SV, p. 286-293; 《주체의 해석학》, 447-448쪽〔HS, p. 403-404〕; 《자기 배려》, 88-90쪽〔SS, p. 84-85〕.

획을 구상했습니다. 그러니까 우리 사회에서 주체는 어떻게 자신에게 금지된 것과 관련해 자기 자신을 해독하기에 이르게 된 것일까요?

아시다시피 이는 하나의 구체적 문제와 관련해 금욕ascèse과 진실의 관계라는 아주 오래된 물음을 재개하는 일정한 방식입니다. 하지만 제가 보기에는 막스 베버의 전통에서(그의 후계자 중 적어도 몇몇은 이 문제를 이해했는데), 물음은 다음과 같이 제기됐습니다. 우리가 합리적 품행을 갖추기 원한다면, 자신의 행동을 진실한 원칙에 부합하게 하고 싶다면, 무엇을 삼가야 하고, 자기 자신의 어떤 부분을 포기해야 하며, 어떤 종류의 금욕에 대한 복종을 받아들여야 할까? 요컨대 이성의 금욕적 대가가 뭐냐는 겁니다.[7]

그런데 저는 반대로 질문해보고자 합니다. 특정한 인식은 어떻게 해서 금지를 시행하기 위해 지불해야 할 대가를 구성하게 된 것일까요? 이런저런 것을 포기해야 한다면, 자기 자신에 대해 무엇을 알아야 할까요?

저는 이런 종류의 물음을 제기하면서 고대 이교와 그리스도교에서 자기해석학의 방식을 연구하게 됐습니다. 신화와 전설의 해석학은 고대 문화에서 통상적인 실천이었습니다. 이런 해석학의 원칙과 방법은 이미 잘 연구돼 있습니다. 반면 자기해석학은 상대적으로 덜 알려져 있죠. 여러 이유가 있습니다. 그중 하나는 그리스도교가, 그리스도교에서 실천의 역사보다 그리스도교 신앙의 역사와 그리스도교 제도의 역사에 일반적으로 많은 관심을 기울였기 때문입니다. 다른 하나는 자기해석학이라는 실천이 (그

7 〈자기의 테크놀로지〉, 《자기의 테크놀로지》, 34쪽〔M. Foucault, "Les techniques de soi", conférences citées, p. 1603〕 참조.

방식에서는 매우 명확했음에도 불구하고) 텍스트에 대한 해석학이 그랬던 것과 달리 결코 하나의 교리집으로 체계화되지 않았기 때문입니다. 세 번째 이유는 그것이 너무나 자주 철학과 혼동됐고, 영혼이나 타락, 죄, 색욕에 대한 교리와 혼동됐기 때문입니다. 마지막으로 제가 보기에 이 자기해석학은 수많은 지류를 타고 서구 문화를 가로질러 전승되고 확산된 것 같습니다. 자기해석학은 경험의 모델과 개인에게 권고된 태도의 유형에 차츰 통합됐고, 그 결과 우리가 자신에 대해 하는 즉각적 경험이라고 믿는 바에서 자기해석학을 떼어내거나 분리하는 것은 대체로 어렵기 때문입니다. 우리가 스스로 행하는 경험은 확실히 가장 즉각적이고 가장 본래적인 것처럼 보입니다. 하지만 그 경험의 도식과 실천은 역사적으로 형성된 것입니다. 그리고 우리가 우리 안에서 너무나 명확하고 투명하게 보고 있다고 믿는 것이 사실은 역사를 통해 어렵사리 구축된 해독의 기술을 통해 우리에게 제공된 것입니다.[a]

---

a 〈자기 테크놀로지〉 강연에서 푸코는 첫 번째 부분과 두 번째 부분 사이에 다음을 덧붙인다. 그러므로 두 번째 부분은 세 번째 부분이 된다.

II

제가 자기해석학을 연구하는 맥락을 몇 마디로 환기해보겠습니다.

제 목표는 상당히 오랫동안 우리[서구-옮긴이] 문화에서 인간 존재가 자기 자신에 대한 인식을 발전시켜 올 수 있게 해준 다양한 수단의 역사를 기술하는 것이었습니다. 그리고 그것을 경제학이나 문법학,[8] 정신의학이나 의학,[9] 형벌 제도[10]와 같은 다양한 실천을 통해서 기술하는 것이었습니다.

하지만 제게 가장 중요한 것은 이런 인식을 평가하는 것도 아니고, 과학인지 이데올로기인지 식별하는 것도 아닙니다. 그런 종류의 인식이 경제적 중요성과 정치적 역할을 한다는 것을 보여주는 것도 아닙니다. 그건 분명합니다

제 목표는 인간 존재가 그 자신에 대해 사용하는 독특한 테크닉에 연결된 독특한 '진실 게임'으로서 이런 소위 학문을 분석하는 것입니다.

이 테크놀로지를 일반적으로 네 개 주요 유형으로 구분할 수 있을 것 같습니다. 사물을 생산·변형·조작할 수 있게 해주는 테크놀로지, 기호의 체계를 사용할 수 있게 해주는 테크놀로지, 개인의 품행을 고정하고 그들에게 특정한 의지를 강제할 수 있게 해주거나 그 개인이 특정한 목적이나 목표에 따르게 할 수 있는 테크놀로지. 다시 말해 생산production의 테크놀로지, 의미화signification의 테크놀로지 그리고 지배domination의 테크놀로지입니다.

제 생각에 모든 사회에는 개인이 다른 사람들의 도움으로 (혹은 다른 사람들의 지도하에) 나름의 수단을 통해 자신의 신체, 영혼, 사유, 품행에 일정 수의 작업을 할 수 있게 해주는 테크닉이 있습니다. 그리고 자기 자신을 변형하고 변화시키기 위해, 일정한 완전함과 행복, 순수성, 계시의 상태에 도달하기 위해 이 작업을 합니다. 요컨대 현자가 되기 위해, 마법사가 되기 위해, 깨달음과 불멸성, 감각의 초연에 이르기

위해 하는 것입니다.[11]

크게 네 유형으로 나뉘는 이런 테크놀로지가 따로따로 작동하는 일은 드뭅니다. 기호의 체계를 적용하지 않고 작동할 수 있는 생산의 테크놀로지는 존재하지 않습니다. 우리는 생산의 모든 테크닉이 특수한 지배의 절차와 결부된다는 것도 잘 알고 있습니다. 카를 마르크스는 이 주제와 관련해《자본》제2권에서 하부구조와 상부구조의 장황한 구분보다 훨씬 구체적이고 흥미로운 것을 이야기했습니다.

생산의 모든 테크놀로지는 개인을 형성하고 변화시키는 일정한 양식을 내포한다고 덧붙일 수 있습니다. 개인이 특정한 능력을 획득하기 위해 그런 양식을 사용해야 한다는 자명한 의미뿐만 아니라 그들 자신과 그들 주변 그리고 타자에게 특정한 태도를 취하기 위해 그런 양식을 사용해야 한다는 의미에서 말입니다.

생산의 테크놀로지, 기호의 테크놀로지, 권력의 테크놀로지, 자기 테크놀로지라는 실천이성의 주요 모형을 각각 취해 그것들의 독특한 성격과 상호작용을 동시에 제시할 수 있을 것입니다.

이 모든 것과 관련해 제 작업을 자리매김하기 위해 제 관심을 끌고, 저를 사로잡은 것은 특히 이 마지막 두 테크놀로지, 즉 지배의 테크놀로지와 자기 테크놀로지라고 말씀드리고자 합니다. 생산의 테크놀로지(물질, 생명, 인간에 관한 과학의 사회·경제적인 역사)에 준거하는 것이 문제가 되든, 기호의 테크놀로지(상징의 분석과 과학적 담론의 형식적 구조의 분석)에 준거하는 것이 문제가 되든 학문의 역사를 연구할 때는 대체로 앞쪽 두 테크놀로지에 의거합니다. 이런 도식의 균형을 맞추기 위해 저는 지배의 절차나 자기 테크놀로지와 연결된 지식의 역사, 그런 지식이 조직되는 역사를 쓰려고 했습니다.

예를 들어 광기와 관련해 저는 형식과학의 기준에 의거해서 정신의학의 담론을 평가하려 하지 않았고, 산업사회의 착취에 의거해 정신의학 담론의 탄생을 설명하려 하지도 않았습니다. 보호시설 안팎에서 개인을 관리하는 양식이 광기의 경제적 의미와 그것의 (겉보기에만 부조리한) 형식적 일탈을 이해 가능한 것으로 만들기 위해 어떻게 이런 이상한 담론을 가능하게 했는지 보여드리고 싶었습니다.[12]

하지만 제가 권력과 지배의 테크놀로지를 너무 강조한 것 같습니다. 어쨌든 저는 점점 더 자기 테크놀로지에 관심을 갖게 됐습니다. 더 명확히 말하자면 두 테크놀로지가 상호작용하는 지점, 어떤 개인이 다른 개인을 지배할 때의 테크놀로지가, 개인이 자신에게 작업을 가할 때 사용하는 절차에 도움을 청하는 그 지점에 관심을 갖게 된 것입니다. 개인이 관리되는 방식과 개인이 자신을 인도하는 방식이 유기적으로 연결되는 이 접촉점이, 제 생각에 '통치성'[13]이라 명명되는 것입니다.

제 목표는 이 통치성의 범주에서 자기해석학의 역사를 분석하는 것입니다.

8 (이 책 32쪽 각주 a에 붙은 각주) 《말과 사물》〔MC〕 참조.

9 (이 책 32쪽 각주 a에 붙은 각주) 《광기의 역사》〔HF〕와 M. Foucault, *Naissance de la Clinique. Une archéologie du regard medical*〔《임상의학의 탄생》〕, Paris, P.U.F., 1963 참조.

10 (이 책 32쪽 각주 a에 붙은 각주) 《감시와 처벌》〔SP〕 참조.

11 (이 책 32쪽 각주 a에 붙은 각주) 자기 테크닉이나 테크놀로지라는 주제와 유사한 소개를 원한다면 다음을 보라. 《자기해석학의 기원》, 41-42쪽〔OHS, p. 37-38〕; M. Foucault, "Sexualité et solitude", conférence citée, p. 989-990; "Les techniques de soi", conférences citée, p. 1604〔〈자기의 테크놀로지〉, 《자기의 테크놀로지》, 36-37쪽〕. 이 주제와 관련해서는 SV, p. 37, 279; MFDV, p. 12-13; M. Foucault, "Subjectivité et vérité", dans DE II, n° 304, p. 1032-1033; UP, p. 16-17〔《쾌락의 활용》, 24-26쪽(〈서론〉, 13-14문단)〕도 보라.

12 (이 책 32쪽 각주 a에 붙은 각주) 《광기의 역사》〔HF〕와 M. Foucault, *Le pouvoir psychiatrique. Cours au Collège de France. 1973-1974*, éd. J. Lagrange, Paris, Seuil-Gallimard, 2003〔《정신의학의 권력》〕 참조.

13 (이 책 32쪽 각주 a에 붙은 각주) 《자기해석학의 기원》, 42-44쪽〔OHS, p. 38-39〕 참조.

II

저는 연이어 오는 두 맥락에서 자기해석학의 형성을 연구하고자 합니다. 이 두 맥락은 상당히 다르면서도 틀림없는 역사적 연속성을 보여줍니다. 우선 로마제국 시기의 그리스-로마 철학이 문제입니다. 그러고 나서 수도원 제도와 그곳에서 실천이 전개되는 시대의 그리스도교 영성이 관건입니다.

하지만 저는 자기해석학을 그저 그것의 이론적 정식화 내에서 연구하고자 하는 것이 아니라, 고전기 고대 혹은 고대 후기에,[a] 중요성이 큰 실천의 총체와 연관시켜 연구하고자 합니다. 이 실천은 우리가 그리스어로 에피멜레이아 헤아우투epimeleia heautou, 라틴어로는 쿠라 수이cura sui라 부르는 것을 구성했습니다.[14 b] 지금 우리에게 이 개념은 막연하기도 하고 생기를 잃은 것 같기도 합니다. 그래서 우리가 고대 철학에서 가장 중요하고 특징적인 도덕 계율이 무엇이냐는 질문을 받으면, 뇌리에 즉각적으로 떠오르는 대답은 델포이의 계율입니다. 너 자신을 알라. 그런데 이 아폴론의 계율은 철학적 원칙이기 전에 신탁 상담을 위한 규칙이었다는 사실을 염두에 둘 필요가 있습니다(드프라다스에 따르면, 너 자신을 어

---

a 〈자기 테크놀로지〉 강연에서는 "적어도 그 시대 문화의 주요 대표자들이었던 사회집단에서"라고 덧붙인다.

14 에피멜레이아 헤아우투(자기 돌봄〔배려-옮긴이〕) 개념은 푸코가 콜레주드프랑스 〈주체의 해석학〉 강의(《주체의 해석학》, 40쪽 이하〔HS, p. 4 *sq.*〕 참조)에서 분석한 내용의 핵심이고, 1984년 6월 《자기 배려》가 출간될 때까지 푸코의 마지막 작업 대부분을 관통한다.

b 〈자기 테크놀로지〉 강연에서는 다음과 같이 덧붙인다.
"이 어휘를 번역하기가 쉽지 않습니다. 'epimeleisthai heautô'라는 동사형은 자기 자신을 돌보다〔배려하다-옮긴이〕, 자기 자신을 보살피다[15]와 같은 어떤 걸 의미합니다. 저는 이 모든 것이 출발점에 불과하다는 사실을 잘 알고 있습니다. 우리〔서구-옮긴이〕 문화를 가로질러 자기 돌봄〔배려-옮긴이〕을 분석하기 위한 출발점 말이죠. 이런 연구의 목적은 다양한 형태의 자기 돌봄〔배려-옮긴이〕과 자기 인식의 다양한 형태의 관계를 분석하는 것이 될 것입니다. 요컨대 이런 관계가 우리의 주체성을 구축하는 것입니다."

15 (이 책 34쪽 각주 b에 붙은 각주) 이 말(자기 자신을 돌보다)은 텍스트에서 프랑스어 's'occuper de soi-même'로 쓰였다.

떤 신으로 여기지 말라는 것[16 c]). 하지만 무엇보다 자기 자신을 알아야 한다는 계율은 자기 자신을 돌봐야 한다는 계율과 어김없이 결부된다는 사실을 유념해야 합니다. 너 자신을 알라는 계율은 너 자신을 돌보라는 계율에 종속됩니다. 너 자신을 알라gnôthi seauton는 델포이의 계율을 실천해야 하는 것은 우리 자신에게 전념하고 우리 자신을 돌봐야 하기 때문입니다.[d]

그리고 고대 문화의 거의 1000년 동안 그랬습니다. 이 오랜 기간에서 몇몇 지표를 표식해봅시다.

먼저 소크라테스 자신입니다. 《소크라테스의 변론》에서 소크라테스는 재판관들 앞에서 자기 돌봄(배려 옮긴이)의 스승으로 등장하는 것을 볼 수 있습니다. 그는 지나가는 사람들을 불러 세우고 이렇게 말하는 사람입니다. 그대들은 그대들의 재물과 명성, 명예에 전념하지만 그대들의 덕과 영혼에는 전념하지 않습니다. 소크라테스는 시민들이 자기 자신을 돌보는(배려하는-옮긴이) 것에 주의를 기울이는 자입니다. 소크라테스는 《소크라테스의 변론》의 조금 뒷부분에서 이 역할과 관련해 세 가지 중요한 것을 말합니다. 이것은 신이 그에게 맡긴 임무이고, 그는 죽을 때까지 그 임

16 J. Defradas, *Les thèmes de la propagande delphique*, Paris, C. Klincksieck, 1954, p. 268-283 참조.

c 〈자기 테크놀로지〉 강연에서는 이렇게 덧붙인다. "혹은 다른 주석자의 말에 따르면 신탁을 전하는 무녀에게 진짜로 묻고 싶은 것이 뭔지 제대로 염두에 두고 있어라."[17]

17 (이 책 35쪽 각주 c에 붙은 각주) 푸코는 여기서 "W. H. Roscher Weiteres über die Bedeutung des E zu Delphi und die übrigen *grammata Delphika*", *Philologus*, vol. 60, 1901, p. 81-101에서 나오는 빌헬름 하인리히 로셔의 해석을 암시한다. 《주체의 해석학》, 41-43쪽(HS, p. 5-6) 참조.

d 〈자기 테크놀로지〉 강연에서는 이 마지막 문장 대신 다음과 같이 말한다.
"더군다나 자기 자신을 인식하는 것은 자기를 돌보는 하나의 수단으로 간주됐습니다. 이런 (양자의) 상호 관계는 플라톤의 소크라테스 대화편과 크세노폰의 《소크라테스 회상》[18]에서 명백하게 드러납니다. 이 상호 관계는 또 에픽테토스에게서, 신플라톤주의 전통 전반을 통해, 2세기 알비누스부터 프로클로스에 이르기까지 명백하게 드러납니다. 이 상호 관계는 대체적으로 종속 관계였습니다. '너 자신을 알라'라는 델포이의 계율이 적용되는 지점인 자기 자신을 배려하고 돌봐야 했기 때문입니다."

18 (이 책 35쪽 각주 d에 붙은 각주) Xénophon, *Les Mémorables*, dans *Œuvres*, III, trad. fr. P. Chambry, Paris, Garnier-Flammarion, 1967.

무를 방기하지 않으리라는 겁니다. 이 과업은 사리사욕에 의하지 않은 것으로, 그는 이 과업에서 아무 보수도 요구하지 않고, 순수한 호의로 과업을 실행한다는 겁니다. 마지막으로 이것은 도시국가에 유익한 임무로, 심지어 올림픽에 출전한 선수가 우승하는 것보다도 유용한데,[19] 사람들에게 (그들의 재산보다) 자기 자신을 돌보라고〔배려하라고-옮긴이〕 가르침으로써 (자신의 물질적 문제보다) 도시국가 자체를 돌보라고〔배려하라고-옮긴이〕 가르치게 될 것이기 때문입니다. 재판관들은 그에게 유죄판결을 내리는 대신, 그가 타인에게 자기 자신을 돌보라고〔배려하라고-옮긴이〕 가르친 것에 대해 상을 주는 편이 나으리라는 것입니다.

여덟 세기가 흐르고, 에피멜레이아 헤아우투라는 이 동일한 개념은 니사의 그레고리오스에게서도 매우 중요한 역할을 동반하며 나타났습니다.[a] 그는 이 용어로 혼인을 단념하게 하고 육욕에서 마음이 멀어지게 하는 운동을 일컫습니다. 이 운동을 통해, 마음과 몸의 순결 덕분에 우리가 잃어버린 불멸성을 되찾게 된다는 겁니다.[20] 마찬가지로 그는《순결에 관하여》의 또 다른 구절에서 잃어버린 드라크마의 우화를 자기 돌봄〔배려-옮긴이〕의 모델로 삼습니다.[21] 〈누가복음〉 구절을 기억하실 겁니다. 잃어버린 드라크마를 찾으려면 어둠 속에서 빛나는 금속 조각이 보일 때까지 등불을 켜고 집 안 구석구석을 뒤져야 한다는 것 말입니다.[22]

---

19 플라톤,《소크라테스의 변론》, 28a-31c〔Platon, *Apologie de Socrate*, 28a-31c, dans *Œuvres complètes*, t. I, trad. fr. M. Croiset, Paris, Les Belles Lettres, 2002, p. 154-159〕.

a 〈자기 테크놀로지〉 강연에서는 이렇게 덧붙인다. "하지만 완전히 다른 의미를 수반합니다. 그가 이 표현을 통해 지시하는 것은 자기 자신과 도시국가를 돌보는 활동이 아닙니다."

20 Grégoire de Nysse, *Traité de la virginité*, XIII, trad. fr. M. Aubineau, "Sources chrétiennes", Paris, Éditions du Cerf, 1966, p. 423-431.

21 *Ibid.*, XII, 3, *op. cit.*, p. 411-417.

22 *Évangile selon saint Luc*, XV, 8-10.

동일한 방식으로 신이 우리 영혼에 새겨놓았지만 육체가 얼룩으로 뒤덮어놓은 초상을 되찾기 위해, "자기 자신을 돌보고(배려하고-옮긴이)" 이성의 등불을 밝혀 영혼을 구석구석 탐색해야 한다는 것입니다. 고대 철학과 마찬가지로 이 그리스도교 금욕주의가 자기 돌봄(배려-옮긴이)의 기치 아래 자신을 위치시키고, 자기 인식의 의무를 이 본질적 돌봄(배려-옮긴이)의 요소 중 하나로 삼는다는 것을 잘 알 수 있습니다.

이 양극단의 기준 사이, 그러니까 소크라테스와 니사의 그레고리오스 사이에서 우리는 자기 돌봄(배려-옮긴이)이 어떤 원리만을 만들어낸 것이 아니라 항상적 실천을 구축했다는 사실을 확인할 수 있습니다. 이번에는 사유 방식과 도덕의 유형에서 아주 다른 두 가지 예를 들어보겠습니다. 도덕 교서로 쓰이게 된 에피쿠로스의 텍스트《메노이케우스에게 보내는 편지》는 이렇게 시작됩니다. "자신의 영혼을 돌보는 데는 너무 이른 것도 없고 너무 늦은 것도 없다. 그러므로 젊었을 때나 늙었을 때나 철학을 해야 한다."[23] 철학은 영혼 돌보기(배려하기-옮긴이)와 닮았고(이 hugianein이라는 용어는 심지어 명확하게 의학적입니다), 평생 수행해야 할 과업이라는 겁니다.[b] 우리가 알고 있듯이,《명상하는 삶에 관하여》[25]에서 필론은 한 집단을 묘사합니다. 이 집단과 관련해서는 실질적으로 필론이 제공하는 아주 간략한 것밖에는 다른 어떤 자료도 없습니다.[c] 중요한 것은 종교성이 대단히 강한 어떤 집단이 헬레니즘 문화와 헤브라이즘 문화의 경계에 위치한다는 사실입니다.

---

23 Épicure, *Lettre à Ménécée*, dans *Les Épicuriens*, éd. J. Delattre et J. Pingeaud, "Bibliothèque de la Pléiade", Paris, Gallimard, 2010, p. 45. "젊다고 철학의 실천을 미루지 말며, 늙었다고 철학 하기에 싫증 내지 말라. 누구든 자기 영혼의 건강에 신경 쓰는 데 너무 이르거나 늦은 것은 없다. 게다가 철학할 순간이 아직 오지 않았다거나 이미 지나갔다고 말하는 자는 마치 행복의 순간이 아직 오지 않았다거나 이미 그 순간이 아니라고 말하는 자와 같다."

이 사람들은 엄격한 은둔 생활을 했고, 독서와 명상 그리고 홀로 하는 기도와 함께하는 기도에 몰두했습니다. 그들은 일종의 영적 연회를 위해 주기적으로 모였습니다. 이 모든 것은 어떤 주된 과업에 속했는데, 이 텍스트에 따르면 그 과업은 에피멜레이아 헤아우투, 즉 자기 돌봄〔배려-옮긴이〕이었습니다.

그렇지만 거기서 그칠 수는 없습니다. 자기 돌봄〔배려-옮긴이〕이 철학적 사유가 만들어낸 창안물이고, 그것이 철학적 삶에 고유한 계율을 구성했다는 생각은 오류일 것입니다. 자기 돌봄〔배려-옮긴이〕은 사실 그리스에서 일반적으로 아주 높이 평가받던 생활의 계율입니다. 이런 관점에서 플루타르코스가 인용하는 스파르타의 한 격언은 대단히 중요합니다. 하루는 누가 아낙산드리다스에게 왜 당신 나라 사람들, 그러니까 스파르타인은 자기 땅을 스스로 경작하지 않고 노예가 경작하도록 맡겨두느냐고 물었습니다. 그러자 이런 답변이 돌아옵니다. "우리는 우리 자신을 돌보는 것을 더 좋아하기 때문이죠."[26] 〔여기서-옮긴이〕 자기 자신을 돌보는 것은 어떤 특권입니다. 그것은 사회적 우월성의 표식입니다. 타자의 시중을 들기 위해 타자를 돌봐야 하는 혹은 생계를 꾸리기 위해 직업에 전념해야 하는 사람과 대조적으로 말입니다. 부

---

b 〈자기 테크놀로지〉 강연에서는 이렇게 덧붙인다. "헬레니즘 시대 혹은 이탈리아의 공화정 후기의 에피쿠로스학파 공동체에 대해 우리가 아는 것은 거의 없지만, 필로데모스에게서 우리가 끌어낼 수 있는 정보는 그 공동체의 교육과 일상생활이 각자가 자기 자신을 돌보도록 종용하는 방식으로 조직됐음을 분명히 보여줍니다. 공동체 전체, 즉 스승과 제자들이 목표로 하는 것은 에피멜레이스타이 헤아우투(epimeleisthai heautô)의 임무와 관련해 집단의 구성원을 돕는 것, 디 알렐론 소제스타이(di allêlôn sôzesthai), 즉 서로의 구원을 목적으로 했습니다".[24]

24 (이 책 37쪽 각주 b에 붙은 각주) M. Gigante, "Philodème, sur la liberté de parole", dans *Actes du VIIIe Congrès de l'Association Guillaume Budé (Paris, 5-10 avril 1968)*, Paris, Les Belles Lettres, 1969, p. 196-217 참조.

25 Philon d'Alexandrie, *De vita contemplativa*, trad. fr. P. Miquel, Paris, Éditions du Cerf, 1963.

c 〈자기 테크놀로지〉 강연에서는 이렇게 덧붙인다. "필론은 그들을 치료사라고 부릅니다."

26 Plutarque, *Apophtegmes laconiens*, 217A, dans *Œuvres morales*, t. III, trad. fr. F. Fuhrmann, Paris, Les Belles Lettres, 1988, p. 171-172.

와 신분 그리고 출생이 주는 특혜는 자기 자신을 돌볼〔배려할-옮긴이〕 가능성이 있다는 사실로 나타납니다. 로마의 오티움otium〔교양 있는 여가〕이라는 개념이 이와 아주 가깝다는 데 유의할 필요가 있습니다. 여기서 '교양 있는 여가'는 특히 자기 자신을 돌보는〔배려하는-옮긴이〕 데 보내는 시간을 의미합니다. 이런 의미에서 철학은, 로마에서처럼 그리스에서도, 훨씬 더 널리 확산되어 있던 어떤 사회적 이상을 철학 고유의 요구 사항 내부로 이동했을 뿐입니다. 우리는 어떻게 철학이 자기 자신을 돌보는〔배려하는-옮긴이〕 기술로 등장해 (플라톤주의에서처럼) 귀족의 활동일 수 있었는지 혹은 (에피쿠로스주의자에서도 그렇고 더 나중에는 스토아주의-견유주의에서처럼) 어떤 귀족적 이상의 민주화〔대중화-옮긴이〕일 수 있었는지 이해할 수 있습니다.

하지만 철학은 자신이 자기 돌봄〔배려-옮긴이〕에 마련한 이토록 중요한 위상에서 아주 전통적인 어떤 사회적 이상을 단순히 내면화해 변형한 것은 아닙니다. 철학은 이방 세계에서 온 특수한 실천을 계승한 듯합니다. 저는 여기서 프랑스에서는 장-피에르 베르낭이 계승한 에릭 로버트슨 도즈의 가설에 의거하고자 합니다. 이 가설에 따르면, 〔기원전-옮긴이〕 7세기부터 동유럽 문명과 접촉한 그리스인이 무속 문화에서 발견되는 다양한 실천을 물려받았을 수 있습니다.[27]

이런 실천은 여러 차례 변형을 거치며 우리가 우리 자신과

---

27 다음을 보라. 에릭 R. 도즈, 〈5장 그리스 샤먼들과 금욕주의의 기원〉, 《그리스인들과 비이성적인 것》, 주은영·양호영 옮김, 까치, 2002〔E. R. Dodds, *Les Grecs et l'irrationnel*(1951), trad. fr. M. Gibson, Paris, Flammarion, 1977, p. 140-178〕; 장 피에르 베르낭, 〈2장 기억과 시간의 신화적인 모습들〉(1절) 〈6장 종교에 나타나는 인격〉, 《그리스인들의 신화와 사유》, 박희영 옮김, 아카넷, 2005〔J.-P. Vernant, "Aspects mythiques de la mémoire"(1959) et "Aspects de la personne dans la religion grecque"(1960), dans *Mythe et pensée chez les Grecs*, Paris, La Découverte, 1996, p. 109-136 et 355-370〕.

맺는 관계의 역사에서 큰 중요성을 갖게 됐습니다. 이런 실천은 철학의 계보라고 부를 수 있는 것을 구성했습니다. 그것을 아주 도식적인 방식으로 다음과 같이 요약할 수 있을 것입니다. 실천에는 신체의 정화와 동시에 그 신체의 완벽한 제어를 목표로 하는 절제의 훈련, 즉 음식의 절제와 성적 절제 등이 포함됩니다. 여기에는 무감각한 신체를 만들기 위한 인내력 훈련도 포함되는데, 이는 외부 세계에 대한 신체의 의존도를 줄여주고 내면의 대상에 사유와 주의를 집중하게 해줍니다. 숨을 참는 실천과 죽은 척하는 실천도 추가해야 합니다. 이는 개인을 죽음에서 해방되게 해주고 신적 역량에 닿을 수 있도록 하기 위한 실천입니다. 이 실천을 철학 내부에서 재발견하기는 그리 어렵지 않습니다. 이 철학이 고대에는 삶의 활동이자 형태였다는 것을 항시 염두에 둘 필요가 있습니다. 이렇게 해서 영혼을 정화하고 영혼이 진리를 응시할 수 있도록 하기 위한 절제와 금욕의 규칙이 재발견됩니다. 외부 세계에 초연하고 더 내적이고 고결한 실재에 시선을 고정할 수 있게 해주는 사유의 집중 규칙들이 재발견됩니다. 마침내 그 유명한 멜레테 타나투meletê thanatou를 재발견하게 되는데요, 부득이하게 '죽음에 대한 명상'으로 번역되지만, 오히려 불멸성 혹은 신과 소통하는 상태가 되기 위해 자기 자신 안에서 죽음을 현실화하려고 시도하는 것, 진짜로 죽음을 훈련하는 것입니다.

플라톤의 몇몇 대화편에 나타나는 소크라테스를 떠올려봅시다. 소크라테스 역시 자기 자신에게 하는 작업을 통해 인간 이상의 힘을 얻은 사람 중 하나입니다. 요컨대 소크라테스는 만티네이아 전투에서 추위를 이겨낸 사람이고[28] 알키비아데스의 아

28 플라톤, 《향연》, 220a-b〔Platon, *Le banquet*, 220a-b, dans *Œuvres complètes*, t. IV-2, trad. fr. P. Vicaire et J.

름다움 앞에서도 흔들리지 않을 수 있는 자이며[29] 초대받은 잔칫집에서 자신을 둘러싸고 벌어지는 모든 일에 끄떡하지 않고 버틴 자입니다.[30] 모든 사람에게 자기 자신을 돌보라고, 그러나 철학적 실천에 따라 돌보라고 권하는 자 또한 소크라테스입니다. 고대의 이 자기 테크닉이 자기 자신에게로 전향하는 철학적 경각심 형태로 변하는 가운데, 소크라테스는 (피타고라스주의자들과 더불어) 어떤 중요한 계기를 대표합니다.

어쨌든 자기 돌봄〔배려-옮긴이〕은 철학적 원리가 된 상태에서도 여전히 활동의 형태를 띠었습니다. 에피멜레이아라는 용어도 단순히 의식의 태도나 자기 자신에 대해 기울이는 주의의 형태가 아니라, 규칙적인 돌봄〔배려-옮긴이〕, 절차와 목표가 있는 작업을 의미합니다. 예를 들어 크세노폰은 자기 경작지를 관리하는 가부장의 작업을 지시하기 위해 에피멜레이아라는 말을 사용합니다.[31] 이 말은 신과 죽은 자에게 표하는 의례적 경의를 가리키는 데 사용하기도 합니다. 자기 백성을 돌보고 도시국가를 통치하는 군주의 활동 역시 에피멜레이아라고 불립니다. 그러므로 철학자와 도덕가들이 자기를 돌보라고〔배려하라고-옮긴이〕epimeleisthai heautou 권할 때, 그들은 단순히 자기 자신에게 주의를 기울이라고, 과오나 위험을 피하거나 은거하라고 권고하는 것이 아님을 이해해야 합니다. 그들이 지시하는 것은 복잡하고 규칙적인 활동의 영역 전체입니다. 자기 돌봄〔배려-옮긴이〕은 모든 고대 철학에서 과제인 동시에 테크닉으로, 어떤 근본적 의무이자 정성 들여 다듬은 태도의

Laborderie, Paris, Les Belles Lettres, 2008, p. 86〕. 실은 만티네이아 전투가 아니라 포테이다이아 전투의 일화다.

29 같은 책, 217a-219e〔*Ibid.*, 217a-219e, p. 80-85〕.

30 같은 책, 174e-175e〔*Ibid.*, 174e-175e, p. 5-7〕.

31 Xénophon, *Économique*, trad. fr. P. Chantraine, Paris, Les Belles Lettres, 1949 참조.

총체로 간주됐다고 말할 수 있습니다.

저는 고대에 이 윤리와 자기 테크놀로지의 토대에서 주체의 해석학이 어떻게 전개됐는지 기술해볼 것입니다. 선행 연구에서 저는 감금의 실천과 제도에서 출발해 정신병리학 지식의 구성을 분석하고자 했습니다.[32] 법적 처벌과 징벌의 실천에서 출발해 범죄인류학의 형성을 이해해보려고도 했습니다.[33] 저는 동일한 방식으로 자기 자신에 대한 해석학의 형성을, 더 구체적으로 성적 욕망과 색욕의 해석학을 자기 자신의 이런 테크놀로지에서 출발해 이해하고자 합니다.

다음번 강의에서는 자기 테크놀로지의 역사에서 진정한 황금시대로 간주할 수 있는 기원후 첫 두 세기, 로마제국 초기 자기 테크놀로지의 근본적 특징 가운데 몇 가지를 제시해보겠습니다. 자기 수양이 이 시기에, 어떤 형식의 자기 인식과 자기 해독을 야기했는지 보여드리고자 합니다. 네 번째와 다섯 번째 강의에서는 기원후 4세기와 5세기 그리스도교 금욕주의의 틀에서 이 두 문제, 즉 자기 테크놀로지와 자기 해독을 다시 논의할 것입니다. 마지막 강의에서는 서구 문화에서 자기해석학의 가능한 역사를 위한 몇몇 지표를 제시해보고자 합니다.

III

강의를 마치기 전에 정당하게 제기할 수 있는 문제를 환기하고자 합니다. 제가 방금 말씀드린 것처럼 고전기 고대나 고대

32 HF 참조.
33 SP 참조.

후기에 자기 돌봄(배려-옮긴이)과 연결된 모든 테크닉과 더불어 자기 돌봄이 너무나 중요했다는 것이 사실이라면, 어떻게 그 주제가 사라질 수 있었을까요? 대체 어떻게 해서 자기 돌봄(배려-옮긴이)이 더는 현실성을 갖지 않게 됐을 뿐만 아니라 아예 사람들이 그 역사적 중요성을 망각하는 지경에 이르게 됐을까요? 아주 단순하게 말하면, 사람들은 어떻게 해서 자기 인식에 대한 기억은 마치 그것이 고대의 사유와 문화에서 고귀한 표현 가운데 하나인 양 보존하면서 그와 쌍을 이루는 계율인 자기 돌봄(배려-옮긴이)에 오랜 세월 부여된 중요성은 망각하고 말았을까요?[34]

몇 가지 이유를 들 수 있을 것 같습니다.

1) 우선 서구 사회에서 도덕 원칙이 근본적으로 변화됐기 때문입니다. 이 세상 그 무엇보다 우리 자신에게 더 많은 중요성을 부여해야 한다는 행동 원칙 위에 준엄하고 근엄하며 엄격한 도덕을 수립하는 것은 오늘날 아주 어려운 일인 것 같습니다. 우리는 오히려 그 행동 원칙에서 개인이 모든 규칙에서 벗어날 수 있게 해주거나, 자기 자신을 모든 가능한 규칙의 유효성의 기준으로 구성할 수 있게 해주는 반도덕주의의 토대를 확인하려는 성향이 있습니다. 우리가 자기 포기를 역설적으로 구원의 조건으로 만들어버리는 그리스도교 도덕의 계승자이기 때문이죠. (두 번째로-옮긴이) 우리는 법의 준수를 도덕적 품행의 일반적 형태로 삼는 (부분적으로 그리스도교적이고 부분적으로 세속적인) 윤리를 계승한 자이기도 하기 때문입니다. 마지막으로 우리는 수용 가능한 품행의 규칙을 타인과 맺는 관계에서 찾으려 하는 사회적 도덕을 계승한

34 이 문제와 관련해서는 다음을 보라. 《주체의 해석학》, 54-63쪽(HS, p. 13-20); 《비판이란 무엇인가?/자기 수양》, 122-124쪽(M. Foucault, "La culture de soi", dans CCS, p. 97-98).

자이기도 하기 때문입니다. 이런 사유의 전통을 가로질러 〔자기 돌봄은〕 이제 도덕을 창설할 능력이 없는 듯 보입니다. 16세기부터 기성 도덕에 대한 비판이 자기에 대한 인식의 중요성의 이름으로 이뤄졌다는 것은 명백한 사실입니다. 자기는 금욕적 포기, '절대적 법'의 보편성, 우리를 타인과 결부하는 의무와 항시 반대되는 것으로 제시됩니다.

2) 자기 인식은 사변철학에서 점차 막대한 중요성을 갖게 됐습니다. 데카르트부터 후설에 이르기까지 자기 자신을 인식하는 원리는 인식 이론의 제1원리로 등장했습니다. 인식 주체에게 직관적 명증성의 기준을 요구하건, 인식 주체에서 출발해 가능한 인식의 한계를 결정하려고 시도하건 간에, 먼저 인식 주체에 대해 질문하지 않고는 어떤 인식도 정당한 것으로 간주될 수 없습니다. 그러므로 간략히 표현하면 고대에는 결합된 두 원칙, 즉 자기 돌봄〔배려-옮긴이〕과 자기 인식의 위계가 역전됐다고 할 수 있습니다. 고대 사유에서는 자기 인식이 자기 돌봄〔배려-옮긴이〕의 결과로 아주 빈번하게 나타난 반면, 근대 철학에서는 근본 원리를 구성하는 것이 자기 인식이라는 것은 명백합니다.

3) 여기에 인간과학도 추가해야 합니다. 인간과학은 인간과 관련된 모든 문제에 보편적 형태의 인식을 부여하려고 했습니다. 아마도 인간과학은 그 형태와 대상에서 소크라테스의 자기 인식이나 철학자에게서 발견되는 자기 인식과 대부분 아주 다른 것 같습니다. 하지만 인간과학은 나름의 방식으로 서구 문화의 근본적이고 항구적인 특징 가운데 하나를 표현하고 있습니다. 요컨대 자기와 관계는 본질적으로 인식의 관계이며, 인식의 관계여야 한다고 표현합니다.

한마디만 덧붙이겠습니다. 아마도 19세기부터는 자기 수양의 새로운 전개의 징후를 볼 수 있을 것으로 생각합니다. 아주 다양한 표현을 통해, 게다가 아주 많은 경우에 정치적이기보다 미학적인 표현을 통해 이 운동을 추적할 수 있을 것입니다. 하지만 주목해야 할 것은 이 새로운 자기 수양의 발전이 기성의 도덕에 맞서는 봉기라든지 투쟁이라는 정치적 형태를 취했을 때조차, 그것이 무엇보다 자기를 '되찾고' 자기를 '해방'하려는 의지로서 표출됐다는 사실입니다. 이는 자기를 무엇보다 우선 인식해야 할, 완전히 주어진 대상으로 간주하는 일정한 방식입니다.

저는 오늘날 너무나 일상적이 돼버린 이런 관점을 역전해, 자기 인식의 다양한 양식이 과연 어떤 실천의 총체를 통해 구성됐는지 탐구해보고자 합니다.[a]

a 〈자기 테크놀로지〉 강연에서는 "하지만 주목해야 할 것은 (…) 어떤 실천의 총체를 통해 구성됐는지 탐구해보고자 합니다" 대신 다음과 같이 말한다. "하지만 유의해야 할 것은 이 운동이 기성의 도덕에 맞서는 봉기라든지 투쟁이라는 형태를 취했을 때조차, 그것은 자기 해방을 목표로 한다는 것입니다. 그럼에도 불구하고 자기는 아마도 해방하거나 발굴해야 하는 어떤 실재로 간주해선 안 되고, 우리〔서구-옮긴이〕 역사를 통해 구축되고 전개돼온 테크놀로지에 상관적인 것으로 간주해야 합니다. 그러니까 문제는 자기를 해방하는 것이 아니라 이 테크놀로지, 즉 자기입니다."[35]

35 (이 책 45쪽 각주 a에 붙은 각주) 《자기해석학의 기원》, 96-97쪽〔OHS, p. 90-91〕 참조. "자기의 문제는 실정성 내에서 자기 자신이 무엇인지를 발견하는 것이 아닌 것 같고, 실정적 자기나 자기의 실정적 토대를 발견하는 것도 아닌 것 같습니다. 지금 우리의 문제는 아마도, 자기라는 것은 우리〔서구-옮긴이〕의 역사 속에서 구성된 테크놀로지의 역사적 상관물에 다름 아니라는 것을 발견하는 것이라 생각됩니다. 아마도 문제는 이 테크놀로지들을 변화시키는 일일 것입니다. 그리고 그런 경우에, 오늘날 정치의 가장 중요한 문제 가운데 하나는 엄밀한 의미에서 우리 자신에 대한 정치가 될 것입니다."

두 번째 강연

프랑스어 버전[a]

I

'자기 자신을 돌봐야〔배려해야-옮긴이〕 한다'는 계율은 플라톤의 《알키비아데스》에서 최초로 철학적 구축의 대상이 됩니다.[1]

아시다시피 논평자들은 이 대화편의 연대를 확정하는 데 주저하고 있습니다. 대화에 참여하는 등장인물의 유형, 질문의 유형, 대화의 완만함, 다룬 주제 등 이 작품을 젊은 시절 플라톤의 저작으로 보게 만드는 요소가 있습니다. 하지만 신성한 본질에서 자기 자신을 관조하는 것과 관련된 대화의 지극히 '형이상학적인' 결론 같은 또 다른 요소는 〔《알키비아데스》가-옮긴이〕 뒤늦은 시기〔의 작품이-옮긴이〕라는 생각이 들게 합니다. 제 능력 밖인 이 논쟁은 놔둡시다.

신플라톤주의자들이 제안한 해결책만 유념합시다. 이 해결책은 고대의 전통이 이 대화편에 부여하는 의미와 '자기 돌봄〔배려-옮긴이〕'에 부여하는 중요성 때문에 흥미롭습니다. 2세기 저자 알비누스는 "선천적 능력을 타고난" 또 "철학을 할 나이가 된" 모든 인간은, 정치적 소요와 거리를 두고 덕을 실천하기를 원한다면

a　프랑스어 강연을 위한 첫 번째 타자 원고(BnF NAF 28730, boîte 29, dossier 2)를 전사한 것이다.

1　플라톤, 《알키비아데스》〔Platon, *Alcibiade*, dans *Œuvres complètes*, t. Ⅰ, trad. fr. M. Croiset, Paris, Les Belles Lettres, 2002, p. 47-114〕. 푸코는 콜레주드프랑스 〈주체의 해석학〉 강의에서, 플라톤의 《알키비아데스》를 자기 돌봄〔배려-옮긴이〕의 관점에서 상세히 분석한다. 《주체의 해석학》, 71-84, 90-100, 103-115쪽 등〔HS, p. 33-46, 50-58, 65-76 et *passim*〕 참조. 〈자기의 테크놀로지〉, 《자기의 테크놀로지》, 44-50쪽〔M. Foucault, "Les techniques de soi", conférences citées, p. 1608-1611〕; 《비판이란 무엇인가?/자기 수양》, 109-112쪽〔"La culture de soi", conférence citée, p. 89-91〕; CV, p. 117-119, 147-149, 227도 보라.

《알키비아데스》부터 공부해야 한다고 말했습니다. 《알키비아데스》를 공부하는 이유는 "자기 자신에 관심을 기울이기" 위해서, "자신이 돌봐야(배려해야-옮긴이) 하는 대상"이 무엇이어야 하는지 결정하기 위해서입니다. 나중에 프로클로스는 《알키비아데스》를 arkhê apasês philosophias, 요컨대 모든 철학의 원리이자 기초로 간주해야 한다고 말했습니다. 올림피오도로스는 플라톤 사유의 총체를 신성한 성전에 비유하면서 《알키비아데스》를 《파르메니데스》라는 신전 내부aduton로 들어가는 "정문 입구"로 간주했습니다.[2]

저는 여기서 《알키비아데스》의 세부 사항을 분석할 의도는 없습니다. 단지 이 텍스트의 핵심이 되는 에피멜레이아 헤아우투epimeleia heautou 개념의 몇몇 특성을 끌어내고자 합니다.

1) 이 대화편에서 자기 돌봄(배려-옮긴이)의 문제는 어떻게 제기됐을까요?

이 문제는 알키비아데스가 자신의 공적인 삶을 시작하려는 계획, 더 구체적으로 "인민 앞에서 발언하려는" 계획, 페리클레스를 능가해 도시국가에서 강력한 인물이 되려는 계획 때문에 제기됐습니다.

소크라테스가 알키비아데스에게 다가가 자기 돌봄(배려-옮긴이)을 권고하는 순간, 알키비아데스는 이행의 지점에 위치하게 됩니다. 모든 아테나이의 귀족 젊은이에게 관례적인 이행의 지점 말입니다. 하지만 알키비아데스는 이 이행을 아주 특별한 방식으

2 푸코는 신플라톤주의자들의 플라톤 저작의 분류 문제와 관련해 특히 다음의 연구에 의거하고 있다. A.-J. Festugière, "L'ordre de lecture des dialogues de Platon au Ve-VIe siècles", dans *Études de philosophie grecque*, Paris, Vrin, 1971, p. 535-550. 신플라톤주의자들의 《알키비아데스》 주해와 관련해서는 다음을 보라. 《주체의 해석학》, 201-206쪽(HS, p. 163-167).

로 하려 합니다. 즉 알키비아데스는 자신의 태생, 재산, 신분이 주는 특권에 만족하지 않습니다. 그는 이 점을 분명히 합니다. 요컨대 그는 이 모든 것을 이용하면서 "자기 생을 보내고" 싶지 않다고 표명합니다. 그는 안으로 도시국가 아테나이의 모든 타인을 제압하고, 밖으로 스파르타 왕과 페르시아 군주를 제압하고자 합니다. 이들은 그에게 조국의 적일 뿐 아니라 사적인 경쟁자입니다.

그러나 알키비아데스는 에로스의 관점에서도 이행의 지점에 위치하게 됩니다. 알키비아데스는 청년기에 매력적이어서 추종자가 많았습니다. 하지만 구레나룻이 나는 시기가 되자 구애자들은 그를 멀리했습니다. 알키비아데스는 찬란히 아름다울 때도 구애자들에게 "굴복하지" 않으려 하고, "가장 강력하게" 남아 있으려 하면서 그들을 물리쳤습니다(정치적 어휘와 연애적 어휘의 양가감정은 그리스어에서 항상적인 것이었고 이는 여기서 핵심적입니다). 그런데 이제 소크라테스가 등장해 알키비아데스의 육체에는 관심을 갖지 않고 모든 사람이 실패한 곳에서 성공하게 될 것입니다. 소크라테스는 알키비아데스에게 자신이 그보다 강하다는 것을 보여줄 것입니다. 소크라테스는 알키비아데스를 완전히 다른 의미에서 "굴복"시킬 것입니다.

청년 알키비아데스의 특별한 정치적 야심(개인적인 야심)과 스승의 특별한 사랑(철학적 사랑)이 교차하는 지점에서 자기 돌봄[배려-옮긴이]의 문제가 나타날 것입니다.

2) 알키비아데스는 왜 자기 자신을 돌봐야[배려해야-옮긴이] 할까요?

소크라테스는 알키비아데스에게 그의 야망의 [실현-옮긴이] 수단에 대해 묻습니다. 알키비아데스는 훌륭하게 통치한다는 것이 무엇인지 알고 있을까요? 그는 '정의로운 것'이 무엇인지, 도시국가에서 '화합'이 무엇인지 알고 있을까요? 알키비아데스는 아무것도 몰라서 답할 수 없었습니다(이 모든 물음은 플라톤의 초기 대화편에 친숙하게 등장하는 것입니다). 그러나 이런 물음을 보충하는 또 다른 논의가 있습니다. 알키비아데스는 도시국가 밖에 있는 경쟁자들과 자신을 비교해야 합니다. 스파르타 왕은 자신에게 필요한 덕을 가르치는 세심한 교육을 받습니다. 장차 페르시아의 왕이 될 자는 14세 때부터 네 교육자에게 맡겨집니다. 첫 번째 교육자는 지혜를, 두 번째 교육자는 정의를, 세 번째 교육자는 절제를, 네 번째 교육자는 용기를 가르칩니다. 그런데 알키비아데스는 어떤 교육을 받았을까요? 알키비아데스는 늙고 무지한 노예에게 맡겨졌고, 그의 후견인 페리클레스는 자기 아들을 적절히 교육할 능력이 없었습니다.

그러므로 알키비아데스는 이 경쟁자들을 제압하기 위해서 테크네technê, 다시 말해 수완을 획득해야 합니다. 그는 테크네에 몰두해야epimeleisthai 합니다. 이미 살펴봤듯이 알키비아데스는 정의가 무엇인지, 화합이 무엇인지, 훌륭한 통치가 무엇인지 몰랐습니다. 알키비아데스는 심각한 고민에 빠지며 절망합니다. 그러나 소크라테스가 개입해 중요한 것을 말합니다. 네가 쉰 살이라면 상황은 심각하고, "너 자신을 돌보기(배려하기-옮긴이)"에는 너무 늦었을 것이라고 말입니다. 이 표현("너 자신을 돌보기"-옮긴이)이 대화에 등장하는 것은 이곳이 처음입니다. 우리는 자기 돌봄(배려-옮긴이)의 계율이 교육의 결함과 직접적으로 관련될 뿐만 아니라 인생의 적당한 시기(앞서 논의했던 이행의 시기)와 직접적으로 연관되며, 이후에는 너무 늦는다는 사실도 알 수 있습니다.

3) 자기 자신을 돌본다(배려한다-옮긴이)는 것은 어떤 것일까요?

대화의 후반부 전체는 이 질문에 답하는 데 할애됩니다. 아니 오히려 이 질문이 제기하는 두 문제, 즉 ① 돌봐야 할 '자기 자신'이 무엇이고 ② '자기 자신을 돌보기(배려하기-옮긴이)'라는 활동이 무엇인가 하는 문제에 할애됩니다.

첫 번째 질문에 답할 수 있게 해주는 긴 대화로 신속히 넘어가겠습니다. 돌봐야(배려해야-옮긴이) 할 자기 자신은 재산, 의복, 도구 따위와 같이 우리가 소유할 수 있는 사물이 아닙니다. 의사나 체육 교사가 돌보는(배려하는-옮긴이) 우리의 신체도 아닙니다(여기서 문제가 되는 것은 소크라테스가 진정한 자기 돌봄(배려-옮긴이)으로 지시하고자 하는 바와, 일상적으로 자기 돌봄(배려-옮긴이)으로 귀착되는 경제적 활동과 의학적 실천 같은 형태의 돌봄(배려-옮긴이)을 구분하는 것입니다). 우리가 돌보고 배려해야 할 것은 우리의 재산과 도구, 신체를 이용하는 본원에 속하는 것, 요컨대 영혼입니다.[3]

대화 종반부는 이 영혼을 돌보는(배려하는-옮긴이) 방식을 규정하는 데 할애됩니다. 자기를 돌보는(배려하는-옮긴이) 방식을 규정하는 추론 과정은 주목할 만한 가치가 있습니다. 자기 자신의 영혼을 돌보는(배려하는-옮긴이) 방식을 이해하기 위해서는 영혼을 인식해야 합니다. 하지만 영혼이 자기 자신을 인식하기 위해서는 영혼이 자기 자신을 자신과 동일한 속성을 가진 거울, 즉 신성한 요소 속에서 응시할 수 있어야 합니다. 이 관조에서 영혼은 자기 자신을 돌보면서도(배려하면서도-옮긴이) 정의로운 행동을 기초하고, 정치적 행위의 규칙을 부여하는 원리와 본질을 발견할 수 있다는 것입니다.

3 푸코는 첫 번째 세미나에서 《알키비아데스》의 이 구절을 상세히 주해한다. 이 책 186-192쪽을 보라.

이 구절에 주목해야 할 여러 이유가 있습니다. 우선 이 구절이 후기 플라톤주의의 색채를 띠기 때문입니다. 하지만 제가 특히 유념하고자 하는 다른 이유는 자기 돌봄(배려-옮긴이)이, 말하자면 전적으로 자기 인식에 흡수되고 통합되기 때문입니다. 자기 자신을 인식하는 것은 자기 자신을 돌보기(배려하기-옮긴이) 위한 필요충분조건입니다. 대화 전반에 걸쳐 대화의 중심 주제인 자기 돌봄(배려-옮긴이)의 원리는 자기 자신을 인식해야 한다는 델포이의 계율을 중심으로 전개됐습니다. 그노티 세아우톤gnôthi seauton(자기 인식)은 누차 직간접적으로 epimele (seautô)(자기 돌봄(배려-옮긴이)) 곁에서 언급됩니다. 하지만 대화 종반부에서는 자기 자신을 돌봐야(배려해야-옮긴이) 한다는 원리에 의해 열린 공간 전체를 '너 자신을 알라'가 점유하는 것을 볼 수 있습니다.

이 텍스트(《알키비아데스》-옮긴이)에 오래 천착했습니다. 이어서 제가 연구하려는 자료는 대부분 더 늦은 시기의 자료인데 말입니다. (《알키비아데스》에 오래 천착한 이유는-옮긴이) 제 생각에 이 대화편이 자기 돌봄(배려-옮긴이)의 역사에서 이후에 우리가 발견하게 될 근본적인 몇몇 문제를 명확하게 보여주기 때문입니다. 이 문제에 제시될 해결책은 종종 《알키비아데스》의 해결책과 다르겠지만, 이 문제만큼은 존속할 것입니다.

—자기 돌봄(배려-옮긴이)과 정치 활동의 관계 문제가 있습니다. 소크라테스는 알키비아데스가 타자를 돌보고 지휘하기를 원하기 때문에 그에게 자기 자신을 돌보라고 종용했습니다. 이 문제는 훨씬 더 일반적으로 나타나는데, 특히 제정하에서 배타적 선택의 양식으로 나타납니다. 요컨대 자기 자신을 돌볼 수 있기 위해 정치 활동에서 해방되는 것이 더 낫지 않을까라는 형태의 질문으로 말입니다.

—자기 돌봄〔배려-옮긴이〕과 교육의 관계 문제가 있습니다. 소크라테스에 따르면 자기 자신을 돌보는 것은 수양〔교육-옮긴이〕이 부실한 청년의 의무와 같은 것입니다. 그 후 자기 자신을 돌보는 것은 오히려 평생 수행해야 하는 성인의 의무로 등장합니다.

—자기 돌봄〔배려-옮긴이〕과 자기 인식의 관계 문제가 있습니다. 우리는 플라톤의 소크라테스가 그노티 세아우톤(자기 인식)에 부여하는 특권을 살펴봤습니다. 이 특권은 모든 플라톤적 활동의 전형적 특질 가운데 하나입니다. 자기 돌봄〔배려-옮긴이〕은 자기 자신을 인식해야 하는 계율을 거부하지 않은 채로 헬레니즘과 그리스-로마 철학에서 일정한 독자성을 획득했다고 생각합니다. 아마도 자기 인식과 비교해 일정한 특권을 획득했다고까지 보입니다. 아무튼 철학적 방점이 자기 돌봄〔배려-옮긴이〕에 찍히는 일이 빈번해집니다. 자기 인식은 적절히 자기 자신을 돌보기 위한 도구와 방법에 불과하기 때문이지요.

II

이제 로마제정 첫 두 세기로 넘어갑시다. 구체적으로 아우구스투스 왕조에서 안토니우스 왕조 말기까지입니다. 아시다시피 이 150-200년은 고대 문명의 전성기 가운데 하나입니다. 이 시기는 자기 돌봄〔배려-옮긴이〕의 실천과 이론 측면에서도 '황금기'로 특별한 시기입니다.[4]

---

4 제정기 '자기 수양'의 특징과 관련해서는 다음을 보라. 《주체의 해석학》, 116쪽 이하〔HS, p. 79 *sq*〕; 〈강의 개요〉, 《주체의 해석학》, 521-525쪽〔M. Foucault, "L'herméneutique du sujet", dans DC II, n° 323, p. 1174-1178〕; 《비판이란 무엇인가?/자기 수양》, 112-122쪽〔"La culture de soi", conférence citée, p. 91-97〕; 《자기 배려》, 59-90쪽〔SS, p. 57-85〕.

이런 관점에서 볼 때 에픽테토스는 대단히 중요합니다. 그는 소크라테스에게서 교훈과 실천 방식을 다시 취하려고 한 소크라테스적 인물입니다. 하지만 에픽테토스가《강의》에서 환기하는 소크라테스는 무엇보다 자기 돌봄〔배려-옮긴이〕의 스승, 즉 길모퉁이에서 동료 시민을 불러 세우고 자신을 돌봐야 한다고 말하는 자라는 사실을 주목할 필요가 있습니다.[5] 그러나 일반적으로 말해 에픽테토스는 자기 돌봄〔배려-옮긴이〕을 인간 고유의 특성, 우월성, 과업으로 만들어버립니다.《강의》 1권 16장에서[6] 에픽테토스는 자연은 동물에게 그들이 필요로 하는 모든 것을 갖추게 해줬기 때문에 동물은 자기 자신을 돌볼 필요가 없다고 설명합니다. 그러면 자연이 인간을 무시해 인간이 필요로 하는 것을 박탈했기 때문에 자기 자신을 돌봐야 한다는 말일까요? 그렇지 않습니다. 자기 자신을 돌봐야 하는 것은 인간에게 마련된 부가적인 소질로 이해해야 한다는 것입니다. 제우스는 우리를 각자에게 맡겨서 인간 내에 자유로울 가능성과 의무의 토대를 마련해줬다는 것입니다. 그러나《알키비아데스》와 비교할 때 관점의 변화는 분명히 있습니다. 인간의 본래적 존재와 인간이 신적인 것과 맺는 관계는, 자기 자신의 거울에서 자기 자신을 응시할 가능성보다 자기 돌봄〔배려-옮긴이〕에서 더 명확히 드러납니다.

그러나 이런 사변적 참조물에 천착하고 싶지는 않습니다. 에픽테토스가 소크라테스를 환기하던 시대에 자기에 대한 주시

---

5 에픽테토스,《에픽테토스 강의 1·2》《에픽테토스 강의 3·4》, 김재홍 옮김, 그린비, 2023〔Épictète, Entretiens(이탤릭), 4 vol., trad. fr. J. Souilhé et A. Jagu, Paris, Les Belles Lettres, 1945-1964〕. 에픽테토스와 소크라테스의 관계에 대해서는 푸코가 첫 번째 세미나 말미에《강의》에 대해 주해한 것(3권 1장, p. 16-23〔에픽테토스,《에픽테토스 강의 3·4》, 31-33쪽〕)을 보라(이 책 194-209쪽).

6 에픽테토스,《에픽테토스 강의 1·2》, 153-157쪽〔Épictète, *Entretiens*, I, 16, "De la Providence", *op. cit.*, p. 61-63〕. 푸코는 두 번째 세미나에서 이 텍스트를 주해한다. 이 책 228-235쪽을 보라.

라는 주제는 상당히 큰 외연을 갖추게 됐습니다. 자기 돌봄(배려-옮긴이)의 유구한 전개로 이 자기 주시가 절정기를 맞이하게 됐습니다. 기원후 1세기와 2세기는 자기 주시가 시작되는 시기가 아니라 장기 지속되는 성숙기를 대표한다고 할 수 있습니다.

삶의 조언자이자 실존의 인도자를 자처하던 철학자들에게 자기 자신을 돌보기는 거의 보편적인 것으로 받아들여졌습니다. 에피쿠로스주의자들은 그들의 스승을 본받아, 자기 자신의 영혼을 돌보는 데 너무 이르거나 늦는 일은 결코 있을 수 없다고 반복해서 말합니다.[7] 스토아주의자 무소니우스 루푸스도 "인간은 자기 자신을 부단히 돌봄(배려-옮긴이)으로써 자신의 구원을 확보할 수 있다"[8]고 말했습니다. 세네카는 "자기 자신에 열중해야 한다", "자기 자신의 영혼에 열중해야 한다", "서둘러 자기 자신 쪽으로 달려가기", "자기 자신 안으로 되돌아가 거기에 거주하기"[9]라고 말합니다. 플루타르코스는 내면으로 시선을 돌려야 하고, "자기 자신에게 가능한 한 모든 주의를 기울이기를" 권고합니다. 프루사의 디온은 한 강연 전체를 은둔, 자기 안에 은거하기에 할애합니다.[10] 갈레노스는 의사, 웅변가, 문법가를 만들어내기 위해 얼마나 많은 시간이 필요한지 상기시키면서 선한 인간이 되기 위해서는 그보다 훨씬 많은 시간이 필요하다고 생각했습니다. 그는 수

7 Épicure, *Lettre à Ménécée*, *op. cit.*, p. 45.

8 플루타르코스, 〈분노의 억제에 관하여〉, 《그리스 로마 에세이》(키케로 외), 천병희 옮김, 도서출판 숲, 2011, 578쪽(Plutarque, *Du contrôle de la colère*, 453D, dans *Œuvres morales*, t. VII-2, trad. fr. J. Cumortier et J. Defradas, Paris, Les Belles Lettres, 1975, p. 59). "우리가 간직한 아름다운 격언들 중 하나는, 술라, 이런 것이네. 끊임없이 자기 자신을 돌보라, 건강에 좋은 방식으로 살고 싶다면!(우리말 번역: 좋네, 술라. 무소니우스는 좋은 말을 많이 했는데, 내가 기억하기에 그중 하나가 "건강하게 살고 싶으면 평생을 치료가 필요한 사람처럼 살아야 한다"는 말이었네.)"

9 세네카가 사용한 이 표현에 대해서는 다음을 보라. 《자기 배려》, 63-64쪽(〈제2장 자기 연마〉, 항목 1의 3문단)(SS, p. 61)과 《주체의 해석학》, 121쪽(HS, p. 82-83).

10 Dion Chrysostome, *Discourse 20. On Retirement* (*Peri anachôrêseôs*), in *Discourses*, vol. II. trad. angl. J. W. Cohoon, Loeb Classical Library, 1959, p. 246-269.

많은 해를 자신을 돌보기 위해 보내야 한다고 말합니다.[11]

이것은 몇몇 철학자와 전문가들이 주는 영혼과 신체에 대한 추상적 종용이 아니었습니다. 자기 자신을 돌보는 것은 교양 있는 계층에 확산된 실천이었습니다. 하지만 몇몇 에피쿠로스주의자 그룹의 대중적 모집과 견유주의자의 연설 대상이 된 길거리 청중을 생각해보면 폭넓은 계층에 확산된 실천이었음을 짐작할 수 있습니다. 게다가 학원, 사적이거나 공적인 교육, 강연, 다소 폐쇄적인 소모임의 토론 등 자기에 대한 열중의 제도적 근간도 있었습니다. 자기 돌봄〔배려－옮긴이〕이 계율화된 공동생활의 형태를 갖춘 대단히 체계화된 단체도 발견됩니다. 피타고라스주의자들이 그 예이고, 그리스 문화와 로마 문화의 경계선에 위치하면서 유명한 동시에 신비스러운 단체로 남아 있던 예를 든다면 알렉산드리아의 필론이 묘사하는 "유대인 고행자들thérapeutes"을 들 수 있습니다. 그러나 〔이 단체들보다－옮긴이〕 훨씬 더 융통성 있는 단체도 있었는데 이들은 인도자 혹은 그저 철학이나 공동의 생활양식forma vitae을 중심으로 만났습니다.[12] 스승을 방문하거나 연수를 위해 찾아가기도 했습니다. 스승을 자기 집으로 모셔서 영주하게 하는 사람도 있었습니다. 로마의 귀족계급은 인생의 조언자를 좋아했습니다. 이 활동 가운데 어떤 활동은 유료였고 어떤 활동은 무료 봉사였지만, 의무와 봉사의 네트워크에 속하는 활동이었습니다. 이 모든 활동은 웅변술 교육을 주창하던 자들과 사람들을 자기 돌봄〔배려－옮긴이〕 쪽으로 유도하기를 선호하던 자들 간에 종종 대단히 활발한 경쟁을 유발했습니다. 후자 사이에서는 목표와 방

---

11 Galien C., *Du diagnostic et du traitement des passions propres à l'âme de chacun*, 4, dans *L'âme et ses passion*, trad. fr. V. Barras, T. Birchler et A.-F. Morand, Paris, Les Belles Lettres, 2004, p. 16-17.

12 Philon d'Alexandrie, *De vita contemplativa*, *op. cit.* 참조.

식이 종종 대단히 유사했음에도 불구하고 여러 학파가 충돌했습니다. 마지막으로 고객과 단순히 다투던 사람들이 있었습니다. 철학자를 그다지 좋아하지 않았을 뿐 아니라, 시장의 구경꾼들에게 생활양식을 제안하는 모든 사람을 그다지 좋아하지 않았던 루키아노스는 이들의 모든 실천을 호의적이지 않게 묘사합니다.[13] 《헤르모티무스》라는 대화편은 우연히 만난 친구에게 자신이 20년 전부터 만나온 스승에 대한 찬사를 늘어놓는, 자기 돌봄[배려-옮긴이]으로 전향한 한 사람을 등장시킵니다. 하지만 그는 파산했고 스승은 20년 뒤나 돼야 그가 행복해질 수 있을 거라는 희망의 여지를 남깁니다.[14]

하지만 자기 나름의 방식과 나름대로 유익한 이 실천에서 모든 것이 기만이나 사기는 아니었습니다. 자기 돌봄[배려-옮긴이]은 개인이 진지하게 몰두하던 개인적인 활동이기도 했습니다. 자기 돌봄[배려-옮긴이]에 매일 일정한 시간을 할애하는 것은 좋은 일이었습니다. 자기 자신을 돌보는 데 몇 주 혹은 몇 달을 할애하기도 했습니다. 플리니우스는 한 친구에게 자기 돌봄[배려-옮긴이]에 관해 조언하고 그 자신도 자기 안에 은거하는 실천이기도 한, 시골에 은거하는 실천을 좋아했습니다. 우리가 교양 있는 여가(scholê 혹은 otium)를 우리 자신에게 할애하는 시간과 우리 자신과 함께 보내는 시간이라 부를 수 있다면 이것은 적극적인 여가, 연구 시간과 같은 것이었다는 점에 유의할 필요가 있습니다. 요컨대 그것은 독서, 대화, 명상과 같은 것, 불행이나 죽음에 대한 대

13 Lucien de Samosate, *Vies de philosophes à vendre*, trad. fr. J. Bompaire, dans *Portraits de philosophes*, Paris, Les Belles Lettres, 2008, p. 160-203.

14 Lucien de Samosate, *Hermotimos*, trad. fr. A.-M. Ozanam, dans *Portraits de philosophes*, *op. cit.*, p. 322-459.

비, 일정한 절제의 수련 등과 같은 다양한 수련이라는 것을 유념할 필요가 있습니다. 글쓰기도 중요한 역할을 담당했습니다. 자기 자신을 돌보는 것은 자신이 읽거나 들은 것을 기록하는 것도 포함합니다. 이는 그리스인이 휘포므네마타hupomnêmata라 부르던 것, 즉 재독서와 상기 훈련을 가능하게 하는 수첩을 구성합니다. 사람들은 친구를 위한 논설도 썼고 친구와 서신도 교환했습니다. 이것은 친구들이 그들 자신에게 하는 실천을 도울 기회가 됐을 뿐만 아니라 자기 자신을 위해 자신이 필요로 하는 진실〔진리-옮긴이〕을 재활성화하는 기회도 됐습니다.[15]

이런 실천이 확산됨과 동시에 이를 통해 자기 자신에 대한 체험이 강화되거나 확장되기도 했습니다. 자기 자신으로 향해야 하는 시선은 더욱 용의주도하고 세심해집니다. 세네카[16]나 플리니우스[17]의 서신, 마르쿠스 아우렐리우스와 프론토의 서신 교환[18] 등은 이런 자기 자신에 대한 용의주도함과 세심한 주의를 보여줍니다. 이것은 일상생활의 세부 사항, 건강과 기질〔기분-옮긴이〕의 미세한 변화, 미세한 신체적 불편함, 영혼의 운동, 독서, 기억나는 인용문, 이런저런 사건과 관련한 성찰 등에 관한 것입니다. 자기나 일대 경험 영역과 맺는 관계의 일정한 방식은 이전의 사료에서는 발견되지 않는 것임을 알게 해줍니다.

---

15 자기 수양에서 글쓰기의 결정적 역할, 특히 적바림hupomnêmata과 서신 교환의 결정적 역할에 관해서는 다음을 보라. 《주체의 해석학》, 385-390쪽〔HS, p. 341-345〕; M. Foucault, “L’écriture de soi”, dans DE II, n° 329, p. 1234-1249.

16 세네카, 《세네카 삶의 지혜를 위한 편지》, 김천운 옮김, 동서문화사, 2016〔Sénèque, *Lettres à Lucilius*, 5 vol., trad. fr. H. Noblot, Paris, Les Belles Lettres, 1945-1964〕.

17 Pline le Jeune, *Lettres*, 4 vol., trad. fr. A.-M. Guillemin, H. Zehnacker, N. Méthy et M. Durry, Paris, Les Belles Lettres, 1927-1948.

18 *Lettres inédites de Marc Aurèle et de Fronton*, trad. fr. A. Cassan, Paris, A. Levavasseur, 1830. 푸코는 두 번째 세미나 말미에 이 중 몇몇 편지를 주해한다. 이 책 246-254쪽을 보라.

이런 관점에서 아일리우스 아리스티데스의 《신성담》[19]은 주목할 만한 증거가 됩니다. 이 텍스트는 치료의 신 아스클레피오스에 대한 감사의 표명입니다. 그러므로 이 텍스트는 치료를 이야기하고 감사함을 표현하는 전통적인 비석에 각인된 글과 관련돼 있습니다. 하지만 아일리우스는 이 예식의 틀을 간직하고 있으면서도 질병과 불안, 고통, 다양한 감정, 예지몽이나 명령이 담긴 꿈, 시도된 치료 행위와 종종 달성된 회복 등 풍부한 이야기를 전개합니다. 여기서 심기증적인 심각한 징후의 한계가 극복됐을까요? 확실히 그렇습니다. 하지만 여기서 중요한 것은 아일리우스가 얼마나 아팠는지 아는 것이 아니라 당대의 수양이 그에게 자신의 병에 대한 개인적 경험을 형성하고 타인에게 그 경험을 알릴 수 있는 도구를 제공한다는 것입니다.

지나치게 건너뛴 걸 양해 바랍니다. 저는 이 시대, 제정기에 자기 돌봄〔배려-옮긴이〕이 더는 어떤 철학 학설의 내적인 도식으로 출현하지 않는다는 사실을 시사하고자 했습니다. 자기 돌봄〔배려-옮긴이〕은 보편적이라고 할 순 없어도 일상적인 계율이었습니다. 이 계율은 많은 개인이 경청하는 호소력을 행사했습니다. 이것은 단체, 규칙, 행위 방식을 갖춘 실천이기도 했습니다. 마지막으로 이것은 표현의 수단과 형식을 갖춘 개인적 경험일 뿐만 아니라 집단적 경험의 양식이었습니다. 요컨대 자기 돌봄〔배려-옮긴이〕은 인정된 가치로 단언됐고 규칙화된 실천에서 구체화됐으며 경험과 표현의 장을 열었습니다. '자기 수양'은 정당하게 논의될

19 Ælius Aristide, *Discours sacrés*, trad. fr. A.-J. Festugière, Paris, Macula, 1986. 〈자기의 테크놀로지〉, 《자기의 테크놀로지》, 71쪽〔M. Foucault, "Les techniques de soi", conférences citées, p. 1623〕과 《비판이란 무엇인가?/자기 수양》, 121-122쪽〔"La culture de soi", conférence citée, p. 97〕 참조.

수 있습니다.[20]

다음번 강의에 저는 이 자기 수양에서 그노티 세아우톤(자기 인식)의 원리가 점하는 위치를 설명해보고자 합니다. 이 시대 수양의 범주에서 목격되는 여러 가지 자기 인식, 자기 해독, 자기 점검 등의 전개를 분석해보고자 합니다.

오늘은 《알키비아데스》에서 표명되는 자기 돌봄(배려-옮긴이)과 기원후 1세기와 2세기에 사용된 자기 실천의 중대한 차이를 간략히 지적하고자 합니다.

III

1) 기억하시겠지만 소크라테스는 알키비아데스에게 젊음을 활용해 자기 자신을 돌보라고 권고했습니다. 쉰 살이 되면 너무 늦는다고 말입니다. 그러나 에피쿠로스는 "젊다고 철학의 실천을 미루지 말며, 늙었다고 철학 하기에 싫증 내지 말라. 누구든 주저해서는 안 되고, 늙어도 철학 하기를 주저해서는 안 된다. 자기 영혼의 건강에 신경 쓰는pros to kata psukhên hugiainon 데 너무 이르거나 늦은 것은 없다"고 말했습니다.[21] 인생 전반에 걸친 이 항상적 돌봄(배려-옮긴이)의 원리가 명확히 지배하게 됩니다. 예를 들어 무소니우스 루푸스는 "유익한 방식으로 살고 싶다면 부단히 자기 자신을 돌봐야 한다"[22]고 말했습니다. 갈레노스는 비록 "가장 어린 나이 때부터 자신의 영혼을 돌봤어야 하기는" 하지만, "완성된 인간이 되기 위해서 각자는 말하자면 평생 자기 수련을 할 필요가

20 이 책 52쪽 각주 4를 보라.
21 Épicure, *Lettre à Ménécée*, *op. cit.*, p. 45.
22 이 책 54쪽 각주 8을 보라.

있다"고 말했습니다.[23]

세네카나 플루타르코스가 조언하는 친구들이 이제 소크라테스가 조언하는 야심차고 매력적인 청년들이 아닌 것은 사실입니다. 요컨대 그들은 (세레누스처럼[24]) 때로는 젊은이고, (시칠리아 지사를 역임하면서 세네카와 장문의 영적 서신을 주고받은 루킬리우스처럼[25]) 때로는 원숙한 사람입니다. 학원을 운영하던 에픽테토스에게는 아주 어린 제자도 있었지만, 때로는 '집정관' 같은 성인과 자기 돌봄〔배려-옮긴이〕을 환기하기 위한 대화를 나누기도 했습니다. 마르쿠스 아우렐리우스가 《명상록》을 저술할 때 그는 황제였고, 그에게는 "자기 자신을 스스로 구제하는 것"이 중요했습니다.[26]

자기 자신을 돌보는 것은 삶을 위한 일시적이고 단순한 채비가 아니라 삶의 형태였습니다. 알키비아데스는 나중에 타자를 돌보고 싶으면 자기 자신을 돌봐야 한다는 것을 깨달았습니다. 이제 문제는 자기 자신을 위해 자기 자신을 돌보는 것입니다. 사람들은 자기 자신을 위해 존재해야 하고, 평생 자기 자신의 대상이 돼야 합니다.

여기서 자기로의 전향ad se convertere이라는 관념, 자기 자신으로 되돌아가는eis heauton epistrephein 실존의 운동과 같은 관념이 결과로 나옵니다.[27] 에피스트로페epistrophê는 전형적으로 플라톤주의적

23 Galien C., Du diagnostic et du traitement des passions propres à l'âme de chacun, 4, *op. cit.*, p. 12-13.

24 세네카, 〈평상심에 관하여〉, 《세네카의 대화: 인생에 관하여》, 260-296쪽〔Sénèque, *De la tranquillité de l'âme*, dans *Dialogues*, t. IV, trad. fr. R. Waltz, Paris, Les Belles Lettres, 2003, p. 71-106〕 참조.

25 이 책 57쪽 각주 16을 보라.

26 Marc Aurèle, *Pensées*, III, 14, trad. fr. É. Bréhier revue par J. Pépin, "Bibiothèque de la Pléiade", Paris, Gallimard, 1962, p. 1157.

27 전향의 세 가지 형태(플라톤의 에피스트로페, 헬레니즘적이고 로마적인 전향, 그리스도교의 메타노이아)의 구별과 관련해서는 다음을 보라. 《주체의 해석학》, 241-253쪽〔HS, p. 201-209〕. 제정기에 자기 실천의 공통된 대상으로서 epistrophê eis heauton에 대해서는 다음을 보라. 《자기 배려》, 85-88쪽(〈제2장 자기 연마〉, 항목 5의 첫 두 문단)〔SS, p. 81-84〕.

인 주제라고 말씀하실 수도 있겠죠. 하지만 《알키비아데스》에서 볼 수 있었듯이 영혼이 자기 자신으로 향하는 운동은 자신의 시선이 "높은 곳", "신성한 것", 본질, 본질이 보이는 하늘 위의 세계로 이끌리는 운동이기도 합니다. 세네카, 플루타르코스, 에픽테토스가 권유하는 이 회귀는 말하자면 제자리에서 하는 회귀입니다. 자기 주변에서 자기와 관계를 설정하는 것, "자기 자신 안에 거주하는 것", 자기 자신에 사는 것 외에 다른 목표가 없는 전향입니다. 자기로 전향하는 궁극적 목표는 자기와 일정한 상당수의 관계를 수립하는 데 있습니다.

—이 관계는 때로 법적·정치적 모델에 입각해 구상됐습니다. 그러니까 자기에 대한 최고권 갖기, 전적인 자기 제어, 완벽한 자립, 완벽한 자기 소유(세네카가 종종 피에리 숨fieri suum〔자기 되기〕라고 말한 것[28])처럼 말입니다.

—또 이 관계는 소유의 즐거움이라는 모델에 입각해 구성되기도 했습니다. 자기 향유, 자기와 함께 즐기기, 자기 안에서 모든 관능적 쾌락 찾기처럼요.

도식적으로 말해서 플라톤에게 자기 자신을 향하는 운동은 '저-너머'로 인도하는 상승 운동의 한 단계에 불과합니다. 여기서 중요한 것은 우리를 자신으로 인도하는 운동입니다. 그리고 우리가 신적인 것과 만난다면 그것은 우리 안에 있는 다이몬의 형태를 하고 있을 것입니다. 이런 형태의 사유에서 자기와 맺는 관계는 일종의 내적인 목적에 의해 유도됩니다.

28 이를테면 다음을 보라. 세네카, 〈은혜와 보답〉, 《세네카 삶의 지혜를 위한 편지》, 259쪽〔Sénèque, *Lettre 75*, 18, dans *Lettres à Lucilius*, t. III, trad. fr. H. Noblot, Paris, Les Belles Lettres, 1957, p. 55〕. "자신이 제 것이 되는 일은 가늠할 수 없을 만큼 귀중한 선이라 할 수 있네(inaestimabile bonum est suum fieri)."〔푸코가 '자기 되기'라고 해석하는 'fieri suum'은 '자신이 제 것이 되는 일'이라고 번역됐다-옮긴이〕

2) 두 번째 중대한 차이는 교육과 관련됩니다. 《알키비아데스》에서 자기 돌봄(배려-옮긴이)은 교육 방법의 결함 때문에 부과됐습니다. 교육 방법을 보완하거나 대체하는 것이 문제였습니다. 아무튼 '교육'을 하는 것이 문제였습니다.

자기에 대한 전념(돌봄-옮긴이)이 성인이 평생 해야 하는 실천이 되어버린 시기부터 그 교육적 역할은 사라지는 경향이 있고, 또 다른 기능이 나타납니다.[29]

(a) 우선 비판적 기능이 나타납니다. 자기 실천은 모든 악습, 대중이나 나쁜 스승 혹은 부모나 친지에게서 얻을 수 있는 모든 그릇된 의견에서 벗어나게 해줘야 합니다. "습득한 것에서 해방되는 것de-discere은 자기 수양의 중요한 임무 가운데 하나입니다.

(b) 이 자기 수양에는 투쟁의 기능도 있습니다. 자기 실천은 항상적 투쟁으로 생각됐습니다. 미래를 위해 가치 있는 인간을 양성하는 것만이 중요한 것은 아니었습니다. 개인에게 평생 싸울 수 있도록 무기와 용기를 줄 필요가 있었습니다. 연이어 오는 적수를 무찌르고 전투하지 않을 때조차 훈련하는 격투사와 같은 생활을 하는 마상 창 시합의 은유와 적이 항시 공격할 수 있기 때문에 영혼은 군대와 같은 자세를 유지해야 하는 전쟁의 은유가 대단히 빈번했음을 알 수 있습니다. 영혼의 영적 전쟁이라는 그리스도교의 거대한 주제는 고대 이교의 자기 수양에서 근본 원리였습니다.

(c) 무엇보다 이 자기 수양에는 치료의 기능이 있습니다. 이

29 제정기 자기 돌봄(배려-옮긴이)의 세 기능(비판적 기능, 투쟁의 기능, 치료적 기능)에 대해서는 다음을 보라. 《주체의 해석학》, 129-140, 263-264, 348-350쪽(HS, p. 90-96, 222, 307-308); 〈강의 개요〉, 《주체의 해석학》, 523-524쪽(M. Foucault, "L'herméneutique du sujet", résumé cit., p. 117); 《비판이란 무엇인가?/자기 수양》, 116-117쪽("La culture de soi", conférence citée, p. 93-95).

자기 수양은 교육 모델보다 의학 모델에 훨씬 가깝습니다. 영혼의 정념과 신체의 병을 모두 가리키는 파토스pathos 같은 개념의 존재, 신체와 영혼에 적용 가능한 '치료하다', '치유하다', '절단하다', '희생하다', '정화하다' 같은 표현을 가능하게 하는 방대한 은유의 영역 등 그리스 수양에서 유서 깊은 것들을 당연히 상기할 필요가 있습니다. 영혼의 병을 치료하는 것이 철학의 역할이라는 에피쿠로스주의자, 견유주의자, 스토아주의자에게 친숙한 원리도 상기할 필요가 있습니다. 플루타르코스는 철학과 의술이 미아 코라mia khôra, 요컨대 단일한 지역과 영역을 이룬다고 언젠가 말하게 될 것입니다.[30]

저는 의술과 자기 수련의 실천적 상관관계를 강조하고자 합니다. 에픽테토스는 자신의 학원이 단순 교육기관이 아닌 '진료소', 즉 이아트레이온iatreion으로 간주되기를 바랐습니다. 에픽테토스는 자신의 학원이 '영혼의 진료소'이기를 원했습니다. 그는 제자들이 병자라는 것을 의식하고 〔학원에〕 오기를 바랐습니다. 그는 "한 사람은 어깨가 빠져서, 또 한 사람은 종기가 나서, 다른 사람은 염증이 생겨서, 다른 사람은 두통 때문에 찾아옵니다", "삼단논법을 배우고 싶습니까? 우선 그대들의 상처를 치료하고 체액의 흐름을 멈추게 하고 정신을 안정하세요"라고 말합니다.[31]

---

30 Plutarque, *Préceptes de santé*, 122E, dans *Œuvres morales*, t. II, trad. fr. J. Defradas, J. Hani et R. Klaerr, Paris, Les Belles Lettres, 1981, p. 101. 자기 돌봄〔배려-옮긴이〕과 의학의 긴밀한 상관관계에 대해서는 다음을 참조하라. 《자기 배려》, 73-78쪽(〈제2장 자기 연마〉, 항목 3)〔SS, P. 69-74〕.

31 푸코는 에픽테토스의 《강의》 두 구절을 참조한다. 에픽테토스, 《에픽테토스 강의 3·4》, 162-163쪽〔livre III, 23, 30-31, trad. fr. J. Souilhé et A. Jagu, Paris, Les Belles Lettres, 1963, p. 92〕 "인간들이여, 철학자의 학교는 진료소라네. 사람들은 즐거워하며 집을 나서기보다 괴로워하며 집을 나선다네. 그대들이 건강한 상태로 진료소에 가지는 않을 것이기 때문이네. 이를테면 한 사람은 어깨가 빠져서, 한 사람은 종기가 나서, 다른 사람은 염증이 있어서, 또 다른 사람은 머리가 아파서 찾아오네. 그러할진대, 내가 그대들 칭찬이나 듣자고 의자에 앉아 멋들어진 생각이나 말을 늘어놓을 것인가? 그러면 그대들은 왔을 때와 똑같은 어깨 상태로, 똑같이 머리가 아프고, 종기가 있는 채로, 염증을 가진 채로 돌아갈 텐데?"〔가독성을 고려해 번역 수정-옮긴이〕; 에픽테토스, 《에픽테토스 강의 1·2》, 422-423쪽〔livre II, 21, 21-22, trad. fr. J.

이와 반대로 갈레노스 같은 의사는 영혼을 치료하는 것, 요컨대 동요와 정념, 다시 말해 "이성에 저항하는 무질서한 에너지"와 인간이 갖는 "그릇된 의견에서 기인하는 오류"를 치료하는 것이 자신의 권한이라고 생각합니다. 갈레노스는 《영혼의 정념론》에서 자신이 시도한 치료와 쾌유의 예를 듭니다. 그는 분노하는 성향이 있던 동료 한 사람을 치료했습니다. 별로 중요하지 않은 사건 때문에 영혼이 동요된 젊은이의 치료도 도왔습니다.[32]

이 모든 관념은 아주 친숙한 것일 수 있습니다. 사실 그렇습니다. 이 관념은 서구 문화에서 지속적으로 전승된 것이니까요. 이 관념은 역사적 중요성 이상을 갖습니다. 자기와 맺는 관계가 삶〔실존-옮긴이〕의 항상적 과제가 됐다는 것은 서구 주체성의 역사에서 매우 중요합니다. 이런 관점에서 그리스도교가 이교의 철학적 교훈을 거부하지 않았기 때문입니다. 자기와 관계가 비판적 작업, 투쟁적 관계, 의학적 절차로 규정됐음을 이해하는 것도 중요합니다. 여기서도 서구는 자기 수양의 유구한 형태를 버리지 않았습니다.

3) 마지막으로 《알키비아데스》에서 자기 돌봄〔배려-옮긴이〕과 제정기의 수양에서 자기 실천의 세 번째 차이를 간략하게 지적해보고자 합니다. 플라톤의 대화편에서 스승과 에로스적·철학

Souilhé, Paris, Les Belles Lettres, 1949, p.95〕. "지금 그대들이 '추론은 소용이 있느냐'고 묻는다면 나는 소용이 있다고 대답할 것이고, 원한다면 그것들이 어떻게 소용이 있는지 증명하겠네. '그러면 그것들이 나에게 무슨 소용이 있었단 말인가요?' 인간아, 너는 그것들이 너에게 소용이 있는지 아닌지 묻지 않고, 그것들이 일반적으로 소용이 있는지 묻는 것이 아니었나? 이질을 앓는 사람이 식초가 쓸모가 있는지 물으면 나는 그렇다고 말할 것이네. '그럼 그것이 저에게도 쓸모가 있을까요?' 나는 아니라고 대답할 것이네. 먼저 설사를 멈추도록 찾아본 다음 작은 궤양을 치료하라. 그러니 인간들아, 그대들도 먼저 궤양을 치료해 체액 방출을 멈추게 하고, 마음을 진정하고, 주의가 산만하지 않게 〔한 다음-옮긴이〕 그 생각을 학교에 가져가야 하네. 그러면 그대들은 이성이 가질 수 있는 힘이 무엇인지 알게 될 것이네!"

32 Galien C., *Du diagnostic et du traitement des passions propres à l'âme de chacun*, 4 et 8-10, *op. cit.*, p. 15-16 et 28-39.

적 관계는 중요했습니다. 이 관계는 소크라테스와 알키비아데스가 구체적으로 젊은이의 영혼을 돌보는 틀을 구성합니다. 기원후 1세기와 2세기에 자기와 맺는 관계는 항상 스승, 지도자 혹은 타자와 맺는 관계에 의거해야 한다고 간주됐습니다. 하지만 이 관계는 점차 사랑의 관계로부터 눈에 띄게 독립적인 상태가 됩니다.[33]

타자의 도움 없이 자기 자신을 돌볼 수 없다는 것은 일반적으로 수용된 원리였습니다. 세네카는 혼자 힘으로 자신이 처한 스툴티티아stultitia 상태에서 벗어날 수 있을 정도로 강한 사람은 없다고 말했습니다. "그에게는 손을 내밀어 그를 그 상태에서 끌어내줄 사람이 필요하다"고 말입니다.[34] 갈레노스는 마찬가지 방식으로 인간은 자기애가 너무 강해서 자기의 정념을 스스로 치료할 수 없다고 말했습니다. 요컨대 갈레노스는 타자의 권위에 자신을 맡기는 데 동의하지 않는 사람들이 "갈팡질팡하는 것"을 종종 봤습니다.[35] 이 원리는 초심자에게 유효하지만 이후 생이 끝나

33 그리스-로마 세계의 역사를 거치면서 자기 돌봄〔배려-옮긴이〕과 에로틱한 것이 점진적으로 '단절'된다는 주제에 대해서는 다음을 보라. SV, p. 185-200; 《주체의 해석학》, 99-100, 375-377쪽〔HS, p. 58-59, 330-331〕; 《자기 배려》, 215-258쪽(제6장 〈소년들〉, 처음부터 2절 끝까지)〔SS, p. 219-261〕. 고전기 고대 그리스에서 교육적 관계와 에로틱한 관계가 문제시되고 있었다는 데 대해서는 다음을 보라. SV, p. 93-97.

34 세네카, 〈마음을 북돋움에 대하여〉, 《세네카 삶의 지혜를 위한 편지》, 157쪽〔Sénèque, *Lettre* 52, 1-3, dans *Lettres à Lucilius*, t. II, trad. fr. H. Noblot, Paris, Les Belles Lettres, 1947, p. 41-42〕.
"1. 루킬리우스여, 이것은 대체 무엇일까? 지향하는 곳과 다른 곳으로 우리를 끌고 가서, 들어가고 싶지 않은 곳으로 밀어넣는 이것은? 무엇이 우리의 영혼과 싸우며, 우리가 바라는 것을 한 번도 허락하지 않을까? 우리는 이것저것 다양한 계획을 세우지. 어느 것 하나도 자유로운 희망, 절대적인 희망, 언제나 변함없는 희망을 가지고 있지 않네. 자네는 말했지. 2. '우매함이란 변하지 않는 것이 아무것도 없는 것, 오래 마음에 드는 것이 아무것도 없는 것'이라고. 그러나 어떻게 하면 혹은 언제가 되면 우리는 그 우매함에서 벗어날 수 있을까? 아무도 자신의 힘만으로는 쉽게 올라갈 수 없다네. 손을 내밀어주는 사람, 끌어올려주는 사람이 없으면 안 되네. 3. 에피쿠로스는 어떤 사람들은 아무의 도움도 받지 않고 진실에 이르렀고, 자신의 길을 스스로 개척했다고 말했네. 그가 특별히 칭찬하는 사람은 스스로 강한 의욕을 드러내는 사람, 스스로 자신을 앞으로 밀어낸 사람이네. 그런데 어떤 사람들은 남의 도움을 필요로 하며 앞에서 걸어가는 사람이 한 사람도 없을 경우에는 나아가려 하지 않지만, 뒤에서 따라갈 때에는 훌륭하게 행동한다고 찬사를 보내는데, 메트로도로스가 바로 그런 사람 가운데 한 사람이라고 했네. 이들은 뛰어난 재능이 있지만 2단계에 속하는 이들이라고 했지. 우리도 1단계에 속하지는 않네. 2단계에 들어갈 수 있다면 더할 나위 없는 대접이겠지. 타인의 선의로 다시 일어설 수 있는 사람도 경멸해서는 안 되네. 구원받기를 바라는 것만으로도 대단하니까."〔원서에 없는 인용문 추가-옮긴이〕

35 Galien C., *Du diagnostic et du traitement des passions propres à l'âme de chacun*, 2, *op. cit.*, p. 5.

는 날까지도 유효합니다. 루킬리우스와 서신을 교환할 때 세네카의 태도가 그 전형입니다. 세네카는 꽤 나이가 들어 모든 활동을 중단했지만, 루킬리우스에게 조언을 해주기도 하고 청하기도 하며 이런 서신 교환에서 받은 도움에 기뻐합니다.

이런 영혼의 돌봄〔배려-옮긴이〕에서 주목할 만한 것은 이 돌봄〔배려-옮긴이〕에 지지대로 활용될 수 있는 다양한 사회적 관계입니다.

—엄격한 학원 조직이 존재합니다. 에픽테토스의 학원은 그 예로 사용될 수 있습니다. 이 학교는 장기간 연수를 받던 제자들과 병행해 일시적으로 머무는 청강생도 받았습니다. 하지만 이곳에서는 철학자가 되고 싶어 하거나 영혼의 지도자가 되고 싶어 하는 자도 교육했습니다. 아리아노스가 집대성한 《엥케이리디온》의 몇몇 구절은 자기 돌봄〔배려-옮긴이〕을 실천하려는 자를 위한 기술적 교육이었습니다.

—우리는 특히 로마제국에서 개인적 조언자도 발견합니다. 이들은 〔위인들〕과 그들 그룹이나 그들의 고객에 속하는 자들 주변에 정착해서 정치적 조언을 했고, 젊은이들의 교육을 담당하기도 했으며, 인생의 중요한 상황에서 그들을 돕기도 했습니다. 이렇게 데메트리오스는 트라세아 파이투스 옆에서 그가 자살하려 할 때—이 사람은 네로 황제의 반대파였습니다—말하자면 자살의 조언자 역할을 했고, 불멸성에 대한 담론으로 그의 임종의 순간을 지켰습니다.[36]

—하지만 영혼을 지도하는 다른 형태도 있습니다. 영혼의

36 데메트리오스에 대해서는 다음을 보라. 《주체의 해석학》, 179-181, 263-264쪽〔HS, p. 137-138, 221-222〕; 《담론과 진실: 파레시아》, 266-268, 302-303쪽〔DV, p. 223-224, 249-250〕; CV, p. 179-181.

지도는 가족 관계(세네카는 자신의 유배와 관련해 어머니를 위로하는 글을 썼습니다),[37] 보호 관계(세네카는 로마에 도착한 지방의 사촌인 젊은 세레누스의 이력과 영혼을 동시에 돌봅니다), 연령과 교양, 상황 등이 유사한 두 사람(세네카와 루킬리우스)의 우정 관계, 유용한 조언과 존경의 표현을 받는 높은 위치에 있는 사람과 관계(그래서 플루타르코스는 긴급히 자신이 영혼의 평정에 대해 메모한 것을 푼다누스에게 보내는데, 이때 두 사람의 관계) 등 다른 일련의 관계를 강화하고 활성화할 수 있습니다.[38]

이렇게 이 관계는 다양한 사회적 관계로 수행되는 '영혼에 대한 서비스'라고 불릴 수 있는 것을 구성합니다. 여기서 전통적인 에로스는 기껏해야 상황적 역할을 할 뿐입니다. 그렇다고 해서 애정 관계가 대체로 강하지 않았다는 것은 아닙니다. 아마도 우정과 사랑의 현대적 범주는 이 애정 관계를 해독하는 데 적절치 않을 수 있습니다. 마르쿠스 아우렐리우스와 그의 스승 프론토의 서신 교환은 이 우정의 강도와 복잡성의 예가 될 수 있습니다.[39]

개괄해 말하면 오늘 저는 사유의 차원에서 또 고대 문화 전반에서 '자기 돌봄(배려 - 옮긴이)'의 계율이 항존했다는 사실을 설명하려 했습니다. 이 항존은 심층적 혁신을 배제하지 않습니다. 특히 제정 시대에 플라톤의 초기 대화편에서 확인된 형태와 판이한 형태를 자기 돌봄(배려-옮긴이)에 부여하는 자기 실천의 전성

37 세네카, 〈어머니 헬비아에게 보내는 위로〉, 《세네카의 대화: 인생에 관하여》, 357-391쪽(Sénèque, *Consolation à ma mère Helvia, dans Entretiens, Lettres à Lucilius*, trad. fr. R. Waltz, Paris, Robert Laffont, 2003, p. 49-73).

38 플루타르코스, 〈마음의 평온을 얻는 법〉, 《마음의 평온을 얻는 법》, 임희근 옮김, 유유, 2020, 27-28쪽(Plutarque, *De la tranquillité de l'âme*, 464E-465A, dans *Œuvres morales*, t. VII-1, trad. fr. J. Cumortier et J. Defradas, Paris, Les Belles Lettres, 1975, p. 98). 이 글의 수취인은 사실 파키우스다.

39 푸코가 두 번째 세미나 말미에서 마르쿠스 아우렐리우스와 프론토의 사랑의 관계를 지적하는 것을 보라(이 책 254쪽).

기를 볼 수 있습니다.

자기와 관계는 복잡하고 항상적인 활동이 됩니다. 이 활동에서 주체는 자기 자신과 관련해 비판의 대상, 투쟁의 장, 병리의 중심지입니다. 그렇다고 해서 자기 자신 이외 어떤 목표도 갖지 않는 이 활동이 고독한 활동은 아닙니다. 이 활동은 다양한 사회적 관계의 영역과 항상적 접촉에서 전개됩니다.

녹취 버전[a]

〔이 강연의〕 주제는 제가 로마제정 첫 두 세기의 자기 수양이라 부르는 것입니다.[40] 저는 상당히 과장된 '자기 수양'이라는 표현을 통해 자기 돌봄〔배려-옮긴이〕을 의미하려고 합니다. 자기 돌봄〔배려-옮긴이〕이 첫째, 삶의 양식이고, 둘째, 자기와 항상적 관계이자 개인적 경험이며, 셋째, 타자와 관계이고, 넷째, 일련의 자기 테크닉이기 때문입니다. 자기 수양의 마지막에 해당하는 테크닉 부분은 다음번 강연에서 다룰 것입니다. 오늘은 앞선 세 가지인 삶의 양식, 자기와 맺는 항상적 관계, 타자와 맺는 관계로서의 자기 돌봄〔배려-옮긴이〕에 대해 논의하고자 합니다.

두 시간 분량 강연을 준비했지만, 두 시간 동안 앉아 있는 것은 저나 여러분에게 정말 피곤한 일입니다. 한 시간 강연하고 휴식 시간을 가질 텐데, 원하신다면 강연 도중 전반부나 후반부 강연이 끝나고 쉬어도 좋습니다. 가능한 한 지체 없이, 자주 질문해주시기 바랍니다.

그리스도교 윤리와 근대 윤리에 가장 큰 영향을 끼친 그리스-로마 윤리학자들은 고대 문화에서 자기 수양을 대표하는 자들이기도 한데, 이는 대단히 중요한 사실입니다. 예를 들어 탁월한 그리스도교 저자 가운데 한 사람인 알렉산드리아의 클레멘트는 《파이다고고스》[41]의 여러 장 혹은 《스트로마타》[42]의 여러 장

---

a 두 번째 강연 녹음 원고를 번역한 것. 영어로 된 타자 원고 여럿이 덧붙어 있었다(BnF NAF 28730, boîte 29, dossier 3).

40 이 책 52쪽 각주 4를 보라.

41 Clément d'Alexandrie, *Le Pédagogue*, 3 vol., trad. fr. M. Harl, C. Mondésert et C. Matray, "Souirces chrétiennes", Paris, Éditions du Cerf, 1976.

42 Clément d'Alexandrie, *Les Stromates*, I-VII, trad. fr. C. Mondésert *et alii*, "Sources chrétiennes", Paris, Éditions du Cerf, 1951-2001(제8권의 프랑스어 번역은 아직 출간되지 않았다).

을 저술했습니다. 그는 로마제정 초기 스토아주의의 대표적 인물 가운데 한 사람인 무소니우스 루푸스를 한 마디 한 마디 옮겨 적습니다. 우리는 성 아우구스티누스가 세네카를 '우리' 세네카라고 말한다는 걸 알고 있습니다. 그리고 에픽테토스의 《엥케이리디온》[43]은 수 세기 동안 그리스 교부 성 닐루스의 것으로 간주됐고, 심지어 19세기에도 그랬습니다. 자크 폴 미뉴[44] 신부가 주도해 프랑스에서 출간된, 교부들의 저작을 모은 방대한 전집에서도 《엥케이리디온》은 성 닐루스의 저작에 포함됐습니다. 세네카, 에픽테토스, 마르쿠스 아우렐리우스 같은 그리스-로마 윤리학자들은 르네상스 이후로 근대 수양에 의해 그리스도교와 그리스도교 수양에 맞서기 위한 대안으로 활용됐다는 사실을 부언할 필요가 있습니다. 그러므로 자기 수양은 그리스도교 수양을 매개로 해서든, 비그리스도교 수양을 매개로 해서든 우리에게 전승됐다고 말할 수 있을 것입니다. 요컨대 우리 윤리의 상당 부분이 자기 수양의 유산이라 할 수 있습니다.

고대 철학사가는 대부분 파르메니데스에서 플라톤을 거쳐 아리스토텔레스에 이르는 형이상학과 존재론의 발전에 관심을 기울입니다. 과학사가나 관념사가들은 고대 그리스의 수학, 우주론, 자연과학에서 합리적 사유의 발달에 관심을 기울입니다. 하지만 고대 그리스-로마의 수양에서 주체성의 일정한 유형, 자기 관계의 일정한 유형의 발전을 연구하는 것도 흥미롭다고 생각합니다. 그리스의 형이상학은 우리가 존재와 맺는 관계에 결정적 역할을

43 에픽테토스, 〈엥케이리디온〉, 《에픽테토스 강의 3·4》, 327-382쪽(Arrien, *Manuel d'Épictète*, trad. fr. P. Hadot, Paris, Le Livre de Poche, 2000).

44 La *Patrologiae Cursus Completus, Series Latina*는 테르툴리아누스부터 인노첸시오 3세에 이르기까지 교부와 다른 그리스도교 저자의 텍스트를 모은 전집으로, 미뉴가 주도해 1844-1864년 221권으로 출간됐다.

했고, 그리스의 과학과 합리성은 역사에서 우리가 물리적 세계와 맺는 관계에 결정적인 역할을 했으며, 그리스-로마의 자기 수양은 우리가 자신과 맺는 관계[45]에 결정적인 역할을 했다고 말할 수 있습니다. 왜 이 고대 전통의 마지막 측면[그리스-로마의 자기 수양-옮긴이]이 앞선 두 측면보다 훨씬 간과됐는지, 왜 철학사가들이 형이상학이나 합리성의 발전에 많은 관심을 기울이면서 자기 수양에는 관심을 두지 않았는지 자문해볼 수도 있을 것입니다. 오늘 저는 이에 대해 답하거나 개략적으로 설명하지는 않겠습니다. 다음번 강연에서 그렇게 해볼 계획입니다.

오늘은 자기 수양을 개략적으로 설명해보고자 합니다. 지난번 강의에서 제가 강조한 두세 가지를 기억하실 겁니다. 첫째는 자기 돌봄[배려-옮긴이]이라는 행동 원칙은 순수한 철학적 계율이 아니라, 제 생각으로는—그것을 보여주는 많은 증언이 있는데—널리 퍼진 사회적 활동이었다는 점입니다. 둘째는 이 주제가 쇠퇴기의 징후, 사회적이거나 정치적이거나 문화적 데카당스의 징후가 아니었다는 사실입니다. 자기 돌봄[배려-옮긴이]이라는 주제는 반대로 아주 오래된 테크닉과 연관된 계율로 보입니다. 셋째는 자기 돌봄[배려-옮긴이]을 자기 인식과 동일시해선 안 된다는 점입니다. 자기 인식과 자기 돌봄[배려-옮긴이]은 연관됐지만 전자('너 자신을 알라')는 후자('너 자신을 돌보라[배려하라-옮긴이]')에 속하거나 후자의 결과로 생각할 수 있습니다. 지난번 강의에서 제가 강조한 것은 바로 이 세 가지입니다.

그럼에도 불구하고 고전기 그리스 시대 초기에 자기 돌봄[배려-옮긴이]의 의무에 대한 엄격히 철학적인 표명이 발견되고, 이

45 M. Foucault, "La culture de soi", conférence citée, p. 88 참조.

철학적 표명에서 자기 인식에 최고의 중요성을 부여했다는 사실을 인정해야 합니다. 이 최초의 철학적 표명은 플라톤의 《알키비아데스》[46]에서 발견됩니다. 그리고 이 텍스트는 오늘 강연에서 플라톤 철학의 이론과 자기 수양의 일반적 형태의 차이를 명확히 하기 위한 일종의 출발점, 기준점의 역할을 하게 될 것입니다.

그러므로 '너 자신을 돌보라'는 원리의 최초의 철학적 구상은 《알키비아데스》에서 발견됩니다.

논평자들이 이 대화편의 연대를 확정하는 데 주저한다는 사실을 아실 수도, 모르실 수도 있습니다. 어떤 논평자들은 이 텍스트를 젊은 시절 플라톤의 것으로 추정하는 경향이 있습니다. 드라마티스 페르소나이dramatis personae[a]도 이를 암시하고, 질문의 유형이나 대화와 논의의 완만함, 여기서 다룬 많은 주제도 이를 암시한다는 겁니다. 반대로 다른 논평자들은 아주 뒤늦은 시기의 것으로 추정합니다. 아시다시피 후기 플라톤 사유의 주제인, 신성한 본질 내에 있는 자기 자신에 대한 명상과 관련된 이 대화편의 극단적으로 교의적이고 '형이상학적'[b]인 결론 때문입니다.

제 능력 밖인 이 논쟁은 내버려둡시다. 하지만 《알키비아데스》라는 대화편은 플라톤 저작 중에서도 정말 이상한 것이어서 어떤 논평가들은 진본성을 의심한다는 것을 염두에 둬야 합니다. 오늘날 현대 논평가들은 이 대화편이 플라톤의 것이라는 데 대부분 동의한다고 생각합니다. 그래도 플라톤 사유에서 이 작품이 차지하는 정확한 위치—말기 플라톤 등—는 우리에게 항시 너

46 플라톤, 《알키비아데스》. 이 책 46쪽 각주 1을 보라.
a 타자 원고에 푸코가 '등장인물들'이라고 적어놓았다.
b 타자 원고에서 따옴표에 들어가 있다.

무나 수수께끼 같습니다. 하지만 기원후 초기에 신플라톤주의자들은 《알키비아데스》에 의해 제기된 문제와 관련해 대단히 탁월한 해결책을 제시합니다. 이 해결책은 고전적 전통에서 이 대화편에 부여된 의미와 '너 자신을[c] 돌보라(배려하라 - 옮긴이)'는 주제와 계율에 부여된 의미를 명확히 해명한다는 점에서 흥미롭습니다. 이 해결책은 무엇이었을까요?

아시다시피 기원후 2세기에서 5세기에 걸친 신플라톤학파의 주된 목표 가운데 하나는 플라톤의 글을 출판하고, 그것을 (교육 모델에 따라) 연구를 위한 교과과정으로 체계화하며, 백과사전적 인식을 위한 근간으로 조직하는 것이었습니다. 플라톤의 저작은 신플라톤학파에게 일종의 대학 교과과정이자 모든 인식의 백과사전이었습니다. 이런 관점에서 《알키비아데스》는 신플라톤주의 전통에서 최초의 대화편으로 간주됐습니다. 요컨대 학생들이 읽어야 할 첫 번째 대화편이고, 논평가들이 설명해야 할 첫 번째 대화편이었습니다.

예를 들어 2세기 저자인 신플라톤주의자 알비누스는 "선천적으로 능력을 타고났고", "철학을 할 나이가 됐으며", "정치의 부담"을 배격하고 "덕을 실천"하고자 하는 모든 사람은 《알키비아데스》에 대한 연구로 시작해야 한다고 말했습니다. 그런데 왜 이들은 《알키비아데스》로 시작해야 할까요? 《알키비아데스》에서 "자기 자신으로 향하는 법과 자신의 관심의 대상이 무엇인지 한정하는 법"을 배울 수 있었기 때문입니다. 더 늦은 5세기에 프로클로스는 《알키비아데스》라는 텍스트를 아르케 아파세스 필로소피아스arkhê apasês philosophias로 간주해야 한다고 말했습니다. 《알키비아

c 타자 원고: 주된 관심사로서.

데스》가 모든 철학의 원리이자 출발점이라는 의미입니다. 올림피오도로스는 플라톤 사유의 총체를 일종의 신성한 신전 혹은 성역에 비유하면서 그 아디톤aduton, 즉 그 신성한 중심부가 《파르메니데스》이고 신전의 입구가 《알키비아데스》라고 했습니다. 그래서 이 성역을 거쳐 사원까지, 즉 플라톤 사유의 중심부까지 나아가기 위해서는 《알키비아데스》에서 시작해 《파르메니데스》[47]까지 가야 한다는 것입니다.

《알키비아데스》를 상세히 연구할 의도는 없습니다. 이 텍스트에서 '너 자신을 돌보라〔배려하라-옮긴이〕'는 원리의 최초의 철학적 정식화가 발견되기 때문에 단지[a] 이 에피멜레이아 헤아우투, 즉 자기 돌봄〔배려-옮긴이〕의 몇 가지 주요 특질을 도출해보고자 합니다.

'너 자신을 돌보라〔배려하라-옮긴이〕'는 계율이 어떻게 이 대화편에 도입됐을까요? 이것이 첫 번째 문제입니다.

이 계율은 자신의 공적인 삶을 시작하려고 계획하는 알키비아데스가 도입합니다. 더 구체적으로 알키비아데스는 "대중 앞에서 발언하고" 헤라클레스[b]보다 강력하고 위대하게 되며 도시국가에서 절대 권력이 될 계획을 품고 있었습니다.

대화 초두에 소크라테스가 알키비아데스를 만나 자기 자신을 점검하라고 제안했을 때, 알키비아데스는 삶에서 어떤 이행의 지점에 있었습니다. 이 이행의 지점은 잘 알려진 것, 아테나이의 모든 젊은 귀족계급에 지극히 공통적인 것이었습니다. 아테나이

---

47 푸코는 신플라톤주의자들의 플라톤 작품 분류라는 문제에 대해 특히 앙드레-장 페스튀지에르의 다음 연구에 의거한다. "L'ordre de lecture des dialogues de Platon au Ve-VIe siècles", art. cit. 이 책 47쪽 각주 2를 보라.

a 타자 원고: 그 핵심을 이루는.

b 푸코는 타자 원고에 이렇게 적었다: 정치적 인사로서.

의 젊은 귀족이 자신의 동료들, 자신과 동류 사람들과 더불어 정치 생활에 입문하는 시기가 문제입니다. 그가 에로메노스eromenos, 즉 사랑받는 자는 될 수 없고 에라스테스erastês, 다시 말해 사랑하는 자가 돼야 하는 시기이기도 합니다. 그는 이 시기에 정치 무대에서도 그렇지만 사랑, 즉 에로스 게임의 영역에서도 능동적이 돼야 합니다.

알키비아데스는 정치적 삶과 에로스의 삶에서 동시에 이 잘 알려진 이행의 지점에 위치합니다. 하지만 모든 젊은 아테나이인에게 공통적인 이 고전적 이행 지점을 횡단하는 그의 방식은 다른 젊은이들과 확연히 다릅니다. 알키비아데스는 그저 동료 청년들과 함께 정치권력을 나눠 갖기를 원하는 것이 아닙니다. 그는 자신의 태생이 부여한 특권, 재산과 지위에 만족하지 않습니다. 그는 동류와 함께 이 모든 것의 혜택을 누리며 동료 젊은이들과 동일한 수준에서 "생을 보내고" 싶지 않다고 명시적으로 말합니다. 그는 도시국가에서 모든 타자를 압도하고, 외부에서도 스파르타의 왕들과 페르시아의 군주를 압도하길 원합니다. 이들(스파르타의 왕과 페르시아의 군주)은 알키비아데스에게 조국의 적일 뿐만 아니라 사적인 적이기도 합니다. 그러므로 알키비아데스는 그저 아테나이에서 권력을 행사하는 귀족 가운데 한 사람으로서 정치 무대에 등장하는 것을 원치 않으며, 유일한 자이고자 하고 동료 시민들과 사적인 권력 관계를 유지하고자 하며, 아테나이의 적들과 사적인 경쟁 관계를 유지하고자 하는 자임을 알 수 있습니다. 이것이 다른 젊은 귀족과 알키비아데스의 차이입니다.

알키비아데스는 에로스의 관점에서도 〔제가 앞서 언급한〕[a] 이

a 들리지 않는 구절을 추측했다.

행의 지점에 위치합니다. 그는 청소년기에 많은 이에게 욕망의 대상이었고, 추종자도 많았습니다. 그는 이제 구레나룻이 나고, 그를 사랑하는 자들이 결별을 원하는 순간이 왔습니다. 그러나 다른 사람들과 달리 알키비아데스는 그의 아름다움이 여전히 빛나던 시절에도 자신에게 구애하는 모든 이를 거부했습니다. 그가 원한 것은 크레이톤kreittôn, 즉 지배하는 위치에 머무는 것이지 그들에게 굴복하는 것이 아니었기 때문입니다. 여기서 그리스어에 고유한 정치적 어휘와 에로스적 어휘의 양의성이 중요합니다. 이제 소크라테스가 등장합니다. 소크라테스는 알키비아데스의 신체에 관심을 갖지 않거나 적어도 알키비아데스의 신체를 포기하면서 모든 타자가 실패한 곳에서 성공했습니다. 소크라테스는 자신이 알키비아데스보다 강하다는 것을 보여줄 것입니다. 그리고 완전히 다른 의미에서 알키비아데스를 복종하게 만들 것입니다. 도시국가 아테나이의 일인자가 되려면 알키비아데스는 자신의 영혼과 의지를 소크라테스에게 맡겨야 합니다. 바로 이 점이 중요합니다. 정치적 삶에서 일인자가 되려면 연인에게 육체적으로가 아니라 정신적인 의미에서 복종해야 합니다. 따라서 소크라테스는 젊은 아테나이인 알키비아데스의 삶에서 결정적으로 중요한 순간에 그를 만나고, 알키비아데스가 청년의 신분에서 성인의 신분으로 나아가는 이행의 순간에 그를 붙잡아 세웁니다. 알키비아데스는 이 이행을 여타 귀족 젊은이와 동일한 방식으로 경험하지 않습니다.

저는 젊은이의 지극히 개인적인 정치적 야심과 스승 소크라테스의 각별한 사랑(철학적 사랑)의 이 교차 지점에서 자기 돌봄(배려-옮긴이)의 문제가 출현한다고 생각합니다.

바로 여기서 '왜 알키비아데스는 자기 자신을 돌봐야(배려해야-옮긴이) 하는가'라는 두 번째 문제가 제기됩니다.

소크라테스는 알키비아데스에게 그의 야심이 무엇인지, 아니 알키비아데스가 자신의 능력이라고 생각하는 것이 무엇인지 묻습니다. 알키비아데스는 적절히 통치한다는 것이 무엇을 의미하는지 알까요? '정의'라는 말이 무엇을 의미하는지 알까요? 도시국가에서 '화합'이 무엇을 의미하는지는요? 알키비아데스는 우리에게 친숙한 고전적 소크라테스의 대화에 나오는 젊은이로서, 이 모든 것에 대해 아는 게 없어 답하지 못하는 상황에 처합니다. 이런 종류의 상황은 플라톤의 거의 모든 초기 대화편에서 발견됩니다. 소크라테스는 알키비아데스에게 그 자신을 적과 비교해보라고 종용합니다. 그가 맞서 싸우려는 자, 도시국가 외부의 경쟁자, 스파르타의 왕, 페르시아의 군주와 자신을 비교해보라고 종용합니다. 소크라테스는 알키비아데스에게 말합니다. "스파르타의 왕이 자신에게 필요한 덕을 세심히 교육받는다는 것을 알고 있겠지?" 페르시아의 왕으로 말할 것 같으면 14세 때부터 젊은 왕자가 네 교육자에게 맡겨집니다. 첫 번째 교육자는 지혜sophia, 두 번째 교육자는 정의dikaiosunê, 세 번째 교육자는 절제sophrosunê, 네 번째 교육자는 용기andreia를 가르칩니다. 플라톤의 네 가지 덕은 말기 대화편에 나옵니다. 이는 이 대화편의 연도를 확정하기 어렵다는 것을 보여주는 또 다른 증거입니다. 아무튼 페르시아 왕은 완벽하고 플라톤주의적이며 지극히 훌륭한 교육을 받습니다. 알키비아데스는 어떤 교육을 받았을까요? 그는 무지하고 늙은 노예에게 맡겨졌습니다. 그의 보호자 페리클레스는 자식을 적절히 교육할 능력조차 없었습니다.

알키비아데스는 경쟁자들을 물리치기 위해 테크네technê, 즉 수완을 획득해야 합니다. 그는 즉 에피멜레스타이epimeleisthai, 즉 수

완의 획득에 매진해야 합니다. 이제 우리는 핵심 논의에 접근합니다. 하지만 이미 보셨듯이 알키비아데스는 어디에 매진해야 하는지조차 알지 못합니다. 정의가 뭔지, 화합이 뭔지, 훌륭한 통치가 뭔지 전혀 몰랐으니까요. 알키비아데스는 심각한 곤경에 빠집니다. 그는 절망합니다. 바로 그때 소크라테스가 개입하고 중요한 사항을 말합니다. "네가 쉰 살이라면 상황은 심각하고 절망적이기까지 하다. 에피멜레이스타이 세아우토Epimeleisthai seautô, 즉 너 자신을 돌보기(배려하기-옮긴이)에는 너무 늦을 것이다."

이 표현이 이 텍스트에 처음 등장하고 아마도 플라톤의 저작에서 처음으로(이 점과 관련한 강의 전반부의 논의를 유보하고 말입니다.[a]) 등장하는 곳은 바로 이 대목입니다. 적어도 이런 의미에서 이 개념이 나타나는 것은 이번이 처음입니다. 아시다시피 자기 자신을 돌봐야(배려해야-옮긴이) 한다는 이 계율이 나쁜 교육이나 부실한 교육과 직결된다는 것은 대단히 중요합니다. 그리고 이런 자기 돌봄(배려 - 옮긴이)의 의무는 인생의 어떤 특정한 시기, 요컨대 젊은이가 정치 생활에 투신하는 특정 시기에 적용돼야 한다는 것도 대단히 중요합니다.

소크라테스가 알키비아데스에게 자기 자신을 돌봐야(배려해야-옮긴이) 한다고 설파한 뒤에 세 번째 문제가 제기됩니다. 정확히 말해 마지막 두 문제, 돌봐야(배려해야-옮긴이) 할 '자기'라는 것은 무엇인가, 자기를 돌보는(배려하는-옮긴이) 것은 어떤 것인가라는 문제가 제기됩니다.

첫 번째 문제에 답할 수 있게 해주는 긴 논의로 신속히 넘어갑시다. 문제가 되는 이 자기 자신은 재산, 의복, 도구처럼 우리

---

a 문장의 일부가 들리지 않아 추측했다.

가 소유할 수 있는 사물이 아닙니다. 이것은 의사나 체육 교사가 돌보는〔배려하는－옮긴이〕 우리의 신체일 수도 없습니다. 우리는 자신의 재화와 도구, 신체를 사용할 능력을 갖춘 것, 다시 말해 사실상 우리 자신의 영혼을 돌봐야〔배려해야－옮긴이〕 합니다.[b]

자기 자신의 영혼을 돌보려면〔배려하려면－옮긴이〕 당연히 이 영혼이 무엇인지 알아야 합니다. 그리고 영혼이 자기 자신을 인식하기 위해서는 자신과 구성 요소가 동일한 거울 속을 응시해야 합니다. 다시 말해 인간은 자신의 영혼을 자신이 속한 신성한 요소 내에서 응시해야 합니다. 인간은 이 신성한 요소를 통한, 이 신성한 요소 내에서의 영혼의 명상 속에서, 정의로운 행동의 토대가 될 수 있고 정치적 행동의 규칙을 설정하게 될 원리와 본질을 발견할 수 있게 됩니다. 알키비아데스가 도시국가 아테나이의 지도자가 되기를 원함에 따라 왜 자기 자신을 돌봐야〔배려해야－옮긴이〕 하는지 이제 아시겠지요. 알키비아데스가 정의로운 정치적 행동이 무엇인지 알기 원한다면, 그 안에서 영원한 본질을 볼 수 있는 신성한 요소를 통해 자기 자신의 영혼을 응시해야 합니다.

이 구절에 주목해야 할 몇 가지 이유가 있습니다. 우선 이 구절은 후기 플라톤주의의 모든 특징을 보여주기 때문입니다. 하지만 무엇보다 이 구절이 주목할 만하다고 생각하는 이유는 여기서는 자기 돌봄〔배려－옮긴이〕이 제가 지난번 강연에서 말씀드린 것과 정반대 것으로 보이기 때문입니다. 이 텍스트에서 자기 돌봄〔배려－옮긴이〕은 자기 인식 내에 흡수돼 있습니다. 대화편 전체를 통해 대화의 주요 주제인 자기 돌봄〔배려－옮긴이〕의 원리는 '자기 자신을 알라'는 델포이의 원리를 중심으로 선회합니다. 누차 직간

b　녹음이 중단돼서 타자본을 참고해 복원한 구절.

접적으로 자기 인식gnôthi seauton이 자기 돌봄〔배려–옮긴이〕epimele seautô 주변에서 언급됩니다. 하지만 대화 종반부에서 알키비아데스에게 그가 신성한 본질을 거울 속에서 바라보듯이 응시해야 한다고 말하는 바로 그 순간 '너 자신을 알라', 그노티 세아우톤은 자기 자신을 돌봐야〔배려해야–옮긴이〕 한다는 원리에 의해 열린 모든 공간을 점유하게 됩니다. 플라톤에서 혹은 적어도 이 대화편에서 자기 돌봄〔배려–옮긴이〕은 자기 인식 안에 있습니다.

이 텍스트에 상당한 시간을 할애했지만 앞으로 연구할 텍스트는 대부분 훨씬 뒤늦은 시기의 것입니다. 이 텍스트가 자기 돌봄〔배려–옮긴이〕의 역사에서 근본적인 몇 가지 문제를 명확히 보여주기 때문입니다. 〔이 역사에서〕 사용된 해결책은《알키비아데스》에서 주어진 해결책과 아주 다를 것입니다. 그리스, 헬레니즘, 그리스–로마의 문명과 문화, 철학 전반에 걸쳐 동일한 문제에 상이한 해결책이 수반되는 것을 발견할 수 있다고 생각합니다.

세 가지 근본적인 문제가 있습니다.

첫 번째 문제는 자기 돌봄〔배려–옮긴이〕과 정치 활동의 관계 문제입니다. 이미 살펴봤듯이 소크라테스는 알키비아데스가 타인을 돌보고〔배려하고–옮긴이〕 지휘하기를 열망한다고 하자, 그에게 자기 자신을 돌볼〔배려할–옮긴이〕 것을 종용합니다. 이 대화편에서 알키비아데스는 타인을 통치하고 싶기 때문에 자기 자신을 돌봐야〔배려해야–옮긴이〕 합니다. 요컨대 그는 타자를 돌봐야〔배려해야–옮긴이〕[48] 하기 때문에 자기 자신을 돌봐야〔배려해야–옮긴이〕 합니다epimeleisthai heautô, epimeleisthai allois. 뒤늦은 시기에, 특히 로마제국에서 자기 돌봄〔배려–옮긴이〕과 정치 활동의 관계 문제는 아주 달라질 것입니

48 *Epimeleisthai allois*: 타인에 대해 걱정하기, 타인을 돌보기.

다. 하지만 이 시기, 즉 제정 초기에 이 문제는 자기 자신을 돌보기(배려하기-옮긴이) 위해 정치 활동에서 멀어질 필요가 있지 않을까 하는 양자택일의 형태로 제시되는 경향이 일반적이었습니다. 《알키비아데스》에서 이 관계는 자기 돌봄(배려-옮긴이)과 정치 활동의 상호 관계입니다. 이 관계는 더 늦은 시기인 헬레니즘 시대와 그리스-로마 시대에 양자택일의 형태를 취하게 될 것입니다.

고대 문화 전반을 통해 발견되는 두 번째 문제는 자기 돌봄(배려-옮긴이)과 교육의 관계 문제입니다. 소크라테스의 말에서 자기 자신을 돌본다(배려한다-옮긴이)는 것은 교육이 불충분한 젊은이의 과제로 제시됩니다. 더 늦은 로마제정기에 자기 자신을 돌보는(배려하는-옮긴이) 것은 결코 (교육이 불충분한)[a] 젊은이의 과제로 제시되지 않을 것입니다. 그것은 모든 성인의 의무이자 평생 수행해야 할 과제로 제시될 것입니다.

《알키비아데스》와 더 늦은 시기의 철학에서 발견되는 세 번째 문제는 자기 돌봄(배려-옮긴이)과 자기 인식의 관계 문제입니다. 우리는 플라톤의 소크라테스가 자기 인식gnôthi seauton에 부여한 특권을 알고 있습니다. 이 특권적 지위는 모든 플라톤주의와 신플라톤주의 운동의 전형적 특징 가운데 하나일 것입니다. 반대로 자기 돌봄(배려-옮긴이)은 헬레니즘 시대와 로마 시대 철학에서 아주 빈번하게 대체적으로 일정한 독자성, 아마도 자기 인식에 비해 일정한 특권적 위상을 갖게 됩니다. 아무튼 철학적 방점이 자기 돌봄(배려-옮긴이)에 찍히는 일이 종종 일어납니다. 자기 인식은 결과적으로 적절히 자신을 돌보기(배려하기-옮긴이) 위한 도구나 방법에 불과합니다.

a 부분적으로 들리지 않는 구절을 추측했다.

이것이 제가 지금부터 구체적으로 분석하고자 하는 것, 요컨대 제정기 첫 두 세기의 자기 돌봄〔배려-옮긴이〕의 출발점입니다. 더 구체적으로는 아우구스티누스 왕조 말부터 안토니우스 왕조 말에 이르는 시기를 선택했습니다. 이 150-200년은 아시다시피 고대 문명의 전성기 가운데 하나였습니다. 이 시기는 자기 돌봄〔배려-옮긴이〕의 이론과 실천에서 특권적 시기, 일종의 '황금기'였다고도 생각합니다.

에픽테토스는 이런 관점에서 중요합니다. 사실 에픽테토스의 《강의》에서 자기 돌봄〔배려-옮긴이〕의 완벽한 이론을 발견할 수 있다고 생각합니다. 에픽테토스는 자기 돌봄〔배려-옮긴이〕이 과제, 책무, 특권이라는 점, 특히 동물과 비교할 때 인간의 특권이라는 점을 명확히 보여줍니다. 에픽테토스에게 인간은 자기 자신을 돌볼〔배려할-옮긴이〕 능력이 있고 그렇게 해야 하는 존재입니다. 다음 번 첫 세미나에서는 이 주제와 관련된 에픽테토스의 텍스트 몇 구절을 함께 읽어보려고 합니다.[49][a]

하지만 오늘은 이 엄밀하게 이론적이고 철학적인 텍스트에 머무르고 싶지 않습니다. 에픽테토스가 자기 돌봄〔배려-옮긴이〕의 원리를 다시 취하는 시대에 자신에 대한 경각심이라는 주제가 엄청난 중요성을 갖게 됩니다. 이 자기 돌봄〔배려-옮긴이〕의 전성기를 예비한 오랜 전개가 있었습니다. 1세기와 2세기는 당연히 출발점이 아니라 오랜 시기에 걸친 전개입니다.

---

49 에픽테토스, 《에픽테토스 강의 1·2》, 153-157쪽(Épictète, *Entretiens*, I, 16, "De la Providence", *op. cit.*, p. 61-63). 첫 번째 세미나에서는 이 텍스트를 주해할 시간이 없었기에, 두 번째 세미나에서 한다. 이 책 223-240쪽을 보라.

a 이 문단에 해당하는 원고는 발견되지 않았다. 그러므로 푸코가 실제로 말한 것과 비교해 주목할 만한 다른 내용이 있었는지 알 수 없다.

삶의 조언자이자 실존의 안내자라고 주장하는 이 철학자들에게 물질적인 의미가 아닌 자기 자신의 이해관계에 대한 주의라는 주제는 당연히 거의 보편적으로 수용됐습니다. 에피쿠로스주의자들은 그들의 스승을 본받아 자신의 영혼을 돌보는〔배려하는-옮긴이〕 데 너무 이르거나 늦는 일은 결코 없다고 반복해서 말합니다.[50] 스토아주의자 가운데 무소니우스 루푸스도 "인간은 자기 자신을 부단히 돌봄〔배려함-옮긴이〕으로써 자신의 구원을 확보할 수 있다"[51]고 말했습니다. 세네카는 "자기 자신에 열중해야 한다", "자기 자신의 영혼에 열중해야 한다",[52] "서둘러 자기 자신 쪽으로 달려가기", "자기 자신 안으로 되돌아가 거기 거주하기"라고 말합니다. 플루타르코스는 내면으로 시선을 돌려야 하고, "자기 자신에게 가능한 모든 주의를 기울이기를" 권고합니다. 프루사의 디온은 한 강연 전체를 아나코레시스 에이스 헤아우톤anakhôresis eis heauton,[53] 즉 자기 안에 은거하기에 할애합니다. 갈레노스는 의사, 웅변가, 문법가를 만들어내기 위해 얼마나 많은 시간이 필요한지 상기시키면서 선한 인간이 되기 위해서는 그보다 훨씬 많은 시간이 필요하다고 생각했습니다. 그는 수많은 해를 자신을 돌보기〔배려하기-옮긴이〕 위해 보내야 한다고 말합니다.[54]

이는 몇몇 철학자나 신체 및 영혼의 전문가들이 주는 영혼과 신체에 대한 추상적 조언에 불과한 것이 아니었습니다. 자기 자신을 돌보는〔배려하는-옮긴이〕 것은 〔교양 있는 계층에〕[a] 확산된 실

---

50 Épicure, *Lettre à Ménécée*, *op. cit.*, p. 45.

51 플루타르코스, 〈분노의 억제에 관하여〉, 《그리스 로마 에세이》(키케로 외), 578쪽〔Plutarque, *Du contrôle de la colère*, 453D, *op. cit.*, p. 59〕. 이 책 54쪽 각주 8을 보라.

52 세네카가 사용하는 이런 표현에 대해서는 이 책 54쪽 각주 9를 보라.

53 Dion Chrysostome, *Discourse 20. On Retirement* (*Peri anachôrêseôs*), *op. cit.*

54 Galien C., *Du diagnostic et du traitement des passions propres à l'âme de chacun*, 4. *op. cit.*, p. 16-17.

a 타자 원고에 따라 빠진 구절을 재구성했다.

천이었고 몇몇 에피쿠로스주의자 그룹의 일반 회원 모집과 견유주의자의 연설 대상이던 길거리 청중을 〔생각해보더라도〕[a] 대단히 폭넓은 계층에 확산된 실천이었음을 짐작할 수 있습니다. 일정한 제도적 근간이 자기에 대한 열중을 강화했습니다. 예컨대 자기 자신을 돌보는〔배려하는-옮긴이〕 법을 배우던 학교, 사적이거나 공적인 교육기관, 강연, 다소 폐쇄적인 소모임에서의 토론 등이 존재했습니다. 대단히 체계화된 단체에서도 자기 돌봄〔배려-옮긴이〕이 발견되는데 여기서 자기 돌봄〔배려-옮긴이〕은 피타고라스주의자들 혹은 제가 지난번 강연에서 언급한 알렉산드리아의 필론이 묘사하는 이상한 단체[b]에서처럼 규칙화된 공동생활의 형태를 취합니다.[55] 그러나 〔이 단체보다-옮긴이〕 훨씬 더 유연한 단체도 있었는데, 이들은 인도자를 중심으로 하거나 단순히 철학이나 생활양식forma vitae을 중심으로 만났습니다. 사람들은 방문하거나 연수를 받기 위해 스승의 집을 찾아가기도 했습니다. 예를 들어 플리니우스는 병역 때문에 소아시아로 파견됐을 때 서둘러 에우프라테스를 방문했습니다. 에우프라테스는 당시 스토아주의의 중심인물 가운데 한 사람이었습니다. 플리니우스는 병역 기간 대부분을 에우프라테스의 지도하에 자기 자신을 돌보는〔배려하는-옮긴이〕데 할애했습니다.[56] 여러분의 집에 거처를 정하는 스승들도 있었습니다. 로마의 귀족계급은 이런 삶의 조언자들을 좋아했습니다.

---

a 타자 원고에 따라 빠진 구절을 재구성했다.

b 타자 원고에는 "혹은 제가 지난번 강연에서 언급한 (…) 이상한 단체" 대신 다음과 같이 쓰였다: 혹은 그리스-로마 문화의 경계 지대에서, 유명하기도 하고 신비롭기도 한 예를 들자면, 알렉산드리아의 필론이 '유대인 고행자들Thérapeutes'이라고 묘사한 자들.

55 Philon d'Alexandrie, *De vita contemplativa*, *op. cit.* 참조.

56 Pline le Jeune, *Lettre 10*, dans *Lettres*, t. I, trad. fr. H. Zehnacker, Paris, Les Belles Lettres, 2009, p. 21-23. 다음을 참조하라. 《주체의 해석학》, 185-186쪽〔HS, p. 146〕; 《자기 배려》, 66쪽(〈제2장 자기 연마〉, 항목 1의 다섯 번째 문단)〔SS, p. 63〕.

한 예를 들면 데메트리오스는 트라세아 파이투스가 자살해야 했던 때 궁정의 철학자였습니다. 데메트리오스는 그에게 영혼의 불멸성을 가르치기 위해 그의 곁에 있었고 트라세아 파이투스의 마지막 시선은 영혼의 불멸성을 말하는 데메트리오스로 향했습니다.[57] 이 활동 가운데 어떤 활동은 유료였고 어떤 활동은 무료 봉사이기도 했지만, 이 모든 것은 방대한 의무와 봉사의 네트워크를 전제로 한 활동이었습니다. 이 모든 활동은 우선 웅변술 교육을 주창하던 자들과, 자기 돌봄(배려-옮긴이) 쪽으로 사람들을 유도하기를 선호하던 자들 간에 활발한 경쟁을 유발했습니다. 이 점은 대단히 중요하므로 이 문제를 여러 차례에 걸쳐 다시 논의하겠습니다. 수사학적 정식화와 철학적 정식화의 대립과 대극은 자기 돌봄(배려-옮긴이)과 관련됨에 따라 이 시대, 즉 제정 초기에 고대 수양의 중요한 특질 가운데 하나가 된다고 생각합니다. 타인에게 자기 돌봄(배려-옮긴이)을 가르치려는 사람 중에는 대체로 목표와 방식이 유사함에도 불구하고 경쟁하는 다양한 학파가 존재했습니다. 마지막으로 고객과 그저 언쟁하던 사람들이 있었습니다. 철학자와 시장의 구경꾼에게 생활양식을 제안하던 모든 사람을 그다지 좋아하지 않은 루키아노스는 이들의 모든 실천을 호의적이지 않게 묘사합니다. 이 사람들의 실천이 정확하게 무엇이었는지보다 아니라 그들에 대한 풍자적 묘사가 어떤 것이었는지 알고 싶다면 루키아노스의 《헤르모티무스》라는 대화편을 읽어봐야 합니다. 헤르모티무스는 자기 돌봄(배려-옮긴이)으로 전향한 것을 대단히 자부하는 인물입니다. 그는 우연히 길에서 만난 친구에게 자신에게 자기 돌봄(배려-옮긴이)을 가르치는 철학자 스승이 있고

---

57 이 책 66쪽 각주 36을 보라.

심지어 그를 20년 넘게 만나왔다고 설명합니다. 자문료가 엄청나게 비쌌기 때문에 파산하고 말았지만, 스승은 20년 후에는 아마도 그가 행복해질 거라는 희망의 여지를 남겼다고 합니다.[58]

이 모든 것이 기만이나 사기만은 아니었습니다. 이 실천에서 분명 어떤 사람은 이득을 취하지만 말입니다. 어떤 개인은 진지하게 자기 돌봄〔배려-옮긴이〕이라는 개인적 활동에 전념합니다. 이 활동의 진지한 양태는 다음번 강의 주제가 될 것입니다.

말씀드린 것과 관련해 질문이나 제언 있습니까?[a]

〔'자기 돌봄〔배려-옮긴이〕'에 매일 적어도 어느 정도 시간을 할애하는 것은 좋은 아이디어였습니다. 심지어 상당한 시간을 할애할 수도 있었습니다.〕[b] 몇 달 혹은 몇 주 동안 이어지는 이런 종류의 은둔은 예를 들면 플리니우스가 잘 아는 실천이었습니다. 요컨대 그는 자신의 친구들 가운데 한 명에게 그것을 권했고 그 자신도 시골에 은둔하기를 좋아했습니다.[c] 당대에 시골은 철학적 장소로 여겨졌고, 시골에

---

58 Lucien de Samosate, *Hermotimos*, *op. cit.*, p. 322-459.

a 이 강연 첫 부분 후에 간단한 토론이 이어진다. 제기된 물음에 푸코가 답한 것은 불행히도 잘 들리지 않아서 받아 적을 수 없었다. 요약된 내용만 제공할 수 있을 것 같다.
우선 두 가지 질문이 제기됐다. 두 번째 질문에 대해 푸코는 루키아노스가 묘사하는 스승과 제자의 관계와, 그 시절 일어났던 일의 유사성을 정신분석 치료의 틀에서 환기한다.
푸코는 세 번째 질문에 고대의 자기 수양에서 타인의 도움 없이 자기 돌봄〔배려-옮긴이〕을 실천하는 것은 불가능했다고 답한다. 그러고 나서 소크라테스와 로마 시대, 그리스도교 수도원에서 스승과 제자의 관계가 취하는 형식이 각기 달랐다고 설명한다(푸코는 다음과 같은 격언을 인용한다: "지도받지 않는 자는 낙엽처럼 진다."[59]
네 번째 질문은 알키비아데스의 야망에 대한 소크라테스의 태도에 어떤 의미를 부여할 것인지와 관련된 듯하다. 푸코는 알키비아데스가 아테나이의 일인자가 되고자 했으며, 소크라테스는 그에게 그러기 위해서는 우선 자기 자신을 돌봐야 한다고 말했음을 상기시킨다. 자기 돌봄〔배려-옮긴이〕은 뒤이어 그의 사적인 야망이 그를 폭정으로 이끌어갈 것임을, 그것은 도시국가에 행사해야 하는 힘이 아님을 발견하게 할 것이다. 푸코는 청중의 질문을 계기로 소크라테스가 알키비아데스에게 모종의 덫을 놓았다고 설명하면서 두 번째 세미나의 첫 부분을 다시 다룬다. 이 책 212쪽을 보라.

59 (이 책 86쪽 각주 a에 붙은 각주) MFDV, p. 132 그리고 《주체의 해석학》, 425쪽〔HS, p. 381〕 참조. Voir également F. Brion et B. E. Harcourt, dans MFDV, p. 152-153, n. 17.

b 타자 원고에 입각해서 누락된 구절을 재구성했다.

c 타자 원고: 자기 자신에게 은거하기이기도 한.

은둔하는 것은 자기 자신 안에 은둔하는 것이기도 했습니다. 이런 여가가 스콜레scholê 혹은 오티움otium으로 규정될 수 있기 위해서는 그것이 적극적 여가, 공부의 시간이었다는 점, 다시 말해 독서, 대화, 명상이라든지 불행, 유배, 죽음에 대한 대비 같은 다양한 활동, 일정한 절제를 내포하는 훈련이었다는 점을 유념할 필요가 있습니다. 이 점을 다시 검토하겠습니다.

글쓰기도 중요한 역할을 담당하고 있었다는 사실을 강조하고자 합니다. 자기 자신을 돌본다는 것은 하루 동안 자기 자신에게 일어난 바, 자신이 느낀 바, 자신이 경험한 바, 자신이 읽은 책, 자신이 나눈 대화 등을 메모하는 것을 포함했습니다. 사람들은 그리스인이 휘포므네마타hupomnêmata라 부르는 바, 즉 다시 읽고 기억하기 위한 수첩을 만듭니다.[60] 사람들은 친구를 위한 논설을 썼고 친구에게 서신을 보냈고 친구와 서신을 주고받았으며, 이것은 그들의 시도를 돕는 수단이고 자기 자신을 위해 필요한 진실(진리-옮긴이)을 재활성화하는 수단이기도 했습니다. 예를 들어 세네카가 루킬리우스에게 친구 아들의 죽음에 관한 편지를 썼을 때, 그것은 "이 편지를 죽은 어린아이의 아버지가 보고 위로받게 하기 위해서"였습니다. 그것은 루킬리우스에게 교훈을 주어 그가 이 교훈을 자신의 아들이나 부모 중 한 사람에게 사용하는 것을 돕기 위해서이기도 했습니다. 세네카가 이 편지를 썼을 때 그것은 자신을 위한 수련이기도 했습니다. 그것은 세네카가 삶, 죽음 등에 대해 자신이 알던 진실(진리-옮긴이)을 재활성화하는 수단이었기 때문입니다.[61] 저는 글쓰기의 이런 중요성이 대단히 특징적이

60 이 책 57쪽 각주 15를 보라.

61 세네카, 〈슬픔이나 쾌락이나〉, 《세네카 삶의 지혜를 위한 편지》, 453-461쪽(Sénèque, *Lettre 99*, dans *Lettres à Lucilius*, t. IV, trad. fr. H. Noblot, Paris, Les Belles Lettres, 1962, p. 125-134).

라고 생각합니다. 글쓰기는 자기 수양의 중요한 특질이었습니다. 아시다시피 독서와 글쓰기는 그리스와 로마 사회에 폭넓게 확산됐습니다. 그리스와 로마 사회에서는 노예를 제외하고 만인 혹은 거의 만인이 읽고 쓸 줄 알았습니다. 하지만 정말로 중요하고 의미심장한 차이가 있다고 생각합니다. 정치 생활에서 적어도 고전기 고대, 제정 초기에 이르기까지 구두 문화가 지배적이었습니다. 글쓰기는 정치 생활에서 중요하지 않았습니다. 제정 말, 특히 3세기의 대위기 이후에 행정 구조 및 관료제의 발달과 더불어 글쓰기가 중요해졌고 정치 생활에 필요한 활동 가운데 하나가 됐습니다. 과거에는 정치 생활, 정치 활동이 주로 구두적이었습니다. 그렇지만 자기의 문제, 자기 돌봄〔배려-옮긴이〕이 적어도 헬레니즘 시대에는 글쓰기를 절대적으로 필요로 하는 주제였다는 점에 유의해야 합니다. 이 시대 내내 글쓰기 사용의 발달은 자기 수양의 발달과 연관됐고 상호 의존적이었습니다. 자기는 일정한 활동을 이용해 돌봐야〔배려해야-옮긴이〕 할 어떤 것이었고, 그 가운데 글쓰기 활동이 있었습니다.[a]

글쓰기 활동의 주제로서 주체성은 근대의 발명품이 아닙니다. 그것은 낭만주의에서 기원하는 발명품도 아니고 종교개혁의 혁신도 아니며, 성 아우구스티누스나 그리스도교 영성 초기의 혁신도 아닙니다. 반대로 주체성이 이 글쓰기 활동의 주제라는 사실은 서구의 가장 오래된 전통입니다. 이 전통은 성 아우구스티누스와 그리스도교 영성이 출현했을 때 깊이 뿌리내리게 됩니다.

a 원고에는 "제정기 말, 특히 3세기의 대위기 이후에 (…) 글쓰기 활동이 있었습니다" 대신 다음과 같이 쓰여 있다: 실제로 행정적이고 관료제적 구조의 발달이 제정기 통치에서 글쓰기의 역할을 확대했다는 것. 그렇지만 자기 통치에서 글쓰기의 역할은 결정적이었다는 데 유의해야 한다. 돌봐야 할 어떤 것으로서 자기는 끊임없는 글쓰기 활동의 주제였다.

고대 수양의 시대에 정치 활동은 구두 활동인 반면에 자기 돌봄〔배려–옮긴이〕은 대체로 글쓰기 활동이었다는 사실은 〔중요한 사태〕[b] 입니다. 그런데 그리스도교 시대에 변동이 발생했습니다. 정치 생활은 문어적 활동이 되고 자기 수양은 고해와 더불어 구두 활동이 됩니다. 이런 변동은 카시아누스〔에게서 나타납니다〕.[c] 저는 이런 양상과 글쓰기의 중요성을 강조하고자 합니다.

이런 실천이 확산됨과 동시에 구체적이고 개인적인 경험은 이 활동에 힘입어 강화되고 확장되는 것 같습니다. 이 자기 경험은 외적 활동에만 결부된 것은 아니었다고 생각합니다. 사람들이 자기 자신에 대한 경험, 그들이 자기 자신과 〔맺는〕 관계의 방식은 내성內省, introspection이라 부를 수 있는 것을 통해 변형됐다고 생각합니다. 자기를 향한 이런 종류의 응시는 과거보다 훨씬 주의 깊어지고 세밀해지고 깊어집니다. 예를 들어 세네카[62]와 플리니우스[63]의 서신, 마르쿠스 아우렐리우스와 프론토의 서신 교환[64] 등, 이 모든 서신은 자기 자신에 대한 용의주도하고 세심한 주의를 보여줍니다. 종종 일상생활의 세부 사항과 건강과 기분의 섬세한 뉘앙스, 사소한 신체적 불안, 체험된 편찮음 등에 이런 주의를 기울입니다. 이런 주의는 영혼의 미세한 운동, 정신의 미세한 운동에도 기울이고, 독서, 기억나는 구절, 이런저런 사건에 대한 성찰에도 기울입니다. 일정한 방식의 자기와 관계와 경험의 일대 영역은 이전의 사료에서는 발견되지 않는 것을 발견할 수 있게 해줍니다.

이런 관점에서 마르쿠스 아우렐리우스가 친구, 스승 혹은

b 들리지 않는 구절을 추측했다.

c 들리지 않는 구절을 추측했다.

62 세네카, 《세네카 삶의 지혜를 위한 편지》(Sénèque, *Lettres à Lucilius*, *op. cit.*).

63 Pline le Jeune, *Lettres*, *op. cit.*

64 *Lettres inédites de Marc Aurèle et de Fronton*, *op. cit.*

연인일 수도 있는 프론토에게 쓴 서신과 프론토가 마르쿠스 아우렐리우스에게 쓴 서신은 대단히 의미심장합니다. 여기서 이 서신의 영역본을 발견할 수 있다면(프랑스어 번역본은 발견했지만 사랑의 편지는 그리스어로 쓴 것을 라틴어로 번역한 것이었습니다)[a] 세미나에서 몇 편을 함께 읽을 수 있을 것 같습니다.[65]

번역은 안 됐지만 대단히 흥미로운 또 다른 텍스트가 아일리우스 아리스티데스의 《신성담》입니다.[66] 이 텍스트는 이 모든 것에 대한 명확한 증거가 된다고 생각합니다. 아일리우스 아리스티데스는 아주 이상한 사람으로 정치, 로마의 설립, 황제의 통치 등과 관련해 대단히 흥미로운 것들을 집필했습니다. 이 모든 역사, 로마의 정치적 운명[67]은 대단히 아름답습니다.[68] 그와 더불어 아일리우스 아리스티데스는 10년 동안 온갖 병을 앓았습니다. 10년 동안 자신의 치유를 기원하며 이 나라에서 저 나라로, 이 사원에서 저 사원으로, 이 신탁에서 저 신탁으로 지중해 동부를 편력했습니다. 그리고 실제로 10년 만에 건강을 회복했습니다. 그는 치료의 신 아스클레피오스에게 감사를 표하기 위한 논설 여섯 편을 집필했습니다. 이 논설은 전체적인 형식으로 보아 치유를 이야기하고 신들에게 감사를 표현하는 전통적 비문 장르와 관련이 있습니다. 그것은 말하자면 비석에 각인된 글의 전사입니다. 그는 비석에 몇 자로 쓰인 것을 이 책으로 저술했습니다. 그리고 아일리우스 아리스티데스는 문학작품으로 변형한 전통적인 틀에

a 부분적으로 들리지 않는 구절을 추측했다.

65 푸코는 두 번째 세미나 말미에서 이 서신 중 몇 편을 주해한다. 이 책 246-253쪽을 보라.

66 Ælius Aristide, *Discours sacrés*, *op. cit.* 이 책 58쪽 각주 19를 보라.

67 푸코는 이 말(destinée)을 프랑스어로 표현한다.

68 Ælius Aristide, *En l'honneur de Rome*, dans *Éloges grecs de Rome*, trad. fr. L. Pernot, Paris, Les Belles Lettres, 1997.

서 자신의 질병과 불안, 고통, 다양한 느낌, 자신에게 조언하는 예지몽, 자신이 시도한 치료법, 종종 자신이 얻은 차도 등 엄청난 양의 묘사를 펼칩니다. 이 경우는 일반적인 심기증의 증후의 경계를 넘어선 것으로 보입니다. 문제는 아일리우스 아리스티데스가 아팠는지 아닌지 아는 것이 아닙니다. 그는 아팠습니다. 그가 자신의 수양에서 이런 개인적 경험을 표출할 수단을 발견했는지 확인하는 게 중요합니다. 이 텍스트에서는 우선 병에 관한 이야기라는 아주 오래 지속될 문학 장르가 보여주는 혁신을 발견할 수 있고, 동시에 아일리우스 아리스티데스가 오랫동안 자신의 수양에서 이 혁신을 실현할 도구를 찾아냈거나 적어도 그 자극을 받았다는 사실을 발견할 수 있다고 생각합니다.

지나치게 건너뛴 것에 양해를 바랍니다. 저는 이 시대, 즉 제정 초기에 자기 돌봄(배려-옮긴이)이라는 주제를 특정 철학적 독트린에서 찾아선 안 된다는 점을 환기하고자 합니다. 자기 돌봄(배려-옮긴이)은 보편적 정언 혹은 지극히 일상적인 계율이었습니다. 많은 개인이 이런 요청에 부응합니다. 그것은 단체와 규칙 그리고 방법을 갖춘 실천이었습니다. 그것은 어떤 개인적 경험의 양식이었을 뿐만 아니라, 표현의 수단과 형식을 갖춘 일종의 집단적 경험이기도 했습니다.

요약하면 자기 돌봄(배려-옮긴이)은 경험에서 확고한 가치를 갖는 것이 명확해지고 규칙화된 실천에서 구체화되고 개인적 경험의 장과 집단적 표현의 장을 엽니다. 그렇기 때문에 우리는 합당하게 '자기 수양'을 논의할 수 있다고 생각합니다.

다음 주 화요일에는 이 자기 수양에서 그노티 세아우톤(자기 인식)과 자기 분석 테크닉이 점하는 위치를 설명하고자 합니다. 자기 수양의 범주에서 당대에 전개된 자기 인식, 자기 점검, 자기 해독의 형태를 분석하고자 합니다.

이것이 제 계획입니다. 이야기할 것이 아직 몇 가지 남아 있는데 여러분이 피곤하시지 않을까 염려됩니다…. 사실 오늘 제가 설명하고자 한 것은 자기 돌봄〔배려-옮긴이〕이 플라톤 이후 제정 초기까지 두세 번 주요하게 변화했다는 것이었습니다. 첫 번째 변화는 자기 돌봄〔배려-옮긴이〕이 성인의 수양이 됐다는 사실입니다. (…)[a] 두 번째 강조하고자 한 점은 이런 자기 수양과 〔새로 출현하는 기능〕[b]의 밀접한 관계입니다. 세 번째는 이 자기 수양에서 그노티 세아우톤(자기 인식)이 점하는 위치를 설명하고자 했습니다. 어떻게 해야 할지 모르겠네요…. 여기서 〔제 설명을〕 중단하고 토론을 시작할까요….

첫 번째 문제는 이렇습니다. 기억하시겠지만 소크라테스는 알키비아데스에게 자신을 돌보는〔배려하는-옮긴이〕 데 젊음을 활용하라고 권고했습니다. 쉰 살에는 너무 늦는다는 것입니다. 이것을 헬레니즘 시대와 로마 시대의 다른 텍스트와 비교하면 그 대조가 명백히 보입니다. 예를 들어 에피쿠로스는 이렇게 (…)[c] 말했습니다. "젊어서 철학 하기를 주저해선 안 되며, 나이 들어 철학 하기를 망설여도 안 된다, 자신의 영혼을 돌보는〔배려하는-옮긴이〕 일에는 이른 것도 늦은 것도 있을 수 없다[d]"[69] 스토아주의자 무소니우스 루푸스는 말합니다. "행복하게 살고 싶으면 부단히 자기 자

---

a 들리지 않는 구절.

b 들리지 않는 구절을 타자 원고에 입각해서 추측했다.

c 들리지 않는 구절.

d 타자 원고: 자신의 영혼 돌보기*pros to kata tên psuchên hugiainon.*

69 Épicure, *Lettre à Ménécée*, *op. cit.*, p. 45.

신을 돌봐야(배려해야—옮긴이) 한다."[70] 갈레노스는 비록 "가장 어린 나이 때부터 자신의 영혼을 돌봤어야 하기는" 하지만 "완성된 인간이 되기 위해 각자는 말하자면 평생 자기 수련을 할 필요가 있다".[71]

세네카나 플루타르코스가 조언하는 친구들이 이제 소크라테스가 조언하는 야심차고 매력적인 청년들이 아닌 것은 사실입니다. 즉 세네카와 플루타르코스의 친구들은 (세레누스처럼[72]) 때로는 젊은이고 때로는 (세네카와 장문의 영적 서신을 주고받을 당시 시칠리아 지사를 역임한 루킬리우스처럼[73]) 원숙한 사람입니다. 에픽테토스는 젊은이를 위한 학원을 운영했지만, 때로는 집정관 같은 성인과 대화를 나누기도 했습니다. 그리고 에픽테토스가 젊은 제자들에게 도시를 돌아다니며 거기서 마주치는 집정관 같은 인물을 보러 가라고, 그들에게 자기 돌봄(배려—옮긴이)의 임무를 환기하면서 소크라테스의 역할을 해보라고 종용하는 아주 흥미로운 대화가 있습니다. 성인은 자기 자신을 돌봐야 하고, 에픽테토스의 젊은 제자는 성인에게 자기 돌봄(배려—옮긴이)을 환기해야 합니다. 마르쿠스 아우렐리우스가 메모한 것을 모아 《명상록》을 저술할 때 그는 황제였고 젊지 않았습니다. 그에게는 평생에 걸쳐 "자기 자신을 스스로 구제하는 것"[74]이 중요했습니다.

그러므로 자기 자신을 돌보는 것은 삶을 위한 단순한 채비가 아닙니다.[a] 저는 《알키비아데스》에서 자기 돌봄(배려—옮긴이)의

70 이 책 54쪽 각주 8을 보라.

71 Galien C., *Du diagnostic et du traitement des passions propres à l'âme de chacun*, 4, *op. cit.*, p. 12-13.

72 세네카, 〈평상심에 관하여〉, 《세네카의 대화: 인생에 관하여》, 260-296쪽(Sénèque, *De la tranquillité de l'âme*, *op. cit.*).

73 세네카, 《세네카 삶의 지혜를 위한 편지》(Sénèque, *Lettres à Lucilius*, *op. cit.*).

74 Marc Aurèle, *Pensées*, III, 14, *op. cit.*, p. 1157.

a 타자 원고: 그것은 삶의 형식이다.

계율이 아무리 중요했다 해도 문제는 삶을 위한 단순한 채비였고, 그렇지 않다 해도 알키비아데스는 자기 돌봄〔배려 – 옮긴이〕을 그 외 무엇도 아닌 것으로 여겼다고 생각합니다. 알키비아데스는 나중에 타자를 돌보고자 하기 때문에 자기 자신을 돌봐야 한다는 것을 깨달았습니다. 하지만 이제는 자기 자신을 **위해** 자신을 돌보는 것이 중요하고, 그것도 평생 그렇게 하는 것이 중요합니다.

여기서 자기 자신에 대한 태도의 변화라는 대단히 중요한 관념이 도출됩니다. 즉 자기 자신으로의 전향ad se convertere이라는 관념, 자기 자신으로 되돌아가는 생활에서의 운동(이것의 그리스어 표현은 'eis heauton epistrephein'입니다)[75] 같은 관념이 나옵니다. 에피스트로페epistrophê라는 관념은 플라톤주의의 전형적 주제입니다. 하지만 《알키비아데스》에서 살펴봤듯이 영혼이 자기 자신으로 향하는 운동은, 소크라테스가 알키비아데스에게 종용하는 이 운동은, 플라톤에 따르면 시선과 눈이 "높은 곳", "신성한 것", 본질, 본질이 보이는 하늘 위의 세계로 이끌리는 운동입니다. 반면에 세네카, 플루타르코스, 에픽테토스가 권유하는 이 전향은 관념의 전향과 아주 다릅니다. 그것은 말하자면 제자리에서 하는 전향입니다. 자기 주변에서 자기와 관계를 설정하는 것, "자기 자신 안에 거주하는 것", 자기 자신 안에 사는 것 외에 다른 목표가 없는 전향입니다. 자기 자신으로의 전향이 갖는 궁극적 목표는 자기와 상당수 일정한 관계를 수립하는 데 있습니다.

이 관계 중 어떤 것은 사법적·정치적 모델에 입각해, 자기 자신에 대해 최고권을 가진 자 되기, 자기 자신을 완벽하게 제어하기, 완벽하게 독자적이 되고 자기 자신을 소유하기(세네카는 종종

75 이 책 60쪽 각주 27을 보라.

피에리 숨fieri suum〔자기 되기〕이라고 말했습니다) 등으로 기술됐습니다.[76]

이 관계는 종종 향유의 모델에 입각해 자기 자신을 향유하기, 자기 자신과 더불어 즐거움 취하기, 자기 자신 내에서 즐거움 찾기 등으로 표현되기도 했습니다.

간략히 말해 플라톤에서 자기 자신으로 전향하는 운동은 '저-너머'로 인도하는 상승의 한 단계에 불과합니다. 그러나 여기서 중요한 것은 우리를 자신으로 인도하는 운동입니다. 우리가 신적인 것과 만난다면 그것은 우리 안에 있는 다이몬의 형태에서입니다. 이런 형태의 사유에서 자기와 관계는 일종의 내적인 목적에 따라 방향이 정해집니다.

두 번째 중대한 차이, 두 번째 변화는 제 생각에 교육과 관련이 있습니다. 《알키비아데스》에서 자기 돌봄〔배려-옮긴이〕은 결함이 있는 교육, 교육의 결함과 연관돼 있었다는 사실 그리고 알키비아데스가 이 교육을 자기 돌봄〔배려-옮긴이〕으로 보완하거나 자기 돌봄〔배려-옮긴이〕으로 대체해야 했다는 것을 기억하시죠. 하지만 이제 자기 돌봄〔배려-옮긴이〕은 사람들이 평생 수행해야 하는 성인의 실천이 됐습니다. 자기 돌봄〔배려-옮긴이〕의 교육적 역할은 소거되기 시작하고 다른 기능이 출현합니다. 이 기능은 세 가지라고 생각합니다.

첫째, 자기 수양에는 교육의 기능이 아니라 비판적 기능이 있습니다. 정반대가 됩니다. 자기 수양은 결코 교육을 받게 하지 않고 오히려 과거에 자신이 받은 모든 나쁜 교육, 대중과 나쁜 스승 심지어 가족과 측근에게서 온 모든 나쁜 습관으로부터 자신

76 이를테면 다음을 보라. 세네카, 〈은혜와 보답〉, 《세네카 삶의 지혜를 위한 편지》, 259쪽 〔Sénèque, *Lettres 75*, 18, *op. cit.*, p. 55〕(이 책 61쪽 각주 28).

을 해방할 수 있게 합니다. 부모에게서 받은 나쁜 영향에 대한 세네카의 의미심장한 서신이 있습니다.[77] 이 모든 것에서 해방돼야 합니다. 자기 수양이 비판적 수양이라는 관념은 대단히 중요합니다. 이런 관념은 그리스도교, 종교개혁, 낭만주의 그리고 〔혁명적 활동을〕[a] 가로지르는 유구한 운명을 갖게 될 것입니다. 자기 돌봄〔배려-옮긴이〕은 비판적 〔활동〕[b]입니다. "습득한 것에서 해방되는 것 de-discere은 〔자기 발전〕[c]의 중요한 과제 가운데 하나입니다.

둘째, 자기 수양에는 투쟁, 싸움의 기능도 있습니다. 자기 실천은 항상적 싸움으로 생각됐습니다. 초기 플라톤주의 관점에서 자기 돌봄〔배려-옮긴이〕은 말하자면 조각을 그 모델로 삼았습니다. 젊은이는 자기 자신을 예술 작품으로 조각해야 했습니다. 하지만 이제 자기 돌봄〔배려-옮긴이〕은 〔자기 자신의 삶을〕 예술 작품으로 만드는 것을 목표로 하지 않습니다. 무장하고 〔평생에 걸쳐〕[d] 싸우는 것이 중요합니다. 격투기(우리는 살면서 연이어 오는 적을 물리쳐야 하고, 싸우지 않을 때도 훈련해야 하는 격투사입니다)의 비유와 전쟁(영혼은 적이 언제라도 침략해올 수 있기 때문에 군대처럼 채비돼 있어야 합니다)의 비유가 얼마나 빈번했는지 아실 것입니다.

영혼의 영적 전쟁이라는 그리스도교의 거대한 주제는 고대 이교 자기 수양의 근본 원리였습니다.

셋째, 자기 수양에는 치유적이고 치료적인 기능이 있습니다.

---

77 이를테면 다음을 보라. 세네카, 〈영혼 속에서 완성되는 이성〉, 《세네카 삶의 지혜를 위한 편지》, 109-110쪽(Sénèque, *Lettres 32*, 4, dans *Lettres à Lucilius*, t. I, trad. fr. H. Noblot, Paris, Les Belles Lettres, 1945, p. 143).

a 들리지 않는 구절을 추측했다.

b 들리지 않는 구절을 추측했다.

c 들리지 않는 구절을 타자 원고에 입각해서 재구성했다.

d 녹음이 중단돼 타자 원고에 입각해서 구절을 재구성했다.

이 자기 수양은 교육 모델보다 의술 모델에 훨씬 가깝습니다. 영혼[e]의 정념을 의미하는 파토스 같은 개념의 존재, 신체와 영혼에 적용 가능한 치유, 절단, 희생, 정화 등과 같은[f] 은유의 영역 등 그리스 문화에서 아주 오래된 이런 것을 당연히 상기할 필요가 있습니다. 이 모든 것은 이 텍스트에서 발견됩니다. 철학의 역할이 영혼의 병을 치료하는 것이라는 에피쿠로스주의자, 견유주의자, 스토아주의자에게 친숙한 철학적 원리를 상기할 필요가 있습니다.[g]

하지만 저는 의술과 자기 수련의 실천적 상관관계를 강조하고자 합니다. 예를 들어 에픽테토스는 자신의 학원이 〔순수한 소피스트의 이론을 배우는〕[h] 단순한 교육의 공간으로 간주되기를 바라지 않았습니다. 그것은 교육의 공간이 아니었습니다. 에픽테토스에게 학원은 진료소였고, 그는 학원을 이아트레이온iatreion(진료소를 의미합니다)이라 불렀습니다. 에픽테토스는 자신의 학원이 '영혼의 진료소'이기를 바랐습니다. 그는 제자들이 병자라는 사실을 자각하기를 바랐습니다. 그는 "한 사람은 어깨가 빠져서, 또 한 사람은 종기가 나서, 다른 사람은 염증이 생겨서, 또 다른 사람은 두통 때문에 찾아옵니다", "삼단논법을 배우고 싶습니까? 우선 그대들의 상처를 치료하고 체액의 흐름을 멈추게 하고 정신을 안정시키세요"[78]라고 말합니다.

반대로 갈레노스 같은 의사는 영혼을 치료하는 것, 요컨대

---

e 타자 원고: 몸의 병과 마찬가지로.

f 타자 원고에는 '등과 같은' 대신 다음과 같이 쓰여 있다: 등과 같은 표현을 신체와 영혼에 적용할 수 있게 해주는.

g 타자 원고: 플루타르코스는 언젠가 철학과 의학이 미아 코라mia khôra, 즉 단일한 영역, 단일한 분야를 이룬다고 말할 수 있었다.

h 부분적으로 들리지 않는 구절을 추측했다.

78 푸코는 에픽테토스의 《강의》에 나오는 다음 두 구절을 참조하고 있다. Épictète, *Entretiens*, III, 23, 30-31, *op. cit.*, p. 92; II, 21, 21-22, *op. cit.*, p. 95. 이 책 63쪽 각주 31을 보라.

동요와 정념, 다시 말해 "이성에 저항하는 무질서한 에너지"와 인간의 "그릇된 의견에서 기인하는 오류"를 치료하는 것이 자신의 권한이라고 생각합니다. 갈레노스는《영혼의 정념론》에서 자신이 시도한 치료와 쾌유의 예를 듭니다. 그는 분노하는 성향이 있는 동료 한 사람을 치료했습니다. 별로 중요하지 않은 사건 때문에 영혼이 동요된 젊은이의 치료도 도왔습니다.[79]

이 모든 관념은 아주 친숙한 것일 수 있습니다. 사실 그렇습니다. 이 관념은 서구 문화에서 지속적으로 전승된 것이니까요. 이 관념은 역사적 중요성 이상을 갖고 있습니다. 자기와 관계가 삶〔실존－옮긴이〕의 항상적 과제가 됐다는 것은 서구 주체성의 역사에서 매우 중요합니다. 이런 관점에서 볼 때 그리스도교는 이교의 철학적 교훈을 배척하지 않았습니다. 이 자기와 관계가 비판, 비판적 관계, 투쟁적 관계, 의술의 실천으로 규정됐다는 것을 이해하는 것도 중요합니다. 여기서도 서구는 오래된 자기 수양의 형식을 버리지 않았습니다.

저는 소크라테스의 측근에 속하는 젊은이들과, 세네카와 서신을 주고받는 사람들 혹은 아일리우스 아리스티데스나 마르쿠스 아우렐리우스처럼 일기를 쓰는 사람들의 차이를 강조하고자 합니다. 전자, 즉 소크라테스적인 젊은이에게 중대한 위험은 휴브리스hubris(무절제), 파토스pathos(정념), 요컨대 무절제한 정념이었습니다. 이 정념은 자신의 지위를 위기에 빠뜨리며 〔한계〕[a]를 넘어섭니다. 소크라테스적인 젊은이에게 문제는 휴브리스라 불리는 자기 자신에 대한 과대평가였습니다. 그들은 말하자면 자신들 안

---

79 Galien C., *Du diagnostic et du traitement des passions propres à l'âme de chacun*, 4 et 8-10, *op. cit.*, p. 15-16 et 28-39.

a 들리지 않는 말을 추측했다.

에서 과도한 힘의 관계를 맺고 있었습니다. 세네카와 서신을 주고받는 사람들과 마르쿠스 아우렐리우스나 아일리우스 아리스티데스 등에게 위험은 자기 자신 안에 있는 과도한 힘이 아닙니다. 이제 위험은 그들의 무절제의 질병이기보다는 〔오히려〕 그들 자신의 나약입니다. 자기와 자기가 맺는 관계의 병리화와 의료화 같은 것이 존재하고, 이는 대단히 중요합니다.

마지막으로 강조할 점을 간략히 말씀드리겠습니다. 《알키비아데스》에서 자기 돌봄〔배려-옮긴이〕과 제정기의 수양에서 자기 실천의 세 번째 차이는 다음과 같습니다. 플라톤의 대화편에서 스승과 에로스적·철학적 관계는 대단히 중요했습니다. 이 관계는 소크라테스와 알키비아데스가 그 안에서 구체적으로 젊은이의 영혼을 돌보는 틀을 이뤘습니다. 이 틀은 에로스적이자 철학적입니다. 기원후 1세기와 2세기에 자기와 맺는 관계는 항상 스승, 지도자 혹은 타자와 맺는 관계에 의거해야 한다고 간주됐습니다. 하지만 이 관계는 연애 관계에서 현저히 독립된 상태가 됩니다.[80]

타자의 도움 없이는 자기 자신을 돌볼 수 없다는 것은 일반적으로 수용되던 원리입니다(저는 이 점을 세미나에서 설명하려고 합니다[81]). 하지만 이제 두 상대방, 요컨대 지도자와 피지도자는 연애 관계가 아니라, 가족 관계나 보호 관계, 지위가 높은 사람과 낮은 사람의 관계입니다. 이것은 다양한 사회적 관계를 통해 행해지던 일종의 영혼의 서비스입니다. 전통적인 에로스는 우연한 역할밖에 할 수 없습니다. 이는 이 애정 관계나 성적 관계가 이런 종류의 활동과 실천에서 강도가 약해지거나 부재한다는 것을 의미하

80 이 책 65쪽 각주 33을 보라.

81 네 번째 세미나 초두(이 책 291쪽 이하)에서 다음 텍스트에 대한 주해를 보라. Galien C., *Du diagnostic et du traitement des passions propres à l'âme de chacun*, 3, *op. cit.*, p. 7-11.

진 않습니다. 하지만 지도자와 피지도자의 애정 관계의 틀은 소위 소크라테스적 사랑에서 발견되는 것과 대단히 다르고, 우리가 자신의 경험에서 '동성애'라고 부르는 바와도 아주 다릅니다. 예를 들어 마르쿠스 아우렐리우스와 프론토의 서신 교환은 그 강도와 복잡성을 잘 설명한다고 할 수 있습니다. 그리고 〔그들이 성관계를 가졌는지 여부를〕[a] 묻는 것은 아무짝에도 소용이 없다고 생각합니다. 그들 사이에 존재한 것은 특수하고 흥미로우며 강도 높은 애정 관계였고, 내적 경험이자 사적 경험이었던 이 경험의 특수성을 강조하고 부각하는 것은 역사가들의 〔작업입니다〕[b]. 하지만 그 경험은 아마도 (…).[c]

자기 수양과 관련해 대강 말씀드렸고, 다음 주 화요일에는 자기 해석의 테크닉이 어땠는지 설명하고자 합니다.[d]

---

a - 들리지 않는 구절을 추측했다.

b 들리지 않는 구절을 추측했다.

c 들리지 않는 구절.

d 타자로 친 원고에는 "타자의 도움 없이는 (…) 설명하고자 합니다" 대신 다음과 같이 적혀 있다: 타자의 도움 없이 자기 자신을 돌볼 수 없다는 것이 일반적으로 수용되던 원리다. 세네카는 혼자 힘으로 자신이 처한 스툴티티아stultitia 상태에서 벗어날 수 있을 정도로 강한 사람은 없다고 말했다. 요컨대 "그에게는 자신에게 손을 내밀어 스툴투스의 상태에서 끌어내줄 사람이 필요하다"[82]는 것이다. 마찬가지 방식으로 갈레노스는 인간이 자기애가 너무 강해서 자기 정념을 스스로 치료할 수 없다고 말했다. 갈레노스는 타자의 권위에 자신을 맡기는 데 동의하지 않는 사람들이 "갈팡질팡하는 것"을 종종 봐왔다는 것이다.[83] 이 계율은 초심자에게 유효하다. 하지만 이 계율은 이후에도, 생의 마지막 날까지 유효할 수 있다. 루킬리우스와 서신 교환에서 나타나는 세네카의 태도가 전형적이다. 나이를 먹어도 아무 소용이 없고 그는 여전히 지도 받을 필요가 있다는 것이다. 세네카는 루킬리우스에게 조언한다. 또 루킬리우스에게 조언을 요청하고 이런 서신 교환에서 그가 얻는 도움에 기뻐한다.

이와 같은 영혼의 실천에서 주목할 만한 것은 그에게 지지대로 활용될 수 있는 다양한 사회적 관계다.

—엄격한 학원 조직이 존재한다. 에픽테토스의 학원이 그 예로 사용될 수 있다. 이 학교는 훨씬 오랜 기간 연수를 받던 제자들과 병행해, 일시적으로 머무는 청강생도 받았다. 하지만 이곳에서는 철학자나 영혼의 지도자가 되고 싶어 하는 자를 교육했다. 아리아노스가 집대성한 《엥케이리디온》의 몇몇 구절은 장차 자기 돌봄〔배려-옮긴이〕을 실천하려는 자를 위한 전문 교육이었다.

—우리는 특히 로마제국에서 개인적인 고문을 발견하게 되는데 이들은 〔지체 높은 분들〕, 그들 집단이나 고객에 속하는 자들 주변에 정착해 이들에게 정치적 조언을 했고 젊은이의 교육을 담당하기도 했으며, 인생의 중요한 상황에서 그들을 돕기도 했다. 이를테면 트라세아 파이투스 곁에 머물던 데메트리오스는, 이 자가 자살하려 할 때—이 사람은 네로 황제 반대파의 일원이었다—말하자면 트라세아 파이투스의 자살과 관련해 조언자 역할을 했고, 불멸성에 관한 연설을 하며 그 임종의 순간을 지켰다.

하지만 그 안에서 영혼의 지도가 행해지는 다른 형태도 있었다. 영혼의 지도는 가족 관계(세네카는 자신의 유배에 즈음해 어머니를 위로하는 글을 썼다), 보호 관계(세네카는 지방에서 로마로 갓 상경한 젊은 사촌 세레누스의 이력과 영혼을 동시에 돌본다)[84], 연령, 교양, 상황 등이 유사한 두 사람(세네카와 루킬리우스)의 우정 관계, 유용한 조언과 존경의 표현을 받는 지체 높은 분과 관계(이를테면 플루타르코스가 자신이 영혼의 평정에 대해 메모한 것을 긴급히 푼다누스에게 보낼 때 이 두 사람의 관계)[85] 등 다른 일련의 관계를 강화하고 활성화할 수 있다.

다양한 사회적 관계를 통해 수행하는 "영혼에 대한 서비스"라 불릴 만한 것이 발전하는 것을 볼 수 있다. 여기서 전통적인 에로스는 우발적 역할을 할 뿐이다. 그렇다고 해서 애정 관계가 종종 강하지 않았다는 것은 아니다. 아마도 우정과 사랑의 현대적 범주는 이 애정 관계를 그 자체로 해독하는 데 적절치 않을 수 있다. 마르쿠스 아우렐리우스와 그의 스승 프론토의 서신 교환은 이 우정의 강도와 복잡성의 예가 될 수 있다.

요컨대 오늘 나는 사유의 차원에서, 고대의 수양 전반에 걸쳐 '자기 돌봄(배려-옮긴이)'의 계율이 항존했다는 사실을 설명하고자 했다. 하지만 이 항존은 일정한 심층적 혁신을 배제하지 않는다. 특히 제정 시대에는 플라톤 초기 대화편에서 확인되던 형태와 판이한 형태를 자기 돌봄(배려-옮긴이)에 부여하는 자기 실천의 전개를 볼 수 있다.

자기와 맺는 관계는 복잡한 항상적 활동이 된다. 이 활동에서 주체는 그 자체가 비판적 대상, 투쟁의 장, 병리의 중심지다. 하지만 자기 자신 이외에 아무 목표도 갖지 않는 이 활동이 고독한 활동은 아니다. 이 활동은 다양한 사회적 관계의 영역과 항상적 접촉에서 전개된다.

82 (이 책 100쪽 각주 d에 붙은 각주) 세네카, 〈마음을 북돋움에 대하여〉, 《세네카 삶의 지혜를 위한 편지》, 157〔Sénèque, *Lettre 52*, 1-3, *op. cit.*, p. 41-42〕.

83 (이 책 100쪽 각주 d에 붙은 각주) Galien C., *Du diagnostic et du traitement des passions propres à l'âme de chacun*, 2, *op. cit.* p. 5

84 (이 책 100쪽 각주 d에 붙은 각주) 세네카, 〈어머니 헬비아에게 보내는 위로〉, 《세네카의 대화: 인생에 관하여》〔Sénèque, *Consolation à ma mère Helvia*, *op. cit.*〕.

85 (이 책 100쪽 각주 d에 붙은 각주) 플루타르코스, 〈마음의 평온을 얻는 법〉, 《마음의 평온을 얻는 법》, 27-28쪽〔Plutarque, *De la tranquillité de l'âme*, 464E-465A, *op. cit.*, p. 98〕. 이 책 67쪽 각주 38을 보라.

세 번째 강연

프랑스어 버전[a]

I

저는 오늘 자기 수양이 야기한 여러 실천 중 몇 가지를 말씀드리고자 합니다. 한 번 더 상기해보겠습니다. 기원 후 첫 두 세기에 나타난 그런 실천은 이 시기에 발명된 것이 아닙니다. 이 실천 뒤에는 긴 역사가 있습니다. 이 실천은 제정 초기에 엄청나게 확산됐고, 점점 더 '정교한' 형태를 갖추게 됐습니다.

두 가지를 지적하고 시작하겠습니다.

1) 자기 수양의 이런 실천 형태에는 종종 수련, 훈련, 금욕이라는 의미의 일반명사 아스케시스askêsis가 쓰입니다.[1] 무소니우스 루푸스는 다른 모든 기술과 마찬가지로 삶의 기술technê tou biou도 이론적 교육mathêsis만으로는 배울 수 없고, 실천과 수련askêsis을 요구한다고 말했습니다[2](이 점에서 그는 전통적 교육을 되풀이할 뿐입니다). 그리스도교 영성에서 이 단어의 용법이 회고적인 착각을 야기하지 않아야 합니다. 아마도 고대적 아스케시스의 수련 중 몇몇(이를테면 의식 점검 혹은 표상의 항상적 통제)은 그리스도교 금욕주의에서, 특히 수도원 단체에서 사용될 것입니다.

---

a 프랑스어로 진행한 첫 번째 강의의 타자 원고(BnF NAF 28730, boîte 29, dossier 8).

1 그리스의 askêsis 개념에 대해서는 다음을 보라. SV, p. 35-36; 《주체의 해석학》, 342-348, 441쪽〔HS, p. 301-306, 398〕; 《담론과 진실: 파레시아》, 318-319쪽〔DV, p. 266-268〕; 《쾌락의 활용》, 93-99쪽(〈제1장 쾌락의 도덕적 문제 설정〉, 3절, 항목 5)〔UP, p. 84-90〕.

2 Musonius Rufus, *Sur l'exercice*, 1-3, dans A.-J. Festugière, *Deux prédicateurs dans l'Antiquité, Télès et Musonius*, Paris, Vrin, 1978, p. 69. 《주체의 해석학》, 343쪽〔HS, p. 302-303〕 참조.

그리스도교 수련의 일반적 의미는 고대 철학에서 수련의 일반적 의미와 아주 다릅니다. 도식적으로 말하면 이렇습니다.

—그리스도교 수련의 최종 목적은 자기 포기입니다. 반면 철학적 수련에서 중요한 것은, 자기 자신과 맺는 소유와 최고권의 결정적 관계를 구성하는 것입니다.

—그리스도교 수련의 주된 주제는 이 세계에 초연한 것입니다. 반면 철학적 수련에서 중요한 것은 개인이 세계와 맞설 수 있도록 어떤 채비, 어떤 '장비'를 갖추게 하는 것입니다.

2) 자기 실천은 자기 인식과 연결돼 있습니다. 여기서도 혼동을 피하고, 플라톤주의를 통해 모든 것을 재해석하는 것을 경계해야 합니다.

—플라톤주의의 전통은 사실 《알키비아데스》에 존재하는 주제를 유지하고 발전시킨 것입니다. 다시 말해 자기 돌봄(배려-옮긴이)은 자기 인식을 주된 형태나 독점적인 형태로 취해야 했고, 이 자기 인식은 영혼이 자기의 진정한 본성을 재발견하게 되는 상기 활동을 그 형태로 취해야 합니다.

—스토아주의자, 견유주의자, 에피쿠로스주의자의 철학 실천에서 자기 인식은 자기 실천의 주된 형태가 아닙니다. 특히 자기 인식은 기억의 형태보다 오히려 미래에 대비하는 형태가 훨씬 많습니다.

오늘은 미래에 대한 채비로서 자기 실천을 분석하고, 자기 인식의 어떤 형태가 이 미래에 대한 채비와 연결돼 있었는지 모색하고자 합니다. 우리는 자기 인식을 기억과 연결하기 일쑤죠. 그건 아마도 플라톤주의의 간접적 영향일 것입니다. 그것은 오늘날에도 여전한 그리스도교의 영향이고, 정신분석의 현재적 효과이기도 합니다. 자기해석학은 언제나 우리에게는 다소간 과거의 해독解讀입니다. 여기서 말씀드리는 자기 수양에서, 시간과 맺는 전혀 다른 관계 내에 자리 잡은 자기 인식의 형태를 보는 것은 흥미롭습니다. 미래를 근심스러워하고 경계하는 채비 말입니다.[3]

II

채비로서 수련

세네카는 《베풂의 즐거움》에서 스토아주의에 아주 가까운 견유주의 철학자 데메트리오스의 텍스트를 인용합니다. 이 구절에서 데메트리오스는 흔해 빠진 육상 선수의 은유에 의존합니다. 우리는 운동선수가 하는 것처럼 자신을 단련해야exercitatio 한다는 것입니다. 운동선수는 모든 동작을 익히는 것이 아닙니다. 쓸데없는 만용을 부리려고도 하지 않습니다. 그는 대결에서 적을 이기는 데 유용한 몇몇 동작을 준비합니다.[4] 마찬가지로 우리는 자신에게 과도한 업적을 강요하지 말아야 합니다(철학적 수련은 고대에 흔한 테이오이 안드레스theioi andres〔신성한 자-옮긴이〕라는 사람들을 아주 불신했습니다. 그들은 자신이 절제하고 단식하며 미래를 예지하는 데 뛰어나다고 주장했습니다). 우리는 훌륭한 전사처럼 우리가 일어날 수 있는 사건을

---

3 《주체의 해석학》, 348쪽〔HS, p. 306〕 참조. "이 말씀을 드리고 싶습니다. 수련ascèse에서 중요한 것은 개인을 미래에 준비시키는 것, 예측하지 못한 사건으로 구성된 미래에 대비시키는 것으로, 우리는 그 사건의 일반적 본질은 알지만 그 사건이 언제 일어날지, 아니 심지어 일어나기는 하는지도 알지 못합니다. 그러므로 수련에서 중요한 것은 그 사건이 발생할 경우 오직 그것에, 그 사건이 발생한 바로 그 순간에, 발생할 일에 대처할 수 있는 어떤 준비, 어떤 파라스케우에를 발견하는 것입니다."〔346쪽 5문단 마지막에서 두 번째 문장이 누락된 것을 감안해 새로 번역했다-옮긴이〕

4 세네카, 〈제7권 20 은혜의 명예〉, 《베풂의 즐거움》, 김혁·오명석·홍석준·안승택 옮김, 눌민, 2015, 290쪽〔Sénèque, *Des bienfaits*, VII, I, 4, trad. fr. F. Préchac, Paris, Les Belles Lettres, 2003, p. 76〕. "그〔데메트리오스〕는 다음과 같이 말한다. '위대한 레슬링 선수는 상대와 맞설 때 별 필요도 없는 온갖 동작과 버티기 기술에 통달한 사람이 아니다. 위대한 레슬링 선수란 오히려 한두 가지 동작을 제대로 그리고 완벽하게 익혀놓고, 그것을 사용할 기회를 조심스레 노리는 사람이다. (승리를 얻어내기에 충분한 만큼만 알고 있으면 되지, 얼마나 많은 기술을 아는지는 중요하지 않다.) 이와 유사하게 철학적 연구에도 눈을 즐겁게 해줄 만한 다양한 방법이 있지만, 그중 실제 성공하는 것은 얼마 되지 않는다.'"

견딜 수 있게 해줄 것만 익혀야 합니다. 우리는 그것에 당황하지 않는 법을, 그것이 우리 안에서 불러일으킬 수 있는 감정으로 인해 격분하지 않는 법을 익혀야 합니다.

일어날 수 있는 사건에 직면해 자신을 제어하려면 우리에게 무엇이 필요할까요? 우리에겐 '담론'이, 진실한 담론이자 이치에 맞는 담론으로 이해되는 것으로서 로고이logoi가 필요합니다. 루크레티우스는 우리의 두려움을 몰아내게 해주고 우리가 불행이라고 믿는 것에 의해 쓰러지지 않도록 해주는 베리디카 딕타veridica dicta에 대해 이야기합니다. 우리가 미래와 맞서는 데 필요한 것은 진실한 담론이라는 장비입니다. 바로 그것이 우리가 현실과 직면할 수 있도록 해줍니다.

그들의 주제와 관련해 세 가지 문제가 제기됩니다.

1) 그것의 본성에 관한 질문입니다. 그 점에 대해서는 철학 유파 사이에서는 물론이고 각 유파 내에서도 수많은 토론이 있었습니다. 토론의 주된 주제는 이론적 인식의 필요성에 관한 것이었습니다. 에피쿠로스주의자들은 당연히 필요하다고 말합니다. 그들이 보기에 세계를 지배하는 원칙, 신의 본성, 기적의 원인, 삶과 죽음의 법칙을 아는 것은, 실존의 가능한 사건에 대비하는 데 필수적입니다. 스토아주의자는 견유주의의 교의와 얼마나 가까우냐에 따라 분열됐습니다. 도그마타dogmata, 즉 실천적 규정을 완성하는 이론적 원리에 가장 큰 중요성을 부여하는 사람들이 있는가 하면, 또 다른 사람들은 반대로 품행의 구체적 규칙에 가장 중요한 위치를 부여했습니다. 세네카의 편지 90-91은 이 주제를 명확히 설명합니다.[5] 저는 이것을 언급할 뿐입니다. 제가 여기서 지

5 세네카, 〈현자들의 발견〉, 《세네카 삶의 지혜를 위한 편지》, 366-386쪽(Sénèque, *Lettres 90 et 91*,

적하고자 하는 것은 하나입니다. 우리가 필요로 하는 이 진실한 담론들은, 우리가 세계와 맺는 관계에서만, 자연의 질서에서 우리가 차지하는 장소에서만, 발생하는 사건과 관련된 우리의 의존성 혹은 독자성에서만 우리와 관련된다는 것입니다. 그것은 우리의 사유와 표상, 욕망을 해독하는 작업이 결코 아닙니다.

2) 두 번째 질문은 이 진실한 담론이 우리 안에서 실존하는 양식과 관련됩니다. 그것이 우리의 미래를 위해 필요하다는 것은, 우리가 그것이 필요하다고 느낄 때 그 힘을 빌릴 수 있어야 한다는 것입니다. 우리는 예측 못 한 사건이나 불행이 일어날 때 그것에서 자신을 지켜내기 위해, 그것과 관계 〔있는〕 진실한 담론을 활용할 수 있어야 합니다. 그런 담론들이 우리 안에, 우리 수중에 있어야 합니다. 그리스인에게는 이를 가리키는 일상적 표현 procheiron echein이 있고, 라틴어로는 habere in manu, in promptu habere로 번역되는데, '수중에 있다'는 말입니다.

필요로 할 때 상기할 수 있는 단순한 기억과는 아주 다른 것이 여기서 관건이라는 걸 분명히 이해해야 합니다.

예를 들어 플루타르코스는 우리 안에 이런 진실한 담론의 현존을 설명하기 위해 몇 가지 은유를 동원합니다. 그는 진실한 담론을, 실존의 모든 역경에서 우리 자신을 보호하기 위해 갖춰야 하는 약pharmakon에 비유합니다(마르쿠스 아우렐리우스는 그것을 외과의사가 늘 지니고 다녀야 하는 상자에 비유합니다). 플루타르코스는 진실한 담론이 마치 "가장 신뢰할 만하고 가장 훌륭해서 그들의 유용한 존재가 역경 속에서 우리에게 도움을 줄 수 있는" 친구와 같다고도 이야기합니다. 다른 곳에서 플루타르코스는 진실한 담론에

---

dans *Lettres à Lucilius*, t. IV, *op. cit.*, p. 28-50〕.

대해 말하길, 정념이 동요하기 시작할 때 저절로 들려오는 내면의 목소리와 같다고 합니다. 진실한 담론은 우리 안에서 "그 목소리만으로도 으르렁거리는 개들을 충분히 진정시킬 수 있는 주인"[6] 같아야 한다는 것입니다. 세네카의 한 구절(《베풂에 대하여》)에서는 어떤 점증적 단계, 즉 우리가 사용할 수 있는 도구부터 우리에게 스스로 이야기하는 담론의 자동성에 이르기까지 점증적 단계를 발견하게 됩니다. 세네카는 데메트리오스에게 받은 조언에 관해 "그것들을 두 손에 쥐고utraque manu" 절대 놓아줘서는 안 된다고 말합니다. 그리고 그것들을 고정해서 자신의 정신에 묶어adfigere 둬야 합니다. 그것들을 자기 자신의 한 부분으로 만들partem sui facere 때까지 말입니다. 마지막으로 일상적인 명상을 통해 "유익한 사유가 저절로 나타나게sua sponte occurrant" 해야 합니다.[7]

보시다시피 여기에는, 자신의 진정한 본성을 재발견하기 위해 영혼이 자기 자신으로 되돌아가도록 종용할 때 플라톤이 규정한 것과는 아주 다른 어떤 활동이 있습니다. 플루타르코스나 세네카가 제안하는 것은 반대로 교육, 독서 혹은 충고를 통해 주어진 어떤 진실을 흡수하는 것입니다. 우리는 그것을 자신의 일부로 만들 때까지, 그것을 행위에 대한 내적이고 항구적이며 언제나 능동적인 원리로 만들 때까지, 자기 것으로 만듭니다. 이와 같

6 플루타르코스, 〈마음의 평온을 얻는 법〉, 《마음의 평온을 얻는 법》, 29쪽〔Plutarque, *De la tranquillité de l'âme*, 465C, *op. cit.*, p. 99〕. "어디선가 사나운 개가 짖는 소리만 들리면 신경을 바짝 곤두세우고, 귀에 익은 목소리가 들려야만 비로소 짖기를 멈추는 개처럼 마음속 정념도 일단 들끓었다 하면 진정시키기가 쉽지 않다네. 친구의 말, 귀에 익은 음성이 들려와 마음의 출렁임과 욱함을 달래주어야만 그 정념은 평정된다네."

7 세네카, 《베풂에 대하여》, 292쪽〔Sénèque, *Des bienfaits*, VII, II, 1, *op. cit.*, p. 77〕. "내 친구 데메트리오스는 이 교훈이 어딘가로 달아나는 일이 없도록 선각자들에게 그것을 좌우명으로 꼭 붙들고 있으라고 충고했다. 실은, 심지어 단단히 붙들어 매다 못해 몸의 한 부분처럼 만들어서, 매일 이를 실천함으로써 건전한 생각들이 절로 쏟아져 나올 만큼, 우리 욕망의 목표가 이에 따라 즉각 형성될 수 있을 만큼, 무엇이 부끄럽고 무엇이 명예로운지 그 차이를 바로 분간해내는 수준까지 이르러야 한다고 했다."〔원서에 없는 인용문 추가-옮긴이〕

은 실천에서는 상기 활동을 통해 자신의 깊은 곳에 숨겨진 어떤 진실을 찾아낸다거나 하지 않습니다. 점진적으로 추진된 자기화를 통해 획득한 진실을 내면화합니다.

3) 이렇게 해서 자기화〔전유-옮긴이〕의 방법에 대한 일련의 기술적 문제가 제기됩니다. 기억은 여기서 분명 큰 역할을 합니다. 하지만 자기 시원의 본성과 본향을 재발견하는 플라톤적 영혼의 형태에서가 아니라, 점진적인 명심銘心의 형태에서 말입니다. 이에 대해서는 다음번 세미나에서 더 명확하게 이야기하도록 합시다.[8] 저는 진실의 이런 '단련'이 갖는 몇 가지 장점만 간단히 지적하고자 합니다.

—경청의 중요성. 소크라테스가 (그것을 안다는 사실을 알지 못하는 채로) 알고 있는 것에 대해 묻고 그것에 대해 말하게 한 데 반해, 스토아주의자의 계승자 혹은 에피쿠로스주의자는 (피타고라스주의자가 그랬던 것처럼) 우선 침묵하고 경청해야 합니다. 플루타르코스[9]나 알렉산드리아의 필론[10]에게서, 적절한 경청의 모든 규칙(취해야 할 신체적 태도, 주의를 기울이는 방법, 방금 말한 것을 기억하는 방법)을 발견할 수 있습니다.[11]

—글쓰기의 중요성. 이 시기에는 개인적 글쓰기라고 부를 만한 일대 수양이 있었습니다. 요컨대 독서한 것이나 주고받은 대

---

8 푸코는 아마도 시간이 부족한 관계로 이번 세미나에서 이 주제를 다시 다루지 않을 것이다. 그렇지만 그가 1982년 3월 3일과 24일에 콜레주드프랑스 〈주체의 해석학〉 강의에서 전개한 분석을 참조할 수는 있을 것이다. 《주체의 해석학》, 357-396, 478-515쪽〔HS, p. 315-353, 435-470〕 참조. 〈자기의 테크놀로지〉, 《자기의 테크놀로지》, 58-66쪽〔M. Foucault, "Les techniques de soi", conférences citées, p. 1615-1619〕도 보라.

9 플루타르코스, 〈철학자들의 강의는 어떻게 들어야 하는가〉, 《플루타르코스의 모랄리아》, 허승일 옮김, 서울대학교출판문화원, 2012, 199-241쪽〔Plutarque, *Comment écouter*, trad. fr. A. Philippon, dans *Œuvres morales*, t. I-2, Paris, Les Belles Lettres, 1989, p. 36-62〕.

10 Philon d'Alexandrie, *De vita contemplativa*, 77, *op. cit.*, p. 139.

11 '듣는 기술'에 대해서는 다음을 보라. 《주체의 해석학》, 359-380쪽〔HS, p. 317-334〕, 〈자기의 테크놀로지〉, 《자기의 테크놀로지》, 58-60쪽〔M. Foucault, "Les techniques de soi", conférences citées, p. 1615-1616〕.

화에 대해 짧게 적은 것, 들은 것에 대한 성찰, 자기 자신에 대한 성찰을 짧게 적은 것입니다. 중요한 주제에 대해 일종의 일지를 적는 것입니다(그리스인은 이것을 휘포므네마타hupomnêmata라고 부릅니다). 그리고 그 내용을 재활성화하기 위해 때때로 그것을 다시 읽어야 합니다.[12]

—배운 것을 명심하는 훈련이라는 의미에서 자기 자신에게로 회귀의 중요성. 이것은 아나코레시스 에이스 헤아우톤anakhôrêsis eis heauton이라는 표현의 명확한 기술적 의미이며, 마르쿠스 아우렐리우스가 그 표현을 사용했을 때의 의미입니다. 자기 자신으로 돌아와서 그곳에 놓아둔 '풍요'를 검토하는 것입니다. 때때로 다시 읽는 책과 같은 것이 자기 자신 안에 있어야 합니다.[13] 여기서 〔프랜시스〕 예이츠가 연구한 기억의 기술의 실천과 일치하는 것을 볼 수 있습니다.[14]

그러므로 진실과 주체를 연결하는 것을 목표로 하는 일련의 테크닉이 여기에 있습니다. 하지만 잘 이해해야 합니다. 주체 안에서 진실을 발견하는 것이 중요한 것도 아니고, 영혼을 본질적인 어떤 유사성이나 시원의 어떤 권리를 통해 진실이 거주하는 장소로 만드는 것이 중요한 것도 아닙니다. 영혼을 진실한 담론의 대상으로 만드는 것 역시 중요하지 않습니다. 우리는 주체의 해석학이라고 할 수 있는 것과 아주 멀리 떨어진 곳에 있습니다. 중요

---

12 이 책 57쪽 각주 15를 보라.

13 아나코레시스라는 실천, 즉 마르쿠스 아우렐리우스가 말하는 자기 자신에 은거하기에 대해서는 다음을 보라. 《주체의 해석학》, 89-90쪽〔HS, p. 50〕; 〈강의 개요〉, 《주체의 해석학》, 528쪽〔M. Foucault, "L'herméneutique du sujet", résumé cit., p.1180-1181〕; 〈캘리포니아대학교 버클리캠퍼스 불문과에서의 토론〉, 《비판이란 무엇인가?/자기 수양》, 202쪽〔"Débat au Département de Français de l'Université de Californie à Berkeley", dans CCS, p. 167〕; 《담론과 진실: 파레시아》, 351-352쪽 각주 **〔DV, p. 292-293, n. b〕; 《자기 배려》, 69-70쪽(〈제2장 자기 연마〉, 항목 2 문단 2-3)〔SS, p. 66〕.

14 F. A. Yates, *L'art de la mémoire* (1966), trad. fr. D. Arasse, Paris, Gallimard, 1982.

한 것은 반대로, 주체를 진실로 무장하는 것입니다. 주체가 모르는 진실, 주체 안에 거주하지 않던 진실로 말입니다. 이 진실을 익히고 명심해 점차 적용되게 해서, (마침내-옮긴이) 우리 안에서 최고권을 가지고 군림하는 준주체가 되게 하는 것이 중요합니다.[15]

개략적으로 다시 한번 말씀드리면 이렇습니다. 플라톤에게 수련, 아스케시스는 영혼의 본질과 더불어 영혼의 유사성을 발견하는 상기를 돕는 데 유용한 도구였습니다. 제가 말씀드리는 철학적 테크닉에서 습득과 명심은 진실이 우리 안에서 말하고 끊임없이 작용하게 만드는 것을 목표로 하는 이런 아스케시스에 유용한 도구입니다.

이런 훈련에서 일정한 자기 인식이 전혀 필요하지 않다는 의미는 아닙니다. 하지만 여기서 자기 인식은 영혼의 플라톤주의적 상기나 그리스도교의 영혼의 해석학과 다릅니다. 이 자기 인식은 두 가지 원칙에서 나타납니다. 바로 시련과 점검입니다.

III

시련

여기서 중요한 것은 마음속으로든 실제로든 일어나는 사건과 마주할 수 있는지, 주체가 갖춘 진실한 담론을 사용할 수 있는지 검증하는 상황에 주체를 놓아보는 훈련입니다. 어떻게 보면 파라스케우에paraskeuê를 점검하는 것이 관건입니다. 가능한 여러 시

15 '진실의 주체화' 과정에 대해서는 다음을 보라. 《주체의 해석학》, 277, 345-356, 358쪽(HS, p. 233, 303-313, 316); M. Foucault, "L'écriture de soi", art. cit., p. 1238; "L'éthique du souci de soi comme pratique de la liberté", entretien avec H. Becker, R. Fornet-Betancourt et A. Gomez-Müller, dans DE II, n° 356, p. 1532; 〈자기의 테크놀로지〉, 《자기의 테크놀로지》, 63-64쪽("Les techniques de soi", conférences citées, p. 1618).

련이 두 극점 사이에서 다시 시작됩니다. 그리스인은 두 극점 중 하나에 멜레테meletê, 멜레탄meletan이라는 용어를, 다른 하나에 굼나시아gumnasia, 굼나제인gumnazein이라는 용어를 사용합니다.[16]

1) 로마인은 〔명상 혹은 관조라는 뜻의-옮긴이〕 'meletê'를 'meditatio'로 번역합니다. 오늘날 우리가 이 단어에 애매한 의미를 부여한다고 해서 이것이 테크닉과 관련된 용어였다는 사실을 잊어선 안 됩니다. 이 단어는 수사학에서 차용됐습니다. 이 단어는 즉흥 연설을 준비하기 위해 몰두하는 작업을 가리키는 것이었습니다. 사유에서 주요 주제, 효과적인 논증, 가능한 반론에 답하는 방법을 복습했고 실제 상황을 예견했습니다. 철학적 명상도 동일한 종류의 것입니다. 철학적 명상은 알고 있는 것을 명심해 재활성화하는 부분을 포함합니다. 이것은 우리가 행하는 추론, 갖출 수 있는 품행—요컨대 우리가 알고 있는 참된 원리의 실제적 활용—을 평가하기 위해, 있을 수 있는 상황 속에 상상적으로 자신을 위치시키는 방법이기도 합니다. 이것은 이론적이자 실천적인 상상력의 훈련입니다.

이런 사유의 훈련 중에서 가장 유명한 것이 프라이메디타티오 말로룸praemeditatio malorum, 미래의 불행을 명상하는 것입니다.[17] 그것은 가장 많은 논의의 대상이기도 했습니다. 에피쿠로스주의자는 이를 배척합니다. 아직 닥치지 않은 나쁜 일을 미리 겪는 것은 무용하며, 현재의 나쁜 일에서 자신을 잘 지키기 위해서는 과거의 즐거운 기억을 떠올리는 것이 더 낫다고 하면서 말입니다.

16 이런 구별에 관해서는 다음을 보라. 《주체의 해석학》, 450-452쪽〔HS, p. 406-407〕, 〈자기의 테크놀로지〉, 《자기의 테크놀로지》, 64-69쪽〔M. Foucault, "Les techniques de soi", conférences citées, p. 1619-1621〕.

17 프라이메디타티오 말로룸 훈련에 대한 더 상세한 분석은 다음을 보라. 《주체의 해석학》, 488-501쪽〔HS, p. 445-454〕.

세네카나 에픽테토스 같은 엄격한 스토아주의자뿐 아니라, 스토아주의자에 비하면 훨씬 더 양면적인 태도를 보이는 플루타르코스 같은 사람도 대단한 열의를 갖고 프라이메디타티오 말로룸을 실천합니다. 그것이 구체적으로 무엇인지 제대로 이해할 필요가 있습니다. 겉보기에는 미래에 대한 침울하고 비관적인 예측 같지만 실은 완전히 다릅니다.

—우선 일어날 가능성이 있는 미래를 마음속에 그려보는 것이 중요한 것은 아닙니다. 닥칠 가능성이 극히 적다 해도, 일어날 수 있는 가장 안 좋은 미래를 아주 치밀한 방식으로 상상하는 것이 중요합니다. 세네카는 리옹의 모든 마을을 파괴한 화재와 관련해서 그것을 이야기합니다. 이 예시는 가장 심각한 불행을 언제나 확실한 것으로 간주하는 법을 가르쳐줍니다.[18]

—이것을 다소 먼 미래에 일어날 수 있는 것으로 예상해서는 안 되고, 이미 일어나고 있는, 실현되고 있는 와중에 있는 것으로 상상해야 합니다. 예를 들어 우리가 이미 추방당했다고, 극심한 고통에 굴복한 상태라고 상상합시다.

—마지막으로 그 불행을 실제로 일어나고 있는 것으로 상상한다면, 그것은 우리에게 닥칠 고난이나 아픔을 미리 겪기 위해서가 아니라, 그것이 실질적 불행이 전혀 아니며, 그것을 진정한 불행으로 간주하게 만드는 것은 우리의 의견일 뿐임을 스스로 납득하기 위해서입니다.

---

18 세네카, 〈현자들의 발견〉, 《세네카 삶의 지혜를 위한 편지》, 379-386쪽〔Sénèque, *Lettre 91*, *op. cit.*, p. 43-50〕. 다음도 볼 것. 세네카, 〈찾아오는 죽음, 빼앗아가는 죽음〉, 《세네카 삶의 지혜를 위한 편지》, 82-83쪽〔*Lettre 24*, 2, dans *Lettres à Lucilius*, t. I, *op. cit.*, p. 101-102〕. "어떤 걱정거리에서도 빠져나가고 싶다면, 무엇이든지 일어나면 안 된다고 걱정하는 일이 실제로 일어날 거라고 먼저 가정해보게. 그런 다음 아무리 어려운 일이라도 마음속으로 크기를 재고, 자네가 느끼는 두려움의 정도를 계산해보게. 그러면 틀림없이 알게 되겠지만, 자네가 두려워하는 일은 대단한 게 아니거나, 곧 끝나거나 둘 중 하나일 것이네."〔원서에 없는 인용문 추가-옮긴이〕

보시다시피 이런 훈련은 미래에 일어날 가능성이 있는 실질적 불행을 예상하고 그것에 익숙해지는 데 있지 않고, 미래와 불행을 동시에 무효화하는 데 있습니다. 미래를 무효화한다 함은, 극적인 현실에 이미 주어진 것으로 미래를 스스로 표상하기 때문입니다. 불행을 무효화한다 함은, 불행을 더 이상 불행으로 간주하지 않는 훈련을 하기 때문입니다.

2) 훈련의 다른 한쪽 극단에서는 실제로 하는 훈련이 발견됩니다. 그리스인은 굼나제인gumnazein, '자신을 단련하기'라는 동사로 이것을 지시합니다. 이 훈련은 오랜 전통이 있었습니다. 이것은 절제, 내핍, 신체의 지구력 훈련이었습니다. 이 실천은 정화의 가치가 있거나(예를 들면 피타고라스주의자의 성적 절제와 음식 섭취의 절제), 이것을 실천하는 '민중의' 힘을 증명합니다(만티네이아 전투에서 추위를 아랑곳하지 않고 견뎌내던 소크라테스를 보세요[19]). 하지만 자기 수양에서 이런 훈련은 다른 의미입니다. 외부 세계와 관련해 개인의 독자성을 확립하고 이를 시험하는 것이 중요합니다.

두 가지 예가 있습니다. 그중 하나는 플루타르코스의 〈소크라테스의 수호신〉에 나옵니다. 대화자 가운데 한 명이 어떤 실천에 대해 언급하면서, 게다가 그 실천이 피타고라스주의자에게서 기원한다고 합니다. 우선은 식욕을 돋우는 체육 활동에 몰두합니다. 그러고 나서 가장 맛있는 음식으로 채워진 식탁 앞에 자리를 잡습니다. 그 음식을 응시한 다음 머슴들에게 주고, 자신은 가난한 자들의 소박하고 간소한 음식을 먹습니다.[20]

세네카는 루킬리우스에게 보내는 편지 18에서, 모든 마을이

---

19 이 책 40쪽 각주 28을 보라.

20 플루타르코스, 〈소크라테스의 수호신〉, 《그리스 로마 에세이》(키케로 외), 682쪽〔Plutarque, *Le démon de Socrate*, 585A, dans *Œuvres morales*, t. VIII, trad. fr. J. Hani, Paris, Les Belles Lettres, 1980, p. 95〕.

사투르누스 축제를 준비하는 중이라고 이야기합니다. 그는 예의상 적어도 일정한 방식으로 그 축제에 참가할 생각입니다. 하지만 그가 자신을 위해 준비한 것은 며칠 동안 거친 옷을 입고 초라한 침대에서 잠을 청하며 억센 빵만 먹는 것이었습니다. 이는 축제를 목적으로 입맛을 더 돋우기 위한 것이 아니라, 가난이 불행이 아니라는 것과 자신이 그 가난을 완전히 감당할 수 있다는 것을 동시에 증명하기 위한 것입니다.[21] 세네카의 또 다른 구절이나 에피쿠로스의 구절*에서 짧은 기간 자발적 시련의 유용성이 언급됩니다. 무소니우스 루푸스 역시 전원에서 수련을 하라고 권고합니다. 농부들처럼 살고 농부들처럼 농사일에 몰두하라는 것입니다.

3) 사유의 훈련인 메디타티오meditatio와 현실에서 단련인 엑세르키타티오exercitatio라는 양극 사이에, 자기 자신을 시험하기 위해 마련된 일련의 다른 실천이 있습니다.

특히 에픽테토스의 《강의》에 그 예가 있습니다. 그 예가 흥미로운 이유는, 아주 유사한 것이 그리스도교 영성에서 발견되기 때문입니다. '표상의 통제'라 부를 수 있는 것입니다.[22]

---

21 세네카, 〈가난한 이와 부자〉, 《세네카 삶의 지혜를 위한 편지》, 62-63쪽〔Sénèque, *Lettre 18*, 1-5, dans *Lettres à Lucilius*, t. I. *op. cit.*, p. 71-73〕. "날마다 하는 습관적 행동들을 조금이라도 바꾸어야 하지 않을까? (…) 실제로 자기 의지가 굳건하다는 것을 확실하게 증명하기 위해서는, 매혹적인 사치로 유혹하는 것에 다가가거나 이끌려가서도 안 되네. (…) 며칠 동안만, 아주 적은 양의 조촐한 식사를 하고 넝마가 다 된 너덜너덜한 옷을 입은 채 참고 있다가 스스로에게 물어보시게. '이것이 두려워하던 일인가?'"〔원서에 없는 인용문 추가-옮긴이〕

* 세네카, 〈가난한 이와 부자〉, 《세네카 삶의 지혜를 위한 편지》, 64쪽. "이 단련을 할 때에는 낡아 빠진 소파에 눕고 조잡하게 짠 외투를 입으며 식어 빠져서 딱딱해진 더러운 빵을 먹지 않으면 안 된다네. 이 모든 일을 3일, 4일, 때로는 며칠 동안 참으며 해보시게. 이 일들은 놀이가 아니라 시련일세. 그렇게 함으로써, 알겠나, 루킬리우스여, 자네는 돈 2전만 있으면 만족하게 되고, 걱정에서 벗어나 자유로운 몸이 되는 데에 행운은 아무 쓸모가 없음을 알게 될 것이네. (…) 갑작스레 불운을 당하지 않도록 빈곤에 익숙해지세. 부자가 되면서 걱정에서 해방되기 위해서는 가난해지는 것이 조금도 무거운 짐이 되지 않으리라는 것을 알고 있으면 된다네. 쾌락주의 스승인 에피쿠로스마저도 수일 동안의 기간을 정해서 그 기간 동안에는 게걸스러운 식사로 공복감을 없애려고 했었지."

22 에픽테토스의 표상 점검에 관해서는 다음을 보라. 《주체의 해석학》, 327-330쪽〔HS, p. 285-288〕; 〈강의 개요〉, 《주체의 해석학》, 530-531쪽〔M. Foucault, "L'herméneutique du sujet", résumé cit., p. 1183〕; 〈자기의 테크놀로지〉, 《자기의 테크놀로지》, 69-70쪽〔"Les techniques de soi", conférences citées, p. 1621-1622〕; 〈캘

에픽테토스는 사유 속으로 들어올 수 있는 표상과 관련해 항구적인 감시의 태도를 갖기를 희망합니다. 태도를 두 가지 비유로 표현합니다. 마을이나 집 안으로 아무나 들어오지 못하도록 지키는 불침번의 비유,[23] 주화를 건네받았을 때 그것을 눈으로 관찰하고, 무게를 가늠해보고, 그것을 이루는 금속과 거기 새겨진 초상을 확인하는 환전상 혹은 화폐 검사원arguronomos의 비유[24]입니다. 경계를 게을리하지 않는 환전상처럼 자신의 사유에 관한 것임에 틀림없는 이 원칙은 에바그리우스 폰티쿠스와 카시아누스에게서도 거의 동일한 용어로 나타납니다.[25] 하지만 에바그리우스 폰티쿠스나 카시아누스에게서는 자기 자신에 관한 해석학적 태도를 규정하는 것이 관건입니다. 겉보기에는 순수한 사유 속에 색욕이 있을 수 있는 자기를 해독하고, 신에게서 오는 사유와 유혹자〔사탄-옮긴이〕에게서 오는 사유를 식별하는 것이 관건이라는 것입니다. 에픽테토스에게서 중요한 것은 다릅니다. 표상된 어떤 것 때문에 자신이 동요하거나 흥분하지는 않았는지, 그렇거나 그러지 않은 이유는 무엇인지 알아야 하는 것입니다.

리포니아대학교 버클리캠퍼스 불문과에서의 토론〉, 《비판이란 무엇인가?/자기 수양》, 201-202쪽〔"Débat au Département de Français", débat cit., p. 166-167〕; 《담론과 진실: 파레시아》, 344-350쪽〔DV, p. 286-290〕.

23 에픽테토스, 《에픽테토스 강의 3·4》, 89-90쪽〔Épictète, Entretiens, III, 12, 15, op. cit., p. 45〕. "소크라테스가 음미되지 않은 삶(anexetaston bion)을 살아서는 안 된다고 말하곤 했던 것처럼, 우리는 음미되지 않은 어떤 인상도 받아들여서는 안 되며, 그것에 대해 '잠시만 기다려, 네가 누구인지 또 어디에서 왔는지 나에게 보여라'라고 말해야만 한다."〔원서에 없는 인용문 추가-옮긴이〕

24 에픽테토스, 《에픽테토스 강의 1·2》, 186-187쪽〔Ibid., I, 20, 7-9, p. 76-77〕. "이런 이유로 철학자의 가장 중요한 임무이자 첫 번째 임무는 여러 가지 인상을 음미하고 인상들을 판별하는 것이며, 적절하게 음미되지 않은 어떤 인상도 받아들이지 않는 것이다. 우리의 관심이 관련되어 있다고 생각되는 주화의 경우에, 우리가 실제로 어떻게 그 기술을 고안했으며, 시금자가 시각, 촉각, 냄새 및 최종적으로 청각을 통해 주화를 검사하기 위해 얼마나 많은 절차를 사용하는지를 너는 알 수 있는 것이다."〔원서에 없는 인용문 추가-옮긴이〕

25 초기 그리스도교, 특히 카시아누스의 자기 점검과 관련해서는 다음을 참조하라. GV, p. 290-298; 《자기해석학의 기원》, 81-86쪽〔OHS, p. 78-82〕; MFDV, p. 143-149; 《주체의 해석학》, 328-330쪽〔HS, p. 286-287〕; M. Foucault, "Le combat de la chasteté" dans DE II, n° 312, p. 1124-1125; "Les technique de soi", conférences citées, p. 1628-1630; DV, p. 287-288.

이런 의미에서 에픽테토스는 여러 유파가 아주 높이 평가하던 소피스트적 도발에서 영감을 받은 어떤 통제 훈련을 제자들에게 권합니다. 하지만 풀기 어려운 문제를 서로에게 던지는 대신, 어떤 상황과 그 상황에 대응해야 할 바를 정해주게 될 것입니다. "'이런저런 사람의 아들이 죽었습니다.' -그것은 의지(선택의 영역)와 무관한 것이니 나쁨이 아니네라고 대답하라. '이러저러한 자에게 그 아버지가 상속권을 박탈했습니다.' 너는 어떻게 생각하는가? -그것은 의지와 무관한 것이니 나쁨이 아니네. '카이사르가 그를 정죄했습니다.' -그것은 의지와 무관한 것이니 나쁨이 아니네. '그는 그런 일로 고통을 겪고 있습니다.' -그것은 의지와 관련된 일이니 나쁨이네. '그는 그것을 고상하게 버텼습니다.' -그것은 의지와 관련된 일이니 좋음이네."[26] 에픽테토스는 어떤 종류의 훈련-산책을 제안하기도 합니다. 우리는 산책을 하며 외부 세계에서 들어올 수 있는 모든 표상에 노출되며, 우리는 거기에 대응하는 방법을 시험합니다. "날이 밝아 집을 나서자마자, 네가 보는 상대방이 누구든 음미하고, 질문을 받은 것처럼 대답하라. 너는 무엇을 봤는가? 잘생긴 남자 혹은 아름다운 여자? 판단 기준을 적용하라. 그것이 의지의 영역에 있느냐, 아니면 그것 바깥에 있느냐? 바깥에. 그것을 던져버려라. 무엇을 봤느냐? 자식의 죽음을 슬퍼하는 사람? 판단 기준을 적용하라. 죽음은 의지의 영역 바깥에 있는 것이네. 그것에서 떨어져라. 집정관을 만났느냐? 판단 기준을 적용하라. 집정관이란 어떤 것인가? 의지의 영역 바깥에 있느냐, 아니면 그것 안에 있느냐? 바깥에. 그것도 던져버려라. 그것은 시험을 견뎌내지 못하네. 그것을 던져버려라. 그것은 자네와

26 에픽테토스, 《에픽테토스 강의 3·4》, 69-70쪽(Épitète, *Entretiens*, III, 8, 1-3, *op. cit.*, p. 32).

관계가 없는 것이네. 우리가 이런 식으로 실행하고, 날이 밝아올 때부터 밤까지 이 훈련을 실천했다면, 신들께 맹세코 우리는 뭔가 성취했을 것이네."[27]

보시다시피 이런 표상의 통제가 목표로 하는 것은 겉모습 아래 감춰진 진실과 주체 그 자신의 진실인 바를 해독하는 것이 아닙니다. 반대로 이 통제는, 나타나는 그대로 표상 속에서 죽음, 병, 고난, 정치적 삶 등과 관련해 상당수 진실한 원칙을 상기할 기회를 발견합니다. 그 상기를 통해서, 우리가 그런 원칙에 따라 행동할 수 있는지 살펴볼 수 있고, 플루타르코스의 은유에 따르면 그 원칙이 제대로 주인의 목소리가 됐는지, 정념이 포효하자마자 일어나서 그것을 침묵하게 할 줄 아는 주인의 목소리가 됐는지 살펴볼 수 있습니다.[28]

4) 이 모든 훈련의 정점에서 그 유명한 멜레테 타나투meletê thanatou, 죽음에 대한 명상, 더 정확히 말하면 죽음 훈련이라고 할 수 있는 것이 발견됩니다.[29] 사실 그것은 우리가 죽을 운명에 처했다는 것을 단순히 상기하는 것으로 이루어져 있지 않습니다. 집요하게 상기한다고 해도 마찬가지입니다. 그것은 죽음이 삶 속에서 실재하도록 만드는 하나의 방식입니다. 세네카는 모든 스토아주의자 중에서도 이 실천에 공들였습니다. 이 실천은 우리가 매일 매일을 마지막 날인 것처럼 살게 하는 경향이 있습니다.

세네카가 제안하는 이 훈련을 잘 이해하기 위해서는, 서로 다른 여러 시간 주기에 전통적으로 확립된 상응 관계를 상기해야

27 에픽테토스, 《에픽테토스 강의 3·4》, 47-48쪽〔*Ibid.*, III, 3, 14-16, p. 18〕.

28 이 책 107쪽 각주 6을 보라.

29 멜레테 타나투에 대해서는 다음을 보라. 《주체의 해석학》, 502-506쪽〔HS, p. 457-460〕, 〈강의 개요〉, 《주체의 해석학》, 531-532쪽〔M. Foucault, "L'herméneutique du sujet", résumé, cit., p. 1184〕.

합니다. 새벽녘부터 땅거미가 질 때까지 하루의 순간순간은 봄에서 겨울까지 한 해의 계절과 상징적 관계에 있습니다. 그리고 이 계절들은 이번에는 어린 시절부터 노년기에 이르기까지 생애의 여러 시기와 맺는 관계에 놓여 있습니다. 세네카의 편지에서 거론되는 그런 죽음의 훈련[30]은 오래 지속되는 삶을 하루만큼 〔짧은〕 삶인 것처럼 사는 데 있고, 하루하루를 전 생애를 통째로 사는 것처럼 사는 데 있습니다. 우리는 매일 아침 자기 삶의 어린 시절에 있어야 하지만, 저녁에는 죽음의 순간이 올 것처럼 종일을 살아야 합니다. 편지 12에서 말하길, "자러 가는 순간에는 환희에 찬 웃는 얼굴로 말하자. 살았노라".[31] 이는 마르쿠스 아우렐리우스가 "도덕의 완성teleiôtês tou êthous은 하루를 생애 마지막 날인 것처럼 사는 데 있다"[32]고 썼을 때 생각한 것과 동일한 유형의 훈련입니다. 그는 심지어 각각의 행동이 "마지막 행동인 것처럼"[33] 행해지기를 바랐습니다.

죽음에 관한 명상의 독특한 가치는 그것이 세간의 여론이 일반적으로 가장 중대한 불행으로 표상하는 것을 선취하는 데만 있는 것이 아닙니다. 죽음이 나쁜 것이 아님을 스스로 납득할 수 있게 해주기 때문만도 아닙니다. 죽음에 대한 명상은, 말하자면 자기 삶을 미리 회고적으로 바라볼 가능성을 제공합니다. 자신의 죽음이 임박했다고 간주함으로써 자신이 하려고 하는 행동 각각

---

30 푸코는 타자 강연 원고에서 더 정확한 참조 사항을 덧붙이고 싶은 듯, 'Sénèque(세네카)'라고 친 다음에 여백을 뒀다.

31 세네카, 〈내일을 생각하며〉, 《세네카 삶의 지혜를 위한 편지》, 43쪽〔Sénèque, *Lettre 12*, 9, dans *Lettres à Lucilius*, t. I, op. cit., p. 43〕. "잠을 잘 때는 기쁜 마음으로 쾌활하게 이렇게 노래하세. 나의 삶은 이것으로 충분하다. 운명의 여신이 주신 길을 나는 끝까지 걸어왔노라(베르길리우스, 《아이네이스》, 4, 653)."〔원서에 없는 인용문 추가-옮긴이〕

32 Marc Aurèle, *Pensées*, VII, 69, *op. cit.*, p. 1147.

33 *Ibid.*, II, 5, p. 1199.

을 그 본래적 가치에서 판단할 수 있습니다. 에픽테토스가 말하길, 죽음은 쟁기질하는 농부를 엄습하고, 항해하는 뱃사람을 낚아챕니다. "너는 무엇을 하고 있을 때, 습격당하기를 바라는가?"[34] 세네카는 죽음의 순간을 말하자면 우리가 자기 자신의 심판관이 되고 자신의 마지막 날까지 성취해야 했던 도덕적 진전을 헤아릴 수 있는 순간이라고 생각했습니다. 세네카는 편지 26에서 이렇게 썼습니다. "내가 이룰 수 있었던 도덕적 진전에 대해, 나는 그 판단을 죽음에 맡길 생각이네. (…) 나 자신에 대해 판단하게 되고 내 입술 위나 심장 속에 덕이 있는지 알 수 있게 될 날을 기다린다네."[35]

34 에픽테토스, 《에픽테토스 강의 3·4》, 55쪽〔Épictète, *Entretiens*, III, 5, 5-6, *op. cit.*, p. 23〕.

35 세네카, 〈찾아오는 죽음, 빼앗아가는 죽음〉, 《세네카 삶의 지혜를 위한 편지》, 92쪽〔Sénèque, *Lettre 26*, 5 dans *Lettres à Lucilius*, t. I, *op.cit.*, p. 116〕. "내가 얼마나 수양을 했는지, 그 판단은 죽음에 맡길 생각이다. 그러므로 나는 두려움 없이 그날에 대한 각오를 다지고 있다. 그날 나는 잔재주나 치장을 빼놓고 나 자신에 대해 판단을 내릴 것이다. 나의 용감한 말은 말로써만 나오는 것인지, 참마음에서 우러나온 것인지, 내가 운명에 대해 반항적으로 토해낸 말 하나하나가 모두, 보여주기 위한 행동이었는지에 대해."

영어로 된 두 번째 버전 초반부[a]

지난번 강연에서 저는 기원후 1-2세기에 자기 수양이 갖는 중요성—사회적 중요성—을 부각하고자 했습니다. 저는 그 역사적 현상의 스케치를 제시했을 뿐입니다. 더 정밀한 분석을 위해 하나의 틀을 단순히 스케치하려고 의도했습니다.

제가 환기하고자 하는 점은 첫째, 그리스인이 자기 수양과 연관된 실천과 수련을 지시하기 위해 일반적으로 사용한 말인 아스케시스askêsis라는 개념에 관련된 것입니다.

둘째, 이 아스케시스에서 로고스logos와 진실의 역할과 관련된 것입니다. 이상이 전반부에서 〔환기하고자-옮긴이〕 하는 바입니다.

후반부에서는 훈련의 두 주요 유형을 분석해보고자 합니다. 그것은 시련, 시험이고 이 강연에서 제가 개진하고자 하는 핵심을 이루는 점검, 자기 점검입니다.

I

다양한 형태의 자기 수양에 어김없이 아스케시스askêsis라는 명사를 사용했습니다. 아스케시스는 훈련, 단련을 의미합니다. 무소니우스 루푸스는 예를 들어 〔기원후〕 1세기 중엽에 아스케시스에 관한 논설을 썼습니다. 그중 한 단편이 요아네스 스토바에우스의 《선집》 덕분에 보존됐습니다. 무소니우스는 생활의 기술technê tou biou도 다른 기술처럼 이론적 가르침mathêsis만으로는 습득

a 타자로 친 몇 장이 추가된 영어본 강연 수고의 번역(BnF NAF 28730, boîte 29, dossier 7).

할 수 없다고 말했습니다. 그는 이렇게 말함으로써 전통적인 교육을 반복한 것입니다. 그는 실천과 단련askêsis을 요구했습니다. 무소니우스는 신체와 관련된 단련과 훈련, 영혼과 관련된 단련과 훈련, 영혼과 신체가 동시에 관련된 단련과 훈련 이렇게 세 유형의 아스케시스를 구분했습니다.

무소니우스에게는 마지막 두 훈련만이 철학적 단련에 속합니다.[36] 철학적 삶에서 이렇게 신체의 단련을 배제하는 것은 이 수양의 전형적 특징입니다. 아시다시피 플라톤은 (예를 들면 《알키비아데스》에서) 신체의 돌봄〔배려-옮긴이〕과 영혼의 돌봄〔배려-옮긴이〕을 명확히 구분했지만, 《국가》와 《법률》에서 젊은이에게 대단히 어려운 훈련을 부과해 그들을 훌륭한 병사, 탁월한 시민으로 만들려 했습니다.[37] 플라톤에서 무소니우스로 가면서 명백히 어떤 변화가 있었습니다. 이 변화는 영혼의 질의 조건이자 표현으로 간주되는 신체에서 정념이 돌출할 수 있는 위험한 영역으로 간주되는 신체, 아니 오히려 영혼과 신체의 관계, 상호 관계로 나아가는 변화입니다. 이런 관점과 관련해서는 아일리우스 아리스티데스를 참조할 필요는 없고, 세네카의 서신을 읽어보는 것으로 족합니다. 세네카의 서신은 그의 질병, 편두통, 호흡해야 할 나쁜 공기 등과 같은 사소한 정보로 채워져 있습니다. 마르쿠스 아우렐리우스와 프론토의 서신 교환도 동일한 사실을 보여줍니다. 신체와 영혼의 관계는 파토스pathos, 즉 정념의 요람으로 생각되고 체험됐습니다. 신체와 관련된 가장 중요한 윤리적 돌봄〔배려-옮긴이〕의 자격으로서 의술이 체육을 대체합니다.

36 Musonius Rufus, *Sur l'exercice*, *op. cit.*, p. 69-71.
37 《주체의 해석학》, 453-454쪽〔HS, p. 408-409〕 참조.

하지만 자기 수양의 중요한 개념 가운데 하나인 아스케시스라는 일반적 개념을 재검토해봅시다. 이 말이 그리스도교 영성에서 갖고 있었을 의미로 읽어서는 안 됩니다. 그것은 착오입니다. 확신할 순 없지만 니체도 그 희생자이고 막스 베버 역시 그런 것 같습니다.

(금식이나 의식 점검, 사유의 지속적 통제 등과 같은) 고대의 몇몇 수련 실천은 그리스도교와 수도원의 수련에서 이용된 것 같습니다.

하지만 그리스도교 수련의 일반적 의미는 고대의 철학적 수련이 갖는 의미와 판이했습니다.

—개략적으로 말해 그리스도교 수련의 궁극적 목표는 세계에서 해탈과 자기 포기입니다. 그리스도교 수련은 자기를 포기해야 합니다. 그리스도교의 자기는 자신이 해방돼야 하는 세계에 속하고, 역으로 그가 세계와 〔맺는-옮긴이〕 관계가 그를 하나님에게서 벗어나도록 만드는 자기 자신에 대한 관용의 표현이기 때문에 그는 세계에서 해방돼야 합니다.

—반면 이교적 혹은 철학적 수련은 소유와 최고권의 관계를 자기 자신과 수립해야 했고, 그와 동시에 개인에게 세계와 대결할 채비를 갖추게 하는 것을 가장 중요한 목표로 설정했습니다.

여기서도 상호 관계가 존재했습니다. 완벽하게 독자적인 자기와 관계를 유지하기 위해서는 일어날 수 있는 모든 일에 저항할 능력을 갖춰야 합니다. 그리고 세계와 대결하기 위해서는 가능한 한 가장 강력하게 자기와 관계를 수립해야 합니다.

세계와 관계와 자기와 관계의 상호 접속을 조직하는 것, 구체적으로 자기 자신의 제어와 세계에서 독립을 기획하는 것이 철학적 수련의 특수한 작업입니다. 여러분은 철학적 수련이 그리스도교적 수련과 얼마나 거리가 먼지 가늠할 수 있을 것입니다.

이보다 중요한 사실이 하나 있습니다.

그리스도교의 수련은 이 세계에서 벗어나 내세를 획득하는 것을 목표로 설정합니다. 그리스도교의 수련은 진정한 삶에 실제적으로 도달하는 표면상의 죽음을 통해, 하나의 현실에서 또 다른 하나의 현실로, 죽음에서 삶으로 "이행하는 예식"입니다. 한마디로 말해 그리스도교의 수련은 현실을 지향하는(reality-oriented) 수련이라고 말할 수 있습니다.

이교의 아스케시스는 반대로 진실(진리-옮긴이)을 지향하는(truth-oriented) 수련입니다. 진실(진리-옮긴이)은 목적이자 수단입니다. 아스케시스는 진실(진리-옮긴이)을 습득할 수 있게 해주는 단련입니다. 그리고 진실(진리-옮긴이)의 소유는 그것을 통해 사람들이 자기 자신에 대한 최고권을 유지하면서 세계와 대결할 수 있는 수단입니다.[38]

잠시 이 수련이라는 일반적 개념에 주목해봅시다. 이 개념은 우리의 윤리에 대단히 중요한 개념이기도 하고, 니체와 막스 베버 이래로 역사적 분석의 중요한 범주였기 때문입니다.[39]

늘상 일종의 포기와 관련되곤 하는 일상적 정의보다는 좀

---

38 푸코는 콜레주드프랑스 〈진실의 용기〉 마지막 강의에서 이교의 수련(특히 견유주의의 자기 수련)에서 그리스도교 수련으로 이행하는 문제와 이들 상호 관계의 문제를 연구한다. 하지만 '진실을 지향하는' 수련과 '현실을 지향하는' 수련의 구분을 반복하지는 않는다. 푸코는 수련의 실천, 인고의 형태, 수련 방식의 수준에서 상당수 '공통점'과 더불어 이교 수련과 그리스도교 수련의 두 가지 주요한 차이를 강조한다. 한편으로 "그리스도교 수련에는 다른 세계와 관계가 아니라 내세와 관계가 당연히 존재"한다. 다시 말해 "수행자가 헌신해야 하고 그가 선택한 다른 세계는" 이 세계를 변화시키는 것만을 목표로 하는 것이 아니라 특히 "개인에게, 경우에 따라서는 모든 그리스도인, 그리스도교 공동체 전체에게 다른 세계로 가는 길을 열어주는 것"을 목표로 한다. 다른 한편 그리스도교 중심에는 이교의 수련에서 발견되지 않는 전례 없는 계율이 존재한다. 요컨대 "이 세계 내에서, 이 세계부터 그리고 진정한 삶에 이르기 위해 타자에게 복종해야 하는 계율"이다. 이렇게 해서 그리스도교는 "새로운 양식의 자기와 관계, 새로운 유형의 권력관계, 다른 진실 체제"를 창시한다. CV, p. 290-294 참조.

39 프리드리히 니체, 《선악의 저편·도덕의 계보》, 김정현 옮김, 책세상, 2002(F. Nietzsche, *La généalogie de la morale*(1887), dans *Œuvres*, t. II, trad. fr. H. Albert et J. Le Rider, Paris, Robert Laffont, 1993, p. 766-889); 막스 베버, 《프로테스탄트 윤리와 자본주의 정신》, 박문재 옮김, 현대지성, 2018(M. Weber, *L'éthique protestante et l'esprit du capitalisme*(1904-1905), trad. fr. J.-P. Grossein, Paris, Gallimard, 2008).

더 총괄적이라고 생각되는 수련에 대한 정의를 제안해보겠습니다. 면허나 지식의 획득을 목표로 하는 것이 아니라 존재 방식 내에서 자신의 변형을 목표로 하는 자발적이고 대가를 지불해야 하는 자기 변형이라는 정의 말입니다.

서구 문명에는 주요한 두 유형의 수련이 존재하고 있거나 존재했다고 생각합니다.

—현실을 지향하는 수련이 있는데, 그 목적은 하나의 현실에서 또 다른 현실로 가는 것입니다.

—그리고 진실(진리-옮긴이)을 지향하는 수련이 있는데, 그 목적은 진실(진리-옮긴이)을 우리 자신만이 아니라 세계와 우리가 맺는 관계의 규칙으로 만드는 것입니다.

여러 세기 동안 서구의 문화는 이 두 수련 사이에서 왔다 갔다 했다고 생각합니다.

—진실을 지향하는 수련이 완전하게 전개된 최초 형태는 이교의 '자기 수양'에서 발견됩니다.

—현실을 지향하는 수련이 완전하게 전개된 최초 형태는 그리스도교의 자기 테크놀로지에서 발견됩니다.

이 두 수련이 완전히 양립 불가능하다고 말하고 싶지는 않습니다. 이 둘은 대개 뒤얽혀 있습니다. 하지만 이 두 유형의 (수련) 사이의 긴장으로 우리 문화의 여러 특질, 양상, 위기를 설명할 수 있다고 생각합니다.

—예를 들어 르네상스 시대에 중세와 근대의 투쟁, 종교개혁과 반종교개혁의 투쟁, 교조주의와 새로운 합리주의의 투쟁은 현실을 지향하는 수련에서 진실(진리-옮긴이)을 지향하는 수련으로의 이행이라고 분석할 수 있습니다. 아니면 적어도 이 두 유형(의 수련)의 새로운 평형을 찾고자 하는 노력으로 분석할 수 있을

것입니다. 그리고 르네상스 시대에 비약적으로 발전하고 계몽주의 시대를 거치며 (과학 문명의 윤리 문제와 더불어) 오늘날에 이르는 이 대대적인 운동은 진실(진리-옮긴이)을 지향하는 수련의 현대적 형태, 현대적 변형으로 간주돼야 합니다.

—우리 역사의 대척점에 있는 다른 예를 하나 들어보겠습니다. 아리스토텔레스주의보다 플라톤주의가 훨씬 서구 문명의 '철학'이었다고 말할 수 있을 겁니다. 아니면 적어도 서구의 윤리적이고 이론적인 문제를 가장 먼저, 가장 지속적으로 정식화(표명-옮긴이)해온 것이 플라톤주의였다고 말할 수 있겠죠. 그 이유는 플라톤주의가 이 두 수련의 상호 적응을 최초로 가장 완벽하게 정식화(표명-옮긴이)했기 때문입니다. 플라톤주의는 진실(진리-옮긴이)을 다른 세계에 설정했고, 이 다른 세계로 향하는 운동을 진실(진리-옮긴이) 획득의 수단으로 만들었으니 말입니다.

—오이디푸스 신화와 파우스트 신화 같은 서구 문명의 주요 신화를 취해봅시다. 양자는 이 두 수련의 어려운 관계를 표명하는 것으로 간주할 수 있습니다. 요컨대 현실에서 진실(진리-옮긴이)에 치러야 할 대가 말입니다.

—정신분석 같은 제도를 생각해보세요. 정신분석은 진실(진리-옮긴이)의 대가와 현실의 대가라는 두 문제를 (명백히)[a] 담당하고 있습니다.

왜 제가 이 주제를 이처럼 암시적으로 환기할까요? 일반적인 이유가 하나 있습니다. 저는 이런 관점이 일정한 연구 영역을 열 수 있다고 생각합니다. 혹은 적어도 역사 연구에 많은 혼란을 가중한 것으로 보이는 '수련'이라는 너무 광범위한 개념에서 벗어

a 읽기 힘든 낱말을 추측했다.

날 필요가 있다고 생각합니다.

개인적인 이유도 있습니다. 저는 광기, 범죄, 성性과 같은 문제를 연구한 뒤 혁명적 주체성에 관해 연구해보고자 합니다. 이제 혁명을 사회운동이나 정치 변혁뿐만 아니라 주체의 경험, 주체성의 유형으로도 연구할 때가 왔습니다. 저는 진실(진리–옮긴이)을 지향하는 수련과 현실을 지향하는 수련의 상호 접속과 갈등은 이 혁명적 주체성을 상당 부분 해명한다고 생각합니다. 개인의 사생활에 프랑스대혁명이라는 관념이 가져다준 매력은 이 두 수련이 함께 실천될 수도 있다는 가능성에서 부분적으로 기인한다고 생각합니다. 진실(진리–옮긴이)을 획득하고 진실(진리–옮긴이)을 인식하는 주체로 자신을 구축함으로써 이 현실을 포기하고 또 다른 현실로 나아갈 수 있다는 가능성에서 말입니다.[40]

이렇게 우리는 무소니우스와 멀어집니다. 하지만 여러분 가운데 제게 왜 이런 종류의 연구를 시도했는지 이유를 말해달라고 요청하신 분이 있습니다.[41] 저는 성에 대한 우리의 문화적 경험을 법과 욕망의 항상적 갈등으로 연구하고 싶지 않습니다. 우리 문화에서 진실(진리–옮긴이)을 지향하는 수련과 현실을 지향하는 수련의 역사적 상호 접속의 관점에 입각해 연구해보고자 합니다.

40 푸코는 이 계획을 결코 전개하지 않을 것이다. 하지만 푸코는 1984년 2월 29일 콜레주드프랑스 〈진실의 용기〉 강의 후반부에서 견유주의를 "다양한 형태에서 다양한 목표와 더불어 서구 역사를 가로지르는 역사적 범주로 분석하는 와중에" 혁명을 정치적 기도가 아니라 진실한 삶이라 할 수 있는 다른 삶"의 문제를 제기하는 "삶의 형태"로 연구한다. CV, p. 161, 169-172 참조.

41 첫 번째 세미나를 보라. 이 책 173-175쪽.

II

이제 무소니우스 루푸스로 되돌아가 후기 이교의 수양에서 아스케시스 개념을 재검토해봅시다. 이 단련, 이 훈련, 이 자기에 대한 자기의 작업이 세계와 대결하기 위한 채비로서 진실(진리-옮긴이)의 습득을 목표로 설정했다는 것이 관건입니다.

세 가지 문제가 제기됩니다.

—이 채비는 무엇일까요? 스스로 채비한다는 것이 의미하는 바는 무엇일까요?

—진실(진리-옮긴이)은 어떻게 습득할까요?

—이런 종류의 진실(진리-옮긴이)은 어떤 것이고, 자기 인식의 위상은 무엇일까요?

휴식 시간 전에 첫 번째 질문에 간략히 답하고, 휴식 시간 이후에 두 번째 질문에 답하겠습니다.

세 번째 질문은 다음번 강연의 주제가 될 것입니다.

그리스도교의 수련이 개인을 세계에서, 영혼을 육체에서 분리하고 자기 자신을 자기 자신에서 분리하는 것을 목표로 설정한 반면, 철학의 수련은 **채비하는 것**을 임무로 설정했습니다. 철학의 수련은 일어날 수 있는 모든 일에 대해 개인이 채비하게 해야 합니다. paraskeuê(채비), paraskeuazesthai(스스로 채비하다)는 그리스어에서 수련과 관련해 자주 쓰는 어휘입니다.

이 용어가 의미하는 바는 무엇일까요? 우리가 무엇에 대비해야 한다는 것일까요? 답변은 그다지 구체적이지 않아도 명확합니다. 일어날 수 있는 모든 일, 우리에게 타격을 줄 수 있는 모든 일에 대비해야 한다는 것입니다.

이 원리가 많은 문제를 제기하지만, 더 길게 논의하고 싶지는 않습니다.

그보다 아스케시스 개념이 제기하는 또 다른 문제에 많은 주의를 기울여보고자 합니다.

인생에서 아스케시스가 성공하거나 완결되는 순간이 존재할까요?

저는 현자가 될 가능성에 관한 이론적 논의의 세부 사항으로 들어갈 생각은 없습니다. 아시다시피 이것은 스토아주의자 사이에서, 그들과 그들의 적대자 사이에서 빈번히 논의되는 테마였습니다.

하지만 제 관점에서, 즉 자기 수양 경험의 관점에서 파라스케우에paraskeuê가 결국 완성되는 것으로 간주될 수 있는 유일한 시기가 인간이 노년이 됐을 때라는 사실은 아주 흥미롭다고 생각합니다. 이런 관점에서 노년은 인생의 **특권적 시기**입니다.[42] 아시다시피 고전기 고대에 노년의 위상은 참 모호했습니다. 지혜로운 나이라 해서 높이 평가되기도 했지만, 허약하고 의존적인 나이라 해서 낮게 평가되기도 했습니다. 키케로의 《노년에 대하여》에도 모호성이 눈에 띕니다.[43]

하지만 세네카와 더불어 사태는 대단히 명확해집니다. 노년은 인생에서 가장 소중한 시기이고, 인간은 가급적 빨리 늙기를 바라야 하며, 자기 삶의 마지막 시기로 서둘러 달려가야 한다는 것입니다.[44]

---

42 고대 자기 수양에서 노년의 위상에 대해서는 특히 다음을 보라. 《주체의 해석학》, 142-146쪽 등〔HS, p. 105-108 et *passim*〕.

43 키케로, 《노년에 관하여 우정에 관하여》, 천병희 옮김, 도서출판 숲, 2005〔Cicéron, *De la vieillesse*, trad. fr. P. Wuilleumier, Paris, Les Belles Lettres, 2008〕.

44 세네카, 〈내일을 생각하며〉, 《세네카 삶의 지혜를 위한 편지》, 40-44쪽〔Sénèque, *Lettre 12*, *op. cit.*, p.

청년기와 비교한 노년에 대한 이와 같은 가치 제고는 이 자기 수양의 가장 주목할 만한 특징입니다.

청년기에 대한 불신은 이 새로운 윤리의 전형적 특징입니다. 이런 불신은 물론 여러 사회 현상과 연관돼 있었습니다.

예를 들어 젊은이들은 더 이상 도시국가의 방어자 역할을 담당하지 않게 됐습니다. 로마제국의 국경 지대에 있는 병사는 직업군인이었습니다. 다른 한편으로 정치권력은 점차 행정관이, 곧 이어 오랜 경력이 있는 행정 관료가 행사했습니다.

우리의 분석에서 중요한 것은 사람들이 자신의 삶과 관련해 취하기 시작한 새로운 관점입니다. 이제 삶을 원환이나 청년기의 정점으로 상승해 노년기로 하강하는 곡선에 비교해선 안 됐습니다. 삶을 하나의 목표, 생의 끝에 위치한 궁극 지점에 이르는 직선으로 경험해야 했습니다.

우리는 과학적 인식과 합리성에서 세계의 순환적 개념이 시간의 선적인 개념으로 대체된 것이 얼마나 중요했는지 잘 알고 있습니다. 하지만 이런 변화는 중세 말 이전에는 발생하지 않았습니다.

이에 훨씬 앞서 유사한 변화가 내적 경험 혹은 적어도 내적 경험의 어떤 윤리적 모델에서 발생했습니다. 이 모델에 따르면 삶은 결말, 완결을 향해 가급적 가장 빨리 주파해야 하는 길로 설계돼야 합니다. 산다는 것은 지속적으로 목표 지점에 접근하는 것입니다.

하지만 즉각적으로 한 가지 문제가 제기됩니다. 어떤 목표에 접근해야 한다는 것일까요? 우리에게 너무나 자명한 이 질문

39-44).

은 로마인이나 그리스인에게는 생소한 질문이었을 것입니다. 피타고라스주의자와 엄격한 플라톤주의자를 제외하면 로마인과 그리스인에게 불멸성 혹은 적어도 사후 개인의 삶은 실질적인 문제가 아니었고, 중요한 문제도 아니었다는 것은 잘 알려진 사실입니다.

대비해야 할 종말은 사후의 삶이 아니었습니다. 죽음도 아니었습니다. 존재론적으로 죽음은 아무것도 아니기 때문입니다. 준비해야 하는 것은 늘 죽음 가까이 있는 것입니다. 최대한 죽음과 가까운 곳에서 살아야 하지만, 그러면서도 이 강의 이편에서 살아야 합니다. 바로 이것이 노년에 존재론적 특권을 부여합니다.

이는 이 수련에서 자살이 역설적 역할을 하는 이유이기도 합니다. 적어도 세네카에게서는 그렇습니다.

세네카에 따르면 한편으로 언제든지 자살할 채비가 돼 있어야 하고, 이런 채비가 죽음 가장 가까이서 사는 방식임을 늘 의식하고 있어야 합니다. 하지만 다른 한편으로 필연적이 되기 전까지는 자살해서는 안 됩니다. 삶의 완성은 죽음에 있는 것이 아니라 항구적이고 항상적이며 무한정으로 죽음과 가까이 있는 데 있기 때문입니다.

이 시대의 자살 기술을 연구하는 것은 흥미로운 일일 수 있습니다.[45] 자살은 사람들이 자신의 삶을 완결하고 타인에게 자신을 모범으로 제시하는, 말하자면 철학적 상연이었습니다. 이런 자살 가운데 어떤 것은 마치 아름다운 시처럼, 아름다운 예술 작

45 푸코는 1979년 《게피에Gai Pied》라는 잡지 창간호에 '자살의 기술'이라 부를 수 있는 것에 할애한 논고에서 이렇게 쓴다. "우리는 운 좋게도 이 절대적으로 특별한 순간(죽음의 순간)을 우리 마음대로 할 수 있는 재량권을 가지고 있다. 이 죽음의 순간은 배려해야 할 가장 큰 가치가 있는 순간이다. 근심하거나 안심하거나 하는 배려가 아니라 그것을 가장 큰 기쁨으로 만들기 위한 배려를 해야 할 가장 큰 가치가 있는 순간이다. 끈기 있게, 부단히 하지만 불행하지 않은 죽음의 순간을 준비함으로써 인생 전반이 해명될 것이다." M. Foucault, "Un plaisir si simple", dans DE II, n° 264 p. 779 참조.

품처럼, 영웅의 업적처럼 대대적인 성공을 거뒀는데 트라세아 파이투스의 자살이 그 예입니다. 하지만 다른 사람은 비판의 대상이 됐습니다. 예를 들어 세네카는 저녁마다 습관적으로 과음하던 파쿠비우스라는 사람을 혹독하게 비판합니다. 그는 장례식용 침대에 누워 미소년들을 시켜 눈물 흘리며 자신을 애도하도록 했습니다. 세네카에게 이것은 철학과 아무 관계도 없는, 방탕에 해당하는 것이었습니다.[46]

제가 이런 점을 지나치게 강조했다면 그 이유는 자기, 자신의 삶, 자신의 나이, 자신의 시간성에 대한 개인적 경험의 변화를 이런 수련을 통해 제시하고자 했기 때문입니다. 확연히 감지하셨겠지만 여기서 문제가 되는 것은 젊은 야심가의 경험과 전혀 다른 경험입니다. 즉 알키비아데스 같은 젊은 야심가가 이로부터 4세기 전에 소크라테스에게서 자기 자신을 돌봐야 한다고 설득당할 때 자기 자신을 경험하는 것과 전혀 다르다는 것입니다.

III

이제부터 진실〔진리-옮긴이〕의 습득으로서 아스케시스를 연구하고자 합니다. (…)[a]

---

46 세네카, 〈내일을 생각하며〉, 《세네카 삶의 지혜를 위한 편지》, 43쪽〔Sénèque, *Lettre 12*, 8, *op. cit.*, p. 42〕.

a 푸코는 이 부분부터 첫 번째 버전의 강연 중 두 번째 부분의 텍스트를 따라간다. 하지만 이 텍스트는 불완전하기 때문에 강연 종반부가 첫 번째 버전과 동일한지 알 수 없다. 푸코가 강연 종반부도 변형하지 않았는지 궁금해할 수 있는데, 푸코는 강연 도입부에서 시련과 시험을 논의한 후, 아마도 (1982년 10월에 버몬트대학교에서 하려 한 것과 같은) 세네카의 《분노에 관하여》에 대한 분석[47]과 1980년 10월과 11월에 캘리포니아대학교 버클리캠퍼스와 다트머스대학에서 이미 설명한 《평상심에 대하여》의 분석을 반복하면서 자기 점검을 논하겠다고 말하기 때문이다.[48] 세 번째 세미나에서 세네카와 세레누스에 대한 언급은 이 가설을 공고히 하는 듯하다(이 책 290쪽 참조).

47 (이 책 131쪽 각주 a에 붙은 각주) 〈자기의 테크놀로지〉, 《자기의 테크놀로지》, 60-63쪽〔M. Foucault, "Les techniques de soi", conférences cités, p. 1616-1618〕 참조.

네 번째 강연[a]

지난번 만남에서 저는 아스케시스askêsis라는 일반적 개념을 명확히 해보고자 했습니다.

그리고 '아스케시스', '자기 수련'이, 그리스도교 수양 혹은 포스트-그리스도교 수양을 통해 우리가 익숙하게 여기는 것과 달리, 포기와 필연적으로 연관된 것은 아니라고 전제하면서 자기 수련에 대한 일반적 정의를 제안했습니다.

저는 자기 수련을 값을 지불해야 하는 규칙화된 자기 변형의 기술이라 명명하고, '자기 변형'을 통해 자격이나 지식의 습득이 아니라 자신의 존재 방식에 변화를 가하는 행위를 지시하고자 합니다.

그래서 더 일반적인 도식을 제공하고자 한다면 제가 지금 연구하는 자기 테크닉을 다음과 같이 구분해야 한다고 말할 수 있습니다.

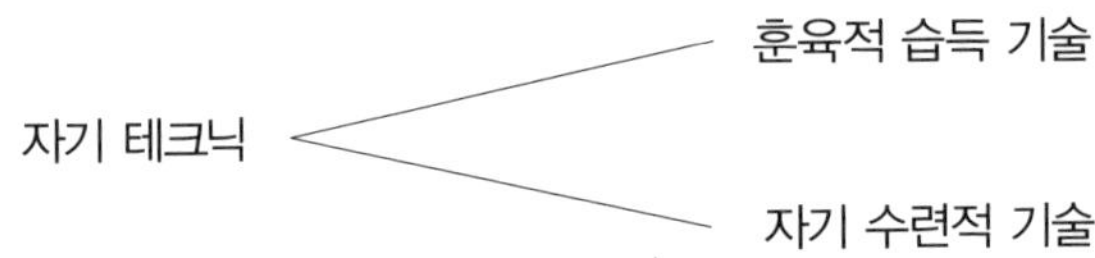

그리고 당연히 제가 '습득'이라는 말을 사용할 경우, '훈육적'이라는 말에 대단히 넓은 의미를 부여합니다.

---

48 (이 책 131쪽 각주 a에 붙은 각주) OHS, p. 42-48 참조. 세네카의 《분노에 관하여》 3권에 대한 푸코의 또 다른 주해는 다음에서 볼 수 있다. 《주체의 해석학》, 199, 508-511쪽〔GV, p. 235-241; MFDV, p. 94-97; HS, p. 157, 461-464〕; 《담론과 진실: 파레시아》, 322-327쪽〔DV, p. 269-273〕; 《자기 배려》, 81-83쪽(〈제2장 자기 연마〉, 항목 4의 (b)〔SS, p. 77-79〕. 《평상심에 대하여》에 대한 분석은 다음을 보라. GV, p. 235; MFDV, p. 97-101; 《주체의 해석학》, 125, 165-167, 190-192쪽〔HS, p. 86, 126-129, 150-151〕; 《담론과 진실: 파레시아》, 328-342쪽〔DV, p. 274-284〕.

a 영어 강연 수고의 프랑스어 번역(BnF, NAF28730, boîte 29, dossier 4).

지식이나 능력을 획득하는 것이 문제가 될 수 있습니다. 하지만 저는 품행의 제한적 규칙화에 대해서도 논의하고 싶습니다. 예를 들면 17-18세기 병사들에게 부과된 엄격한 규율은 '훈육적 기술'에 속합니다.[1] 이 기술은 구체적으로 효율적이기 위한, 전투에서 목숨을 잃지 않기 위한, 훈련 중 징계를 피하기 위한 행동 계율의 습득 같은 것입니다.

이 두 가지(테크닉)는 빈번하게 연관돼서 분리하기가 아주 어렵습니다.[a]

—그리고 자기 수련의 기술 가운데 적어도 서구 문화에서 **진실**을 지향하는 자기 수련과 **현실**을 지향하는 자기 수련을 구분하는 것이 가능하다고 생각합니다. 지난번 강연에서 이 주제를 언급했습니다.[2]

그러나 지난번 강연에서 제가 이 구분을 환기했을 때 충분할 정도로 명확하지 않은 것 같아 염려가 됩니다. 그래서 좀 더 상세히 설명해보고자 합니다.

1) 저는 현실을 지향하는 자기 수련을, 개인이 일정 유형의 현실에서 이와 다른 유형의 현실로 나아갈 수 있게 해주는 테크닉으로 논했습니다. 이 테크닉이 주체인 개인 고유의 현실을 변화시킴에 따라 이 능력을 개인에게 부여한다고 더 명확히 말해야 했습니다.[3]

예를 들어 우리가 그리스도교의 자기 수련을 현실을 지향하는 자기 수련으로 논의할 경우, 그것은 현세에서 내세로 가는

---

1 《감시와 처벌》, 213-215, 238-242, 256-266쪽 등(SP, p.137-138, 153-155, 164-171 et *passim*) 참조.

a 수고 바깥쪽의 구절.

2 세 번째 강연 두 번째 버전을 보라. 이 책 120-126쪽.

3 준비된 종잇조각에 다음과 같이 명확히 쓰였다. "예를 들어 그 테크닉이, 죽음에 바쳐진 존재를 불멸성에 참여할 수 있는 존재로 변화시키는 한에서."

것만 문제가 되는 것이 아니라 주체의 존재 방식 자체의 변형도 문제가 된다는 것을 알아야 합니다.

이 〔이행-옮긴이〕 활동과 자기 변형은 분리되거나 고립될 수 없습니다.

그리스도교의 자기 수련이 천국과 영원한 복락에 도달할 수 있게 해주는 능력이 있다 해도 주체가 변화됐다는 조건에서만 그렇게 할 수 있습니다(주체가 어떻게 변화될 수 있는지가 문제입니다. 여기서 은혜의 문제가 나타납니다. 이것은 또 다른 논의입니다. 아니 동일한 논의일 수도 있습니다).

아무튼 이런 자기 수련에서 주체의 완전한 변화 없이는 현실을 통한 그 어떤 운동도 일어날 수 없습니다.

그리스도교 저자들은 다음과 같은 이중적 변화를 지시하기 위한 어휘를 하나 갖고 있었습니다.

—일정 유형의 현실에서 이와 다른 현실로 이행하는 변화

—일정한 존재 양식에서 이와 다른 존재 양식으로 이행하는 주체의 변화

이 말은 메타노니아metanoia[4]입니다. 이 말은 어원적으로 **정신 상태의 변화**를 의미합니다.

그리스도교 문헌에서 이 말은 첫째, 관심이 땅에서 하늘로, 육체에서 영적인 세계로, 이승에서 저승으로 옮겨 갈 때 영혼의 눈의 방향 전환을 지시합니다. 이것이 메타노이아입니다. 둘째, 메타노이아는 영혼의 위상 변화를 지시하기도 합니다. 구체적으로

4 메타노이아 개념은 푸코의 콜레주드프랑스 〈생명 존재들의 통치에 관하여〉, 〈주체의 해석학〉 강의에서 일련의 분석 대상이 된다. GV, p. 125-131, 140-142, 174-175, 222 그리고 《주체의 해석학》, 241-253쪽〔HS, p. 201-209〕 참조. 더 명확하게는 다음을 보라. 《자기해석학의 기원》, 79쪽 각주 26〔L. Cremonesi, A. I. Davidson, O. Irrera, D. Lorenzini, M. Tazzioli, dans OHS, p. 100, n. 26〕.

는 타락, 신과의 유리遊離에서 구원으로, 신에게 근접, 영생으로 나아가는 변화를 지시합니다.

그리스도교 저자들이 그리스 윤리의 어휘에서 차용한 이 말을 사용해 우리는 현실을 지향하는 자기 수련이 **개종의 기능**이 있다고 말할 수 있습니다.

2) 저는 진실(진리-옮긴이)을 지향하는 자기 수련에 대해 논한 바를 좀 더 개진해보고자 합니다.

저는 이 테크닉이 개인으로 하여금 진실(진리-옮긴이)을 획득할 수 있게 해준다고 말씀드렸습니다.

제가 지난번 강연에 사용한 'acquérir(획득하다)', 'acquisition(획득)' 같은 어휘는 엄밀한 의미에서 적절한 어휘가 아닙니다. 제가 진실(진리-옮긴이)을 지향하는 자기 수련이라 말할 경우 개인에게 지식을 소유할 수 있게 해주는 절차를 염두에 둔 것은 아닙니다(개인에게 지식만 증가시키는 조작 방식은 '습득의 테크닉'으로 간주해야지 자기 수련의 테크닉으로 간주해선 안 됩니다). 진실(진리-옮긴이)을 지향하는 테크닉을 통해 특수한 테크닉을 지시했습니다. 진실(진리-옮긴이)의 습득이 개인의 존재 방식을 변형할 수 있게 해주는 테크닉, 역으로 개인이 자신의 존재 방식을 변화시킴으로써 진실(진리-옮긴이)를 획득할 수 있게 해주는 테크닉을 지시하려 한 것이죠.

그것은 진실(진리-옮긴이) 습득의 문제라기보다 진실(진리-옮긴이)의 자기화, 체현의 문제입니다. 진실(진리-옮긴이)의 발견과 주체의 변형은 엄격한 관계에 있기 때문입니다. 요컨대 양자는 상호적이고 때로 동시적이기도 합니다.

계시의 예를 하나 들어보겠습니다. 계시를 위해서는 철저한 변혁이 필요합니다. 주체는 사전 정화 없이 진실(진리-옮긴이)의 빛을 받을 수 없습니다.

그러나 역으로 진실[진리–옮긴이]의 빛은 주체를 비춤으로써 주체를 변화시킵니다. 개인을 비추는 것은 개인의 지식을 증대하는 것도, 개인의 혜안만 강화하는 것도 아닙니다. 계시는 개인의 위상을 변화시킵니다. 계시는 어두운 실존을 밝은 실존으로 변화시킵니다.

그리스인에게는 개인의 존재 방식의 이런 변형을 [지시하기–옮긴이] 위한 하나의 어휘가 있었는데 그것은 에토스êthos의 형성, 변형을 의미하는 에토포이에시스êthopoiêsis[윤리 생산–옮긴이]입니다.[5]

이 어휘를 사용함으로써 진실[진리–옮긴이]을 지향하는 자기 수련은 **윤리 생산적**éthopoétique 기능이 있다고 말할 수 있습니다.

일반적인 도식은 다음과 같습니다.

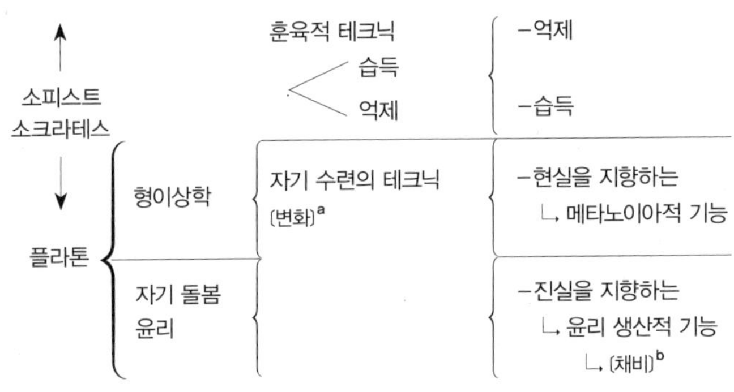

이제 로마제정 초기 진실[진리–옮긴이]을 지향하는 자기 수

5 에토포이에시스 개념에 대해서는 다음을 보라. 《주체의 해석학》, 270-271쪽(HS, p. 227-228); 《담론과 진실: 파레시아》, 79쪽, 각주 *(M. Foucault, "L'écriture de soi", art. cit., p. 1237; DV, p. 56, n. a).

a 읽기 힘든 낱말을 짐작했다.

b 읽기 힘든 낱말을 짐작했다.

련이 사용한 테크닉의 분석으로 넘어갑시다.

지난번 강연에서 저는 진실(진리–옮긴이), 참된 담론이 주체에 통합되고 그것이 단순한 인식의 대상이 되지 않게 하는 식으로 진실(진리–옮긴이) 습득을 위한 두 주요 도구를 언급했습니다.

—첫째, 경청 혹은 구체적으로 침묵을 지키는 기술art과 연관된 경청술입니다.

—둘째, 글쓰기 혹은 구체적으로 그 주요한 양태 가운데 하나로 휘포므네마타hupomnêmata 형태를 취하는 일종의 개인적 글쓰기입니다.

이 두 테크닉은 가장 잘 알려진 플라톤주의 주제와 가까우면서도 멉니다.

플라톤에게도 문제는 진실한 담론을 향한 길을 발견하는 데 있었습니다. 아니 그 이상입니다. 즉 플라톤은 영혼과 참된 담론의 존재론적 관계를 수립하거나 발견하려고 했습니다.

이런 목적에서 플라톤은 질문하는 기술과 그에 답하는 기술을 활용했습니다.

경청하고 침묵을 유지하는 기술은 이와 같은 플라톤주의의 전통과 단절을 나타냅니다. 그리고 이 단절은 당연히 철학 교육의 전문화, '학교화'와 관련이 있습니다.

주지하듯이 플라톤은 하나의 현실에서 또 다른 현실로 나아가는 운동으로 상기에 자리를 마련하기 위해 글과 휘포므네마타를 심하게 불신했습니다.

제가 논의하는 자기 수양에서 휘포므네마타의 체계적 활용은 플라톤주의 전통과 또 다른 단절입니다. 기억의 대단히 상이한 용법입니다.

이제 직접적 체득이 아니라 이 체득의 통제를 다루는 테크닉에서 시작해봅시다.

바로 여기서 우리는 자기 인식과 만나게 됩니다. 이 자기 인식이 제가 오늘 강연에서 강조하고자 하는 요점입니다.

우리는 이 자기 수양에서 자기 인식을 가져다주는 것으로 사료되는 많은 절차와 테크닉을 발견할 수 있습니다.

이 자기 인식은 우리 자신에 대한 진실(참된 담론)의 구축을 목표로 하지 않습니다. 우리가 참된 담론을 습득해 자기 안에 통합하고 그에 힘입어 자기 자신을 변화시키는 절차를 통제하는 것이 목표입니다. 이 절차를 통제한다는 것은 절차를 의식하고 가늠하며 동시에 강화하고 가속화하는 것을 의미합니다.

자기를 그 진실 속에, 참된 담론 속에 드러나게 하는 것이 관건이 아닙니다. 관건은 진실한 담론이, 항상적으로 통제되는 진실의 자기화를 통해 자기를 변형시키게 하는 것입니다.

이런 테크놀로지 내에서 자기 인식은 표상의 눈에 띄는 표면 아래 은폐된 하나의 현실을 해독해내는 자기해석학과 같은 것이 아닙니다. 자기 인식은 윤리 생산적 기능에서 진실을 자기 것으로 만드는 절차를 필연적으로 경험(시련-옮긴이)하는 것으로 이해해야 합니다.

아마도 이 모든 것이 여러분에게 진부하거나 괴상한 것처럼 보일 수도 있을 것입니다. 이런 자기 인식 개념은 오늘날 우리 문화에서는 일상적인 것이 아니라는 점을 환기하고자 합니다. 우리 문화에서 자기 인식은 두 가지 주요한 형태를 띱니다.

첫 번째 형태는 우리의 현실이 우리에게 은폐된 한에서 자기 인식인데, 이는 자기해석학적 인식입니다.

두 번째 형태는 우리가 진실(진리-옮긴이)를 인식할 수 있게 해주는 구조적이거나 선험적 조건에 대한 인식인데, 이는 자기에 대한 비판적 인식입니다.

이교의 자기 수양에서는 비판적 자기 인식과 같은 인식의 보편적이고 항구적인 조건에 천착하지 않고 진실〔진리-옮긴이〕의 능동적이고 실제적인 자기화 절차에 천착하는 일종의 자기 인식이 발견됩니다. 이 자기 인식은 우리 자신의 내부에 은폐된 어떤 현실에 천착하지 않고 진정으로 이 진실의 주체가 되기 위해 여전히 주파하고 극복해야 할 거리에 천착합니다(이것이 해석학적 자기 인식과 다른 점입니다).

그리스인에게는 하나의 명제가 정신에 깊이 뿌리내렸을 경우, 이 명제가 의견에 그치는 것이 아니라 품행의 모태일 경우 이 참된 명제를 지시하기 위한 어휘가 있었습니다. 확신, 굳건한 신념, 실제적인 품행의 규칙으로 간주되는 이 참된 담론은 그노메 gnômê라 명명했습니다.[6]

저는 진실〔진리-옮긴이〕의 자기화와 진실〔진리-옮긴이〕이 갖는 윤리 생산적 기능의 항상적 경험을 '격언적 자기 인식'이라 명명하기를 제안하고, 이 격언적 〔자기 인식〕을 해석학적 자기 인식 및 비판적 자기 인식[7]과 대비할 것을 제안하고자 합니다.

---

6 《자기해석학의 기원》, 59쪽〔OHS, p. 50〕 참조. "그노메는 의지와 인식의 일치를 지시하는 말입니다. 이 말은 또한 진실이 강력한 힘 속에서 출현해 사람들의 영혼에 각인되도록 만드는 격언을 지시하기도 합니다." 그노메 개념에 대해서는 다음을 보라. 《자기해석학의 기원》, 61쪽 각주 *〔OHS, p. 51-52, n.a〕; MFDV, p. 130; 〈캘리포니아대학교 버클리캠퍼스 불문과에서의 토론〉, 《비판이란 무엇인가?/자기 수양》, 194쪽〔M. Foucault, "Débat au Département de Français", débat cit., p. 162〕. 더 자세히 보려면 다음을 보라. 《자기해석학의 기원》, 59쪽 각주 35〔L. Cremonesi, A.I. Davidson, O. Irrera, D. Lorenzini, M. Tazzioli, dans OHS, p. 62-63, n.35〕.

7 푸코는 1980년 11월 다트머스대학 강연에서 "진실의 힘과 의지의 형태가 일체를 이루는" '격언적 자기', 자기의 은밀한 진실을 해석하는 작업을 통한 발견과 해독解讀의 문제를 제기하는 '인식형이상학적 자기'의 대립을 추적했다. 《자기해석학의 기원》, 59, 94쪽〔OHS, p. 50-51, 88-89〕 참조. 이 자기의 두 역사적 형상은 푸코가 토론토에서 '격언적 자기 인식'과 '해석학적 자기 인식'이라 부른 바와 정확하게 일치하는 것 같다. 하지만 푸코는 1980년 10월 캘리포니아대학교 버클리캠퍼스 강의에서 '잊힌 원초적 빛의 파편, 조각으로' 개인 내면에서 발견돼야 하는 '격언적 자기'에 대해 논의하며, 이 이분법적 도식을 복잡하게 만든다. 다음을 참조할 것. 《자기해석학의 기원》, 68쪽 각주 *, 97쪽 각주 *〔OHS, p. 68, n. a et p. 91, n. a〕. 푸코는 토론토에서는 반대로 서구 문화에서 세 번째 형태의 자기 인식은 '비판적 자기 인식',

제가 너무 추상적이지 않았나 염려됩니다. 이 현학적 그리스어 용어 때문에 곤혹스러워하실지도 모르겠습니다. '격언적 수련'을 대략적으로 설명을 하기에 앞서 구체적인 예를 하나 들어보겠습니다. 마르쿠스 아우렐리우스에 대한 플라톤주의의 영향과 마르쿠스 아우렐리우스 철학의 신비주의적인 경향의 증거로 해석돼온 마르쿠스 아우렐리우스의 한 구절이 문제입니다.

관건은 아주 상이한 어떤 것이라고 생각합니다. 제 생각에 문제는 격언적 자기 인식의 대단히 구체적인 수련입니다. 이 격언적 자기 인식의 역할과 목표를 확인하는 것은 그다지 어렵지 않습니다.[8]

다시 말해 데카르트와 칸트의 현대성이 창시한 진실(진리-옮긴이)을 인식 가능케 하는 구조적 혹은 초월론적(선험적) 조건에 대한 인식을 통해 구축된다. 푸코는 다섯 번째 강연 수고에서 영지주의를 그리스도교 역사의 한복판에서 '진실(진리-옮긴이)의 계시와 우리 자신의 현실 발견'을 하나로 모으는 항상적인 '유혹' 가운데 하나로 제시한다.

8 수고에는 푸코가 암시하는 마르쿠스 아우렐리우스의 텍스트가 명시돼 있지 않다. 《명상록》 4권 3에 나오는 자기 자신에 은거하기에 대한 구절은 다음과 같다. "사람들은 시골에서 해변에서 산속에서 자신을 위한 은신처를 찾는다. 너도 무엇보다 그런 것을 그리워하는 버릇이 있다. 그러나 이것이야말로 어리석기 짝이 없는 짓이다. 너는 원하기만 하면 언제든 너 자신 속으로 은신할 수 있기 때문이다. 인간에게 자신의 영혼보다 더 조용하고 한적한 은신처는 없다. 자신의 내면을 들여다보기만 해도 당장 더없이 마음이 편안해지는 그런 것을 갖고 있는 사람은 특히 그러하다. 마음이 편안해진다는 것은 정돈된 마음가짐을 말한다. 따라서 늘 그런 은신의 기회를 마련해 너 자신을 새롭게 하라. 네 원칙들은, 그것들을 눈앞에 떠올리기만 해도 당장 네 근심을 모두 쫓아주고 네가 돌아가고 있는 것들에게로 아무 불만 없이 너를 보낼 수 있도록 짧고 원초적이어야 한다./ 2) 너는 무엇이 불만인가? 인간의 사악함인가? 그렇다면 이성적인 동물들은 서로를 위하여 태어났고, 참는 것도 정의의 일부이며, 인간들이 과오를 저지르는 것은 본의가 아니라는 명제를 명심하라. 그리고 벌써 무수한 사람들이 원수가 되어 의심하고 미워하고 서로 싸우다가 결국에는 뻗어 누워 한 줌의 재가 되었다는 것을 생각해보라. 이제 그런 불만은 집어치워라. 아니면 우주가 너에게 나눠준 몫이 불만스러운가? 그러면 '섭리가 아니면 원자原子'라는 양자택일이나, 우주는 일종의 국가라는 증거들을 머리에 떠올려라. 아니면 아직도 육신에 관한 것들이 너를 성가시게 하는가? 그렇다면 영혼은 일단 분리되어 제 권능을 알고 나면, 부드럽게 흐르는 것이든 거칠게 흐르는 것이든 호흡과는 섞이지 않는다는 점을 생각하라. 그리고 고통과 쾌락에 관하여 네가 듣고 그렇다고 받아들인 모든 것을 생각해보라./ 3) 아니면 거품 같은 명성이 너를 옆길로 들게 하는가? 그렇다면 모든 것이 얼마나 빨리 망각되는지, 얼마나 깊은 시간의 심연이 우리 앞에 있었고 우리 뒤에 올 것인지, 갈채라는 것이 얼마나 공허한 것인지, 너를 좋게 말하는 것처럼 보이는 자들이 얼마나 변덕스럽고 판단력이 부족한지, 이 모든 것이 얼마나 좁은 공간에 한정되어 있는지 생각해보라. 대지 전체가 하나의 점에 불과한데, 네가 살고 있는 이곳은 얼마나 작은 구석인가. 그러니 여기서 너를 찬양할 자들이 있어봐야 얼마나 많겠으며, 그들은 또 어떤 자들이겠는가./ 4) 그러니 앞으로는 너 자신이라는 작은 영역으로 은신할 생각을 하라. 그리고 무엇보다도 빗나가거나 긴장하지 말고 자유인이 되어 남자로서, 인간으로서, 시민으로서, 죽게 마련인 동물로서 사물들을 보도록 하라. 네가 늘 가까이하며 참고하게 될 원칙에는 다음 두 가지가 포함되어야 할 것이다. 첫째, 사물들은 네 영혼을 장악하지

—자기화했다고 생각하는 진실(진리-옮긴이)를 시련에 빠뜨리기

—가능한 한 명확하고 완벽하게 진실(진리-옮긴이)을 상기하기

—진실(진리-옮긴이)을 사실적이고 실제적인 상황과 대면시키기

—철저한 조사에 입각해 진실 강화하기

얼핏 보기에 마르쿠스 아우렐리우스의 이 텍스트는 단순하고 소극적인 "자기 자신에 은거하기"나 그리스도교의 "의식 점검"과 같은 것으로 생각될 수 있습니다.[9][a]

II

제 논지는

1) 비록 독자적인 원리보다 '자기 돌봄(배려-옮긴이)'이라는 계율의 결과가 중요하다 할지라도 자기 인식의 역할은 자기 수양에서 정말로 중요하다는 것입니다.

못하고 꼼짝없이 영혼 밖에 존재하는 것이므로 불안은 오직 우리 안에 있는 의견에서 기인한다는 것이다. 둘째, 네가 보고 있는 이 모든 것은 한순간에 변하여 더 이상 존재하지 않으리라는 것이다. 그리고 너 자신이 이미 얼마나 많은 변화를 경험했는지 항상 명심하라. '온 우주는 변화이고, 인생은 의견이다.'"(키케로 외, 《그리스 로마 에세이》, 2011, 49-51쪽(Marc Aurèle, *Pensées*, IV, 3, *op. cit.*, p. 1159-1160)). 푸코는 이 과정의 여섯 번째이자 마지막 모임을 위해 파레시아에 대한 강연을 준비했으나 시간이 없어 하지 못하고, 보존해둔 원고를 가지고 1983년 가을 캘리포니아대학교 버클리캠퍼스에서 동일한 텍스트를 주해하는 강연을 했다. 《담론과 진실: 파레시아》, 350-352쪽 각주 **(DV, p. 290-294, n. b) 참조. 푸코는 버클리에서도 토론토에서처럼, 이 텍스트를 주해할 때 플라톤주의적으로나 신플라톤주의적으로 해석하기를 거부한다.

9 이 책 109쪽 각주 13을 보라.

a 강연을 위해 준비된, 페이지가 매겨진 다수의 낱장은 여기서 중단된다. 그다음에는 페이지가 매겨지지 않은 두 장이 있지만, 이 텍스트에 이어지는 것은 아니다. 그것은 마르쿠스 아우렐리우스 텍스트 분석을 계속하는 것으로, 아마도 강연의 두 번째 부분 첫머리일 것으로 추정되기 때문이다. 강연의 끝부분은 발견되지 않았다.

2) 이 자기 인식은 대부분이 진실〔진리－옮긴이〕의 체득 절차에서 시험, 시련인 테크닉에 근거한다는 것입니다. 저는 이 진실의 자기화 훈련을 일별하기 위해 이 문헌에 일상적이던 하나의 구분을 활용할 수 있다고 생각합니다.

다섯 번째 강연[a]

들어가기

1) 아시겠지만 철학자들에겐 진실〔진리–옮긴이〕에 관심을 갖는 그들 나름의 방식이 있습니다. 어떤 방식은 상당히 교활한데요. 그들은 진실〔진리–옮긴이〕을 말한다고 주장하지 않는다는 말씀을 드리려는 것이 아닙니다. 그들은 때로 진실〔진리–옮긴이〕이라고 판명된 어떤 것을 말하는 데 성공하지 못한다고 말씀드리려는 것도 아닙니다. 그들은 진실〔진리–옮긴이〕을 말하는 것에서 다른 사람들보다 좀 더 성공적일까요? 이것은 제 주제가 아닙니다. 다른 사람들 이상도 이하도 아닌 그들은 다른 모든 사람들처럼 단언을 이용하는데요, 그런 식으로 그들은 진실〔진리–옮긴이〕을 말한다고 주장합니다.

하지만 그들은 진실〔진리–옮긴이〕 그 자체에 관한 진실〔진리–옮긴이〕을 말한다고 주장합니다.

—어떤 명제가 참인지 거짓인지 규정하기 위해 사용해야 하는 기준에 관해서건

—참인 명제를 정식화〔표명–옮긴이〕하기 위해 받아들여야 하는 필요조건에 관해서건

—오류의 위상(오류의 인식론적 조건 혹은 존재론적 조건)에 관해서건 말입니다.

가치 있는 진실〔진리–옮긴이〕과 관련해서도 일련의 질문이 제

a 영어로 쓴 강의 수고를 번역한 것이다(BnF NAF 28730, boîte 29, dossier 9).

기된다고 생각합니다. 이 질문은 다음과 같은 유형입니다.

—왜 우리는 진실[진리–옮긴이]을 인식하고자 하는가?

—왜 우리는 오류보다 진실[진리–옮긴이]을 선호하는가?

—왜 우리는 진실[진리–옮긴이]을 말할 의무를 지는가? 이 의무의 본성은 무엇인가?

이런 부류의 질문은 제 생각에 다른 부류의 질문보다 덜 친숙합니다. 아무도 그런 질문을 제기한 적이 없다고 생각하지는 않습니다. 예를 들면 이렇습니다.

플라톤에게서는 진실[진리–옮긴이]을 향한 욕망으로서 에로스에 관한 이론을 발견할 수 있습니다.

쇼펜하우어나 니체에게서는 Wille zum Wissen(인식하고자 하는 의지), Wille zur Wahrheit(진실[진리–옮긴이]에 대한 의지)를 발견할 수 있습니다.

아니면 윌리엄 제임스에게서 왜 우리는 오류보다 진실[진리–옮긴이]을 선호하는가, 하는 질문의 이론적 전개를 발견할 수도 있을 것입니다.

그리고 아시다시피 하이데거가 "왜 존재인가?"라는 질문에서 "왜 진실[진리–옮긴이]인가?"라는 질문으로 이행했다고 말할 수도 있을 것입니다.

너무 쟁쟁한 근거를 참조하는 것에 대해 양해 부탁드립니다. 제 의도는 단지 이 연구 영역이 다음과 같은 것에 관심이 없음을 보여드리는 것입니다.

—참된 명제에 내재하는 법칙

—참된 담론의 일반적 조건

—이데올로기적 오류 혹은 신화적 오류의 요인

대신 이 연구 영역은 진실[진리–옮긴이]의 의지, 우리가 진실

〔진리-옮긴이〕을 말해야 할 의무와 연루되는 것을 수용한다는 사실에 관심이 있습니다.[1]

2) 저는 이 일반 영역에서 인간 존재와 관련해, 인간의 품행과 관련해서, 또 인간의 의식과 관련해서 이 '진실〔진리-옮긴이〕의 의지'의 여러 역사적 형태를 분석하고자 합니다.

예를 들어 광기는 왜 그리고 어떻게 특정 진위 게임 안으로 들어오게 됐으며, 또 특정 진위 게임에서 다른 진위 게임으로 이동하게 됐을까요?

왜 주어진 한 시기에 특정 유형의 진실 게임은 우리가 광기와 맺는 관계로 들어오게 됐을까요?[2]

범죄와 관련해서도,[3] 성性과 성적 품행과 관련해서도[4] 질문은 동일합니다.

그리고 성과 성적 품행과 관련해 이런 질문을 제기함으로써 저는 진위 게임을 우리가 자신과 맺는 관계에서 분석하는 쪽으로 나아가게 됐습니다.

이 일반적 기획과 관련해서는 이 정도로 충분할 것 같습니다. 이런 일별만으로 세네카나 마르쿠스 아우렐리우스 등과 관련된 모든 시답잖은 소리에 놀란 분들께 어떤 답을 드릴 수 있을지 자신이 없습니다. 하지만 진실의 역사에서 흥미로운 것은, 그 진

1 진실의 의지라는 문제(왜 우리는 진실을 인식하고자 하는가? 왜 우리는 오류보다 진실을 선호하는가?)는 푸코의 콜레주드프랑스 첫 강연의 핵심이다. M. Foucault, *L'ordre du discours*, Paris, Gallimard, 1971 et *Leçons sur la volonté de savoir. Cours au Collège de France. 1970-1971*, éd. D. Defert, Paris, Seuil-Gallimard, 2011 참조. 절대로 포기된 적이 없는 이 문제(진실을 말할 의무의 문제와 진실-말하기의 역사적 형태 문제의 측면에서 재표명됐다)는 1980년대 푸코가 수행한 연구의 실마리 역할을 한다.

2 《주체의 해석학》〔HF〕 참조.

3 《감시와 처벌》〔SP〕 참조.

4 《지식의 의지》〔VS〕 참조.

실이 낯설고 이상하며, 때로는 어리석어 보인다는 것입니다(진실한 담론의 논리적 구조와 관련해서도 동일하게 말할 수 있다고 생각합니다). 이 진실(진리-옮긴이)이 아주 이상하지는 않아도 혹여 지루하지 않을까 염려됩니다.

제가 지난 강의에서 보여드리려고 마음먹은 것은 그리스-로마 수양에서 자기 자신과 관련된 대단히 특수한 형태의 진실(진리-옮긴이) 게임입니다.

이 진실 게임은 (다섯 가지)[a] 특징적 원리를 나타냅니다.

1) 이 진실(진리-옮긴이) 게임은 고대 윤리에서 정말 중요한 주제인 어떤 것, 고대 윤리의 주요 격언 중 하나인 자기 돌봄(배려-옮긴이)의 일반적 틀에 자리 잡고 있었습니다.

2) '너 자신을 돌보라'는 격언은 헬레니즘 시기와 로마제정기에 상당히 광범위한 사회적 실천을 발생시켰고, 동시에 아주 구체적인 일련의 테크닉을 대거 출현시켰습니다. 이 테크닉을 발견하려면 자기 돌봄(배려-옮긴이) 전문가의 저작을 보면 되는데요, 저는 그들을 철학자라고 부르고자 합니다. 그들 스스로 그런 종류의 전문가로 소개하기 때문입니다.

3) 그리스인은 이 테크닉에 아스케시스askêsis(자기 수련-옮긴이)라는 이름을 부여했습니다. 하지만 우리는 이 아스케시스가, 우리가 전통적으로 '금욕ascèse'이라 부르는 것, 그 주된 특질 중 하나로 포기를 내포하는 이 금욕ascèse과 근본적으로 다르다는 사실에 유념해야 합니다.

이 자기 수련은 자기 자신을 변형하기 위한, 대가가 따르고 규칙화된 테크닉의 총체로 이해해야 합니다.

---

a 수고에는 '세 가지'라고 돼 있다.

4) 네 번째는 이 자기 수련이 진실(진리-옮긴이) 습득을 목표로 했다는 점입니다.

—사람들이 자기 수련을 해야 했던 까닭은 진실(진리-옮긴이)을 습득해야 했기 때문이고, 더 나아가 로고스를 자신들의 품행의 항구적 모태로 만들기 위해 진실(진리-옮긴이)을 체득해야 했기 때문입니다.

—진실(진리-옮긴이)을 체득하는 방법은 다음과 같은 절차를 이용해 진실(진리-옮긴이)을 배우고 내면화하는 것이었습니다.

경청술, 글 쓰는 수련, 습득한 것을 상기하는 꾸준한 노력.

5) 다섯 번째는 상당히 놀랍게도, 진실(진리-옮긴이) 쪽을 향하는 이 자기 수련이 자기 인식의 독특한 전개를 야기하지 않았다는 점입니다.

—자기 인식이 자기 수양에서 중요하지 않았다는 말이 아닙니다. 너 자신을 알라는 격언을 그토록 중요시하는 수양과 관련해서 그런 식으로 말하는 건 우스운 일이겠죠.

—제가 보여드리고자 한 것은 이 자기 인식이, 주로 진실의 습득과 체득을 통제하는 절차였다는 것입니다.

자기 인식은 그러므로 항구적 역할을 담당하고 항구적 기능을 수행합니다.

하지만 이 자기 인식은 진실한 담론의 특수하고 독자적인 대상으로서 자기를 구축하지 않습니다.

자기 인식의 과업은 우리가 누구인지와 관련된 감춰진 현실을 발견하는 것이 아닙니다.

자기 인식의 임무는 우리가 그것을 통해 로고스 자체가 돼야 하는, 그런 절차의 항구적인 통제를 확보하는 데 있습니다.

이렇게 해서 우리는 역설적인 결론에 이르게 됩니다.

—자기 돌봄(배려-옮긴이)이 동등하게 중요한 수양에서

—자기 인식이 너무나 자주 거론되고 너무나 높이 평가되는 수양에서

—그리고 진실(진리-옮긴이)의 습득을 가장 중요한 목표로 삼은 자기 수련에서

이런 수양에서 자기 인식은, 그것이 나중에 습득하게 될 폭넓음과 복잡성을 갖지 않았습니다.

반대로 우리는 그리스도교 영성에서, 자기 포기를 주된 격언 중 하나로 삼는 이 그리스도교 영성에서, 특수하고 자율적인 자기 인식의 탄생과 그 최초의 전개를 포착할 수 있습니다.

상당히 역설적으로, 하지만 제 생각에, 여러분 대다수가 이런 종류의 역사적 변화를 잘 알고 계셔서 별로 놀라진 않으실 텐데요, 이 대대적인 자기해석학은 자기 돌봄(배려-옮긴이)이 지배하는 수양에는 뿌리내리지 못하고, 자기 포기가 지배하는 영성에 뿌리를 내리게 되죠.

시작하기 전에 두 가지 사항을 간략하게 지적하고자 합니다.

1) 자기 인식의 격언은 우리가 너무나 잘 알고 있다는 느낌이 드는 반면, 자기 돌봄의 격언은 우리에게 좀 낯설거나 적어도 이기적인 것으로 보이는 까닭을 여기서 발견할 수 있습니다.

우리가 스스로 이 세상의 다른 무엇보다 우리 자신에게 큰 중요성을 부여해야 한다는 원칙을 우리 윤리의 토대로 받아들이기는 상당히 어려울 것입니다. 우리는 오히려 이 원칙에서 개인이 모든 규칙을 피할 수 있게 해주는 어떤 부도덕의 토대를 발견하는 경향이 있습니다.[5]

우리가 그리스도교에서 물려받은 것을 통해 우리는 곧잘 자기 인식gnôthi seauton에서 우리 자신을 발견하게 됩니다. 우리가 우리 윤리를 자기 돌봄〔배려-옮긴이〕epimele seautô에서 발견하는 일은 거의 없습니다. 우리에게 이 자기 돌봄〔배려-옮긴이〕의 원칙은 오히려 경제적 품행의 원칙이거나 미학적 선택을 위한 원칙, 그도 아니면 심지어 윤리적 저항을 위한 어떤 구호[6]입니다.

2) 두 번째로 지적하고자 하는 것은 자기 인식과 영혼의 이론의 차이에 관한 것입니다.

—저는 자기 인식이라는 말을, 모든 개인이 적절한 테크닉을 사용해서 자기 자신에 대해 구축하게 돼 있는 개인적 인식과 같은 부류의 것으로 이해합니다.

그리고 이것은 영혼의 이론, 정신의 이론, 지성의 분석과 동일한 것이 아닙니다. 그들 사이에 어떤 관계가 있다고 해도 말입니다….

—개인이 자기 인식을 구축하거나 전개할 수 있도록 하기 위해 개인에게 제안되거나 부과되는 이 테크닉은 물론 동시대 영혼의 이론에 다소간 의존하고 있습니다.

—이 이론은 대부분의 경우 이 테크닉에 의해 좌우되고 이것에 근거하며 의존합니다.

플라톤의 상기 개념을 생각해봅시다. 상기는 자기 인식의 테크닉인 동시에 플라톤 영혼 이론의 한 부분입니다.

하지만 저는 자기 돌봄〔배려-옮긴이〕과 자기 인식에 관한 이 탐구에서 제 관심을 끄는 것은 영혼, 정신, 신체 등등의 개념이나

5 이 책 42-45쪽, 43쪽 각주 34를 보라.
6 이 말(mot d'ordre)은 텍스트에 프랑스어로 쓰였다.

그것에 관한 이론과 다른 것이라는 사실을 강조하고자 합니다.

I

자기 수양에서 주목할 만한 변화가 초기 그리스도교에서 발견됩니다. 주지의 사실이지만, 고대 후기에 이교 수양과 그리스도교 수양의 연속성 문제는 관념사가들이 마주칠 수 있는 의외의 문제 가운데 하나입니다.

자기 수양과 자기 인식이라는 구체적 영역에서 심층적인 연속성과 선명한 불연속성을 확인할 수 있습니다.

우리는 아주 개략적으로 그리스도교가 방대한 범주에서 구원의 종교에 속한다고 말할 수 있습니다. 이는 그리스도교가 개인을 다음과 같이 인도하게 돼 있는 이 구원의 종교 중 하나라는 것을 의미합니다.

—하나의 현실에서 다른 현실로

—죽음에서 삶으로

—시간에서 영원으로

—이 세상에서 저 세상으로

이런 그리스도교는 변화를 실현하기 위해서 일련의 조건과 예식, 절차, 품행의 규칙을 제안하거나 부과하고, 현실을 지향하는 자기 수련의 특징이 되는 일정 유형의 자기 변형을 제안하거나 부과합니다.[a]

그러나 그리스도교가 구원의 종교이기만 한 것은 아니죠. 그리스도교는 고해의 종교이기도 합니다.

a 이 마지막 문장은 수고에서 각괄호 안에 있다.

이는 그리스도교가 훨씬 더 좁은 범주의 종교, 즉 그 신도에게 엄격한 진실〔진리-옮긴이〕의 의무를 강제하는 종교의 범주에 속한다는 의미입니다. 그리스와 로마의 종교에서 예식의 의무가 엄격했다는 것은 잘 알려진 사실입니다. 〔하지만-옮긴이〕 윤리적 의무, 개인적 품행의 규칙은 상당히 모호했고 이런 것 혹은 저런 것을 믿어야 하는 의무는 더 불분명했습니다. 어떤 그리스인이 정확히 무엇을 믿었는지, 그가 종교의 영역에서 무엇을 진실〔진리-옮긴이〕이라고 받아들였는지, 어떤 종류의 불신앙이 불경한 것으로 여겨져서 결국 유죄판결을 받게 됐는지 오늘날 우리가 상상하기는 힘듭니다.

반면 그리스도교에는 수많은 진실〔진리-옮긴이〕의 의무가 있습니다.

예를 들면 이렇습니다. 교의를 구성하는 일련의 명제를 받아들일 의무, 특정한 텍스트나 책을 진실〔진리-옮긴이〕의 항구적 원천으로 간주할 의무, 몇 가지를 단순히 믿는 데 그치지 않고 그것을 믿고 있음을 현시해야 하는 의무입니다. 요컨대 모든 그리스도교인은 자신의 믿음을 현시해야 할 의무가 있습니다. 적어도 그리스도교 가톨릭 종파에서는 모든 사람이 진실〔진리-옮긴이〕과 관련해 특정 기관의 결정을 받아들여야 합니다.

그런데 그리스도교는 제가 방금 말씀드린 형태의 진실〔진리-옮긴이〕 의무와 완전히 다른 형태의 진실 의무를 요구합니다. 모든 사람이 자기가 누구인지 알아야 할 의무, 자기 안에서 무슨 일이 일어나고 있는지 알아야 할 의무, 자기가 저질렀을 수 있는 잘못을 의식하고 있을 의무, 자신이 노출된 유혹을 식별할 의무 말입니다. 게다가 모든 사람에게는 그것을 신 앞에서(신이 어느 누구보다 그것에 대해 잘 알고 있다는 사실에도 불구하고, 혹은 잘 알고 있기 때문에) 혹은 다른 사람들 앞에서 폭로해야 할 의무가 있습니다. 그러므로 공적으로 증언하거나 은밀하게 자기 자신에 대해 증언합니다. 이런 의무가 취하는 형태는 가톨릭교회와 개신교 공동체에서 동일하지는 않습니다.

가장 중요한 건 다음과 같습니다. 이 두 형태의 진실〔진리-옮긴이〕 의무, 즉 믿음과 성서 그리고 교의에 관련된 진실〔진리-옮긴이〕의 의무, 자기와 마음에 관련된 진실의 의무는 연결돼 있습니다.[7] 그리스도교인이 자기 자신을 탐구하고자 한다면, 자기 마음속 깊은 곳의 움직임을 해독할 수 있기를 바란다면, 믿음의 빛에 의해 지지를 받아야 합니다. 역으로 영혼의 정화 없이 믿음의 진실〔진리-옮긴이〕로 접근한다는 것은 상상할 수 없습니다. 내부의 어둠을 걷어내기 위한 고된 노력 없이는 빛에 이르는 것이 불가능할 것입니다. 영혼의 순결은 자기 인식의 결과이고, 이 영혼의 순결은 텍스트와 성서를 이해할 수 있는 조건일 뿐만 아니라 믿음의 힘의 조건이기도 합니다.

성 아우구스티누스는 아주 중요한 정식을 사용합니다. "Qui facit veritatem venit ad lucem(진실〔진리-옮긴이〕을 만드는 자는 빛에 이른다)."[8]

—Facere veritatem: '자기 안에서 진실을〔진리를-옮긴이〕 만들어내다'

---

7 그리스도교에서 '진실의 의무'와 유사한 기술은 다음에서 볼 수 있다. 《자기해석학의 기원》, 66-69쪽〔OHS, p. 66-68〕; MFDV, p. 89-91; 〈자기의 테크놀로지〉, 《자기의 테크놀로지》, 71-73쪽〔M. Foucault, "Les techniques de soi", conférences citées, p. 1623-1624〕. 푸코는 콜레주드프랑스 강의 〈생명 존재들의 통치에 관하여〉에서 이와 동일한 이원성을 '진실의 체제'라는 용어로 제시한다. GV, p. 81-82, 99-100 참조.

8 Saint Augustin, *Les confessions*, Livre X, I, 1, dans *Œuvres de saint Augustin*, t. XIV, trad. fr. E. Tréhorel et G. Bouissou, Paris, Études augustiniennes, 1996. "당신이 진리를 기뻐하셨고(〈시편〉 51:8 - 옮긴이), 무릇 그를 행하는 자 빛으로 나아오느니(〈요한복음〉 3:21 - 옮긴이)(Ecce enim veritatem dilexisti, quoniam qui facit eam venit ad lucem)."

—Venire ad lucem: '빛에 이르다'

자기 안에서 진실을〔진리를－옮긴이〕 만들어내기facere veritatem와 빛에 이르기venire ad lucem는 긴밀하게 연결된 두 개념입니다.

여기서 잠시 멈추고 뒤로 돌아가서, 기원후 처음 몇 세기 동안 철학에서 전개된 이교의 자기 수양으로 신속하게 시선을 돌려 봅시다.

1) 우선 뚜렷한 차이를 보실 수 있을 겁니다.

그리스도교는 구원의 종교로서 하나의 현실에서 다른 현실(일정 유형의 〔현실〕 → 어떤 수준)로 운동을 지향하는 일종의 자기 수련(희생이 따르고 규칙적인 자기 변형)을 제안하거나 부과합니다.

2) 하지만 현실을 지향하는 이런 자기 수련은 하나의 현실에서 다른 현실로 이행하는 운동의 필요조건으로 제시되는 일련의 진실의 의무의 총체와 긴밀한 관계를 유지하고 있습니다.

—그 결과 그리스도교라는 종교의 주된 특징 중 하나인, 현실을 지향하는 자기 수련의 일반적 틀에서, 진실을 지향하는 자기 수련의 장소와 역할은 그리스도교가 시작되던 시기부터 매우 중요했습니다.

—그리스도교는 현실을 지향하는 자기 수련에 진실을 지향하는 자기 수련을 통합했거나 통합하려고 시도했습니다. 진실을 지향하는 자기 수련을 현실을 지향하는 자기 수련의 한 요소 혹은 하나의 조건으로 만들기 위해서 말입니다.

진실을 지향하는 자기 수련을, 정확히 말하면 진실을 지향하는 이교적 형태의 자기 수련을, 그 철학적 형태를, 현실을 지향하는 자기 수련의 틀에 통합하려는 이런 시도와 관련된 그리스도교 저자의 수많은 증언이 있습니다.

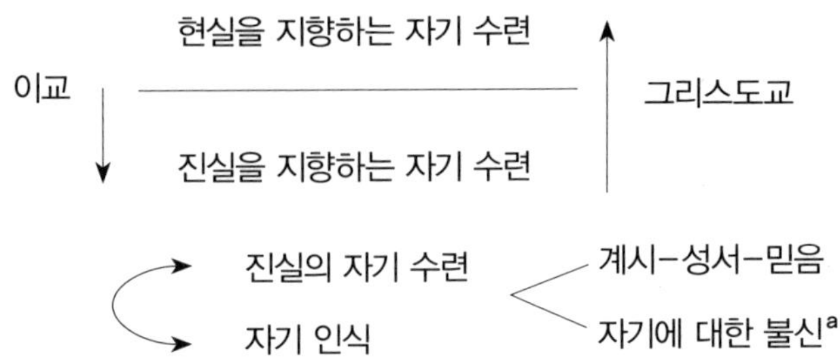

그리스도교인은 그리스-로마의 종교에 대해서는 매우 적대적이었지만, 그 철학적 윤리는 마음 깊이 존중하면서 그것에 은밀하게 의존한 것 같습니다.

우리는 알렉산드리아의 클레멘트가 스토아주의 윤리에서 수많은 것을 차용해왔다는 것을 기억합니다. 성 아우구스티누스가 세네카에게 엄청난 찬사를 보냈다는 사실도 기억합니다.

우리는 《엥케이리디온》[9]이 몇 세기 동안이나 성 닐루스가 쓴 그리스도교 텍스트로 간주됐다는 사실을 알고 있습니다.

이교 철학의 윤리를 특징짓는 '진실(진리-옮긴이)을 지향하는 자기 수련'의 대단히 많은 부분이, 혹은 적어도 상당한 부분이 현실을 지향하는 그리스도교 자기 수련의 일반적 범주에 자리 잡게 됐습니다.

3) 하지만 진실(진리-옮긴이)을 지향하는 이 자기 수련은 제가 나중에 설명할 몇몇 이유로 근본적으로 변형됐습니다.

요약하면 이 변형은 다음과 같습니다.

—세네카, 플루타르코스, 에픽테토스, 마르쿠스 아우렐리우스에 따르면 자기 자신을 인식하는 것은 단지 진실(진리-옮긴이)

a　이 도식은 수고 사이에 끼워진 백지에 그려져 있다.

9　에픽테토스, 〈엥케이리디온〉, 《에픽테토스 강의 3·4》, 김재홍 옮김, 그린비, 2023(Arrien, *Manuel d'Épictète*, *op. cit.*).

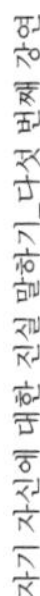

을 체득하는 절차에서 스스로 시련을 겪게 하는 것 외에는 아무것도 아니었음을 기억하실 겁니다. 우리는 진실(진리-옮긴이)을 완벽하게 체득하기에 이르는 그 길 위 어디쯤에 자기가 있는지 알아야 하는 한에서 자기 자신을 인식해야 했습니다. 필요한 진실(진리-옮긴이)을 알고 있었는지, 필요한 진실(진리-옮긴이)을 종종 기억해낼 수 있었는지, 이 진실(진리-옮긴이)을 실제로 사용할 수 있었는지 바로 이런 것, 즉 진실(진리-옮긴이) 체득의 항상적 통제가 자기 인식의 일반적 형태였으며, 그 결과 진실(진리-옮긴이)이 형태에서든 시간적 순서에서든 이런 체득과 분리될 수 없던 것입니다.

—반대로 진실의 그리스도교적 자기 수련을 특징짓는 것은 다음과 같습니다.

진실의 그리스도교적 자기 수련은 현실을 지향하는 자기 수련의 범주에 들어갈 뿐만 아니라, 진실의 자기 수련이 갖는 두 가지 특징(진실(진리-옮긴이)의 체득과 자기 인식)이 분리돼 있고, 그들 각각이 독특한 형태를 취하기 때문에 비교적 독립적이 됐습니다.

이 둘이 완전히 유리되거나 분리된 두 형태의 활동이 됐다고 말하고자 하는 것은 아닙니다. 제가 말씀드린 것은—그리고 이 주제는 그리스도교 전통에서 변함이 없는데—진실(진리-옮긴이)의 빛은 자기 인식을 이용한 선제적 정화 없이는 인간의 영혼으로 침투할 수 없었으며, 이 정화는 진실(진리-옮긴이)의 빛 없이는 실행될 수 없었다는 것입니다.

하지만 이 상호 관계에도 불구하고 두 절차는 서로 달랐습니다. 분명 상당히 닮았지만 고유의 형태와 의무, 테크닉을 갖춘 것입니다.

오늘 보여드리고 싶은 것은, 진실(진리-옮긴이)의 자기 수련이 갖는 그리스도교적 형태가 '격언적gnomique 자기 인식'의 통일성을 산산조각 냈다는 것입니다. 그리고 이 그리스도교적 형태가 서로 다른 두 유형의 관계를 낳았습니다.

—신의 로고스를 통해, 신의 말씀을 통해, 성서를 통해 드러난 진실〔진리-옮긴이〕과 맺는 관계. 성서의 비유를 통해 드러난 것으로서 진실과 맺는 관계.

이 관계는 믿음의 형식을 취했습니다.

—우리 내면의 현실과 맺는 또 다른 관계도 있습니다. 그것은 우리 마음속 깊은 곳에, 우리 의식의 은밀한 곳에 거의 감지할 수 없는 우리 사유의 움직임 속에 은폐되어 파묻힌 현실과 맺는 관계입니다.

그리고 이런 관계는 (우리 자신에 대한) 불신의 형태를 취해야 합니다.

저는 성서 내의 진실〔진리-옮긴이〕과 자기 현실의 구분, 그 둘의 차이, 심층적이면서도 많은 경우 모호한 그 둘이 맺는 관계를 강조하고자 합니다. 제 생각에 이것은 서구 문화의 주된 특징 가운데 하나이며, 우리 주체성의 주된 특징 가운데 하나입니다. 텍스트 내에 있는 진실〔진리-옮긴이〕과 자기 안에 있는 진실의 평형, 그 둘의 여러 갈등, 그 둘의 결합, 어느 하나에 대한 다른 하나의 후퇴는 제 생각에 서구 문화의 항구적인 도전 중 하나였습니다.

사회과학과 자연과학의 간극—차이와 관계—은 우리 이론의 장—적어도 우리 대학 사회—에서 잘 알려진 특징입니다. 이 두 관계(진실〔진리-옮긴이〕과 텍스트가 맺는 관계, 진실〔진리-옮긴이〕과 자기가 맺는 관계)의 간극은 아주 오랫동안 항상적인 도전이었습니다.

저는 이런 간극이 야기한 몇몇 결과를 연구하기 전에, 이 구분을 명확히 하고 싶습니다. 그리고 초기 그리스도교인이, 적어도 그들 중 일부가 어느 정도 이런 구별을 의식하고 있었는지 밝혀 보고자 합니다.

카시아누스의《담화집》에 실린 한두 개 텍스트를 참조하겠습니다.

카시아누스에 관해 몇 가지 말씀을 드려야 할 것 같습니다. 그는 성 아우구스티누스와 동시대 사람입니다. 그는 라틴어나 그리스어를 사용하던 지금의 유고슬라비아에서 태어나, 4세기 말 소아시아를 방문했습니다. 동양 수도사의 영적인 삶, 수도원이라는 〔당시로서는 - 옮긴이〕 비교적 새로운 기관에 매혹을 느꼈기 때문입니다. 당시 그리스도교의 금욕적 실천 내부에는 많은 긴장이 존재하고 있었습니다. 도시에서 멀리 떨어져 개인적 은거와 독신 생활(혹은 준 - 독신 생활)을 하는 은둔 수도의 실천, 그리고 공동생활, 공동 규칙을 가지고 엄격한 위계 구조와 규율 체계를 갖춘 공동 수도 간에 말입니다. 간략히 말하면 카시아누스가 갈릴리와 이집트를 방문했을 때, 공동 수도회들이 은둔 수도의 전통을 밀어내는 중이었다고 할 수 있습니다. 은둔 수도가 사라졌다는 뜻은 아닙니다. 하지만 이런 종류의 독신 생활과 관련된 상당한 과도함에 대한, 몇몇 은둔 수도사가 높이 평가한 만용에 대한 아주 강한 반작용이 있었습니다.

공동 수도 생활의 규칙은 너무 개인적이라고 여겨지는 이런 금욕주의에 ― 로마 군대에서 부분적으로 차용한 ― 규율적 틀을 부여하기 위한 시도였습니다.

어쨌든 카시아누스는 이 공동 수도회들을 방문했고, 서구로 돌아와서는 로마에 잠시 머물렀다가, 〔그러고 나서〕 프랑스 남부에 자리 잡았습니다. 거기서 그는 서구의 영적 삶으로 유명한 장소를 방문한 것에 대한 일종의 탐사기를 썼습니다. 이 탐사기는 서구에 수도회를 창설하기 위한 일종의 프로그램으로 추측되고, 실제로 그렇게 됐습니다.

카시아누스를 성 아우구스티누스와 비교해서는 안 됩니다. 카시아누스에게는 독창성이 없습니다. 그의 신학적 개념이나 철학적 개념이 그렇게 대단하지 않습니다. 하지만 바로 그런 이유로 우리는 카시아누스를, 이런 영성의 가장 일상적 주제와 관련해 신뢰할 만한 증인으로 받아들일 수 있는 것입니다. 그리고 그는 (동양과 서양의) 중계자였으며, 중요한 매개자이기도 했습니다. 그는 책을 두 권 썼습니다.

—하나는 《요한 카시아누스의 제도집》(이하 《제도집》)[10]으로, 공동 수도 생활의 다양한 규칙에 대한 논설입니다. 이것은 실제로 서구 유럽에서 수도원 창설을 위한 프로그램입니다.

—다른 책은 《담화집》[11]으로, 이 수도회에서 가장 큰 영향력을 행사한 영적 교의에 대한 광범위하고 (우리 관점에서 보면) 훨씬 더 흥미로운 논설입니다.

이 담화 중 하나는 스키엔티아 스피리투알리스Scientia spiritualis, 즉 영적 인식에 할애돼 있습니다. 그리고 이 담화는 카시아누스뿐만 아니라 이런 영성과 관련된 주요 인물들이 보기에, 텍스트 해석과 자기 인식의 관련성, 인접성과 어떤 점에서 차이가 분명한지 보여줍니다.

이 분석은 네 번째 담화의 8문단에서 발견할 수 있습니다.[12]

10 요한 카시아누스, 《요한 카시아누스의 제도집》, 엄성옥 옮김, 은성, 2018〔Jean Cassien, *Institutions cénobitiques*, trad. fr. J.-Cl. Guy, "Sources chrétiennes", Paris, Éditions du Cerf, 1965〕.

11 요한 카시아누스, 《요한 카시아누스의 담화집》, 엄성옥 옮김, 은성, 2013〔Jean Cassien, *Conférences*, 3 vol., trad. fr. E. Pichery, "Sources chrétiennes", Paris, Éditions du Cert, 1955-1971〕.

12 요한 카시아누스, 《요한 카시아누스의 담화집》, 411-412쪽〔Jean Cassien, *Conférences* XIV, "Première conférence de l'abbé Nesteros. De la science spirituelle", VIII, dans *Conférences*, VIII-XVII, trad. fr. E. Pichery, "Sources chrétiennes", Paris, Éditions du Cerf, 1958, p. 189-191〕.

“다시 지식에 대해 이야기하겠습니다. 앞에서 말했듯이 프락티케(πρακτική)는 많은 직업과 삶의 상태로 나뉩니다. 테오레티케(θεωρηθική)는 역사적 해석과 영적 해석이라는 두 부분으로 나뉩니다. 이런 까닭에 솔로몬이 교회 내 여러 가지 은혜의 형태를 열거한 ‘자기 집 사람들은 안감을 덧댄 옷을 입었으므로’(《잠언》 31:21)라고 덧붙여 말했습니다. 영적 지식에는 전의적(tropologie) 해석, 풍유적(allegorie) 해석, 신비적(anagogie) 해석이 있습니다.

역사적 해석은 일어나서 감각에 충격을 주는 사건의 인식과 관련이 있습니다. 사도 바울은 다음과 같이 말할 때 그 예를 제공합니다. ‘기록된 바 아브라함에게 두 아들이 있으니 하나는 여종에게서, 하나는 자유 있는 여자에게서 났다 하였으며 여종에게서는 육체를 따라 났고 자유 있는 여자에게서는 약속으로 말미암았느니라’(《갈라디아서》 4:22-23).

그다음에 오는 것은 풍유적 해석에 속합니다. 실제로 발생한 일을 말하고, 이것들이 다른 신비를 나타냈다고 말하기 때문입니다. ‘이것은 비유니 이 여자들은 두 언약이라 하나는 시내 산으로부터 종을 낳은 자니 곧 하갈이라 이 하갈은 아라비아에 있는 시내 산으로서 지금 있는 예루살렘과 같은 곳이니 그가 그 자녀들과 더불어 종노릇하고’(《갈라디아서》 4:24-25).

영적 해석은 영적인 신비에서 더 고귀하고 신성한 하늘의 비밀로 올라갑니다. 바울은 즉각적으로 다음과 같이 첨언합니다. ‘오직 위에 있는 예루살렘은 자유자니 곧 우리 어머니라 기록된 바 잉태하지 못한 자여 즐거워하라, 산고를 모르는 자여 소리 질러 외치라, 이는 홀로 사는 자의 자녀가 남편 있는 자의 자녀보다 많음이라 하였으니’(《갈라디아서》 4:26-27).

전의적 해석은 삶의 교정이나 금욕적 훈련과 관련된 도덕적 설명입니다. 우리는 이 두 언약을 프락티케와 **이론적** 인식으로 이해하거나, ‘예루살렘아 여호와를 찬송할지어다 시온아 네 하나님을 찬양할지어다’(《시편》 147:12)의 예루살렘과 시온을 인간의 영혼으로 생각하려 하듯 말입니다.

우리가 그것을 원하면 이 네 가지 비유는 한데 모일 수 있고, 그 결과 예루살렘이 네 방식으로 이해될 수 있습니다. 그것은 역사적 해석에 따르면 유대인들의 수도요, 풍유적 해석에 따르면 그리스도의 교회요, 신비적 해석에 따르면 ‘우리 어머니’(《갈라디아서》 4:26)인 하나님의 거룩한 도성입니다. 전의적 해석에 따르면 종종 하나님에게 책망을 받거나 칭찬을 받는 인간의 영혼입니다. 이 네 종류의 해석에 대해 바울은 다음과 같이 말합니다. ‘그런즉 형제들아 내가 너희에게 나아가서 방언으로 말하고 계시나 지식이나 예언이나 가르치는 것으로 말하지 아니하면 너희에게 무엇이 유익하리요’(《고린도전서》 14:6).

계시는 역사적인 이야기에 감춰진 진실을 영적인 관점에 입각해 설명함으로써 표명하는 풍유와 유사합니다. 예를 들어 ‘우리 조상들이 다 구름 아래에 있고 바다 가운데로 지나며 모세에게 속하여 다 구름과 바다에서 세례를 받고 다 같은 신령한 음식을 먹으며 다 같은 신령한 음료를 마셨으니 이는 그들을 따르는 신령한 반석으로부터 마셨으매 그 반석은 곧 그리스도시라’(《고린도전서》 10:1-4)는 말씀의 의미를 명확하게 하려고 노력한다고 가정해보십시오. 우리가 매일 받는 그리스도의 몸과 피의 나타남과 관련된 이 설명은 풍유적인 접근 방법을 구성합니다.

그러나 바울이 언급하는 또 하나의 **인식**(science)은 전의적 해석입니다. 이것을 통해 신중하게 실제적 판단의 소관인 모든 것의 유용성이나 선함을 신중하게 분별할 수 있습니다. 이는 ‘여자가 머리를 가리지 않고 하나님께 기도하는 것이’(《고린도전서》 11:13) 마땅한지 스스로 판단하라는 명령을 받을 경우처럼 말입니다. 이 방법은 도덕적 의미를 포함하고 있습니다.

바울이 세 번째로 명명한 **예언**은 영적 해석을 시사합니다. 영적 해석은 담론을 다음 구절과 같이 보이지 않는 것과 장래에 속한 것으로 이끌어갑니다. ‘형제들아, 자는 자들에 관하여는 너희가 알지 못함을 우리가 원하지 아니하노니 이는 소망 없는 다른 이와 같이 슬퍼하지 않게 하려 함이라 우리가 예수께서 죽으셨다가 다시 살아나심을 믿을진대 이와 같이 예수 안에서 자는 자들도 하나님이 그와 함께 데리고 오시리라 우리가 주의 말씀으로 너희에게 이것을 말하노니 주께서 강림하실 때까지 우리 살아남아 있는 자도 자는 자보다 결코 앞서지 못하리라. 주께서 호령과 천사장의 소리와 하나님의 나팔 소리로 친히 하늘로부터 강림하시리니 그리스도 안에서 죽은 자들이 먼저 일어나고’(《데살로니가전서》 4:13-16). 이런 종류의 권면에서 나타나는 것은 영적 해석과 같은 비유입니다.

그러나 교의는 역사적 해석의 단순한 순서를 말합니다. 교의는 문자 그대로 의미보다 깊이 숨겨진 의미를 함의하지 않습니다. 예를 들면 다음과 같은 경우입니다. ‘내가 받은 것을 먼저 너희에게 전하였노니 이는 성경대로 그리스도께서 우리 죄를 위하여 죽으시고 장사 지낸 바 되셨다가 성경대로 사흘 만에 다시 살아나사 게바에게 보이시고 후에 열두 제자에게 와’(《고린도전서》 15:3-5); ‘때가 차매 하나님이

—이교의 수련에 뿌리를 두고 있는 잘 알려진 전통에 따라 카시아누스는 두 유형의 '인식'을 구분합니다.

—스키엔티아 프락티케scientia praktikê, 이건 잠시 놔둡시다.

—스키엔티아 테오레티케scientia theôrêtikê. '이론적 인식'에서 그는 첫 번째 분류를 다음과 같이 제안합니다.

—'역사적 해석'

—'영적 해석'. 영적 해석은 다시 세 부분으로 나뉩니다.

—풍유적 인식la connaissance allégorique

—신비적 인식la connaissance anagogique

—전의적 인식la connaissance tropologique

결과적으로 네 가지 인식connaissance이 있습니다.

역사적 인식 실제 발생한 것으로 사건을 제시	유대인의 도시로서 예루살렘	교의
풍유적 인식 이 사건 혹은 실제 사물을 신비를 위한 비유로 사용	교회로서 예루살렘	계시
신비적 인식 이 사건과 이 사물을 신의 비밀(하늘의 비밀)을 위한 비유로 사용	천국으로서 예루살렘	예언
전의적 인식 이 사건을 수련적 삶의 규칙을 위한 비유로 해석	우리의 영혼으로서 예루살렘	인식 (science)

그 아들을 보내사 여자에게서 나게 하시고 율법 아래에 나게 하신 것은 율법 아래에 있는 자들을 속량하시고 우리로 아들의 명분을 얻게 하려 하심이라'(《갈라디아서》 4:4-5); '이스라엘아 들으라 우리 하나님 여호와는 오직 유일한 여호와이시니'(《신명기》 6:4)."〔강조는 《제도집》의 프랑스어 번역에 따른 것이며, 《제도집》의 우리말 번역에서 '풍유'로 번역된 allegory는 이 책에서 '우의'로 번역했다-옮긴이〕

―저는 이 텍스트〔카시아누스의 네 번째 담화의 8문단-옮긴이〕와 영적 인식에 대한 이론이 제기할 수도 있고 제기해야 하는 역사적이고 기술적인 모든 문제는 한쪽에 치워두겠습니다.

제 관심을 끄는 것은 영적 인식과 '실제적 인식'의 관계입니다.

카시아누스는 실제적 인식을 "카시아누스는 실제적 인식을 "품행을 교정하고 악덕을 정화함으로써 성취되는 인식mendatione morum 〔et〕 vitiorum purgatione perficitur"[13]으로 정의합니다.

카시아누스는 이 실제적 인식과 이론적 인식의 지극히 긴밀한 관계를 보여줍니다. 예를 들면 이렇습니다.

―한편으로 성서 구절의 전의적 해석은 그것의 실제적 의미를 해독하는 데 있습니다.

―다른 한편으로 카시아누스는 이론적 인식과 실제적 인식의 상호 관계를 강조합니다.

영혼의 정화 없이 이론적 인식을 획득하는 것은 불가능하고, 이론적 인식의 도움 없이 정화되는 것도 불가능합니다.

이것이 카시아누스가 이 텍스트의 도처에서 주장하는 일반적인 주제입니다. 하지만 카시아누스는 이 실제적 인식의 독특한 특징을 동시에 보여주기도 합니다. 그는 이 자기 인식이 성서의 영적 이해와 얼마나 다른지 보여줍니다. 그리고 그는 세 가지 핵

13 요한 카시아누스, 《요한 카시아누스의 담화집》, 405-406쪽〔*Ibid.*, I, p. 183-184〕. "이 세상에 여러 종류의 예술과 학문이 있듯이 지식에도 여러 종류가 있습니다. 비록 그것들 모두가 무익하거나 현세에 대해서만 가치 있는 것을 제공하지만, 관심을 가진 사람들이 이해하는 데 사용하는 바 나름의 질서와 교육 방법을 갖지 않은 것은 하나도 없습니다. 그러한 학문들을 가르칠 때에 자체의 정의된 원리를 따를진대, 현재의 이익보다는 눈에 보이지 않는 신비들의 은밀한 관상을 지향하며 영원한 상을 구하는 우리 종교의 가르침은 한층 더 명확한 질서와 방법을 소유하지 않겠습니까?
우리 종교의 지식은 두 종류입니다. 첫째는 프락티케(πρακτική), 즉 실천적인 지식으로서 행위〔품행-옮긴이〕의 교정과 악덕의 정화에서 성취됩니다. 나머지 하나는 테오레티케(θεωρηθική)로서 신적인 것의 관상, 그리고 거룩한 의미를 이해하는 것입니다."

심과 관련해서 그 차이를 보여줍니다.

1) 이론적 인식의 절차에서 정화의 근본적 중요성. 정화는 필수적입니다. 정화는 가장 중요한 것입니다. 그리고 이 점이 중요한데, 정화 없이는 진실〔진리-옮긴이〕이 자기 힘으로 아무것도 할 수 없습니다.

여기서 두 가지 결과가 도출됩니다.

① 어떤 사람들은 해석의 테크닉을 모두 알고 있을 수 있습니다. 그들의 마음이 정화되지 않으면, 그들은 영적 현실을 진정으로 이해할 수 없습니다.

② 마음의 순결은 해석의 테크닉을 습득한 결과일 수 있습니다.

카시아누스는 인식은 할 수 없지만 마음의 순결은 할 수 있는 것의 예를 하나 듭니다.

유명하고 성스러운 수도자 사제 요한이 귀신 들린 자에게서 마귀를 몰아내는 데 실패했습니다.

하루는 어떤 남자—순진한 농부—가 오더니 구마에 성공합니다. 모든 사람은 어떻게 사제 요한이 하지 못한 것을 이 농부가 실현할 수 있었는지 의아하게 생각했습니다. 그는 아주 단순한 사람으로 영혼의 학문을 전혀 알지 못했고, 그의 신앙심은 매일 밤낮으로 신께 기도를 드리는 것뿐이었습니다.

하지만 그는 완벽하게 순결했는데, 결혼을 했는데도 불구하고 아내와 성관계를 가진 적이 없었습니다.[14]

정화에 부여된 이런 특권은 고대의 철학적 자기 수양에서는 발견할 수 없습니다.

---

14 요한 카시아누스, 《요한 카시아누스의 담화집》, 409-411쪽〔*Ibid.*, VII, p. 187-189〕.

2) 성서 텍스트에 대한 인식과 비교한 자기 인식의 특수성을 보여주는 듯한, 카시아누스에게서 발견할 수 있는 두 번째 관념이 있습니다. 이에 따르면 영혼의 정화는 자기 자신을 대단히 길고도 엄격히 부정하는 작업을 요구합니다. 악을 몰아내는 일은 덕을 획득하는 일보다 두 배 이상 노력이 필요하다는 것입니다.[15]

3) 하지만 무엇보다 강조해야 할 것은 자신을 정화하기 위해 해야 하는 작업의 속성입니다.

이 작업을 지시하기 위해 카시아누스는 그리스어 디스크리시스diakrisis의 라틴어 번역 디스크리멘(작업)discrimen 혹은 디스크레티오(태도)discretio를 사용했습니다. 잠시 쉬고 나서 이 점을 다시 논의하고 몇 가지 보충 설명을 하고자 합니다. 바로 이것이 그리스도교 자기해석학의 주요 특질 가운데 하나이기 때문입니다.[16]

간략히 말해 구별 혹은 '식별'은 어떤 관념, 사유, 표상, 욕망의 진정한 속성을 우리가 시험하는 조작입니다.

카시아누스는 '속성'을 통해 무엇을 의미하려는 것일까요? 그는 로고스logos와 로기스모스logismos를 구별합니다.

—로고스는 그것이 진실〔진리-옮긴이〕을 말하는 한에서 담론입니다.

—로기스모스[17]는 추론의 양태입니다. 카시아누스와 에바

---

15 요한 카시아누스, 《요한 카시아누스의 담화집》, 407쪽〔*Ibid.*, III, p. 185〕. "악덕을 몰아내려면 덕의 획득을 위해 행할 때보다 두 배나 노력해야 한다는 것을 알아야 합니다. 우리는 자신의 추측에 의해 이것에 도달하는 것이 아니라, 친히 지으신 피조물의 능력과 지성을 아시는 하나님의 말씀의 가르침을 받습니다. 하나님은 '보라 내가 오늘 너를 여러 나라와 여러 왕국 위에 세워 네가 그것들을 뽑고 파괴하며 파멸하고 넘어뜨리며 건설하고 심게 하였느니라'(〈예레미야〉 1:10)고 말씀하십니다. 하나님은 해로운 것들을 몰아내는 데 필요한 네 가지—**뽑기, 파괴하기, 파멸시키기, 넘어뜨리기**—를 지적하십니다. 그러나 덕을 완성하고 의와 관련된 것을 획득하기 위해서는 **건설하고 심는** 일만 필요합니다. 따라서 영적인 덕을 심고 모으는 것보다 몸과 영혼의 타고난 정념들을 뽑아내고 제거하는 일이 한층 더 어렵습니다." 〔강조는 《제도집》의 프랑스어 번역에 따른 것. - 옮긴이〕

16 이 점에 대해 더 상세하게는 다음을 보라. GV, p. 285-301.

17 로기스모스의 정의에 관해서는 다음을 보라. GV, p. 293. "아주 흥미로운 역사를 가진 낱말로,

그리오스에게 중요한 것은 사유의 운동처럼 '물질적으로' 여겨지는 사유입니다.

그런데 하나의 관념, 사유, 욕망의 속성은 무엇에 의존하는 것일까요?

—그것은 그것들의 객관적 속성에 의존하는 것도 아니고 표상된 바에 의존하지도 않습니다.[a]

—관념의 속성은 그 기원, 그것이 발원하는 원천, 요컨대 그 출발점의 존재론적 위상, 즉 육체냐 정신이냐 악마냐 하느님이냐에 따라 결정됩니다.

—이 관념의 속성은 그것이 우리를 이끌어가는 곳이 영적인 삶인지, 물질적인 삶인지 규명함으로써 확인될 수 있습니다.

그리스도교 영성에서 디스크레티오는 하나의 덕이자 테크닉입니다. 그것은 우리 영혼의 모든 운동 가운데 하느님에게서 오는 운동이 무엇인지, 사탄에게서 오는 운동이 무엇인지 규명하는 기술입니다. 그것이 의미하는 바가 무엇인지 규명하는 것이 관건이 아니라 그것의 기원과 목적을 규명하는 것이 관건입니다.

카시아누스는 그의 여러 담화, 특히 두 번째 담화에서 디스크레티오에 관해 아주 많이 설명하고 있습니다.[18]

하지만 제가 지금 분석하고자 하는 열네 번째 담화에서 카

로기스모스는 고전 그리스 어휘에서 추론을, (…) 즉 진실에 도달하기 위해 로고스를 활용하는 방법을 지시합니다. 그런데 그리스도교 영성의 어휘에서 (…) 로기스모스는 진실에 이르게 해주는 긍정적 로고스의 긍정적 활용이 아닙니다. 로기스모스는 뇌리에 떠오르는 사유와 그것이 수반하는 그 기원, 본성, 내용과 관련해, 그러므로 그 사유에서 비롯될 수 있는 것과 관련해 사유가 수반하는 불확실한 모든 것을 지시합니다."

a 가장자리에 추가된 구절.

18 요한 카시아누스, 《요한 카시아누스의 담화집》, 63-90쪽〔Jean Cassien, *Conférence* II, "Seconde conférence de l'abbé Moïse. De la discrétion", dans *Conférences*, I-VII, trad. fr. E. Pichery, "Sources chrétiennes", Paris, Éditions du Cerf, 1955, p. 109-137〕. 요한 카시아누스, 《요한 카시아누스의 담화집》, 51-61쪽〔*Conférence* I, "Première conférence de l'abbé Moïse, Du but et de la fin du moine", XVI-XXIII, dans *Conférence*, I-VII, *op. cit.*, p. 98-108〕도 보라.

시아누스는 우리에게 익숙한 침묵의 예를 들고 있습니다.[19]

—모든 자기 수양 입문자에게 부과된 침묵 유지의 규칙을 기억하시지요.

—참된 담론이 자신의 영혼에 침투해 거기에 뿌리내리게 하기 위해서는 정신과 주의를 최대한 자유로운 상태로 유지해야 한다는 것이 이교 철학에서 〔침묵의-옮긴이〕 이유입니다.

—카시아누스 혹은 그가 이 담화에서 인용하는 영적인 스승에 따르면 초심자가 침묵을 유지해야 하는 이유는 그가 자기 자신을 의심해야 하기 때문입니다. 그가 진실을 알고자 하는 욕망이 있기 때문에 하나의 질문을 던지게 될 수도 있을 것입니다. 하지만 이런 사유는 착각일 수 있습니다. 즉 그는 자신이 진실을 욕망한다고 생각하지만 사실 그 관념은 사탄, 유혹자에 의해 그에게 유발된 관념입니다. 그리고 물음을 던지는 행위가 그를 뭔가 다른 것을 알게 하는 쪽으로 이끌어가는 것이 아니라 자신이 참으로 총명하고 재치가 있는 것을 현시하는 쪽으로 이끌어가게 된다는 것입니다.

· 그리고 분별은 하나의 관념의 객관적인 내용을 넘어 그 실제적 기원과 목적을 확인하려는 시도입니다.

여기에서 중단합시다. 하지만 잠시 쉬기 전에 대단히 중요하다고 생각되는 두세 가지를 강조하고자 합니다.

1) 이제 우리는 이교의 윤리를 특징짓는 '격언적' 구조에서 멀어지게 됩니다.

19 요한 카시아누스, 《요한 카시아누스의 담화집》, 415-416쪽〔Jean Cassien, *Conférence* XIV, "Première conférence de l'abbé Nesteros", conférence citée, p. 193-194〕.

—한편으로 진실(진리-옮긴이)은 그냥 전승(교육, 학습)되고, 습득되며, 체득되기만 해서는 안 됩니다.

진실(진리-옮긴이)은 특수한 해석학의 절차를 통해 해독돼야 합니다.

진실(진리-옮긴이)은 더 이상 파이데이아paideia를 통해 혹은 상기를 통해 획득되는 것이 아닙니다. 진실(진리-옮긴이)은 계시를 통해 발생하고 담론의 비유를 통해, 해석의 테크닉을 통해 이해해야 합니다.

—다른 한편으로 성서 텍스트의 해석학적 해석과 대칭을 이루는 방식으로 그리스도교 영성에서는 또 다른 해석학이 발견됩니다. 이 해석학은 전자와 관계를 맺고 있습니다. 양자는 일련의 상호 관계를 통해 연결되지만, 구조 측면에서는 다릅니다.

자기해석학인 후자는 (주로 진실(진리-옮긴이) 습득의 항상적인 통제에 해당하는) 격언적 자기 인식과 다르고, 성서 텍스트에 대한 해설적 해석학과도 다릅니다.

—해설적 해석학은 성서 텍스트와 그것의 의미화, 그 비유 그리고 그것을 통해 드러난 진실(진리-옮긴이)을 다룹니다.

—분별적 해석학은 자기 자신, 영혼의 활동, 착각이 기원하는 곳인 의식과 현실의 착각을 다룹니다.[20]

2) 제가 두 번째 강조하고자 하는 점은 서구 문화에서 이 두 종류의 해석학이 공존한다는 사실입니다. 양자의 관계, 이 관계의 특수성, 이 관계의 평형은 항시 중대한 문제였습니다.

20 푸코는 1982년 2월 17일 콜레주드프랑스 〈주체의 해석학〉 강의 전반부에서 영지주의 운동이 다시 채택한, 상기를 주제로 구성된 '플라톤적 모델'과 완전히 단절하기 위해 그리스도교 교회가 발전시킨 (성서-옮긴이) '해석학적 모델'에 대해 논한다. 이 해석학적 모델의 효과는 "주체의 존재를 재발견하는 기억의 기능이 아니라, 영혼에서 일어나는 내적 운동의 본성과 기원을 탐지하는 해석학적 기능을 자기 인식에 부여하는" 것이었다. 《주체의 해석학》, 288-289쪽(HS, p. 246) 참조.

① 그리스도교 자체에서

—예를 들어 16세기 종교개혁과 더불어 중요한 문제 가운데 하나는 자기해석학과 성서 텍스트 해석학에 설정해야 할 관계의 문제였습니다.

—하지만 이 문제는 16세기 특유의 문제도, 이 구체적인 갈등에 고유한 문제도 아니었습니다.

그리스도교에는 늘 중요한 세 가지 유혹이 존재했습니다.

—마치 동일한 하나의 절차가 관건이 되기라도 하듯이 진실〔진리-옮긴이〕의 계시와 우리 자신의 실태의 발견을 한데 규합하려고 하는 영지주의의 유혹이 있습니다. 우리는 우리 자신 안에서 신성한 빛의 번득임을 발견할 수 있고, 성서 텍스트를 통한 진실〔진리-옮긴이〕의 계시 속에서 우리 영혼의 실제적이고 신성한 속성을 재확인한다는 것입니다.[21]

—진실〔진리-옮긴이〕을 습득하는 수단만이 아니라 자기 자신을 해독하고 영혼의 운동을 규명하는 수단으로서 성서 텍스트와 그 해석의 관계에 가장 큰 중요성을 부여하는 '성서 텍스트의 유혹'도 존재합니다.

—자기 자신과 관계와 사유를 구분하는 작업에 가장 큰 중요성을 부여하는 '자기 분석'의 유혹도 존재합니다. 가톨릭교회에서 고해성사, 의식 지도술에 부여한 역할은 그리스도교에 내재하는 유혹에 속합니다.

② 하지만 더 일반적으로 이 두 가지 해석학의 공존이 우리

21 영적 인식과 그것이 그리스도교와 맺는 관계에 대해서는 다음을 보라. GV, p. 303-304; 《자기해석학의 기원》, 66-69쪽, 97쪽 각주 *〔OHS, p. 67-68 et p. 91, n. a〕; 《주체의 해석학》, 60, 288-289, 446-447쪽〔HS, p. 18, 246, 402-403〕.

문화에 강력한 영향을 미쳤습니다. 그리고 일반적 형태의 해석학을 발견하려는 시도 혹은 해설적 해석학과 분별적 해석학의 명확하고 합리적인 관계 체계를 수립하려는 시도는 몇몇 '인간과학' 혹은 '사회과학'의 역사에서 명확히 볼 수 있습니다.[a]

a 강의 원고는 여기서 중단된다. 강의의 두 번째 부분은 보존되지 않은 듯하다.

세미나

1982년 6월

첫 번째 세미나

〔오늘 우리가 연구해야 할 텍스트는〕[a] 플라톤의 《알키비아데스》, 그러고 나서 〔에픽테토스의 《강의》에서 발췌한 세 텍스트〕 3권 1장, 1권 16장과 1장이고요, 시간이 남으면 마르쿠스 아우렐리우스와 프론토의 서신 세 편도 공부해보고자 합니다.

몇 가지를 진지하게 요청하고자 합니다. 여러분이 세미나에 적극적으로 임해주셨으면 하는데, 거기에는 여러 이유가 있습니다. 우선 제가 나이가 제법 되는데도 외국분들과 이런 세미나를 진행하는 건 처음이기 때문입니다. 이 세미나가 여러분께 흥미로울지 잘 모르겠습니다. 뭘 공부하셨는지도 그렇고, 제가 여러분에 대해 아는 것이 없습니다. 바로 이것이 첫 번째 난관입니다.

사태를 상당히 어렵게 만드는 두 번째 이유는, 알아차리셨을 수도 있지만, 제 영어가 완벽하지 않기 때문입니다. 프랑스어로 진행해도 된다는 〔주최 측의-옮긴이〕 말이 있어서 프랑스어로 준비하긴 했지만 그래도 될지 염려가 됩니다. 적어도 여쭤보고 싶은 첫 번째 사항은 이렇습니다. 이 세미나를 프랑스어로 진행할 수 있다고 생각하시는지 아니면 프랑스어와 영어로 동시에, 원하신다면 여러분은 영어로 말씀하시고 저는 프랑스어로 말하는 식으로 진행할 수 있다고 생각하시는지, 그도 아니면 제가 모국어인 프랑스어보다 서투른 영어로 말하기를 선호하시는지 알고 싶습니다. 몇 분이나 프랑스어를 할 줄 아십니까? 그럼 영어로 진행하겠습니다.

a　앞서 푸코는 복사·배포한 텍스트가 무엇인지 알려준다.

이 세미나에 적극적으로 임해주시길 바라는 세 번째 이유는, 강연에서는 당연히 제가 말해야 했고 아마 너무 길게 말해서 여러분의 반응이 어땠는지 정확히 몰랐고, 제 말을 어느 정도 받아들이셨는지, 그것이 흥미로웠는지, 아니면 지나치게 전문적이었는지 혹은 충분히 전문적이지 못했는지 등을 제가 정확히 모르기 때문입니다.

그래서 두 시간 동안 진행할 세미나에서 제안하고 싶은 것은, 우선 우리의 만남, 강연, 세미나와 관련해 원하시는 걸 자유롭고 솔직하게 표현해주셨으면 합니다. 제가 지난번 강연에서 《알키비아데스》 혹은 이 텍스트의 일부를 논평했기 때문에 여러분 가운데 몇몇 분이 세미나 전에 《알키비아데스》를 읽어볼 기회가 있었을 테니 이 텍스트를 우리가 논의할 수 있을 것입니다.[1] 우리는 이 텍스트에 대한 자신의 생각을 말할 수도 있고, 제가 이 텍스트를 해석한 것에 대한 여러분의 의견을 말씀하실 수도 있습니다. 그러고 나서 에픽테토스의 일련의 텍스트—저는 에픽테토스의 세 텍스트에 대한 일종의 논평을 준비했습니다—를 연구할 수 있고, 시간이 남으면 마르쿠스 아우렐리우스와 프론토가 주고받은 서신을 연구해보겠습니다. 동의하십니까? 어느 분이 먼저 발언하시겠습니까?

시민의 다양한 계층적 차이가 자기 수양에서 무엇을 의미하는지 설명해주세요.

참 좋은 질문입니다. 그러나 우선 제 강연의 형식적인 면에

1 초반이 《알키비아데스》에 할애된 두 번째 강연을 말한다. 이 책 46-52쪽, 72-81쪽을 보라.

대한 질문이나 비판 혹은 하고 싶은 말씀이 있는지 알고 싶습니다. 예를 들어 제 말을 정확히 이해하지 못했다 혹은 적어도 제 발음이 좋지 않아서 제가 인용한 사람의 이름을 알아들을 수 없었다는 말을 들었습니다. 사실인가요, 아닌가요?

두 번째 질문을 드리겠습니다. 에피멜레이아 헤아우투epimeleia heautou, 자기 돌봄〔배려-옮긴이〕과 관련해 말씀드리려던 것이, 기호학이나 기호학에서 다루는 주제에 할애된 세미나에서 여러분이 연구하신다고 생각하는 것과 너무 거리가 멀지는 않은가요? 여러분을 실망시킬까 염려됩니다.

많은 분이 선생님께서 왜 고대 후기, 그리스-로마 철학, 초기 그리스도교로 되돌아가기로 결정하셨는지 궁금해합니다. 제게는 선생님의 보충 설명이 유용했습니다. 선생님은 첫 번째 강연에서 네 가지 서로 다른 테크놀로지를 언급하면서 이 문제를 환기하셨습니다. 하지만 많은 분이 아직 이 점에 대해 의아해하는 것 같습니다.

아시다시피 제가 고대 후기 혹은 포스트 고전기, 헬레니즘 시대, 그리스-로마 시대 등과 같은 주제로 되돌아간 이유는, 제가 처음부터 연구하고자 한 바가 엄밀히 말해 과학사나 정신병원, 감옥 혹은 이런 종류에 속하는 제도의 역사가 아니기 때문입니다. 저는 분명 이 분야에 관심이 있었습니다. 하지만 이 주제와 제도를 연구한 이유는 제가 다루고자 한 근본 문제가 우리 주체성의 역사였기 때문입니다. 근본 문제는 과학의 역사가 아니라 주체성의 역사입니다. 우리의 주체성은 자기에 대한 근원적이고 직접적인 경험이 아닙니다. 그리고 제 생각에는 바로 이 점 때문에 주체성의 역사는 우리가 현상학 이론이라 부르는 것과 근본적으로 다르며, 우리와 우리 사이에는 수많은 사회적·역사적·기술적 매개가 존재하는 것입니다. 그리고 이 매개의 영역, 구조, 매개의 효과가 애초부터 제 연구 주제였습니다. 예를 들어 우리 각자는 모두 자기 나름의 광기와 일정한 관계를 맺고 있습니다. 우리 각자는 자기 자신에게서 미쳤다고 여겨지는 일정 부분을 의식하고 경험하고 있습니다. 우리 각자는 광기 일반과 관련해, 아마도 광인으로서 자기 자신과 관련해 일정한 경험이 있습니다. 그리고 저는 광인으로서 자기 자신에 대한 경험〔자기 자신이 미쳤다고 생각하는 경험-옮긴이〕은 분명 역사적·사회적·문화적으로 결정된다고 생각합니다. 우리 각자 안에 일종의 정신 요양원이 있다고 한다면 과장이겠지만, 이는 제가 말하고자 하는 것을 설명하기 위한 방편일 뿐입니다. 우리 각자 안에는 일종의 감옥이 있습니다. 그리고 우리 자신이 법과 맺는 관계, 위반과 맺는 관계, 범죄나 과오와 맺는 관계는 역사적 배경이 있을 뿐만 아니라, 이 내적 관계는 우리 각자 안에 역사적 구조의 일부를 포함하고 있습니다. 그렇기 때문에 저는 광기를 연구했고, 감옥 등을 연구했습니다. 현재 저는 성性과 성현상을 연구하는데, 이 문제를 동일한 관점에서 제기하고 있습니다. 우리가 우리 자신의 성과 맺는 관계는 우리가 생각하는 것처럼 무매개적인 어떤 것은 아니라고 봅니다. 우리의 성적 주체성에는 역사적 배경뿐 아니라 역사적 구조도 존재합니다. 저는 이것을 16세기부터 오늘날에 이르기까지 연구하려고 시도했습니다. 하지만 곧 16세기나 중세 말 혹은 종교개혁이나 반종교개혁을 출발점으로 취할 수 없다는 사실을 깨달았습니다. 그리고 〔오늘 연구하고자 하는-옮긴이〕 이 모든 텍스트를 독서하면서 이런 유형의 주체성, 이런 유형의 의식의 진정한 역사적 출발점이라 할 수 있는 고대 후기, 헬레니즘 시대, 그리스-로마 시대로 돌아가야 한다고 확신했습니다. 저는 고대 후기와 초기 그리스도교에서 자기 수련과 진실[진리－옮긴이]이 맺는 관계를 역사적 출발점으로 생각했습니다(…).[a]

강연에서 이런 설명을 하는 것은 유익할 수 있다고 생각합니다. 여기 있는 많은 분이 그 시대를 연구하지 않아서 그분들께는 좀 따분한 자료입니다만.

그 점과 관련해 다음 세미나 모두에서 좀 설명해보겠습니다. 제안하시는 것이 그것이지요?

다른 분들 생각은 잘 모르지만 제가 들은 바는 그렇습니다.

말씀 감사합니다.

고전문학 전문가들은 선생님께서 고대 작가들을 너무 간략하게 일별하는 것 같다고 느끼는 것 같고, 이 시기에 관심 없는 분은 [따라가기가 힘든 것 같습니다. 선생님께서][b] 적절한 균형을 잡아주셨으면 합니다.

물론입니다.

제 생각에 어려운 점은, 선생님께서 나아가시는 방향과 선생님께서 따라가시는 선이 연결되는 방식에 대한 명확한 이해의 부족으로 인해, 청중이 개별 사안에 반론을 제기하기 어렵다는 사실에 부분적으로 기인하는 것 같습

a 몇몇 낱말이 들리지 않는다.
b 부분적으로 들리지 않는 질문을 추측했다.

니다. 저는 선생님께서 모두에 하신 개인주의와 자기 테크놀로지의 구분을 진전시켰으면 좋겠습니다.

참 좋은 질문입니다. 마지막 강연에서 그것들에 대해 논의할 생각이었습니다. 아마 거기서부터 이 세미나를 시작할 수도 있을 것입니다. 하지만 어쨌든 그건 이 모든 것의 역사적이고 사회적인 배경일 것입니다. 문제는 왜 이 자기 테크놀로지가 이 시기, 즉 제정 초기에 그토록 중요했느냐입니다. 적어도 관념사가들은 대개 그것이 그리스-로마 사회에서 개인주의가 대두했기 때문이라고 설명합니다. 하지만 저는 여러 이유로 이 답변이 적절치 않다고 생각합니다. 그 이유 가운데 하나는, 자기 돌봄(배려-옮긴이)을 실천하던 사람들 혹은 자기 돌봄(배려-옮긴이)의 이론가들이 결코 개인주의자가 아니었기 때문입니다. 그들은 사회생활과 정치 활동에서 손을 뗀 사람도 아니었습니다. 그들은 정치 분야에 무관심하거나 정치 분야에서 적극적이지 않은 사람이 결코 아니었습니다. 플루타르코스 같은 사람은 그가 사는 작은 도시국가에서 대단히 활동적이고, 그가 사는 고장의 모든 사회적이고 정치적인 활동에 연루된 인물입니다. 네로 황제 시대에 장관, '수상'을 지낸 세네카 같은 인물은 만년에도 대단히 강도 높은 정치 활동을 했습니다. 그러므로 개인주의의 대두와 도시국가에서 집단적 삶의 쇠퇴는 자기 테크놀로지가 발전한 원인이 아니며, 그렇게 간주될 수도 없다고 생각합니다.

두 번째 중대한 이유는 자기 테크놀로지가 대단히 오래된 것이기 때문입니다. 그리스의 생활과 관련해 우리가 보유한 가장 오래된 사료에서 자기 테크놀로지의 발전을 목격할 수 있습니다. 이처럼 개인주의는 자기 테크놀로지가 발전한 이유일 수 없습니다.[2] 문제는 일정 시기에 사회적이고 정치적인 삶에 깊이 연루된 사람들이 새로운 형태의 자기 테크닉을 제안하고 발전시킨 이유를 분석하는 데 있습니다. 이상이 지난 강연의 주제입니다.

〔그런데〕 제기하신 문제를 제가 정확히 파악한 건지 모르겠군요.

첫 번째 강연에서 저는 선생님이 권력 장치로서 자기 테크놀로지와 단순히 신체와 사회적 인격을 잇는 경첩으로 기능하는 개인주의를 구분하셨다고 이해했습니다.

하지만 저는 신체와 사회적 인격을 구분하지 않을 것이고, 적어도 그런 식으로는 구분하지 않을 것입니다. 신체와 사회적 인격을 연결하는 경첩은 필요치 않습니다. 우리 신체는 사회에 속합니다. 우리 신체는 우리의 사회적 인격에 속합니다.

맞습니다. 하지만 '개인주의'로 기술된 이 단위와 자기 테크닉이 포함하는 단위에는 차이가 존재합니다. 그렇지 않으면 이해가 가지 않습니다.

저는 차라리 개인주의가 일정 유형의 자기 테크닉의 결과라고 말하고 싶네요. 이렇게 저는 반대로 말할 것입니다. 대개 다른 사람들은 자기 테크닉이 발전했다 해도 그것은 개인주의의 대두 때문이라고 말할 것입니다. 이 다수의 자기 테크닉이 역사의 어느

2 제정기의 '자기 수양'은 '개인주의의 증대'가 아니라, 자기와 자기가 맺는 관계의 강화나 가치 부여에 상응하는, 장기간에 걸친 현상의 '절정'이라고 하는 주제에 대해서는 다음을 보라. 《자기 배려》, 57-59쪽(〈제2장 자기 연마〉, 3-5문단)〔SS, p. 55-57〕. 《비판이란 무엇인가?/자기 수양》, 108-110쪽〔M. Foucault, "La culture de soi", conférence citée, p. 88-89〕도 보라.

시기엔가 당연히 우리가 설명해야 하고 전개해야 하는 어떤 이유 때문에 그런 모습을 취하게 됐고, 결과적으로 개인주의의 형태를 취하게 됐다고 할 수 있을 것 같습니다. 질문에 제대로 답변했는지 모르겠네요.

제 생각엔 분명….

질문자께서 중요한 점을 논의하고 계신 것 같은데, 질문을 정확히 파악하지 못했습니다. 이렇게 하면 어떨까요? 질문을 간단히 몇 줄로, 원하신다면 몇 쪽으로 작성해서 주시기 바랍니다. 그걸 읽어보고 강연 때든 세미나 때든 답변 드리도록 노력해보겠습니다. 근본적인 질문을 주신 것 같으니 말입니다. 그 문제를 반드시 지금, 아니면 〔오늘 세미나〕 후반부나 말미에 다루고 답해야 할 필요는 없습니다. 저는 이 질문에 반드시 답해야 한다고 생각하고 있습니다. 하지만 그것은 근본적이고 일반적인 질문이어서, 지금 이 순간에 답할 건 아니라고 생각합니다. 아무튼 저는 질문이 뭔지 잘 이해해보고 싶습니다. 그렇게 해도 괜찮겠죠? 감사합니다.

문제가 또 하나 남아 있습니다. 이 자기 테크놀로지에 연루된 다양한 사회적 범주와 관련해 질문하신 것 말입니다. 두 가지 아주 큰 차이가 존재했습니다. 그리고 고대 후기 혹은 그리스-로마 시대에 만인이 〔자기 자신을 돌봐야〕[a] 했다고 말하려는 것은 당연히 아닙니다. 〔제가 참조하는 것은〕[b] 1975년 혹은 1976년에 출간된

a 녹음이 중단된 부분을 추측했다.
b 녹음이 중단된 부분을 추측했다.

《로마제국에서 사회 계급들의 관계》[3]입니다. 이 책은 진지한 역사학자가 쓴 짧고 개략적인 책입니다. 그는 로마 사회의 첫 번째 특징이 수직성에 있다고 말합니다. 두 번째 특징은 사회적 차이의 층위가 대단히 광범위했으며, 이 사회에서 각자는 이 층위에서 자신의 위치를 아주 잘 의식하고 알고 있었다는 것입니다. 세 번째 특징은 이 수직성이 꼭 운명이라고 할 순 없지만 필요한 것, 전혀 분노를 일으키지 않는 것으로 받아들여졌다는 것입니다. "우리는 우리 자신을 돌봐야 하기 때문에 스스로 토지를 경작하지 않는다"[4]고 말하는 스파르타 왕의 일화가 암시하듯, 이 사회에서는 자기 돌봄[배려-옮긴이]이 이 수양 전승의 주요 매개체였던 상위 계급의 특권이었음이 확실합니다. 그러므로 평범한 사람, 농민은 물론이요 상인도 얼핏 보기에 이런 종류의 문제와 관련돼 있다고 생각할 순 없습니다. 그것은 귀족의 실천입니다.

하지만 몇 가지 사항을 수정해야 합니다. 우선 노예 문제입니다. 노예는 주인 집에 살면서 직간접적으로, 적어도 노예 가운데 지성이나 미모가 가장 뛰어난 자는 그 집 안주인이나 가부장의 연인이었으니까요, 그 집의 수양에 참여합니다. 이것이 첫 번째로 중요한 점입니다. 그리고 그들 자신 혹은 그들의 다음 세대가 이 수양에 참여하게 되며, 그들이 해방돼서 자유인이 되면 그들 중 몇몇은 이 귀족적 수양의 대표자가 됩니다. 이것이 수정해야 할 첫 번째 점입니다.

두 번째로 이 수양은 당연히 상위 계급 고유의 수양이었지

---

3 R. MacMullen, *Roman Social Relations, 50 B.C. to A.D. 284*, New Haven, Yale University Press, 1981; trad. fr. A. Tachet, *Les rapports entre les classes sociales dans l'Empire roman, 50 av. J.-C. – 284 ap. J.-C.*, Paris, Seuil, 1986.

4 Plutarque, *Apophtegmes laconiens*, 217A, *op. cit.*, p. 171-172.

만, 고전기는 물론이고 헬레니즘 시대와 로마 시대에도, (로마 시대에는 그리스 도시국가와 소아시아 혹은 이집트에서도 정치적 활동이 있었기 때문에), 그리스 도시국가의 평민과 상인 역시 그들이 도시국가 구성원인 한에서 이 정치 활동에 참여했다는 것입니다. 이 정치 활동과 수양 활동은 긴밀하게 연관돼 있었습니다.

세 번째 이유는 헬레니즘 세계와 로마 세계에 그리스도교가 〔도래하기 전인〕[a] 기원전 3세기와 2세기에 급속도로 광범위하게 발전한 모든 종교적 운동은 사람들이 자기 자신을 돌보는〔배려하는-옮긴이〕 것을 도와주는 것을 주요 목표 가운데 하나로 삼았기 때문입니다. 이렇듯 이 종교적 운동은 대중운동이었고 대부분 이런 고심을 하고 있었습니다.

네 번째로 에피쿠로스주의가 그 초기에, 그러니까 기원전 3세기에 정치적으로 지방 귀족계급에 적대적인 민중운동이었다고 말할 수 있습니다. 철학적 운동으로서 에피쿠로스주의는 헬레니즘 세계의 민중운동과 직접적으로 연관돼 있었고, 이 민중운동은 참주정과 군주정의 근간이었습니다. 보시다시피 기원전 3세기의 초기 에피쿠로스주의자와 에피쿠로스주의의 경우는 이랬습니다. 그러고 나서 기원전 2세기부터 견유주의 운동, 스토아주의적 견유주의 운동도 민중운동이었는데, 예를 들어 로마에서 이 운동은 공화주의적 이념과 빈번히 연관돼 있었습니다. 이 스토아주의적 견유주의, 견유주의적 스토아주의, 스토아주의 운동은 프루사의 디온과 더불어 군주제, 절대 군주제를 지지했지만 귀족의 권력과 귀족계급에는 늘 반대했습니다. 그러므로 보시다시피 제 논의의 주제인 자기 돌봄〔배려-옮긴이〕이 소규모 귀족 집단 특유의

a 알아듣기 어려운 몇몇 낱말을 추측했다.

것이라고 말할 순 없습니다. 이 자기 돌봄〔배려-옮긴이〕은 고대사회의 역사 전반에 걸쳐 훨씬 광범위하게 확산돼 있었습니다.

여성의 문제와 관련해서는 그리스의 모든, 아니 거의 모든 수양이 남성의 수양이었고 여성은 전혀 등장하지 않는 등, 아무튼 이 수양에서 여성이 능동적 행위 주체로 등장하지 않는 것은 사실입니다. 하지만 이것은 여성이 이 수양에 전혀 참여하지 않았다거나 배제됐다는 의미가 아닙니다. 그런데 예를 들면 사포처럼 아주 잘 알려진 사람과 이후의 〔몇몇 다른 사람을〕 제외하고, 기원후 1세기와 2세기에 위대한 여성 저자가 존재하지 않았습니다. 이 점은 다시 논의하겠습니다. 또 하나 있습니다. 헬레니즘 시대와 로마 시대에 여러 이유로 정치 영역이 아니라 경제와 사회 영역에서, 적어도 경제생활과 사회생활에서 여성의 역할이 급속도로 증대합니다. 〔이 점과 관련해〕 세라 포머로이가 저술한 좋은 책이 있습니다.[5] 그는 이 책에서 헬레니즘 시대에 여성의 역할이 커졌다는 사실을 명료하게 보여줍니다. 그리고 로마 사회에서 여성의 정치적 역할이 중요했다는 사실, 여성의 정치적 역할이 아예 없다시피 한 그리스 아테네에서보다 훨씬 중요했다는 사실을 잊어선 안 됩니다. 로마 사회에서 여성의 역할은 상당히 중요했고 제정〔시대〕[b]에 큰 영향을 끼쳤습니다.[6] 예를 들어 생활의 기술, 가정의 기술, 가정에서 남녀 관계나 부모 자식 관계에 관한 2세기의 책을 여러 권 발견할 수 있습니다. 이 책의 저자는 여성입니다. 실제 저자가 남자였는지 여자였는지 알기 어렵습니다. 이 책은 대부분 피

5 S. B. Pomeroy, *Goddesses, Whores, Wives, and Slaves, Women in Classical Antiquity*, New York, Shocken Books, 1975.

b 푸코가 이 문장을 끝맺지 않아서 추측했다.

6 이 점에 대해서는 다음을 보라. SV, p. 211-222 et *passim*; 《자기 배려》, 94-98쪽(〈제3장 자기와 타인들〉, 1절 6-10문단), 171-213쪽(〈제5장 아내〉 전체)〔SS, p. 93-96, 171-216〕.

타고라스학파 안에서 저술됐는데, 피타고라스학파에서는 특정 텍스트를 다른 사람 이름이나 가명으로 저술하는 것이 관례였습니다. 그래서 이 책을 여성이 저술했는지 알기는 어렵습니다. 하지만 이 책이 여성의 저작으로 간주된다는 사실, 이 책을 쓴 사람들이 여성의 이름을 사용했다는 사실은 여성이 이런 책을 저술하는 것이 스캔들이 아니었다는 점, 대단히 자연스러웠다는 점, 용인됐다는 점을 증명합니다.

제가 제대로 이해했다면, 선생님께서는 이 강연에서 자기 인식의 계율이 더 근본적인 자기 돌봄(배려-옮긴이)의 계율에 뿌리내리고 있다고 하셨습니다. 하지만 소크라테스 시대 그리스인에게서 이 자기 돌봄(배려-옮긴이)의 욕망은 더 근본적인 욕망, 도시국가를 돌보고자 하는 욕망에 뿌리내리고 있다고 말할 수 있지 않을까요? 도시국가를 위해 수행하는 의무에서 자기의 중요성을 끌어내는, 도시국가를 돌본다는 전통적인 그리스적 개념과, 도시국가에서 받은 선善이 자기가 자신을 위해 만들어낸 선의 결과일 가능성을 암시하는 소크라테스의 담론 간에 어떤 긴장이 있지 않나 싶습니다.

긴장이요? 아주 중요한 문제입니다. 아주 난해한 혹은 아주 중요한 텍스트가 있습니다. 이쪽을 선호하신다면 말입니다. 바로《소크라테스의 변론》[7]인데요, 여기서 소크라테스는 이렇게 말합니다. (나를 처벌하는 대신)[a] 내가 한 일에 대해 상을 줘야 할 것인데, 난 사람들에게 자신의 재산이 아닌 자기 자신을 돌보라고(배려하라고-옮긴이) 가르쳤고, 동시에 나는 그들에게 타 프라그마타ta

7 플라톤,《소크라테스의 변론》, 36b-e(Platon, *Apologie de Socrate*, 36b-e, *op. cit.*, p. 165-166).

a 녹음이 누락돼 추측했다.

pragmata(그것의 물질적 문제)를 돌보지 말고 도시국가를 돌보라고 가르쳤기 때문이다.[b] (《국가》에서 플라톤은)[c] 우리가 마땅히 해야 하는 바대로 우리의 영혼을 돌본다면 그와 동일한 방식으로 도시국가를 돌봐야 할 것이라는 단언, 테제에 근거를 제공한다고 생각합니다. 그러므로 저는 《국가》가 자기 돌봄(배려-옮긴이)이 어떤 방식으로 동시에 도시국가에 대한 돌봄(배려-옮긴이)이 될 수 있는지 명확히 보여준다고 생각합니다.[8] (하지만 자기 돌봄(배려-옮긴이)과 도시국가 돌봄(배려-옮긴이)의 그 긴장은)[d] 로마 시대에 더 첨예해집니다. 세네카 같은 사람은 편지에서, 매번은 아니지만 상당히 자주 이렇게 묻습니다. "우리는 뭘 해야 할까? 우리 자신을 돌봐야 할까, 도시국가를 돌봐야 할까?" 세네카에게 그 둘을 동시에 돌보는 것은 매우 어렵습니다. 제 생각에 소크라테스에게서 혹은 그의 시대에는 그 둘의 일치를 어렵지 않게 파악할 수 있습니다.

선생님께서는 중요한 측면을 등한시하시는 것 같습니다. 특히 아리스토텔레스에 관해서 말입니다.[e]

제가 그 모든 것을 제쳐놓고 있다는 것을 잘 의식하고 있습니다. 보시다시피 이 강연과 세미나의 주된 목표, 주된 영역은 기원후 첫 두 세기입니다. 그러니까 저는 플라톤, 아리스토텔레스 등

b 녹음이 누락돼 푸코가 토론토 첫 강연에서 《소크라테스의 변론》과 관련해 한 말에 입각해 다음과 같이 추측했다. "(그들의 재산보다는) 그들 자신을 돌보라고 사람들에게 가르치면서 (도시국가의 물질적인 문제보다는) 도시국가 그 자체를 돌보라고도 가르칩니다." 이 책 35-36쪽을 보라.

c 녹음이 누락돼 추측했다.

8 플라톤, 〈제9권〉, 《국가》, 591c-592b(Platon, *La République*, IX, 591c-592b, dans *Œuvres complètes*, t. VII-2, trad. fr. É. Chambry, Paris, Les Belles Lettres, 1964, p. 79-81) 참조.

d 녹음이 누락돼 추측했다.

e 질문이 부분적으로 들리지 않아 추측했다.

에 대한 개략적인 스케치를 출발점으로 삼을 수밖에 없습니다.

플라톤의 대화편에서 《알키비아데스》가 차지하는 위치는 어떻습니까?[a]

어쨌든 이 주제에 대해 제가 말씀드리고 싶은 것은, 예를 들어 신플라톤주의자에서 저는 기원후 2세기의 알비누스, 프로클로스, 올림피오도로스, 이암블리코스, 포르피리오스를 참조하는데요, 《알키비아데스》가 다른 두 계열, 즉 정치적 계열과 영적 계열로 뻗어 나가는 것은 것은 명백합니다. 《알키비아데스》부터 《국가》와 《정치가》를 거쳐 《법률》에 이르는 길은 정치적 플라톤주의 계열이었습니다. 그리고 동일한 《알키비아데스》에서 《파이돈》, 《파이드로스》로 나간 영적 플라톤주의 계열이 있었습니다. 신플라톤주의자인 알비누스와 다른 사람들은 후자를 선택했죠. 하지만 그들은 플라톤주의를, [출발점으로서][b] 《알키비아데스》와 더불어 두 계열로 갈라진 데서 비롯된 긴장으로 봤습니다. 그들은 이 긴장을 또렷하게 의식하고 있었습니다.

(…)[c]

여기 《알키비아데스》를 읽어보신 분 계신가요? 이 주제에 관한 다른 질문은 없습니까? 그러면 나중에 다른 세미나에서 이 주제를 다시 다루죠.

《알키비아데스》에서 소크라테스는, 젊을 때 자기를 돌보라고[배려하라고-옮긴이] 말합니다. 나중에는 너무 늦을 테니까요. 반대로 《소크라테스의 변론》

---

a 질문이 들리지 않아 답변에 입각해 재구성했다.

b 잘 들리지 않는 구절을 추측했다.

c 청중과 주고받는 말이 들리지 않는다.

에서 그는 모든 사람에게, 젊은 사람한테든 늙은 사람한테든 말을 건다고 했습니다. 선생님께서는 왜 강연에서 《알키비아데스》를 주해하기로 선택하셨나요?[d]

그 둘(《알키비아데스》와 《소크라테스의 변론》-옮긴이)은 다릅니다. 어쨌든 제가 이 주제를 언급한 이유는 에픽테토스가 이 주제를 말하기 때문입니다.[9] 자기를 돌보기(배려하기-옮긴이) 위해서는 젊어야 한다는 확언이 《알키비아데스》에도 있고 소크라테스의 다른 대화편에도 있는 건 사실입니다. 하지만 예를 들어 《소크라테스의 변론》에서 소크라테스는, 자기는 길을 걷는 모든 사람에게, 그가 시민이건 아니건, 젊었건 늙었건, 말을 건다고 진술합니다.[10] 그러니까 둘이 다른데, 제가 플라톤의 교의에서 영혼의 이론을 위해 자기 돌봄(배려-옮긴이)이라는 것을 설명할 작정이었다면 그것에 대해 설명드릴 수도 있었을 거라고 생각합니다.

하지만 제가 《알키비아데스》를 선택한 것은 교육, 교수법, 아테나이식 교수법의 실효성, 자기 돌봄(배려-옮긴이)의 의무가 거기서 명확히 나타나기 때문입니다. 두 번째 이유는 교수법과 자기 돌봄(배려-옮긴이)의 관계의 문제가 확장되고 변형됐기 때문입니다. 제가 선택한 이 시기, 즉 제정 초기에 자기 돌봄(배려-옮긴이)은 교육 다음에 오는 것이고, 교육의 대체물이 아니라 교육에 대한 어떤 비판이었음이 명백합니다. 이런 이유로 저는 이 텍스트를 우선했는데요, 플라톤의 교의인 자기 돌봄(배려-옮긴이)이 젊은 사

d 질문이 들리지 않아 답변에 입각해 재구성했다.

9 푸코는 여기서 《강의》의 한 구절(III, 1, 20)을 암시한다. 푸코는 이 세미나에서 조금 뒤에 이를 주해할 것이다.

10 플라톤, 《소크라테스의 변론》, 30a-b(Platon, *Apologie de Socrate*, 30a-b, *op. cit.*, p. 157) 참조.

람의 특권은 아닙니다(…).[a]

그리스의 몇몇 자기 테크닉은 다른 문명에서 영향을 받지 않았습니까?[b]

확실히 그렇습니다. 강연에서 한 번(어느 강연인지는 기억나지 않지만[11]) 도즈와 베르낭을 인용하면서,[12] 이 실천이 동양의 무속적 수양에서 왔다고 말씀드렸습니다. 저는 단식, 성적 금욕, 호흡 제어 등과 같은 테크닉을 말씀드렸습니다. 이런 테크닉은 그리스에서 〔기원전-옮긴이〕 7세기와 6세기에 나타났고, 피타고라스주의자와 오르페우스교도 집단에서 반복됐습니다. 오르페우스교와 피타고라스주의는 이런 테크닉이 처음 종교적으로, 신비적으로, 어떤 점에서는 철학적으로 정교화된 것이었습니다(…).[c]

(…)[d]

고전기 그리스 철학과 너무나 달라 보이는 헬레니즘 로마 시기의 자기 수양에 어떻게 《알키비아데스》가 유입될 수 있을까요?[e]

《알키비아데스》의 이 텍스트에서 주의 깊게 보셔야 할 점은, 플라톤의 텍스트에서는 영혼의 이론이 정중앙에 위치한다는

a 들리지 않는 구절.

b 질문이 들리지 않아 답변에 입각해 재구성했다.

11 첫 번째 강연을 말한다. 이 책 39-40쪽을 보라.

12 다음을 참조하라. 에릭 R. 도즈, 〈5장 그리스 샤먼들과 금욕주의의 기원〉, 《그리스인들과 비이성적인 것》(E.R. Dodds, *Les Grecs et l'irrationnel*, *op. cit.*, p. 140-178); 장 피에르 베르낭, 〈2장 기억과 시간의 신화적인 모습들〉 〈6장 종교에 나타나는 인격〉, 《그리스인들의 신화와 사유》(J.-P. Vernant, "Aspects mythiques de la mémoire" et "Aspects de la personne dans la religion grecque", art. cit.)

c 들리지 않는 구절.

d 거의 들리지 않는 대화에 이어 녹음이 중단된다.

e 질문이 부분적으로 들리지 않아 답변에 입각해 재구성했다.

사실입니다. 플라톤에게서는 영혼의 형이상학적 지위가 정확히 어떤 것인지 알지 못하면 자기 자신을 돌볼[배려할-옮긴이] 수 없습니다. 자기 돌봄[배려-옮긴이]과 영혼의 형이상학이 직접적으로 연관돼 있습니다. 그리고 스토아주의자나 심지어 로마제국 초기의 이 모든 자기 수양에서 인상적인 것은, 이 영혼의 형이상학이 자기 수양에 전혀 적절하지 않은 것으로 제시된다는 점입니다. 여러분의 영혼이 무엇인지 알 필요 없이, 여러분 영혼의 구조가 어떤지 등을 알 필요 없이 여러분 자신을 돌볼[배려할-옮긴이] 수 있고 돌봐야[배려해야-옮긴이] 한다는 것입니다. 예를 들면 의학적 지식의 문제 혹은 정념의 문제, 정념의 활동 문제가 훨씬 더 중요합니다. 정념의 상승과 전개, 예를 들면 그런 것이 진짜 문제입니다. 하지만 영혼은 무엇일까요? 영혼은 신체와 다를까요, 그렇지 않을까요? 그건 전혀 문제가 아닙니다. 제가 이 문제에 답변한 적이 있는지 모르겠습니다. 이렇게 말씀드려야겠네요. 그리스적이고 플라톤적인 전통과 근대의 철학적 문제를 동시에 비교하면 아주 인상적이고 독창적입니다. 문제는 자기 자신이지만 자기에 대해 절대로 정의가 내려지지 않습니다.

[이제는] 《알키비아데스》의 이 텍스트에서 유명한 구절을 읽어봅시다.

> 소크라테스: 그렇다면 말이지, 자신을 알기란 쉬운 일이고 퓌토에 있는 신전에 그 말["너 자신을 알라"-옮긴이]을 봉헌한 사람은 하찮은 사람인가, 아니면 그것은 어려운 일이고 누구나 다 하는 일은 아닌 것인가?
>
> 알키비아데스: 소크라테스 선생님, 제게는 누구나 다 하는 일로 보인 적도 많았고, 더없이 어려운 일로 보인 적도 많았습니다.

소크라테스: 하지만 알키비아데스, 그 일이 쉽든 쉽지 않든, 적어도 우리 처지는 다음과 같네. 그것을 알면 아마 우리는 우리 자신에 대한 돌봄(배려-옮긴이)을 알 테지만, 모르면 결코 우리 자신에 대한 돌봄(배려-옮긴이)을 알지 못할 것이네.

알키비아데스: 그러네요.

소크라테스: 그럼 자, 어떤 방법으로 자체 그 자체가 찾아질까? (그러면 자기 자신이 정확히 무엇인지는 어떻게 알아낼 수 있을까?(phere dê, tin'an tropon heuretheiê auto tauto?)) 그래야 우리 자신이 도대체 무엇인지를 우리가 밝힐 수 있을 테고, 그렇지 않고 여전히 이것에 대한 무지 속에 있다면 아무래도 그러긴 불가능할 테니까 말일세.

알키비아데스: 옳은 말씀이십니다.

소크라테스: 그럼 잠깐만! 자네는 지금 누구에게 이야기하고 있는가? 나에게 하는 거지?

알키비아데스: 예.

소크라테스: 그러면 나 역시 자네에게?

알키비아데스: 예.

소크라테스: 그러면 이야기를 하는 사람은 소크라테스지?

알키비아데스: 물론이죠.

소크라테스: 듣는 사람은 알키비아데스고?

알키비아데스: 예.

소크라테스: 그러면 소크라테스는 말로 이야기를 하지?

알키비아데스: 물론입니다.

소크라테스: 그런데 내 짐작으로는 이야기를 하는 것과 말을 사용하는 것을 자네는 같은 것이라 부르는 것 같군.

알키비아데스: 물론입니다.

소크라테스: 사용하는 사람과 사용되는 것은 다르지 않은가?

알키비아데스: 무슨 말씀이죠?

소크라테스: 갖바치가 굽은 칼과 곧은 칼 및 다른 도구들로 자르듯이 말일세.

알키비아데스: 예.

소크라테스: 그러니 사용하고 자르는 사람 다르고, 자를 때 사용되는 것 다르지?

알키비아데스: 왜 아니겠습니까?

소크라테스: 그러나 키타라를 연주할 때 연주자가 사용하는 것과 연주자 자신은 다르겠지?

알키비아데스: 예.

소크라테스: 방금 내가 묻던 게 그걸세. 사용하는 사람과 사용되는 것은 언제든 다르게 여겨지는지 말일세.

알키비아데스: 그렇게 여겨집니다.

소크라테스: 그러면 우리는 갖바치에 대해 뭐라 말하지? 도구만 사용해서 자른다고 말하나, 아니면 손도 사용해서 자른다고 말하나?

알키비아데스: 손도죠.

소크라테스: 그러니 그는 손도 사용하는 것인가?

알키비아데스: 예.

소크라테스: 눈도 사용해서 신발을 만드는가?

알키비아데스: 예.

소크라테스: 그런데 사용하는 사람과 사용되는 것들이 다르다는 데 우리는 동의하는 것이지?

알키비아데스: 예.

소크라테스: 그러니 갖바치와 키타라 연주자는 그들이 작업할

때 사용하는 손과 눈하고는 다르지?

알키비아데스: 그렇게 보입니다.

소크라테스: 신체 전부도 사람이 사용하는 것이지?

알키비아데스: 물론입니다.

소크라테스: 그런데 사용하는 사람과 사용되는 것이 다르다고 했지?

알키비아데스: 예.

소크라테스: 그러니 사람은 자신의 신체와 다르지?

알키비아데스: 그런 듯합니다.

소크라테스: 그러면 도대체 사람은 무엇인가?

알키비아데스: 저로서는 답변을 못 하겠네요.

소크라테스: 그래도 신체를 사용하는 쪽이라는 점만큼은 자네가 말할 수 있네.

알키비아데스: 예.

소크라테스: 그러니까 말이야. 혼 말고 다른 무엇이 그것을 사용하겠나?[13]

소크라테스는 조금 전 알키비아데스가 자기 자신을 돌봐야〔배려해야–옮긴이〕 한다고 설명하고, 이때 '자기를 돌보는 것〔배려하는 것–옮긴이〕'이 무엇을 의미하는지 설명했습니다. 소크라테스는 "네가 무엇인지 모르면 너는 너 자신을 돌볼〔배려할–옮긴이〕 수 없다"—여기서 델포이 격언을 참조합니다—"그리고 이 자기 인식은 중요하고도 어려운 것이다. 너는 네 진정한 속성을 알아야 한다"고 응수합니다. 그리스어 텍스트는 대단히 명료하게 말합니다.

13 플라톤, 《알키비아데스》, 129a-130a〔Platon, *Alcibiade*, 129a-130a, *op. cit.*, p. 101-102〕.

"어떤 방법으로 너는 너 자신이 무엇인지 알아낼 수 있겠니?phere dê, tin'an tropon heuretheiê auto tauto" 이 질문에서 시작해 텍스트 종반부까지 자기에 대한 정의, 반성성, 주체성에 대한 정의나 기술은 전혀 발견되지 않고, 신체와 대립되는 영혼에 관한 이론이 발견된다는 것은 대단히 중요합니다. 여러분이 자신을 돌볼〔배려할-옮긴이〕 때 여러분의 신체, 부 혹은 의복이나 신발 등을 돌봐서는〔배려해서는-옮긴이〕 안 되고—소크라테스가 대화를 이끌어가는 방식을 아실 겁니다—, 여러분의 영혼을 돌봐야〔배려해야-옮긴이〕 합니다. 그런데 영혼은 무엇일까요? 이 텍스트에서 대단히 흥미로운 것은 영혼이, 예를 들어 《파이돈》이나 《파이드로스》에서 정의된 것처럼 정의되진 않는다는 점입니다. 《알키비아데스》에서 영혼은 신체의 포로가 아닙니다. 영혼은 신체 내부에 존재하는 사물이나 실체가 아닙니다. 그것은 《파이드로스》에서와 같이 한 쌍의 말과 같은 것이 아닙니다. 검은 말 흰 말을 아시죠?[14] 이 구절에서 분석된 것은 이런 종류의 영혼이 아닙니다. 영혼은 여기서 뒤나미스dunamis, 즉 신체를 사용할 수 있는 권력, 능력으로 정의됩니다. 이 점은 대단히 중요합니다. 우리는 이 지극히 중심 역할을 하는, 신체의 사용이라는 영혼 개념을 에픽테토스의 크레시스khrêsis(사용)론에서 다시 발견하기 때문입니다. 이상이 첫 번째 이유입니다.

《알키비아데스》가 중요한 두 번째 이유는 이런 영혼 개념이 소크라테스의 초기 대화편에서는 발견되지 않고 아리스토텔레스의 텍스트에서 발견되기 때문입니다. 영혼에 대한 이런 정의는 플라톤이 아니라 아리스토텔레스의 정의입니다. 이것이 《알키비아

14 플라톤, 《파이드로스》, 246b〔Platon, *Phèdre*, 246b, dans *Œuvres complètes*, t. IV-1, trad. fr. L. Robin, Paris, Les Belles Lettres, 1961, p. 35-36〕 참조.

데스》의 위상을 대단히 수수께끼 같은 것으로 만드는 이유 가운데 하나입니다. 보시다시피 흥미로운 문제가 있는데, 《알키비아데스》를 읽을 기회가 없었을 테니, 여기서 이 문제를 논의할 수 있을지는 모르겠습니다. 원하신다면, 또 관심 있다면 《알키비아데스》를 읽고 다음번 혹은 이후 세미나에서 이 대단히 이상한 텍스트와 관련해 논의할 수도 있을 것 같습니다.

가필된 듯한 영혼에 관한 구절도 하나 있습니다.[a] 이것은 유일하게 어떤 그리스도교도 저자에게서 발견되는 텍스트입니다. 신성한 실체야말로 〔자신의 영혼을〕[b] 응시하는 데 있어 다른 모든 것보다 훨씬 투명한 거울이라는 것입니다. "그러니 눈이라는 거울보다 진짜 거울이 분명하고 밝듯이, 그렇게 신도 우리의 〔영〕혼 속에 있는 가장 훌륭한 부분보다 순수하고 밝겠지?"[15] 이런 구절은 이 대화편의 수고에서는 대부분 발견할 수 없지만, 4세기 그리스도교 저자 카이사레아의 에우세비우스에게서 이 대화편의 인용으로 존재하는 것을 발견할 수 있습니다. 어떤 사람들은 카이사레아의 에우세비우스가 이 구절을 만들어냈거나 신플라톤주의 텍스트에서 빌려 왔다고 생각합니다.

거울과 영혼이라는 중요한 주제를 설명해주실 수 있을까요?

지금 설명할 순 없을 것 같습니다. 원하신다면 다른 몇몇 중요한 문제를 제쳐두고 이 문제를 다룰 수도 있겠지만, 〔그래도-옮긴이〕 말씀하신 그 주제에 당장 즉흥적으로 답변 드리기는 좀 그

---

a 영어 번역에 대한 푸코의 지적은 싣지 않는다.

b 푸코가 문장을 끝맺지 않아 추측했다.

15 플라톤, 《알키비아데스》, 113c〔Platon, *Alcibiade*, 113c, *op. cit.*, p. 110〕.

렇습니다. 우선 제가 해답을 정확히 알지 못하기도 하고, 그 문제가 아주 중요하기 때문이기도 하고, 영어가 제 〔핸디캡〕[c]이기 때문이기도 합니다. 아무튼 이 거울의 비유는 전형적으로 플라톤주의와 신플라톤주의 운동 특유의 것이라고 생각합니다. 다른 텍스트에서는 이 비유를 전혀 발견할 수 없고, 심지어 자기 돌봄〔배려-옮긴이〕과 관련해서도(…).[d] 적어도 대단히 소크라테스적인 세네카나 에픽테토스에게서는 발견됩니다. 에픽테토스에게서 한 번쯤 발견되는 것 같기도 합니다. 어쨌든 좋은 질문이라고 생각합니다. 이 문제에 관심 있으면 그 주제와 관련해서 기꺼이 뭔가 해보겠습니다.[16] 지금은 안 되지만, 나중에 다른 세미나에서 논의할 수 있을 것 같습니다.

하지만 영혼이 신체를 사용한다는 관념은 플라톤의 다른 텍스트에서도 발견되는 것 같습니다.[e]

물론입니다. 영혼이 신체를 사용한다는 것이 플라톤의 세계에서 한 번만 사용된 것은 아닙니다. 하지만 영혼이 신체를 사용할 수 있는 권능으로만 정의된 것은 대단히 이례적입니다.

영혼이 행위 주체라는 관념은 플라톤의 다른 텍스트에서도 발견되지 않습니까?[f]

c 들리지 않는 구절을 추측했다.

d 들리지 않는 구절.

16 이 주제에 대해서는 《주체의 해석학》, 105-107쪽 등〔HS, p. 68-69 et *passim*〕을 보라.

e 질문이 들리지 않아 답변에 입각해 재구성했다.

f 질문이 들리지 않아 답변에 입각해 재구성했다.

제가 말씀드리려는 것은 플라톤의 다른 텍스트에서 영혼이 행위 주체라는 관념을 발견할 수 없다는 게 아니라, 영혼을 행위의 원리, 사용, 신체를 사용할 수 있는 권능으로 정의하는 것을 찾아볼 수 없다는 사실입니다.

영혼이 신체를 사용한다고 말하는 데 사용된 그리스어 어휘는 뭔가요?[a]

크라오마이khraomai, 크레스타이kresthai입니다. 이것은 구체적으로 설명해야 할 문제입니다. 하지만 《알키비아데스》가 이례적인 이유는 첫째, 이 텍스트가 교의적 텍스트이기 때문입니다. 초기 소크라테스의 대화편과 《알키비아데스》의 차이는 이 텍스트가 많은 해답을 준다는 사실입니다. 《알키비아데스》는 영혼이 뭔지, 자기 인식이 뭔지, 명상이 뭔지 등을 말합니다. 이처럼 많은 교의적 해답을 발견할 수 있지만, 《파이돈》과 《파이드로스》 같은 대화편에서처럼 〔영혼의〕[b] 형이상학적 위상과 관련된 전통적인 교의적 해답은 전혀 발견할 수 없습니다. 참 이상하지 않나요.

플라톤의 《알키비아데스》와 관련해 다른 질문 있습니까?

세미나가 지체됐습니다. 에픽테토스의 세 텍스트를 연구해볼까요? 사실 에픽테토스는 이 시기 자기 돌봄〔배려-옮긴이〕의 대표 이론가입니다. 이 세 텍스트를 주해해보고자 합니다. 제일 먼저 설명할 텍스트인 3권의 구절을 읽으면서 시작하는 것이 좋겠습니다.

---

a 질문이 들리지 않아 답변에 입각해 재구성했다.

b 푸코가 문장을 끝맺지 않아 추측했다.〔프랑스어본에서는 이 부분이 문장 끝에 위치한다-옮긴이〕

하지만 훗날 이 일로 나를 고소한다면, 내가 어떤 변명을 내놓을 수 있겠는가? 좋네, 내가 말해도, 자네는 납득하지 못할 거야. 어쨌든 라이오스가 아폴론의 말에 납득했을까? 그는 그 자리를 떠나 술에 취해 인사불성이 되어 신탁을 무시해버린 것이 아니었나? 그래서 어떻게 되었나? 아폴론이 그에게 진실을 말하지 않았던가? 나로서는 네가 내 말을 들을지 말지 알지 못하지만, 아폴론은 라이오스가 자신의 말에 따르지 않으리라는 것을 정확히 알고 있었지만, 그래도 그는 똑같이 말한 것이네.

—근데, 아폴론은 왜 진실을 말했을까?

—이분이 왜 아폴론인가? 그는 왜 신탁을 내리는가? 그는 왜 사신을 예언자로, 진실의 원천으로, 온 세계에서 사람들이 자신에게 조언을 받으러 오는 그런 위치에 놓았을까? 그리고 아무도 이해하지 못할 걸 알면서도 왜 그 사원 앞에 '너 자신을 알라'는 말을 내걸었을까?

소크라테스는 자신에게 오는 모든 사람에게 '자신을 배려하라 epimeleisthai heautôn'고 납득시켰을까? 천에 한 명도 못했다. 그럼에도 스스로 말하고 있듯이, 다이몬의 목소리에 의해 그런 위치를 부여받았기 때문에 결코 그 일을 포기하지 않았던 것이네. 자신의 재판 배심원들에게 그는 뭐라 말했던가? 소크라테스는 이렇게 말하네. "내가 현재 하는 일과 같은 그런 일을 더 이상 행하지 않는다는 조건으로 여러분이 나를 방면한대도 나는 여러분의 제안을 받아들이지 않을 것이고, 내가 하는 일을 멈추지 않을 것이오. 나는 젊은이든 노인이든, 한마디로 말해 그때마다 길에서 마주치는 모든 사람에게 가서 지금 내가 묻는 것과 같은 것을 물을 것입니다. 특히 나는 동료 시민들인 여러분에게 그렇게 묻겠습니다. 여러분이야말로 나와 가장 친밀한 친족이니까요."

—소크라테스여, 당신은 왜 그렇게 간섭하는가? 왜 그렇게 바쁜 것인가?〔왜 그렇게 입을 가벼이 놀리며 휘젓고 다니는가?-옮긴이〕 우리가 어떻게 행동하는지가 당신에게 무슨 상관인가?

—"뭐라고, 도대체 무슨 소리를 하는 것인가. 내 인생의 동료이자 나와 같은 피를 나누고 있는 당신이 자신을 돌보지 않으면서 도시국가에는 나쁜 시민을, 당신의 친척에겐 나쁜 친척을, 당신의 이웃들에겐 나쁜 이웃을 내놓겠다는데."

—도대체 너는 누구냐?

—여기서 중요한 것은 "나는 인간을 돌보는〔배려하는-옮긴이〕 것이 그 임무인 바로 그 사람이다"라고 대답하는 것이다. 여느 보통의 송아지는 자신에게 나타난 사자에게 감히 맞서지 못하지만, 황소가 앞으로 나서서 사자에 맞선다면, 그것으로 괜찮다는 생각이 든다면 황소에게 물어보게. "근데, 너는 누구인가?" 또는 "너와 무슨 관련이 있느냐?"고. 인간아, 모든 종족에서, 즉 소들 사이에서도, 개들 사이에서도, 꿀벌 사이에서도, 말들 사이에서도 예외적인 뭔가〔우월한 개체-옮긴이〕로 태어난 것이 있다. 그 예외적인 자에게 "근데, 너는 누구냐?"라고 말하지 마라. 만일 말하면, 어디선가 네게 대답하는 목소리가 이렇게 말하겠지. "나는 겉옷(히마티온)에 다는 자주색 테두리와 같다. 내게 다른 이들을 닮으라 하지도 말고 내가 타고난 것을 비난하지도 마라. 그것이 나를 다른 이들과 다르게 하니까."[17]

이 텍스트를 선택한 이유는 보시다시피 자기 돌봄〔배려-옮긴

17 에픽테토스, 《에픽테토스 강의 3·4》, 31-32쪽〔Epictète, *Entretiens*, III, 1, 16-23, *op. cit.*, p. 7-9〕. 다음을 참조할 것. 《주체의 해석학》, 155-156쪽〔HS, p. 115〕.

이)이라는 주제에 대한 명시적 참조가 있고, 여기서 에피멜레이아 헤아우투 개념이 발견되기 때문이며, 여기서 《알키비아데스》는 간접적으로, 《소크라테스의 변론》은 직접적으로 인용되기 때문입니다.

첫째로 유념해야 할 것은 당연히 이 텍스트가 증거하는 "'소크라테스의 부활'이라 부를 수 있는 것입니다. 2세기 초 소크라테스의 부활은 이 두 세기 동안 그리스적인 것의 대대적인 부활에 속하는 것이지만 그 반대 것이기도 했다는 사실에 유념해야 합니다. 즉 그것은 로마제국에서 그리스적인 것이 대대적으로 부활하는 것에 대한 비판, 고전 연구 부활에 대한 비판, 고전 교육에 대한 비판, 그리스 연구에 대한 비판이었습니다. 소크라테스로 돌아간다는 것은 분명 그리스 문화로 돌아가는 것이고 수사학의 교육, 수사학, 문학에 대립하는 종류의 그리스 문화로 회귀였습니다. 이 소크라테스의 부활이 에픽테토스에게서만 있었던 것은 아닙니다. 소크라테스의 부활은 몇몇 스토아주의자와 대다수 견유주의자에게서 발견됩니다. 에픽테토스는 스스로 일종의 소크라테스적인 사람이라고 생각했습니다. 그는 소크라테스를 모델로 삼아 이 새로운 시대에 소크라테스적인 사람이 되려고 합니다. 소크라테스가 소피스트와 대립한 것처럼 에픽테토스는 새로운 소피스트, 요컨대 이 새로운 그리스 문화를 대표하는 자들과 대립하려 합니다. 하지만 소크라테스, 즉 역사적 인물인 소크라테스와 에픽테토스의 상황에는 본질적인 차이가 있습니다. 에픽테토스는 학원 선생이었습니다. 자기 돌봄(배려-옮긴이)의 테크닉이라는 관점에서 중대한 차이가 발생하는 것은 에픽테토스가 니코폴리스에서 학원을 운영했기 때문으로, 이 시대에 에픽테토스의 문제와 목표는 이 학원이라는 형태, 교육제도를 활용하고 그 방향을 신소크라테스주의의 문제인 에피멜레이아 헤아우투로 전환하는 데 있었기 때문입니다. 지극히 전통적인 학원, 일상적인 학원의 범주에서 사람들에게 어떻게 자기를 돌보는(배려하는–옮긴이) 활동을 가르칠 수 있을까? 에픽테토스의 《강의》는 대부분 이런 식으로 읽어야 합니다. 규범적 취학이라는 형식 아래서 사람들에게 자기 자신을 어떻게 돌봐야(배려해야–옮긴이) 하는지 가르치는 것을 목적으로 하는 교육이 관건입니다. 에픽테토스의 《강의》 중에는 자기 돌봄(배려–옮긴이)의 교육뿐 아니라 교육의 교육에 할애된 대화와 토론도 있습니다. 이것은 에픽테토스의 학원이 자기 돌봄(배려–옮긴이)을 하려는 젊은이나 노인을 위한 학원이었을 뿐만 아니라 에픽테토스가 자기 돌봄(배려–옮긴이)을 가르치는 선생을 교육하기 위한 학원이기도 했다는 의미입니다. 에픽테토스의 학원은 자기 돌봄(배려–옮긴이) 전문의를 교육한 일종의 의과대학[18]이었습니다.

형식적 관점에서 보면 이 텍스트의 중요성은, 이 강의에 소크라테스의 대화와 유사한 대화를 삽입하려고 한다는 데 있는 것 같군요.

예, 그렇습니다. 그에 대해 논의할 수 있습니다. 이 대화도 에픽테토스의 《강의》가 대부분 그런 것처럼 디아트리베diatribe(강평–옮긴이)라는 전형적 형식을 취합니다. 디아트리베가 뭔지 아십니까? (설명이) 필요한가요? 디아트리베를 소크라테스의 대화와 비교하는 것은 재미있고 흥미롭습니다. 에픽테토스가 소크라테스의 대화 형식을 이용하려 하긴 하지만 헬레니즘 시대와 그리스-로마 시대의 철학 학원에서 전통적인 형식, 즉 디아트리베에서 소크라

18 푸코는 이 표현(faculté de médecine)을 프랑스어로 말한다.

테스의 대화 형식을 활용하려 하기 때문입니다. 소크라테스의 대화에서는 누가 묻죠? 스승입니다. 누가 답하죠? 제자나 학생입니다. 왜? 상기설 때문입니다. 진실(진리-옮긴이)이 제자의 정신 속에 있기 때문에 스승이 묻고 (제자가 답하는)[a] 것입니다. 디아트리베에서는 다릅니다. 우선 디아트리베는 강의가 끝나고 열리던 토론입니다. 지금 우리가 하고 있는 거죠. 오늘날 우리가 대학에서 활용하는 대부분의 교육 형태를 헬레니즘 시대와 그리스-로마 시대의 학원에서 발견할 수 있습니다. 이 점은 알렉산드리아의 학원에서 명확했습니다. 그러므로 디아트리베는 강의 후에 진행하는 일종의 세미나입니다. 디아트리베에서는 제자가 강의 주제와 관련해 스승에게 묻습니다. 스승은 제자에게 답하고 답변은 대개 구분되는 세 단계를 포함합니다. 첫 단계에서 스승은 제자에게 일정한 답을 합니다. 두 번째 단계에서 스승은 제자에게 되묻습니다. 이것이 소크라테스적 단계입니다. 그러고 나서는 대화하지 않고, 질의도 답변도 없이 새로이 부연하고 설명합니다. 이것은 논지의 교의적 정식화입니다. 에픽테토스의 대화에는 이런 것이 있습니다. 그러니까 학교교육 형태에서 소크라테스적 방법론입니다.

보시다시피 에픽테토스의 이 대화에는 《알키비아데스》가 아니라 《소크라테스의 변론》에 대한 명시적 참조가 있습니다. 그리고 이 《소크라테스의 변론》에 대한 참조는 에피멜레이아 헤아우투의 중요한 (네 가지)[b] 특징으로 구성됩니다. 첫째, 소크라테스가 자신의 임무를 신에게서 부여받았다는 사실인데 우리는 이 주제를 《소크라테스의 변론》에서 발견할 수 있습니다. (둘째-옮긴

a 들리지 않는 구절을 추측했다.
b 푸코는 '세 가지'라고 말한다.

이〕 소크라테스가 이 임무와 재판관들의 석방 중 하나를 택해야 한다면 그는 임무 수행 쪽을 택할 것이라는 점입니다. 셋째, 소크라테스는 시민과 시민 아닌 모든 사람에게 호소하리라는 점입니다. 넷째, 소크라테스는 젊은 사람과 나이 든 사람 모두에게 호소한다는 점입니다. 마지막 두 가지는 《소크라테스의 변론》에서만 발견되고 《알키비아데스》에서는 발견되지 않습니다. 소크라테스는 한 젊은이에게 말을 거는데, 그 이유는 그가 정치에 관심이 있고 도시국가의 지도자가 되고자 하기 때문입니다. 소크라테스는 다른 사람들에게 말을 걸지 않습니다. 소크라테스가 알키비아데스에게 말을 거는 이유는 그가 젊기 때문입니다. 그런데 《소크라테스의 변론》에서는 소크라테스가 모든 이에게, 그러니까 젊었건 늙었건, 시민이건 시민이 아니건 길 가는 모든 이에게 말을 건다는 주장을 발견할 수 있는데 이는 아주 흥미롭습니다. 《소크라테스의 변론》에서 소크라테스는 정치적 선택, 연령적 선택, 에로스적 선택을 하지 않는 자로 등장합니다. 하지만 《알키비아데스》와 대다수 초기 대화편에서는 소크라테스가 정치적 기획을 갖고 있는 젊은이에게만 말을 거는 것을 분명히 볼 수 있습니다. 에픽테토스도 당연히 《알키비아데스》의 모델이 아니라 《소크라테스의 변론》의 모델을 선택합니다. 에픽테토스는 학원 선생이기 때문에 학원에 등록하고 온 학생들 각자에게 말합니다. 스토아주의자로서—이것이 각 사람에 관심을 갖는다는 두 번째 특징, 두 번째 이유입니다—에픽테토스는 사해동포주의자입니다. 그는 세계 모든 사람을 동료 시민으로 생각합니다. 그러므로 그는 시민과 시민이 아닌 사람, 젊은 사람과 나이 든 사람 가운데 선택할 필요가 없습니다. 바로 이 때문에 《소크라테스의 변론》과 자기 돌봄〔배려-옮긴이〕의 스승으로서 소크라테스의 보편적 역할에 대한 인용과 언급을 발견할 수 있다고 생각합니다.

다른 것을 강조할 수도 있습니다. 이 텍스트의 첫 부분, 첫 단락에서 우리는 델포이의 격언, 아폴론, 그노티 세아우톤gnôthi seauton에 대한 언급을 볼 수 있습니다. 첫 단락 전체가 이것들에 할애됩니다. 그노티 세아우톤〔자기 인식 – 옮긴이〕에 대한 개진이 있고 나서야 에피멜레이아 헤아우투〔자기 배려 – 옮긴이〕가 언급되는 것을 발견할 수 있습니다. 델포이의 격언 그노티 세아우톤과 소크라테스의 격언 에피멜레이아 헤아우투가 텍스트에서 실제로 관련되고 결부된 것을 볼 수 있는데, 이는 대단히 흥미롭습니다. 정신분석이나 그런 종류에 관심 있다면 오이디푸스와 그의 아버지 라이오스에 대한 언급도 존재한다는 것에 주목할 수 있을 겁니다. 따라서 오이디푸스, "너 자신을 알고", "너 자신을 돌보라〔배려하라 – 옮긴이〕"를 발견할 수 있습니다. 유럽 문화의 주요 특질 가운데 몇 가지가 이 텍스트에 있습니다. 하지만 제가 강조하고자 하는 것은 델포이의 격언과 소크라테스의 격언—이 두 표현으로 제가 뭘 의미하려 하는지 아실 겁니다—은 내포 관계가 아닙니다. 에픽테토스는 "너는 델포이의 격언, '너 자신을 알라'에 따라야 한다. 그리고 이 격언을 적용하기 위해 너는 너 자신을 돌봐야〔배려해야 – 옮긴이〕 한다"고 말하지 않습니다. 이 텍스트가 말하는 것은 그런 것이 아닙니다. 그 반대 방향에서 "너 자신을 돌보기〔배려하기 – 옮긴이〕 위해서는 너 자신을 알아야 한다"고 말하지도 않습니다. 델포이의 격언은 자신 안에 포함된 것으로서 후자를 내포하는 가장 넓은 원칙이 아닙니다. 반대로 후자, 즉 소크라테스의 격언이 조건으로서 델포이의 격언을 내포하는 것도 아닙니다. 양자 간에는 유사 관계가 존재할 뿐입니다. 이 유사성은 격언의 내용이 아니라 다른 것과 관련돼 있습니다. 텍스트를 살펴보시기 바랍니다. 에픽테토스가 뭐라고 합니까? 그는 이렇게 말합니다. 델포이의 격언은 문명 세계 한가운데 있는 어떤 사원의 돌에 음각된 것이다. 그래서 세계의 모든 사람은 이 델포이의 격언을 볼 수 있고, 알아야 한다. 하지만 만인이 이 격언을 알 수 있고 알아야 함에도 불구하고 극소수 사람만 이 격언에 주목했다는 것입니다. 아니 적어도 사람들은 이 격언을 거의 이해하지 못했고 거의 적용하지 않았다고 에픽테토스는 말합니다. 마찬가지 방식으로 소크라테스가 만인에게 혹은 길거리의 모든 사람에게 호소했지만, 실은 극소수 사람만이 그 말을 실천했다는 것입니다. 그것은 그노티 세이우톤〔자기 인식 - 옮긴이〕과 에피멜레 세아우토epimele seautô〔자기 자신을 돌보기 - 옮긴이〕의 비교로 귀결되는 호소 구조에서 유사성입니다.

만인에게 호소했으나 극소수 사람만 이를 이해한다는 구조가 뭔지 잘 아실 것입니다. 그것은 구원의 이데올로기 혹은 구원의 종교의 구조입니다. 만인에게 유효한 어떤 것이 있고 그것은 세상 만민에게 전달된 메시지인데, 극소수 사람만 이 메시지를 이해했다는 생각은 대단히 특징적인 것입니다. 우리는 그리스도교를 통해 이를 확인할 수 있습니다. 당연하게도 그리스도교가 이런 구조를 갖고 있고, 알고 있는 유일한 종교는 결코 아닙니다. 하지만 이 텍스트에서 이 구조를 보는 것은 대단히 흥미롭습니다. 이 구조는 소크라테스적이거나 플라톤적인 구조가 결코 아니기 때문입니다. 철학자는 사람들에게 호소하지만 그 말을 알아듣거나 이해하는 자가 없는 경우는 플라톤과 소크라테스에게서 빈번합니다. 군중이 철학자를 이해하지 못한다는 사실, 철학은 군중을 위한 것이 아니라는 사실은 대단히 그리스적인 생각입니다. 그러나 철학은 진정으로 만인을 위한 것이 아닙니다. 철학은 철학을 이해할 능력이 있고 자격이 있는 사람, 철학을 이해하고 포착할 수 있게 해주는 교양을 갖춘 자를 위한 것입니다. 보편적인 호소가 중요한 것이 아닙니다. 그리고 이 텍스트의 구조를 가장 잘 특징짓는 것은 여기서 다음과 같은 변화가 발견된다는 사실입니다. 즉 소크라테스가 어떤 젊은이들을 선택해서 말을 걸었다면 그들이 아름답고 강력하고 신분과 가문이 좋았기 때문이고, 그들이 야망이 있었기 때문입니다. 소크라테스는 선택한 것입니다. 그리고 이제 우리는 에피멜레 세아우토(자기 자신을 돌보기-옮긴이)라는 철학적 호소, 철학적 격언이 만인을 위한 것이고, 단지 그들의 맹목과 난청으로 극소수 사람만이 철학을 이해할 수 있다고 하는 다른 어떤 구조를 보게 됩니다. 아직은 종교적 분위기와 톤이 드러나지 않지만, 사유의 구조가 심층적으로 변화했다는 것을 잘 알 수 있습니다. 그리고 철학적 호소가 만인을 대상으로 한다는 사실은 대단히 중요합니다. 이것은 에픽테토스가 속한 스토아주의와 스토아주의적 견유주의 같은 철학의 주요한 특질 가운데 하나고, 아시다시피 몇 해 지나지 않아 그리스도교가 확산되는 데 도움을 주는 문화적 조건 가운데 하나입니다. 이런 방식으로 철학적 작업은 그리스도교 발전의 대단히 중요한 준비 작업이 됐습니다. 이것이 제가 두 번째로 강조하고자 하는 점입니다.

세 번째는 다음과 같습니다. 저는 이 텍스트의 앞부분을 복사해 오지 않았습니다. 실수한 것 같습니다. 텍스트가 좀 길다고 생각했는데요, 하지만 제가 지금 설명하려는 구절은 흥미롭습니다. 이 구절은 에픽테토스가 어떤 질문에 답하는, 정확히 말하면 질문이라기보다 그의 제자 한 사람의 하소연에 답하는, 훨씬 긴 대화의 일부입니다. 이 젊은 제자는 다음과 같이 묘사됩니다.

어느 날 젊은 풋내기 수사학자가 에픽테토스를 찾아왔다. 지나치게 신경 쓴 티가 나는 머리카락하며, 옷차림하며, 잔뜩 치장 한 게 느껴졌다. 에픽테토스가 그에게 물었다. 아름다운 개도 있고, 아름다운 말도 있고, 다른 모든 동물도 저마다 아름답다고 생각하지 않는가?

—'그렇다고 생각합니다.' 젊은이가 말했다.

—그렇다면 인간도 마찬가지 아니겠나. 아름다운 사람도 있겠고, 그렇지 못한 사람도 있겠고.

—'물론 그렇지요.'

—그렇다면 우리가 그 동물 각각을 그 자신의 종에서 아름답다고 부를 때, 모든 경우에 동일한 이유에 따라 그렇게 부르겠나, 아니면 각각의 경우에 개별적인 이유에 따라 그렇게 부르겠나?[19]

이런 부류의 젊은 학생은 에픽테토스의 《강의》에서 누차 발견됩니다. 제 생각에는 세 번쯤 발견되는데, 이런 부류의 젊은이는 그러니까 젊고 잘생겼고(혹은 자기가 잘생겼다고 생각하고), 향기롭고, 치장을 했고… 이것은 전형적인 난봉꾼의 초상입니다. 동성애자의 초상은 아닙니다. 첫째, 동성애자는 이 시기에 하나의 범주로 존재하지 않았기 때문입니다. 둘째, 그 동일한 초상이 남자들을 위한 젊은 남창을 의미하는 동시에 여자들과 가까이 교류하는 자를 의미했기 때문입니다. 난봉꾼이라는 것과 이런 종류의 품행, 육체, 교태를 보인다는 것은 우리에게는 남자들에게 몸을 파는 자, 여자들과 긴밀하게 교류하는 자라는 두 범주를 구축

19 에픽테토스, 《에픽테토스 강의 3·4》, 27쪽(Épictète, *Entretiens*, III, 1, 1-2, *op. cit.*, p. 5).〔가독성을 고려해 번역 수정-옮긴이〕

하는 전형이었습니다. 하지만 그리스인에게는 동일한 범주의 문제였고, 그들은 이 두 가지 품행에 정확하게 동일한 기술記述을 사용했습니다. 바로 우리가 여기서 보고 있는 부류의 소년입니다. 우리가 이런 범주를 만나게 되는 세 대화에 등장하는 소년은 늘 수사학을 공부하는 학생입니다. 그 이유는 명백합니다. 수사학은 장식의 기술, 학문, 테크닉이기 때문입니다. 삶을 진실로 변형하기, 아름답지 않은 것을 아름다워 보이게 만들기 등이 수사학의 동기이자 목표입니다. 이렇게 해서 이런 식으로 행동하고 수사학을 공부하는 것은 동일한 윤리적 범주에 속합니다. 이런 부류 소년들의 세 번째 특징은 에픽테토스의 강의를 듣고 싶어 하는 반면, 에픽테토스는 그들이 자기 강의를 듣지 않았으면 한다는 것입니다. 에픽테토스는 그들을 냉대합니다.

이 점에 대해 훨씬 명확한 대화도 있는데, 거기서 이 소년 중 하나는 말합니다. "저는 당신과 몇 달이고 함께 보냈으나, 당신은 내게 단 한 마디도 하지 않았습니다. 저는 당신의 강의에서 아무 이득도 끌어내지 못한 채 떠나야 합니다."[20] 물론 이런 부류의 인물과 이런 상황은 소크라테스의 상황과 관련시켜 봐야 합니다. 소크라테스의 상황에서도 소년들은 아름답지만, 그들은 여자 같지 않고 몸치장하지 않습니다. 그들이 아름다운 이유는 운동을 하고 능동적이기 때문입니다. 두 번째 차이는 이 소년들도 소크라테스의 강의를 너무나 듣고 싶어 하지만, 소크라테스 역시 그들을 원하고 그들과 함께 토론하기를 받아들이며 그들에게 질문하고 관심을 기울인다는 것입니다. 제 생각에 에픽테토스의 강의에서 쫓겨난 소년들의 부정적 형상은, 그리스 수양이나 이런 종류의

20 에픽테토스, 《에픽테토스 강의 1·2》, 449-455쪽(Ibid., II, 24, 1-29, p. 110-115).

철학 혹은 철학적 처신과 연결돼 있던 소크라테스의 모호한 소년애에서 에픽테토스 자신을 차별화하기 위한 하나의 방법입니다. 그것은 소크라테스의 에피멜레이아 헤아우투에 특징적인 몇몇 원칙을 바꾸기 위한 방법이기도 합니다. 이런 유형의 남자들에게 그들이 그런 식으로 처신한다면, 그러니까 몸치장하고 자신의 아름다움과 아름답다고 여겨지는 것을 너무나 자랑스러워한다면, 그들이 자기 자신을 돌보긴(배려하긴-옮긴이) 하지만 나쁜 방식으로 돌본다는(배려한다는-옮긴이) 증거입니다. 그들이 자신의 육체를 돌보고(배려하고-옮긴이), 자신의 명성을 돌보고(배려하고-옮긴이), 자신의 돈을 돌보고(배려하고-옮긴이), 그들은 남창이고… 그들이 자기 자신을 적절히 돌보지(배려하지-옮긴이) 않는다며 에픽테토스는 그들을 쫓아냅니다. 즉시 반론이 제기됩니다. 에픽테토스의 학원이 자기 자신을 돌보는(배려하는-옮긴이) 방법을 가르치는 데 헌신하고 있다면, 이런 부류의 사람들을 쫓아내지 말아야 하지 않느냐고요. 그래서 그들이 투덜대는 것입니다. 그들은 찾아왔고 자기 자신을 돌봤으며(배려했으며-옮긴이) 마땅히 해야 하는 대로 자기 자신을 돌보고(배려하고-옮긴이) 있다고 믿었는데, 아무 일도 일어나지 않았으니 말입니다. 에픽테토스는 그들에게 관심을 주지 않습니다. 그들의 관점에서 그들은 그 학원에서 가능한 한 최고의 학생이 되기 위해 모든 것을 했는데 쫓겨난 것입니다. 도대체 이유가 뭘까요? 그들이 적절한 방식으로 자기를 돌보지(배려하지-옮긴이) 않았기 때문입니다.

자기 자신을 적절한 방식으로 돌보는(배려하는-옮긴이) 것을 배우기 위해서는, 우선 자기 자신을 적절한 방식으로 돌봐야(배려해야-옮긴이) 한다는 의미입니다. 여기에는 자기 돌봄(배려-옮긴이)의 순환이 있습니다. 자기 돌봄(배려-옮긴이)이라는 것은 우리가 처음부터 배울 수 있는 어떤 것이 아닙니다. 우리는 우선 적절한 태도를, 자기 자신을 어떻게 돌봐야〔배려해야-옮긴이〕 할지 배울 수 있기 위한 적절한 자기 돌봄〔배려-옮긴이〕을 갖춰야 합니다. 플라톤의 상기의 구조가 정확하게 역전된 상황이 관건임을 보실 수 있습니다. 플라톤이나 소크라테스의 경우 소크라테스는 아름다운 시기에 있고 좋은 가문에서 태어났으며, 정치적 야망을 품고 있는 아주 젊은 소년에게 말을 걸 수 있었습니다. 그리고 질문과 답변이라는, 소크라테스식의 훌륭한 게임을 통해 소크라테스는 천상[21]의 세계에서 그〔젊은이-옮긴이〕가 진실을 본 그 순간부터, 애초부터 알고 있던 것을 상기하게 할 수 있었습니다. 그러므로 소크라테스의 질문은 상기의 이런 순환에 자리 잡았습니다. 너는 네가 모르는 것을 알고 있다는 것입니다. 에픽테토스의 자기 돌봄〔배려-옮긴이〕 구조에서 순환성은 아주 다릅니다. 당신은 우선 당신의 선한 의지를 증명해야 하고, 당신의 선택이 적절하다는 것을 증명해야 합니다. 스토아주의 용어로 이것은 프로아이레시스 proairesis라 불렸습니다. 당신은 당신의 선택이 적절하다는 것을 증명해야 하고, 그러고 나면 스승이 개입해 당신이 그 적절한 선택을 고수하도록 도울 수 있습니다. 하지만 우선 적절한 선택, 자기를 돌보는 적절한 방법의 선택을 먼저 스승에게 현시해야 하고, 그다음에 스승이 개입할 수 있습니다.

다른 대화[22]에도 몇 가지 흥미로운 점이 있는데요, 에픽테토스가 자기에게 관심을 주지 않는다며 눈물 흘리는, 향수 냄새가

---

21 푸코는 이 표현(supracéleste)을 프랑스어로 말한다.

22 에픽테토스, 《에픽테토스 강의 1·2》, 449-455쪽〔Épictète, Entretiens, II, 24, 1-29, op. cit., p. 110-115〕. 《주체의 해석학》, 374-377쪽〔HS, p. 329-331〕 참조; 《담론과 진실: 파레시아》, 65쪽〔M. Foucault, "La parrêsia", conférences citée, p. 47〕; GSA, p. 296.

나는 젊은 수사학자에게 이런 답이 돌아옵니다. "내가 너에게 관심을 주지 않는 까닭은 내가 염소와 같기 때문이다. 철학자는 염소와 같다. 염소는 풀이 푸를 때만 흥미를 보이는데, 너는 내게 충분히 푸른 풀이 아니었다. 너는 내 흥미를 끌지 못했다. 그리고 네가 내 흥미를 끌지 못하니, 내게는 네게 말할 이유도, 네 스승이 될 이유도 없구나."[23] 그리스어에 아주 재미있는 어휘가 있는데, 그것은 에레티제인erethizein, '흥미를 끌다'입니다. 이 낱말의 의미는 에로틱한 의미에 가깝지만, 일상적으로 쓰이는 에로틱한 낱말은 아닙니다. 그리스인은 에로틱한 관점에서 흥미가 끌린다고 말하기 위해 다른 낱말을 사용합니다. 에레티제인은 단지 '자극되다'를 의미합니다. 그것은 더 넓은 의미가 있지만 에로틱한 의미와도 가깝습니다. '너는 내 흥미를 끌지 못했다'는 텍스트를 읽을 때 이 에로틱한 의미를 떠올리지 않기란 불가능합니다. 하지만 에로틱한 낱말은 다른 낱말입니다. 제 생각에 에픽테토스의 상황은 소크라테스의 상황이나 태도와 유사하지만 아주 많이 다르기도 하고, 이런 종류의 텍스트에서 분명하게 벗어납니다.

제가 설명해드리고자 한 이 텍스트는 〔에픽테토스와 소크라테스에게서〕 '자기 자신을 돌보기〔배려하기-옮긴이〕'라는 주제의 유사성과 〔양자 간에 존재하는〕 몇몇 중요한 차이를 명시적으로 보여줍니다.

너무 지체됐습니다. 아직 〔설명해야 할〕 텍스트가 두 개나 남

23 에픽테토스, 《에픽테토스 강의 1·2》, 451-452쪽〔Ibid., II, 24, 16, p. 112〕. "그러면 내가 너와 토론에 참여함으로써 무엇을 얻을 수 있는지를 보여주게나. 내 안에 그것에 대한 욕망을 자극해보게나. 적당한 풀이 양(tô probatô) 앞에 나타나면 먹고 싶어 하는 양의 욕망을 불러일으키지만, 양 앞에 돌이나 빵 덩어리가 주어진다면 그것이 전혀 움직이지 않는 것과 같이, 마찬가지로 우리 중 일부는 적당한 듣는 사람이 나타나고, 그 사람 자신이 그 욕망을 불러일으킬 때(erethisê), 말하고자 하는 자연적인 욕구를 가지게 되는 것이네." 몸집이 작은 가축을 가리키는 그리스어 probaton은 푸코가 사용한 영역본에는 chèvre〔암염소〕로, 불역본에는 brebis〔암양〕으로 번역됐다.

았는데요. 지금 할 일이 있습니까, 아니면 몇 분 더 시간이 있습니까? 이 세미나와 관련해 다음번 세미나에서 우리가 뭘 할 수 있고, 뭘 해야 하는지 등과 관련해 몇 가지 여쭤봐야 할 것이 있어서요. 이런 식으로 설명을 계속해도 좋을까요, 아니면 다른 것을 원하십니까? 가능성은 여러 가지 있습니다. 당연히 두 가능성을 혼합할 수도 있습니다. 하나는 여러분 중 몇 분이 발제하시는 겁니다. 발제는 정식 발제일 수도 있고, 비공식적인 간단한 발언이어도 됩니다. 함께 텍스트를 공부할 수도 있습니다. 물론 여러분이 사전에 이 텍스트를 읽는다는 전제하에 말입니다. 이번에는 여러분께 시간이 부족했습니다. 하지만 다음번에는 그렇게 할 수 있다고 생각합니다. 아니면 다른 방식도 가능합니다.

이 방식이 좋은 것 같아요.

하지만 이 텍스트를 꼭 미리 읽어 오시기 바랍니다. 현실적으로 저한테는 이 세미나가 아주 힘들거든요. 그렇게 해주시면 제게 도움이 될 것 같습니다. 영어로 세미나를 거의 즉흥적으로 진행하는 건 처음이라서요. 그러니 여러분 중에서 몇 분이 발언해 주신다면 〔참 좋겠습니다〕.[a] 〔다음번 세미나에서〕 에픽테토스의 《강의》 1권 16장 〈섭리에 대하여〉와 1권 1장을 공부하기 원하십니까? 섭리에 관한 첫 텍스트는 대단히 흥미롭습니다. 여기서는 자기 돌봄〔배려-옮긴이〕의 이론적 원리, 이론적 배경이 쟁점이 되기 때문입니다. 그것은 자기 자신을 돌봐야〔배려해야-옮긴이〕 하는 유일한 생명 존재로서 인간에 대한 분석입니다. 엄밀히 철학적인 관점에서

a 들리지 않는 구절을 추측했다.

이 점은 대단히 흥미롭습니다. (다음으로는) 16장에 이어 1권 1장을 공부해보고 싶습니다. 아리아노스가 임의적으로 보이는 순서대로 이 《강의》를 책으로 만든 걸 아실 겁니다.* 어찌 됐건 이 순서는 이론적이거나 교의적인 측면에서 중요하진 않습니다. 1권 1장에서 뭐라고 할까, 16장에 나오는 철학적 원리의 테크닉한 적용이 발견됩니다. 1장에서—아리아노스가 왜 여기에 이 텍스트를 위치시켰는지 알 수 있을 것 같지만—우리는 자기 돌봄(배려-옮긴이)이 어떤 의미인지 알 수 있습니다. 그것은 학원의 교과목이었습니다. 다음번에 이 텍스트를 공부해보려고 합니다. 그러고 나서 프론토와 마르쿠스 아우렐리우스의 서신을 공부해보고자 합니다. 가장 중요하고 의미심장한 이 편지는 짧지만 일상생활과 일상의 경험, 일상적인 자기 경험의 관점에서 대단히 흥미롭습니다.

초기 그리스도교에 대해서는 언제 논의하실 예정입니까?

다음번 강연에서 저는 이교 사회에서 자기 돌봄(배려-옮긴이)의 테크닉한 측면에 대해 논의하고, 그 후 두 차례 강연에서 그리스도교에 대해 논의할 예정입니다.

---

* 《엥케이리디온》, 《에픽테토스 강의 3·4》.

두 번째 세미나

모두 이 텍스트 읽어보셨나요? 네? 안 읽었어요? 아무도 안 읽었다고요? 그렇군요. 혼내줄 거예요, 진짜로요! 어떻게 혼내줄지는 지금 말하지 않을 겁니다… 마지막 날을 기대하세요!

시작하기 전에 이 강연이나 세미나 아니면 다른, 뭐… 기호학에 대해서든, 기호학이 아닌 것과 관련해서 특별히 질문이나… 일반적인 질문이 있습니까?

이 서커스장 같은 분위기에 대해 어떻게 생각하십니까?

서커스장 같은 분위기라니요?

텔레비전 카메라 말입니다.

제가 그런 게 아닙니다!

어떤 사람들은 여기가 서커스장 같고 카니발 같다고 신경 쓰여 하던데요![1] 저는 그렇지 않지만요.

이 카메라 때문에 불편하십니까? 제 생각에 이건 공연이나 영화에서 같은 그런 건 아닌 듯하고요, 세미나에 등록한 분은 많

1 아마도 푸코를 토론토로 초대한, 서커스에 아주 관심이 많은 폴 부이삭인 것 같다. P. Bouissac, *Circus and Culture. A Semiotic Approach*, Bloomington, University of Indiana Press, 1976 참조.

은데 방이 좁다 보니 그런 것 같습니다. 하지만 아마 이 카메라를 쓰지 않을 수 있으면…

방송하는 게 아니라 폐쇄 회로입니다.

덕분에 좀 편안해졌네요.

지난번에는 사람이 가득 차서 숨이 막혔습니다.

첫 번째 강연에서 자기해석학에 대해 말씀하셨습니다. 고대의 자기 수양에서 '해석학'이라는 용어는 어떤 중요성이 있습니까?

아무런 중요성도 없습니다! 제 생각에 우리가 주체의 해석학이라고 부르는 바는 그리스도교 영성이 있기 전에는 시작되지도 않았고 나타나지도 않았습니다. 그리고 제가 보여드리고 싶은 것은 동일하거나 거의 동일한 테크닉이, 동일한 자기 테크놀로지가 이 이교 시기, 그러니까 제정 초기에, 자기해석학과 같은 것을 전혀 참조하지 않은 채 사용됐다는 점입니다. 이건 내일, 다음 강연에서 말씀드리겠습니다. 자기해석학이라는 것, 자기 자신에 대한 해독解讀은 제 생각에, 나중에 그리스도교와 수도원 제도에서 시작됩니다. 이건 다음 화요일 강연에서 말씀드리겠습니다.

알키비아데스가 정치 생활에 입문한 뒤에는 알키비아데스와 소크라테스 사이에 어떤 관계가 구축될 수 있었는지 알고 싶습니다.

좋은 질문입니다. 아주 어려운 질문이기도 하고요. 우선 말씀드릴 것은, 이 대화에서 알키비아데스와 소크라테스는 결정적인 관계가 아니라는 걸 기억하셔야 한다는 점입니다. 대화 초반 소크라테스가 알키비아데스에게, 그의 교육 덕분에 알키비아데스가 도시국가의 일인자가 될 수 있을 거라고, 즉 전제적 권력을 행사할 수 있게 될 거라고 약속할 때, 그가 분명 솔직하지 않았다는 것을 이해하셔야 합니다. 그건 알키비아데스가 자기 자신을 돌보도록〔배려하도록－옮긴이〕 부추기기 위한 약속이었습니다. 하지만 알키비아데스가 진정으로 자기 자신을, 참으로 철학적인 방식으로 돌보게〔배려하게－옮긴이〕 된다면, 도시국가에 **그런** 종류의 권력을 행사해서는 안 되고, 대신 이치에 맞는 유형의 권력을 행사해야 한다는 것을 이해하게 되겠죠. 그리고 이런 이치에 맞는 유형의 권력은 《국가》, 《법률》 등에서 설명될 것입니다. 그러므로 말씀드린 것처럼 어떤 종류의 함정이 있습니다. 이것이 첫 번째 점입니다.

이런 짧은 구절도 있는데요, 이 구절이 뭘 참조하는지 모르겠습니다. "아무튼 나는 이렇게 행동하면 자네들이 진정으로 행복해지리라는 보증을 설 용의가 있네."[2]

"소크라테스: 정의롭고 절제 있게 행동하면, 자네도 나라도 신들의 마음에 들게 행동할 것일세.

알키비아데스: 그럴 것 같습니다.

소크라테스: 또한 자네들은 앞에서 우리가 이야기한 것처럼 신적이고 밝은 것을 들여다보면서 행동할 것일세.

2 플라톤, 《알키비아데스》, 134e〔Platon, *Alcibiade*, 134e, *op. cit.*, p. 113〕.

알키비아데스: 그렇겠지요.

소크라테스: 어쨌거나 그쪽을 들여다보면 자네들 자신과 자네들의 훌륭한 것들을 파악하고 알 수 있을 것이네.

알키비아데스: 예.

소크라테스: 그러니 자네들은 정의롭고 훌륭하게 행동하게 되지 않겠나?

알키비아데스: 예.

소크라테스: 아무튼 나는 이렇게 행동하면 자네들이 진정으로 행복해지리라는 보증을 설 용의가 있네."[3]

이걸로는 설명할 수 없습니다. 이걸 이해하려면 그리스어 텍스트가 필요합니다. 혹시 갖고 계신 분 없나요? 어쨌든 이 주제에 대해서는 좀 말씀드리고 싶은데, 설명하려는 게 아니라 끝부분에서 명확히 나타나는 아주 특수한 문제를 참조하기 위해서입니다. 첫 번째는 《알키비아데스》가 알키비아데스의 야망에 해답을 주지 않는다는 점입니다. 소크라테스가 알키비아데스에게 약속하는 것은 알키비아데스가 바라는 바에 정확히 부합하지 않습니다.

그리스어 텍스트를 찾았습니다.

감사합니다. 그리고 대화 마지막에, 아주 수수께끼 같은 것이 있습니다. 제가 설명할 순 없고, 몇 군데 참조할 곳을 알려드리겠습니다.

"소크라테스: 그런데 이제 자네의 상태가 어떤지 깨닫겠는가? 자유인에게 적합한가, 아닌가?

3 같은 책, 134d-e(*Ibid.*, 134d-e, p. 112-113).

알키비아데스: 자유인에게 적합한 상태가 못 된다는 것을 아주 절실하게 깨달은 것 같습니다.

소크라테스: 그러면 자네가 처한 현재의 이 상태를 어떻게 벗어날 수 있을지를 알겠는가? 아름다운 사람과 관련된 경우이니, 굳이 그 명칭을 밝히지는 마세.

알키비아데스: 저는 어떻게 벗어날 수 있을지 알겠습니다.

소크라테스: 어떻게지?

알키비아데스: 선생님이 원하신다면 그렇게 되겠지요, 소크라테스 선생님.

소크라테스: 아름답게 한 말이 아닐세, 알키비아데스.

알키비아데스: 아니면 어떻게 말해야 합니까?

소크라테스: '신이 승낙하신다면'이라고 해야지.

알키비아데스: 그럼 그렇게 말하겠습니다. 하지만 이것들에 더해서 다음과 같은 말도 하렵니다. 소크라테스 선생님, 우리는 모습을 바꿀 겁니다. 저는 선생님의 것으로 선생님은 제 것으로 〔이 대화는 알키비아데스를 찬양하기 위한 것입니다: 푸코〕. 〔오늘부터는 제가 선생님의 종복 노릇을 하지 않을 도리가 없고, 선생님은 종복인 저의 봉사를 받지 않을 도리가 없으니까요.〕"[4]

그러므로 대화 초반부터 소크라테스가 알키비아데스를 쫓아다녔다는 것은 명백합니다. 그리고 지금 알키비아데스는 스승을 갖는 것을 받아들이고, 소크라테스가 알키비아데스를 사랑하

---

4 같은 책, 135c-d〔*Ibid.*, 135c-d, p. 114〕. 우리는 이 마지막 문장을 여기서 푸코가 주해하는 영역("From this day forward, I must and will be the attendant, and you will be my master"〔오늘부터 나는 시중드는 자가 될 것이고 당신은 내 주인=스승이 될 것입니다〕)을 프랑스어로 번역하는 대신, 모리스 크루아제의 프랑스어 번역("Car il est bien certain qu'à partir de ce jour, c'est moi qui te surveillerai, et toi, tu seras sous ma surveillance"〔오늘부터 당신을 지켜보는 것은 나이고, 당신은 내 감시 아래 있게 될 것이 분명하니까요〕)을 실었다. 두 문장의 의미가 매우 다르고, 모리스 크루아제의 번역이 뒤이은 푸코의 지적을 이해할 수 있게 해주기 때문이다.〔본문에는 《알키비아데스 I·II》(김주일·정준영 옮김, 이제이북스, 2014)를 실었다-옮긴이〕

는 사람으로서 좇았던 것처럼 소크라테스를 좇을 것입니다.

"소크라테스: 고귀한 친구, 만일 자네에게 날개 달린 사랑이란 알을 낳고 나서 다시 그것에 의해 돌봄(배려-옮긴이)을 받는다면, 나의 사랑은 황새와 다르지 않을 것이네.

알키비아데스: 하지만 사실이 그렇고, 이제부터 저는 정의를 돌보기 시작할 것입니다.

소크라테스: 나는 자네가 그 일을 계속했으면 하네. 하지만 자네의 자질이 못 미더워서가 아니라, 나라의 위세tên tês poleôs horôn rômên를 보니 나와 자네가 나라의 지배를 받는 처지가 되지 않을까 우려되네."[5]

국가, 도시국가에 관한 이 구절[6]은 물론 도달해야 할 도시국가에 대한 언급이고, 알키비아데스가 아테나이에서 권력을 잡은 뒤에 도달한 도시국가에 대한 참조이기도 합니다. 하지만 사실 저는 도시국가의 힘, 에너지, 폭력을 표현하는 '나라의 위세'라는 구절, 이 표현이 정확히 무엇을 의미하는지 모르겠습니다.

소크라테스와 알키비아데스의 관계는 어떻게 되나요?

성인 남성과 소년의 전통적 애정 관계는 상호적이고 평생 지속되는 것으로 간주했습니다. 무슨 뜻이냐면 소년이 어릴 땐 연장자 쪽이 소년을 도와주고, 그에게 좋은 시민과 좋은 군인, 좋은 사냥꾼 등이 되는 법을 가르치기 위해 모범 사례를 보여주고, 그를 도울 수 있는 가르침을 제공한다고 간주했습니다. 성인 남성

5 같은 책, 135e(*Ibid.*, 135e, p. 114).(프랑스어판 편집자는 'tên tês poleôs horôn rômên'을 '우리 민중의 힘(la puissance de notre peuple)'으로 번역했다-옮긴이)

6 이 영어 버전에서 'tên rêmên tês poleôs'는 'the power of the State'로 번역된다.

은 소년에게 자신의 사회적·경제적 지위에 따라 아주 전통적인 선물을 주는데, 예를 들어 돈이 많다면 말 한 필과 기병용 장비 한 벌을 주고, 돈이 별로 없다면 다만 검 한 자루라도, 어쨌든 그런 종류를 하나 주는 게 상례였습니다. 성인 남성은 또 소년에게 첫 선물로 토끼 한 마리를 주고, 소년은 그의 호의를 승낙하는 게 상례입니다. 하지만 그들의 이런 관계의 단계가 지나 소년이 장성했을 때, 그들이 또래라면 친구가 돼서 필리아philia 관계를 유지했습니다. 이 또한 상호적 의무를 동반하는, 아주 전통적이고 규정에 따른 관계였습니다. 그리고 연장자 쪽의 나이가 상당히 많다면, 그가 더는 생계를 꾸리지 못하거나 불구가 되거나 병에 걸렸을 때, 젊은 쪽이 연장자 쪽을 돕는 것이 상례였습니다. 보시다시피 도시국가의 정치 생활과 사회생활에서 중요성이 많은, 사람들의 사생활에서도 중요성이 많은 상호 관계가 무수히 존재했습니다. 하지만 여기서 직업적 지위 같은 것이 관건은 아닙니다. 만족스러운 답변을 드렸는지 모르겠네요

네, 훨씬 명확해졌습니다.

예를 들어 모든 것이 소크라테스가 바란 대로 됐다고 상상해보세요. 알키비아데스가 아테나이의 훌륭한 지도자가 돼서 나이 든 소크라테스를 돕고 그들이 평생 친구로, 규정에 따른 친구로 지낼 수도 있었을 거라고 말입니다.

방금 주신 답변에서, 보편적인 국가라는 관점에서 본 소크라테스의 아이러니가 충분히 고려됐는지 궁금합니다. 정상적인 사회적 관계가 그에게서 나올 수 있다는 말은 진정한 소크라테스를 망각하는 것 아닙니까?

전 그저 사회제도의 차원에서 답변했을 뿐, 소크라테스라는 인물과 관련한 답변은 아닙니다. 물론 실제 소크라테스 혹은 플라톤의 소크라테스와 더불어서는 일이 이런 방식으로 흘러가지 않습니다. 제 생각에 방금 주신 질문은 더 통상적인 사회적 수준과 관련되는 것 같습니다. 물론 실제 소크라테스, 소크라테스의 아이러니, 소크라테스의 역할은 알키비아데스 혹은 소크라테스가 사랑한 자들과 다르게 행동하는 것이었다고 말씀하시는 데는 완전히 동의합니다. 그것은 틀림없습니다.

혹시 《알키비아데스》에 대한 다른 질문이 있습니까?

《알키비아데스》가 말하는 거울 속 진실의 반영과, 《관조하는 삶에 관하여》에서 알렉산드리아의 필론이 말하는 교수법 테크닉에는 어떤 관계가 있습니까? 선생님께서는 자기 돌봄(배려-옮긴이)과 "너 자신을 알라"의 결합에서 점차 출현한 전체적인 교육 기제를 기술하셨고, 예를 들면 유대인 고행자에게 주어진 지령(움직이지 않을 것, 손가락으로 거들 것, 주의 깊게 들을 것)을 인용하셨습니다.[7] 선생님의 분석이 어느 차원에 위치하는지 궁금합니다. 고대 후기에는 신비주의에 입문하는 두 차원이 있었다고 알고 있습니다.

이건 신비주의와는 아무 상관도 없습니다. 전혀요. 보시다시피 유대인 고행자에 대해 우리가 아는 건 필론이 쓴 것밖에 없습니다. 이 주제에 관한 다른 어떤 전거도 우리에게는 없습니다. 이건 자기 수련 공동체에 대한 기술記述입니다. 확실히 그렇습니

---

7 Philon d'Alexandrie, *De vita contemplative*, 77, trad. fr. P. Miquel, Paris, Éditions du Cerf, 1963, p. 139. "그의 옆에 자리한 청중은 귀 기울이고 그를 바라보며 움직이지 않은 채 그의 말을 듣는다. 머리를 움직이고 눈짓을 하는 것은 이해했음을 보여주는 것이다. 미소를 짓고 이마를 가볍게 움직이는 것은 연사에게 찬성한다는 것을 보여주는 것이다. 머리와 오른손 검지를 천천히 움직이는 것은 당혹스럽다는 것을 보여주는 것이다." 이 책 108쪽을 보라.

다. 몇몇 규칙은 유대 문화에서 비롯됐지만 다른 것은 그리스 공동체와 한층 더 연관이 있어 보입니다. 그것이 헬레니즘적 유대 공동체 중 하나라는 것이 가장 사실임 직하지만, 신비주의와 관계에 관한 단서는 없습니다.

이 질문을 드린 이유는 선생님께서 어떤 방법론을 사용하셨는지, 또 선생님께서 드신 예를 어떻게 활용하시는지 제가 잘 모르겠기 때문입니다. 고대 사상의 여러 학파 간의 차이를 어떻게 구별하시나요? 왜 그런 예를 선택하셨나요?

혹시 다른 분들도 동일한 종류의 의문이나 질문이 있는지 알고 싶습니다. 정확히 파악을 못하겠어서요. (뭘 말씀하시고자 하는 건지.)[a]

제 생각에 소크라테스는 자기 자신을 위해 자기를 점검하는데, 선생님께서는 세네카와 에픽테토스, 그러니까 자기 자신을 위해 자기를 인식하고자 하기보다는 타인과 맺는 관계 속에서 자기를 인식하고자 하는 사람들 쪽으로 나아가신다는 것입니다. 우리가 이런 방향에서 탐색해야 하는 겁니까?

서로 다른 생각을 갖고 다르게 실천하는 그 모든 사람 중에서 어떤 기준으로 선택하신 겁니까? 여러 자기 테크닉 가운데서 이런 부류를 만드신 배경을 어떻게 이해해야 할까요?

왜 이런 일련의 예를 선택하셨는지 알고 싶습니다.

a 푸코가 끝맺지 않은 문장을 추측했다.

저는 어떤 선택을 했고 그건 **제** 선택입니다. 그 선택은 자기 테크닉에 관한 것입니다. 다시 말해 저는, 그 시기에 사람들이 어떻게, 흔히 자기 자신에 대한 지상권과 영혼의 평정 상태로 묘사되는 그런 특정 상태에 이르기 위해, 자기 자신을 변형하는 방법을 그들 자신을 위해 사용하려고도 했고 다른 사람들에게 가르치려고도 했는지 연구하기로 했습니다. 이건 제 선택입니다. 하지만 곧이어 우리는 이 주제에 관한 전거가 그리 많지 않다는 것을 알고, 세네카와 에픽테토스, 마르쿠스 아우렐리우스, 아일리우스 아리스티데스, 그밖에 다른 몇몇 사람을 읽으며 그 모든 전거를 배열합니다. 그러니 저는 선택했다기보다 남은 것, 보존된 것을 읽었다고 할 수 있습니다. 그런데 제가 질문을 정확히 이해하지 못한 것 같네요….

유일하다고 말씀하신 전거를 선택하면서, 그리고 그 예를 사용하면서 선생님은 결국 성 아우구스티누스라는 최초의 근대인에 이르는 방법을 취하게 됐습니다. 그렇게 함으로써 선생님은 신플라톤주의가 사용하는 자기심리학을 등한시하시는 것처럼 보입니다. 선생님의 접근법에 그 자기심리학의 자리는 없습니다. 저는 선생님께서 하시는 모든 것에 비판적인데요, 그래서 이 세미나 시간을 더 낭비하고 싶지 않군요.

제가 정확히 뭘 등한시한다구요?

신플라톤주의의 기초를 이루는 어떤 종류의 심리학이요.

신플라톤주의의 신비주의를 말씀하실 때 염두에 둔 텍스트, 전거가 무엇인가요?

다른 분들의 시간을 낭비하기보다는 그걸 글로 써보겠습니다.

답변할게요. 신플라톤주의의 신비주의에 관해 우리가 운용할 수 있는 전거는 제 연구 시기보다 후대의 것입니다. 1세기에는 신플라톤주의의 전거를 거의 찾을 수 없습니다. 신플라톤주의의 거대한 운동, 적어도 우리가 가진 전거는 4세기와 6세기부터 발견됩니다. 그러니까 포르피리오스, 이암블리코스….

신플라톤주의자는 자신이 플라톤의 직계라고 주장합니다. 그러니 그 간극은 메울 수 있습니다.

물론입니다…. 제 주제는 정확히 이렇습니다. 헬레니즘 시기 말 제정기 초인 〔기원 후〕 1세기와 2세기에 에피쿠로스학파와 스토아학파, 견유주의학파에서 아주 많은 자기 테크닉이 구성되고 전개되는 것을 발견할 수 있습니다. 이 자기 테크닉은 플라톤과 우리가 아는 3-4세기 신플라톤주의 사이에 위치하는 수수께끼 같은 신플라톤주의 운동이나 포스트-플라톤주의 운동에서, 완전히는 아니지만 광범위한 부분에서 심층적으로 독립적입니다. 그리고 이건 제 가설은 아니지만, 우리가 알 수 있고 증명할 수 있는 것은, 알렉산드리아의 클레멘트와 같은 그리스도교적 신플라톤주의자 가운데서, 적어도 우리가 가진 전거를 통해 이런 전통에서 우리가 알 수 있는 것부터 본다면, 플라톤주의적 전통이 아니라 스토아주의적 전통, 에피쿠로스주의적 전통 등에 그 뿌리를 내리는 테크닉을 여럿 만나게 된다는 것입니다. 저는 그 〔플라톤주의〕 전통을 등한시하려는 것이 아니라, 이 특수한 스토아주의적 전통과 그 실제 효과, 그리스도교 전통 안에 그 〔스토아주의-옮긴이) 전통의 실질적 계승자가 존재한다는 것을 제시하려는 것입니다. 예를 들어 다음 강연에서 보시게 될 사유 통제의 활용은 플라톤주의와 아무 관계도 없습니다. 그것은 마르쿠스 아우렐리우스와 에픽테토스에게서 분명히 드러나는 테크닉인데, 카시아누스와 에바그리우스에게서도 발견할 수 있습니다. 그것은 스토아주의 특유의 것입니다.

첫 번째 강연에서 선생님은 플라톤 시기와 그 이후 시기 사이의 변화에 대해 말씀하셨습니다. 플라톤 시기에 자기 돌봄(배려-옮긴이)은 자기 형성과 관련된 반면, 나중에 그것은 나쁜 영향을 제거할 수 있게 해줬다고 말입니다. 하지만 소크라테스가 알키비아데스와 그의 소유물을 분리하려 한 걸 보면, 《알키비아데스》에서도 자기는 부정과 분리détachement를 통해 정의된다고 할 수 있지 않을까요?

아닙니다. 보시다시피 《알키비아데스》에서 분리의 문제는 방법론적 과정에 속했습니다. 중요한 건 자기를 모색하는 과정에서 자기의 정의를 내리는 것이었기 때문입니다. (소크라테스는) 우리가 자기를, 다른 어떤 곳도 아닌 오직 영혼 속에서 찾을 수 있다고 말합니다. 세네카나 에픽테토스에게 분리의 문제는 윤리적 문제지, 이론적 문제가 아닙니다. 제가 말씀드리고 싶은 것은 그들에게 자기 돌봄(배려-옮긴이)은, 이를테면 자신의 건강이나 집, 재산, 가족, 부모, 자식 등을 고통 없이 박탈당할 수 있는 그런 것이 됐다는 것입니다. 보시다시피 상당히 다릅니다. 물론 (이 두 과정)[a]에는 관계가 있고, 우리가 이제 풀이할 텍스트 중 하나에서 이

a 푸코가 끝맺지 않은 문장을 추측했다.

플라톤주의의 문제와 특정한 몇몇 관계가 있다는 것을 볼 것입니다. 그것은 정확히 동일한 문제가 아닙니다.

세 번째 강연 마지막에서 선생님은 아스케시스askêsis에 대해 말씀하셨고, 그런 유형의 대비가 어떻게 이뤄지는지, 대비한다는 것이 무엇을 의미하는지 보여주셨습니다. 그리고 선생님께서는 듣기와 말하기를 통해 어떻게 진실을 획득하는지 설명을 시작하셨습니다. 제가 여쭙고 싶은 것은, 어떻게 진실(진리-옮긴이)을 획득할지, 관건이 되는 진실(진리-옮긴이)이 어떤 종류인지, 자기 인식의 위치는 어디인지입니다. 이 문제에 관심이 갑니다. 그리고 다음 강연에서 이에 대해 계속 말씀하실지 알고 싶습니다.

제 생각에 다음 강의, 그러니까 내일은 그 진실(진리-옮긴이)의 획득이라는 것에 대해 설명드릴 겁니다. 물론 많은 이론적 문제를 불가피하게 다루지 못하겠지만, 아마 다음번 세미나 땐 그에 관해 토론할 수 있을 겁니다. 그 주제에 대해 지금 토론하는 것도 유용할 듯합니다. 내일 그에 관해 몇 가지를 설명해보려고 하니까요.

이제 오늘 풀이할 텍스트로 들어갈까요? 세 텍스트 가운데 둘은 에픽테토스의 것이고, 하나는 마르쿠스 아우렐리우스, 더 정확히는 마르쿠스 아우렐리우스(가 프론토에게 보내는) 서신 두 편과 프론토가 아우렐리우스에게 보내는 서신 한 편입니다.

에픽테토스의 《강의》 1권) 16장 〈섭리에 대하여〉부터 시작해 보면 어떨까 싶습니다. 지난번에 우리가 3권에 있는 에픽테토스의 다른 장을 풀이한 것을 기억하실 겁니다. 제 생각에 자기 돌봄(배려-옮긴이)의 소크라테스적 주제와 에픽테토스 혹은 신스토아주의에서 그 돌봄(배려-옮긴이)을 다루는 형식의 관계로 가장 잘 들어가는 것이 중요했기 때문입니다. 16장 〈섭리에 대하여〉에서는 자기 돌봄(배려-옮긴이)에 대한, 또 이성과 자기 돌봄(배려-옮긴이)의 관계에 대한, 더 명확한 이론적 설명 중 하나를 볼 수 있습니다. 풀이를 시작하기 전에 함께 읽기를 원하십니까? 우선 첫 문단을 읽고 풀이하고, 그러고 나서 두 번째 문단, 그런 식으로 합시다.

> 다른 동물들은 먹을 것과 마실 것뿐 아니라 누울 침상도, 그 몸에 요구되는 모든 것을 갖추고 있다는 사실, 또 동물들에게는 신이나 의복이나 침구가 필요치 않지만, 우리에겐 그 모든 것이 필요하다는 사실에 놀라지 마라. 그런 동물들은 자신을 위해서가 아니라 섬기기 위해 태어난 것이므로, 그것들이 다른 부가적인 것들을 필요로 하도록 만들었더라면 아무 이점이 없었을 것이네. 우리 자신의 필요뿐 아니라 양과 나귀에 대해서도, 어떻게 옷을 입히고, 신을 신기고, 또 먹을 것과 마실 것을 구할 수 있을지 걱정해야 했더라면, 얼마나 난처했을 것인가!
> 그러나 이미 신발, 복장, 갑옷과 투구를 갖추고 복무할 준비가 되어 자신들의 장군들 앞에 나타나는 병사들처럼(천부장이 그의 군인 천 명한테 신을 신겨주거나 옷을 입혀줘야 한다면 끔찍한 일일 테니까!) 자연도 그와 같이 섬김을 위해 태어난 동물을 만들었고, 미리 준비되어 있고 미리 장비를 갖추고 있으므로 그들은 더 이상 돌볼 필요가 없는 것이네. 그렇기에 막대기밖에 없는 한 소년이 양떼를 몰 수 있는 것이라네.[8]

8 에픽테토스, 《에픽테토스 강의 1·2》, 153-154쪽(Épictète, Entretiens, I, 16, 1-5, op. cit., p. 61). 다음을

제 생각에 이 문단에서 강조할 만한 것은 인간과 동물의 이런 비교가, 아시다시피 철학적 사유에서 매우 전통적인 주제라는 사실입니다. 인간과 동물의 비교, 그리고 인간에 비해 동물은 훨씬 더 잘 대비되어 있고 잘 갖춰져 있으며 훨씬 더 많은 것을 부여받았다는 것입니다. 이 주제를 잘 아실 텐데, 물론 소피스트 철학과 스토아주의 철학에 이르기까지 모든 그리스 철학에서 이 주제를 발견할 수 있습니다. 하지만 대부분의 경우에, 제 생각에 인간은 먹을 것을 손에 넣거나 추위에서 자신을 지켜내는 데 있어 동물보다 그다지 잘 갖춰져 있지 못하고 많은 것을 부여받지 못했다는 사실(동물에 대한 인간의 열세)이 일반적으로 인간 본성의 결핍과 결여로 간주됐다는 점이 흥미롭습니다. 예를 들어 플라톤의 《프로타고라스》에 나온 에피메테우스의 신화를 떠올려보세요. 기억하시겠지만 에피메테우스는 각 생명 존재에게 능력을 하나씩 나눠줄 책임을 지고 있었는데, 이 분배에서 그만 인간을 잊어버리고 말았습니다. 그리고 인간에게 줄 것이 전혀 남아 있지 않은 까닭에 프로메테우스는 신에게서 불을 훔치기로 작심하고, 그 불과 이성을 인간에게 줍니다.[9] 제 생각에 이 전통이나 이런 유형의 분석에 존재하는 어떤 긴밀한 관계가 있습니다. 그것은 바로 인간의 결여, 즉 인간 본성에 특정한 결핍이 있다는 것, 그런 결핍을 이성이 대체하며, 그 결여와 결핍을 대체하거나 보완하는 것으로서 인간 이성의 결과 혹은 주된 표현이 테크네technê라는 사실의 긴밀한 관계입니다.

참조할 것. 《주체의 해석학》, 481-484쪽〔HS, p. 438-441〕; 《비판이란 무엇인가?/자기 수양》, 105-106쪽〔M. Foucault, "La culture de soi", conférence citée, p. 87〕; 《자기 배려》, 64-65쪽(〈제2장 자기 연마〉, 항목 1의 4문단)〔SS, p. 61-62〕.

9 플라톤, 《프로타고라스》, 320c-321e〔Platon, *Protagoras*, 320c-321e, dans *Œuvres complètes*, t. Ⅲ-1, trad. fr. A. Croiset et L. Bodin, Paris, Les Belles Lettres, 1935, p. 35-36〕.

보시다시피 에픽테토스의 분석이 이와 상당히 다르다는 것은 흥미롭고 또 중요합니다. 동물이 자신에게 필요한 모든 것을 받은 까닭은 인간보다 뛰어나서도, 인간 본성에 결핍과 같은 것이 있기 때문도 아니라는 것입니다. 동물이 자신에게 필요한 모든 것을 받은 까닭은 우선 인간이 인간 고유의 탁월함을 자기 자신에게 행사할 수 있도록 하기 위해서이며, (두 번째로는) 인간에게 자신을 돌볼 자유를 남겨주기 위해서라는 것입니다. 인간 본성에는 결여도, 결핍도 없습니다. 이런 테크닉적 관점에서 동물의 탁월함으로 상정되는 바, 그들의 필요를 만족시키기 위한 탁월함으로 상정되는 바(는 실제로 어떤 열등함이며, 인간의) 열등함이라고 상정되는 바는 실제로 인간의 탁월함이고, 더 나아가 그것(인간의 열등함이라고 상정되는 바－옮긴이)은 자연이나 신이 동물에 대한 인간의 탁월함을 확립하기 위해 활용한 수단이라는 것입니다.

자, 이제 플라톤에게서도 그렇고 다른 철학자들과 스토아주의에서도 중요한 군인의 은유가 나옵니다. 신의 관점에서 인간의 위치가 어떤지 설명하기 위해 전통적으로 사용되는 군대에서 군인의 은유를 아실 것입니다. 신은 마치 군대의 장군처럼 각자에게 특정 책임, 특정 의무와 더불어 군대에서 특정 위치를 할당했고, 인간은 군대에서 부여받은 위치에 따라 자기 자리를 지키고 자신의 역할을 수행해야 합니다. 보시다시피 이 은유는 (여기서) 이전déplacement됩니다. 이 은유의 역전된 활용에서는 동물이 군인이고 인간은 신이 점유한 바로 그 자리에 있습니다. 인간은 장군이고, 에픽테토스가 설명하듯 이 장군이 군인이 가진 것과 동일한 장비를 갖고 있지 않다는 것은 명백합니다. 장군은 군인에게 장비를 조달하지 않아도 되고, 군인이 자기 장비를 갖고 와야 합니다. 이는 군인이 장군보다 탁월해서가 아니라 군인이 장군에게 복종해야 하기 때문이며, 장군은 군인에게 장비를 조달하는 일 말고 다른 일을 해야 하기 때문입니다. 그리고 제 생각에는 이 주제와 관련해서 하나 더 첨언해야 합니다. 보시다시피 동물은 자신이 먹을 것을 마련할 수 있고 추위에서 자신을 보호할 수도 있지만, 에픽테토스는 동물이 그렇게 하는 것을 두고 자기 자신을 돌본다고 말하지 않습니다. 자기 먹을 걸 마련하는 것은 자기를 돌보는 것이 아닙니다. 자기를 돌본다는 것은 분명 인간이 자유롭게 할 수 있는 어떤 것입니다. 동물이 이렇게 자신을 위해 행동하기 때문입니다. 인간은 자기 돌봄〔배려-옮긴이〕이라는 것을 위한 시간이 있지만, 동물은 자신을 돌봐야 하기 때문이 아니라 인간에게 자기 돌봄〔배려-옮긴이〕이라는 것을 할 자유를 남겨줘야 하기 때문에 〔자신에게 필요한〕 모든 것을 구비하고 있습니다. 이것이 첫 번째 부분입니다. 질문 있습니까? 계속해도 될까요?

> 하지만 실상, 우리 자신을 돌보는 만큼 동물들을 돌보는 것tên isên epimeleian epimeloumetha을 하지 않아도 되게 해준 이 사물의 질서에 감사를 표하는 대신, 우리 자신의 처지에 대해 신에게 불평까지 해대는 것이네! 그럼에도 제우스와 모든 신들에 맹세코, 이러한 자연의 단 하나의 사실이라도, 적어도 경건하고 감사할 줄 아는 사람에게는 신의 섭리를 인식하게 하기에 충분할 것이네. 나는 당장에 자연의 거창한 현상을 떠올리고 있는 것이 아니네. 우유는 풀에서, 치즈는 우유에서, 양털은 동물의 가죽에서 생산된다는 단순한 사실을 생각하고 있네. 누가 이러한 것들을 만들었고, 누가 이것들을 고안해낸 것인가? 누군가는 '아무도 아니다'라고 말한다네. 오, 얼마나 어처구니없는 몰지각함이요, 몰염치이던가![10]

이 문단은 앞 문단보다 좀 난해한 것 같습니다. 제가 보기에 앞 문단은 상당히 명쾌했는데요. 제가 이걸 정확히 이해하고 있다면, 이 문단 첫 부분에 확실한 어떤 것이 있습니다. 동물은 자신이 필요한 것을 갖추고 있기 때문에 우리는 우리 자신을 돌볼 자유가 있다는 사실입니다. 'tên isên epimeleian epimeloumetha〔우리 자신을 돌보는 만큼 돌보는 것-옮긴이〕'라는 표현을 보실 수 있습니다. 에픽테토스가 우유와 풀, 치즈, 양털 등에 관해 말하는 것이 훨씬 더 난해합니다. 제가 이해하는 한 에픽테토스는 이렇게 말하고 싶어 하는 것 같습니다. 동물의 탁월함으로 상정되는 바에 관한 전통적 분석에서 인간은 치즈나 직물처럼 기술技術적 성격을 띠는 어떤 것을 생산하기 위한 이성을 갖추고 있습니다. 이성의 사용은 테크닉의 사용이었고, 이성의 최초의 사용, 주된 사용이 바로 테크닉의 사용이었습니다. 제 생각에 에픽테토스가 말하는 것은, 사실 우유의 생산이나 그 우유로 치즈를 생산하는 것 혹은 양털로 직물을 생산하는 것은 아주 어렵지도, 중요하지도 않다는 것입니다. 신이나 자연이 우리에게 풀과 우유를 줬기 때문입니다. 치즈나 직물을 만드는 것은 진정으로 중요한 것이 아니며, 그 일은 자연이 거의 다 해놓았다는 것입니다. 그리고 자연이 거의 모든 준비 작업을 해놓았기 때문에, 우리는 이성이, 그런 생산품을 위해서가 아니라 훨씬 더 중요한 어떤 것을 위해 인간에게 주어졌다는 사실을 이해하게 됩니다. 제가 보기에 이런 생각은 상당히 중요한데, 보시다시피 테크네와 로고스logos의 관계, 기술과 이성의 관계는 인간과 동물에 관한 전통적인 이 탁월함/열등함이라는 분석에서 근본적인 중요성이 있었기 때문입니

10 에픽테토스, 《에픽테토스 강의 1·2》, 154-155쪽〔Épictète, Entretiens, I, 16, 6-8, op. cit., p. 61-62〕.

다. 이제 테크네는 인간의 영역에서, 그러니까 인간의 활동이라는 영역에서 기술적 성격을 띠는 것까지 포함하는 모든 것을 돌보는 것으로, 자연의 섭리 영역으로 이동합니다. 그리고 이성, 인간의 이성 혹은 인간에 의한 이성의 활용은 이 물질적 대상이 아닌 다른 적용 영역을 갖게 됩니다. 자, 이 문단의 의미는 이렇다고 생각합니다. 질문이나 이의 있는 분 계십니까?

에픽테토스는 신께 감사하지 않는 사람을 꾸짖습니다. 이 시기에 신에 대한 믿음은 어느 정도였습니까?

답하기 아주 어려운 질문이군요. 제 생각에 이 문단 마지막 줄에서 에픽테토스가 신을 믿지 않는 사람을 저주하는 것 같지는 않습니다. 그는 인간이 사용하는 모든 것이 신적인 섭리에 기인하는 것은 아니라고 주장하는 사람, 그것은 자연스러운 것일 뿐이고 인간은 그것을 사용하기 위해 테크닉을 발명했다고 주장하는 사람을 저주하는 것입니다. 아마 에피쿠로스주의자를 참조하는 것일 수도 있고, 아니면 인간의 테크닉에는 너무 많은 공을 돌리면서 신에게는 충분히 그러지 않는 자를 참조하는 것일 수도 있습니다. 제 생각에 그는 자연의 영역, 자연의 섭리의 영역, 자연의 이성의 영역을 가능한 한 확장하려 하고, 그래서 많은 경우 인간의 몫, 인간의 발명이나 인간의 혁신 등의 몫으로 간주되던 것까지 이런 식으로 포함하면서 그 영역을 확장하려고 애씁니다. 이게 이 문단의 의미입니다. 다른 질문 있나요?

자 이제, 자연의 주요한 일들은 제쳐두고 그 부수적인 일들을 살펴보기로 하자. 턱에 난 털보다 더 쓸모없는 것이 있더냐? 자연은

> 이것들조차도 자연이 할 수 있는 가장 적절한 방식으로 사용할 수 있도록 해놓지 않았느냐? 자연은 이런 것들을 통해서 남자와 여자를 구별하게 하지 않았느냐? 우리 각 사람에 대하여 자연은 곧장 멀리서 큰 소리로 소리치지 않느냐. '나는 한 남자다. 그런 생각으로 너는 나에게 다가서고, 그런 생각으로 너는 나에게 말을 걸어달라. 더 이상 다른 것을 요구하지 말고, 이 징표들을 보라!' 또 여성의 경우에 자연이 그들의 목소리에 더 부드러운 어떤 음색을 섞은 것처럼, 자연은 마찬가지로 그들에게서 얼굴의 털을 빼앗아버렸던 것이네. 아니 오히려 동물은 그런 구별이 없어도 되고, 우리 각자가 '나는 남자다!'라고 외쳐야 했을 것이다. 그러나 이것은 얼마나 멋진 징표이며, 얼마나 적절하고, 얼마나 고귀한가! 수탉의 볏보다 얼마나 멋지고, 사자의 갈기보다 얼마나 더 위엄이 있는가! 그러므로 신께서 우리에게 주신 징표를 보존해야만 하는 것이네. 우리는 그것들을 버려서는 안 되며, 가능한 한 신이 구별해 준 성을 혼동해서는 안 되는 것이네.[11]

이 문단에 대해 어떻게 생각하세요? 저는 앞 문단보다 덜 명확한 것처럼 느껴집니다. 제가 이해하는 한, 이 문단은 자연의 parerga, '부수적인 것'[a]이라고 번역되는 것에 할애돼 있습니다. 제 생각에 에픽테토스에게서는 다음과 같은 구별이 가능합니다. 우선 동물이 필요한 것을 마련할 수 있도록 동물에게 제공된 것이 있습니다. 이것이 자연의 첫 번째 수준입니다. 이것은 처음부터 끝까지 섭리에 의해 효과적이고 실질적으로 전개된 것이라 말

11 에픽테토스, 《에픽테토스 강의 1·2》, 155쪽〔*Ibid.*, I, 16, 9-14, p. 62〕.

a 우리는 'parerga'의 프랑스어 번역을 바꾼다. 푸코가 주해하는 영역본에서는 parerga를 'what nature does in passing'이라 번역한다.

씀드릴 수 있겠습니다. 그러고 나서는 두 번째 수준으로, 에픽테토스가 몇 문장 전에 치즈나 양털 등을 거론하며 말한 기술적 대상의 수준입니다. 이것은 인간이 옷이나 기타 등등을 가질 수 있도록 자연이 준비해준 것으로, 아주 많은 부분 자연에 기인하고 인간에게는 아주 적은 부분만 기인합니다. 그리고 제 생각에는 세 번째 수준이 있는데, 에픽테토스가 이 구절에서 참조하는 것이 바로 이 세 번째 수준입니다. 이것은 겉보기에는 아무런 유용성도 없는 자연적 대상의 수준입니다. 이것은 동물에게나 인간에게나 아무 쓸모가 없습니다. 이것은 어떤 것의 징표입니다. 예를 들어 턱수염은 아무에게도 쓸모가 없습니다. 우리는 이런 징표에 주의해야 합니다. 그리고 섭리가 동물과 우리에게 폭넓게 마련해줬기 때문에 우리가 자유롭게 행사할 수 있는 자기 돌봄〔배려-옮긴이〕〔안에서〕 이 징표를 고려해야 하는데, 겉보기에 무용한 이 징표가 우리의 본성 혹은 우리인 바를 가리키기 때문입니다. 우리가 자신을 돌본다면 그런 한에서 우리는 자신인 바를 돌봐야 하고, 당연히 **우리**가 진정 누구인지 가리키는 징표를 고려해야 합니다. 그리고 제 생각에 우리 자신인 바의 징표 중에서 에픽테토스가 턱수염을 예로 든다는 것이 이 구절에서 중요합니다. 턱수염은 남자로서 우리 자신인 바, 남자이면서 철학자로서 우리 자신인 바의 징표입니다. 아시다시피 턱수염이 있다는 것은 철학적 존재의 징표였습니다. 남루한 복장을 비롯해 철학적 존재의 여러 징표 중에 턱수염이 있었던 것입니다. 하지만 턱수염을 가짐으로써 철학자는, 적어도 에픽테토스에 따르면 우리 자신인 바의 징표를, 여자와 대조되는 남자로서 우리 자신인 바의 징표를 명시적으로 활용하는 것 외에는 아무것도 하지 않습니다. 이것은 턱수염에 의해 현시되는 우리에게 고유한 남자의 본성, 수컷의 본성입니다.

우리는 자기 돌봄[배려-옮긴이]이 우리 자신인 바의 징표를 고려하는 데서 시작한다는 것에, 또 에픽테토스가 인용하는 징표가 명확하게 남성적 존재의 징표라는 것에 놀랄 수 있습니다. 이 텍스트와 마르쿠스 아우렐리우스의 다른 텍스트를 비교해봐야 할지 모르겠습니다. 내일 강연에서 그 텍스트에 대해 말씀드릴 것입니다.[12] 거기서 마르쿠스 아우렐리우스는 우리가 자신 안으로 은거할 때, 우리가 우리의 아나코레시스anakhôrêsis를 수행할 때, 우리는 자신을 검토해야(…).[a] 우리가 무엇보다 먼저 남자로서 우리 자신인 바를 염두에 둬야 한다는 것은 제 생각에는 상당히 중요합니다. 적어도 저는 이 구절의 의미가 그렇다고 생각합니다. 말씀하고 싶은 것이 있습니까?

유용성과 자기 돌봄[배려-옮긴이]은 어떤 관계가 있나요?[b]

[유용성이 자기 돌봄[배려-옮긴이]을 상당하게 구성하고 있다고 말할 수 있겠습니다].[c] 물론 우리가 마땅히 해야 하는 대로 자신을 돌볼 때, 그것이 실은 부모님이나 동료 시민 등 타인에게도 유용한 일을 해야 한다고 하는 많은 의무를 포함하는 것을 보게 됩니다. 하지만 그것은 우리가 자신을 돌본 결과일 뿐입니다. 우리가 우리를 위해, 혹은 타인을 위해 유용한 일을 하고자 하기 때문이 아니라, 단지 우리 자신을 제대로 돌봤기 때문입니다. 우리가 자신을 제대로 돌보면 그 자연스러운 결과로, 논리적인 결과로 그것은 타인

12 네 번째 강연을 말한다. 이 책 141-143쪽, 142쪽 각주 8을 보라.
a 녹음 중단.
b 들리지 않는 질문을 답변에 입각해 재구성했다.
c 부분적으로 들리지 않는 구절을 추측했다.

에게 유용한 것이 됩니다. 이를테면 마르쿠스 아우렐리우스가 황제라는 자신의 직업에 대해 말할 때 이는 명확합니다. 아주 흥미로운 텍스트가 있는데요, 거기서 그는 매일 아침 훌륭한 스토아주의자가 그래야 하듯 자신의 하루를, 하루 동안 자기가 해야 하는 일을 점검한다고 말합니다. 그런데 마르쿠스 아우렐리우스가 황제라는 자신의 직업을 훌륭하게 수행해야 한다고 말하지 않는다는 점이 특징적입니다. 그는 호네스투스 비르honestus vir, 즉 성실한 인간으로 처신해야 한다고 말하는데, 그가 이런 종류의 실존에 내재된 규칙을 적용할 때 그는 자연스럽게 황제라는 직업을 수행하게 될 것입니다. 인간의 의무, 인간의 과제 말고 다른 과제, 황제만을 위한 추가 과제는 없습니다.

여기서는 유용성이라는 가치보다 오히려 교환가치가 중요하다고 말할 수 있을 것 같습니다.

잘 모르겠는데요.

에픽테토스가 자연적이지 않은 징표를 선택하는 대신 자연스러운 현상인 수염을 자기로 되돌아가기 위한 징표로 사용한다는 것도 흥미롭습니다.

자연=본성의 문제도 물론 중요합니다. 이 수염 난 철학자의 초상은 물론 견유주의 전통을 참조한 것입니다. 디오게네스 이래로 자연=본성에 가능한 한 가까이 있는 것은 철학적 삶의 징표, 현시, 표현이었습니다.[13] 인공적인 것으로 여겨질 수 있는 모든 것

13 견유주의 철학자와 자연의 관계에 대해서는 특히 다음을 보라. CV, p. 234-235, 242-245.

은 철학적 삶에서 추방돼야 했는데, 이를테면 면도 같은 것도 인공적인 것이라 할 수 있습니다. 물론 또 다른 문제, 그리스인이 파라퓌시스para phusis라 부르는 것, 즉 자연에 반대되거나 자연 외적인 것도 중요합니다. 그것은 활짝 열린 장, 아주 넓어서 온갖 것이 있는 장입니다. 이를테면 세네카에게 따뜻한 물에 몸을 담그는 것은 자연=본성에 반합니다. 물의 자연=본성은 차기 때문입니다. 이것은 〔자연=본성과〕[a] 가능한 한 밀접한 관계인 철학적 실존의 주제, 그 절대적 필요성 가운데 하나였고, 물론 수염은 자연=본성의 표시였습니다.

하지만 그것이, 정확히 자기가 자연=본성에 의해 주어진다는 의미는 아닙니다. 자기는 이성이고, 혹은 적어도 이성의 어떤 종류의 활용이며, 이성의 합리적 활용입니다. 다음 텍스트에서 그것을 살펴보겠습니다. 하지만 철학적 자기, 이성의 이런 철학적 활용은 자연=본성에 가능한 한 가까이 머물러야 합니다.

이성의 합리적 활용 때문에 그 징표가 아마도 사자의 갈기나 다른 어떤 것보다 멋지다는 것이군요.

네.

이런 징표를 보존해야 한다는 생각에는 결국 신께서 여러 종種을 그분이 만드신 대로 유지하고 싶어 하신다는 생각이 있지 않을까요? 또 〈창세기〉에 부정한 특정 동물은 먹지 말라고 하는 음식 섭취 규정과도 유사성이 있지 않을까요? 마지막 단락에 성을 뒤섞으면 안 된다고 분명하게 나와 있습

a 푸코가 끝맺지 않은 문장을 추측했다.

니다.

이건 먹을 것과 관련된 금지와는 아무 상관도 없다고 생각합니다. 피타고라스주의 전통에는 음식 섭취와 관련된 금지가 있었죠. 세네카 같은 사람은 젊었을 때, 섭취 관련 금지를 부과하는 피타고라스주의자를 스승으로 모셨습니다. 그는 몇몇 편지에서 그 이야기를 합니다. 하지만 그것은 성性의 혼합과는 아무 관계도 없습니다. 물론 이 마지막 구절을 더 많이 주해하지 못한 것이 제 실수였다는 점에서는 선생님 생각에 동의합니다. 성의 혼합이라는 것은, 정확하게는 지난 시간에 만난 젊은 수사학자와 같은 부류의 인물과 관계가 있습니다. 아시다시피 그는 향수도 뿌리고 보석으로 치장한 채 에픽테토스의 수업에 왔습니다. 성을 뒤섞는 이런 종류의 행동은—그리고 여자처럼 행동한다는 것은 이 관점에서는 동성애자라는 것이 아니라 자신의 외모를 바꾸는 것, 향수를 뿌리는 것, 보석을 걸치는 것 등입니다—이 문헌 전체에서 이런 성의 혼합은 항상 격하고 깊은 멸시의 대상이 됩니다. 제 생각에 이것은 식생활이나 섭취 금지와는 아무 관계가 없고 엄격한 구별과 관련되는데, 성의 구별이 아니라 자기 정체성identification의 구별과 관계가 있습니다. 우리는 우선 우리의 성을 통해, 혹은 우리가 남성이거나 여성이라는 사실을 통해 우리를 정체화해야 한다는 것입니다. 그리고 성적 방탕은 늘 성적 정체성의 혼합으로 이해됐습니다. 이건 제 생각에 이 텍스트에서, 그리고 이 모든 성적 윤리에서, 금지나 규칙의 위반보다 훨씬 중요합니다. 고전기 고대에는 성과 관련된 규칙이 거의 없었습니다. 중대한 방탕, 성적 중죄는 이런 표현을 사용해도 괜찮다면, 자신의 성 역할을 정체화하지 않는 것이었습니다. 그리고 제가 성 역할이라는 낱말로 의미하는 것은 남자로서 여자들하고만 성관계를 가져야 한다는 사실뿐만 아니라, 남자로서 여자처럼 행동하지 말아야 한다는 것, 즉 향수를 뿌리거나 보석으로 치장하지 말아야 한다는 것입니다.

다른 질문 없습니까? 그럼 마지막 구절을 읽어봅시다.

> 이것들이 우리를 향한 유일한 섭리의 기능인가? 아니네. 어떤 말이 그것들이 마땅히 받을 만한 대로 그것들을 찬양하거나 나타내기에 충분할 수 있겠는가! 우리가 지성을 가지고 있다면, 공적으로든 사적으로든 신성을 찬미하는 찬송을 부르고, 신성을 찬양하며, 신이 베풀어주신 모든 은혜를 자세히 이야기하는 것 외에 달리 무엇을 해야 하겠는가! 우리가 땅을 파고 쟁기질하고, 먹을 때조차도, 신을 찬미하는 찬송을 불러야 하지 않겠는가? '신은 위대하도다. 땅을 갈 때 사용할 수 있는 이 도구들을 허락해주셨으니. 신은 위대하도다. 우리에게 두 손을 주셨고, 목구멍과 위를 주셨으며, 자각하지 못한 채로 자랄 수 있게 하시고, 잠자는 동안에도 숨 쉴 수 있게 해주셨으니.' 이것은 모든 경우에 우리가 불러야 하는 것이지만, 가장 엄숙하고 신성한 찬송은 우리에게 이러한 것들을 이해하고 그것들을 체계적으로 사용할 수 있는 능력을 주신 신께 감사하는 것이네.
>
> 자 그러면, 너희 대부분이 눈이 멀게 되었으니, 너희들의 자리를 채우고, 모두를 위해 신을 찬미하는 송가를 부를 누군가가 있어야 하지 않겠는가? 절름발이 노인인 내가 신을 찬미하는 것 외에 달리 무엇을 할 수 있겠는가? 내가 나이팅게일이라면 나이팅게일의 일을 할 것이고, 백조라면 백조의 일을 할 것이네. 허나, 사실상 나는 이성적인 존재이므로 신을 찬양하는 노래를 불러야 하

네. 이것이 내 임무이네. 나는 이 일을 할 것이며, 또 이 자리가 나에게 주어진 한, 이 직분을 저버리지 않을 것이네. 그리고 나는 너희들에게 바로 이 노래를 부르라고 권하는 것이네.[14]

이 텍스트에 대한 여러분의 느낌은 어떻습니까? 이미 주목하셨겠지만 마지막 말("이것이 내 임무이네. 나는 이 일을 할 것이며, 또 이 자리가 나에게 주어진 한, 이 직분을 저버리지 않을 것이네.")은 소크라테스가 재판관들 앞에서 한 말, "나는 이 임무를 신에게서 부여받았고 내 의지[15]로 이 일을 그만두지 않겠소"[16]와 정확히 일치함을 알 수 있습니다. [여기서] 동일한 사태를 발견할 수 있습니다. 그런데 소크라테스가 자신의 임무에 대해 논했을 때, 그는 자신의 임무가 거리에서 만나는 모든 사람에게 자신을 돌보라고 자극하고 권유하는 것임을 의미하려 했다는 것을 기억하시죠. 이제 이 임무, 책무는 신의 영광을 찬양하는 것, 신에 대한 감사의 찬가를 부르는 데 있습니다.

물론 이 일치가 양자[에픽테토스의 문장과 소크라테스의 말-옮긴이]의 매우 큰 차이를 전제한다는 것을 잘 알 수 있습니다. 하지만 이 마지막 구절이 위치하는 장에 주목해야 합니다. 이 구절은 에피멜레이아 헤아우투epimeleia heautou, 즉 우리가 자신을 돌봐야[배려해야-옮긴이] 한다는 사실, 그리고 신은 우리가 자유롭게 자신을 돌볼 수 있도록 모든 것을 했다는 사실에 대한 물음이 있는 장에 위치합니다. 남자와 여자, 모든 사람이 자유롭게 자기 자신을 돌볼[배려할-옮긴이] 수 있도록 하기 위해 인간 주변에 자연이 조

14 에픽테토스, 《에픽테토스 강의 1·2》, 155-157쪽[Épictète, *Entretiens*, I, 16, 15-21, *op. cit.*, p. 62-63].
15 푸코는 이것(volonté)을 프랑스어로 말한다.
16 플라톤, 《소크라테스의 변론》, 29c-30a[Platon, *Apologie de Socrate*, 29c-30a, *op. cit.*, p. 156-157].

직됐고 동물이 갖춰졌으며 사물이 마련됐습니다. 또 자유로운 자기 돌봄(배려–옮긴이)을 위해 인간 존재 안에, 인간의 신체에 표시가 자리 잡고 있습니다. 바로 그렇기 때문에 우리가 자유롭게 자신을 돌볼 수 있도록 모든 것을 조직한 신께 감사해야 한다는 것입니다. 우리가 자신을 자유롭게 돌볼(배려할–옮긴이) 수 있게 모든 것을 조직한 신께 감사하는 것과 신에 대한 감사의 표시로 자기 자신을 돌보는(배려하는–옮긴이) 것은 동일한 것입니다. 이런 이유로 이 구절은 대단히 신비스럽고 또 자기 돌봄(배려–옮긴이)의 전통적 문제계와 아주 다르지만 사실 이 자기 돌봄(배려–옮긴이)의 주제와 직접 관련이 있다고 생각합니다. 그리스도교 영성에서도 거의 동일한 양식의 신에 대한 감사 표시를 발견할 수 있습니다. 하지만 감사의 이유는 자기 돌봄(배려–옮긴이) 때문이 아닙니다. 우리가 자신을 망각할 수 있고 또 망각해야 한다는 사실, 그리고 우리가 자신을 포기해야 한다는 사실 때문입니다. 이제 우리는 자신을 돌보지 않으니 완전하게 신을 향해야 합니다. 여기서 자기 돌봄(배려–옮긴이)과 신에 대한 찬가를 부르는 것이 정확히 일치하는 것은 이 마지막 구절에서 주목할 만한 양태 가운데 하나입니다.

이 장은 인간과 동물의 비교라는 전통적 주제로 시작합니다. 즉 외관상 동물이 인간보다 우월해 보인다는 전통적 관념에서 시작해 지극히 플라톤적이거나 소크라테스적이거나 소피스트적인 주제로 끝납니다. 이 주제는 가장 오래된 그리스 철학의 전통에 뿌리를 두고 있는데, 이 마지막 구절, 마지막 문장은 4세기와 5세기 그리고 이후 그리스도교 영성에서 발견되는 그것과 대단히 유사하다고 생각합니다. 그래서 사태를 피상적으로 본다면 이 장은 처음부터 끝까지 거의 1000년의 그리스 문화를 간직하고 있습니다. 하지만 처음의 관념, 즉 인간과 동물의 비교는 에픽테토스 특유의 것이고 또 신에 대한 찬가를 암시하는 것도 그리스도교적 의미와 다른 의미가 있습니다. 그러므로 우리는 이 폭넓은 영역을 에픽테토스 특유의 한 양태 혹은 적어도 스토아주의 운동, 당대의 스토아주의 철학으로 축소할 필요가 있습니다.

마지막 구절에서 철학자의 임무는 신을 찬양하는 일에 그치지 않고, 매개적 역할이기도 합니다. 요컨대 그의 임무는 사물을 이해시키는 것이기도 하다고 생각합니다. 사람들이 무지하니까요.

아마도요. 언급하신 바와 일치하는 것을 이 텍스트에서 발견하셨는지요?

예, 이 구절이요. "바로 이것이, 어떤 경우라도 신께서 이 사물을 이해할 수 있고 또 그것을 정연하게 사용할 수 있는 자질을 우리에게 주신 것에 가장 장엄하고 가장 신성한 찬가를 불러야 할 이유다. 아, 그런데 너희 중 대부분은 눈이 멀어 있으니, 신을 찬미하는 노래를 너희 대신 만인의 이름으로 전할 사람이 필요하지 않을까?"

전적으로 옳습니다. 그리고 이 임무는 타인에게 〔자기 자신을 돌보라고(배려하라고-옮긴이)〕[a] 권유하는 소크라테스의 임무와 크게 다릅니다. 〔여기서 이 철학자(에픽테토스-옮긴이)는〕 타자 대신 행위합니다. 에픽테토스가 옷의 붉은 띠라 말하는, 지난번에 주석한 대화에 나오는 것을 참조해도 될 것 같습니다. 에픽테토스는 인

a 푸코가 끝마치지 않은 문장을 추측했다.(프랑스어에서는 이 구절이 문장 마지막에 위치한다-옮긴이)

류를 붉은 띠가 달린 원로원 의원의 토가에 빗대 이렇게 말했습니다. "나는 인간 중에서 토가의 붉은 띠와 같으며 나는 장식이다."[17] 철학자의 임무를 이해하는 세 가지 방식이 있다고 말할 수 있습니다. 그는 타인이 자신의 의무, 즉 자기 자신을 돌보는 임무를 수행하도록 권유하는 데 필요한 사람일 수 있습니다. 철학자는 인류에게 이런 식으로 쓰임을 받습니다. 철학자는 미학적 역할도 합니다. 철학자는 붉은 띠이고 인류를 영광스럽게 하니 말입니다. 철학자의 세 번째 역할은 무지한 까닭에 자신을 위해 해야 할 바, 즉 신의 영광을 위해 감사의 찬가를 부르는 것을 홀로 할 수 없는 사람을 대리하는 것입니다. 그리고 이 〔세 가지〕[b] 역할을 소크라테스라는 인물에게서 발견할 수 있습니다.

> 어제 강연에서 선생님은 자기 돌봄〔배려-옮긴이〕의 일환으로 사람들이 의거해야 하는 담론에 대해 말씀하셨습니다. 하지만 그건 이 찬가와 무관하다고 생각합니다.

잘 모르겠습니다. 이 찬가, 이 철학적 찬가의 의미가 뭐냐고 묻고 계신데요. 그것은 대단히 중요하고도 난해한 질문입니다. 저는 그 문제에 답할 능력이 없다고 고백할 수밖에 없습니다. 그리스 철학이 시작될 때부터 철학적 찬가는 아주 전통적인 것이었습니다. 고전기에는 그리스 문화에서 이런 철학적 장르[18]를 발견하기 어려운 것이 사실입니다. 그러나 초기 스토아주의 철학자

---

17 에픽테토스, 《에픽테토스 강의 3·4》, 33쪽〔Épictète, Entretiens, III, 1, 23, op. cit., p. 9〕. "나는 겉옷에 다는 자주색 테두리와 같다." 이 책 196쪽을 보라.

b 푸코는 '이 두 역할'이라고 말한다.

18 푸코는 이것(genre)을 프랑스어로 표현한다.

가운데 한 명인 클레안테스가 찬가를 썼다는 것을 잘 아실 겁니다.[19] 이 찬가는 신에 대한 철학적 성실성을 현시하는 것으로 스토아주의자에게 중요한 것이었습니다. 이런 실천의 재활성화가 이 텍스트에서 언급되고 있다고 생각합니다. 이 주제와 관련해 아시고 싶은 다른 사항 없습니까?

〔이제〕 어떻게 할까요? 에픽테토스의 다른 텍스트를 공부해 볼까요, 아니면 마르쿠스 아우렐리우스와 프론토의 서신 교환으로 넘어갈까요? 어느 쪽을 선호하십니까?

마르쿠스 아우렐리우스로 넘어가시죠.

그편이 나을 것 같군요. 그게 훨씬 더 쉬우니까요. 꽤 어려운 철학적 텍스트를 전체적으로 설명하기는 쉽지 않을 것 같기도 하고요. 저는 여러분을 믿었고, 여러분이 이 텍스트와 관련해 논의할 것을 많이 준비하셨으리라고 생각합니다. 에픽테토스의 다른 텍스트에 대해서는 월요일에 다시 논의할 수도 있습니다.

에픽테토스의 다른 텍스트, 그러니까 《강의》 1권 1장 초반부를 보면서 떠오른 문제를 하나 제기해도 될까요?[20] 에픽테토스는 이렇게 묻습니다. "문법 기술의 경우에, 그 탐구의 힘은 어디까지 미칠 수 있는가?" 그리고 그는 이렇게 답합니다. "쓰인 것에 관해 판단을 내리는 데까지다."[21] 저는 자기 테크

---

19 Cléanthe, *Hymne à Zeus*, trad. fr. P.-M. Schuhl, dans *Les Stoïciens*, "Bibliothèque de la Pléiade", Paris, Gallimard, 1962, p. 7-8.

20 이번 세미나에서 주해할 수 없게 됐지만, 그럼에도 불구하고 질문에 답변하면서 부분적으로 주해하게 된 텍스트임에 분명하다.

21 에픽테토스, 《에픽테토스 강의 1·2》, 31-32쪽〔Épictiète, Entretiens, I, 1, 1-4, op. cit., p. 5〕. "모든 기술과 우리의 모든 능력 중 자신을 탐구 대상으로 삼을 수 있는 것은 아무것도 없고(oudemian heurêsete autên hautês theôrêtikên), 그러므로 결과적으로 자신에 찬성하거나 반대하는 판단을 가질 수 있는 것은 아무것

닉을 기술하기 위한 특수한 어휘가 존재했는지 알고 싶습니다.

당연히 어휘가 존재합니다. 하지만 그 어휘는 대체로 상당히 일상적으로 통용되는 말을 사용해서 이 말의 기술적 의미를 모르면 이해 못 할 수도 있습니다. 내일 마르쿠스 아우렐리우스가 어떻게 아나코레시스anakhôrêsis[22]라는 말을 사용하는지 두 텍스트를 통해 설명해보겠습니다. 아나코레시스는 군사 용어인데 마르쿠스 아우렐리우스는 이 말을 아주 테크니컬한 의미에서 사용합니다. 이런 테크니컬한 용례를 모르면 텍스트 전체를 잘못 이해할 수도 있습니다. 이런 말은 아주 많습니다. 예를 들어 에피멜레이아epimeleia는 '돌봄〔배려-옮긴이〕'을 의미하는 상당히 일상적인 어휘입니다. 하지만 에피멜레이아 헤아우투는 대단히 구체적인 어떤 것입니다.

〔인용하신 구절에 선행하는 구절 "모든 기술과 우리의 모든 능력 중 자신을 탐구 대상으로 삼을 수 있는 것은 아무것도 없고(oudemian heurêsete autên hautês theôrêtikên)"에서〕[a] 에픽테토스가 테오레티케theôrêtikê[b]

도 찾을 수 없을 것이다. 문법 기술의 경우에, 그 탐구의 힘은 어디까지 미칠 수 있는가(mechri tinos kektêtai to theorêthikon)? 쓰인 것에 관해 판단을 내리는 데까지다. 그렇다면 음악의 능력의 경우에는? 멜로디에 관해 판단을 내리는 데까지다. 문법이나 음악이 자기 자신을 연구 대상으로 삼는가? 전혀 아니다. 하지만 자네가 친구에게 글을 쓸 때 그 문자를 선택해야 하며 문법이 그것을 자네에게 말해줄 것이다. 선율에 대해서는 음악이 그렇게 해줄 것이다. 하지만 지금 노래하고 리라를 연주해야 하는지, 아니면 노래도 하지 말고 리라도 연주하지 말아야 하는지에 대해서는 음악이 자네에게 말해주지 않을 것이다. 그렇다면 누가 그걸 말해줄까? 다른 모든 것을 탐구 대상으로 삼는 것과 마찬가지로 자신도 탐구 대상으로 삼는 능력. 그게 뭘까? 바로 이성의 능력이다. 사실 우리가 받은 능력 중 유일하게 이성이 자기 자신을 의식하고 있으며, 그러므로 자신의 본성, 자신의 역능, 자신의 가치를 의식하고 있고, 다른 능력도 의식하고 있는 것이다."〔가독성을 고려해 번역 수정-옮긴이〕

22 네 번째 강연을 말한다. 푸코는 여기서 마르쿠스 아우렐리우스의 두 텍스트에 대해 이야기하고자 하는 자신의 의도를 알리지만, 이 강연이 남겨둔 것에서는 하나밖에(*Pensées* IV, 3) 발견되지 않는다. 이 책 140-141쪽, 140쪽 각주 8을 보라.

a 청중이 유인물을 갖고 있어서 푸코가 주해할 텍스트를 따로 인용하지 않기에, 각괄호 안의 구절을 추가한다.

b theôrêtikê의 영어 번역에 대한 지적은 싣지 않는다.

를 통해 의미하고자 하는 바는, 어떤 능력이 능력으로서 무엇인지 알 가능성이 아니라 언제, 어떤 조건에서 이 능력을 활용하는 것이 적절하거나 부적절한지 알 가능성입니다. 이게 테오레티케의 의미입니다. 자기만의 이론을 만드는 능력이 문제가 되는 것이 결코 아니며, 이것은 정신이 마치 거울처럼 자기 자신을 들여다볼 수 있다는 것을 결코 의미하지 않습니다. 'autên hautês theôrêtikê'에서 theôrêtikê는 예를 들어 문법이나 글쓰는 기술처럼 그 능력을 사용할 경우, 글쓰기나 플루트 연주 등과 같은 이 능력을 사용해야 할 적절한 때와 적절하지 않은 때를 결정할 가능성을 의미합니다. 우리가 가진 모든 일상적 능력은 우리에게 글을 쓰거나 플루트를 연주하는 종류의 능력을 줍니다. 하지만 이 중 아무것도 우리가 지금 친구에게 편지를 써야 하는지 아닌지, 그것이 적절한지 아닌지 말해줄 수 없습니다. 이런저런 상황에서 무엇을 행하는 것이 적절한지 아닌지 말해줄 능력은 오직 이성, 즉 로고스뿐입니다. 이성이 그것을 말해줍니다. 이성은 그것을 말할 능력이 있고 어떤 능력을 위해서든, 그리고 자기 자신을 위해서도 그것을 결정할 능력이 있다는 것입니다. 그렇기 때문에 이성은 다른 능력에 지상권을 행사해야 하고, 그렇기 때문에 이성은 자유롭습니다. 이성은 스스로 결정을 내리기 때문입니다. 이 이성 개념은 대단히 중요합니다. 이전 텍스트를 논평하면서 말씀드렸듯이 이성은 인간의 테크니컬한 능력과 하등의 관계가 없기 때문입니다. 테크니컬한 능력을 제공하는 것은 다른 자질, 다른 능력입니다. 다른 것이 문제가 됩니다. 이성은 "이 자질을 활용할 것인가? 지금이 이 자질을 사용하는 데 적절한 순간인가?"와 같은 문제가 출현할 때 시작됩니다. 아시다시피 이성이 무엇인지 이해할 수 있게 해주는 두 개념이 존재합니다. 첫 번째는 다른 자질의 활용이라는 개념인데 이 활용은 그리스어로 크레시스khrêsis, 크라오마이khraômai, 크레스타이khrêsthai입니다. 《알키비아데스》에서 소크라테스가 "우리가 돌봐야〔배려해야-옮긴이〕 할 자기는 무엇인가?"라고 묻고 거기에 대해 우리의 신체, 우리의 발, 우리의 손 등을 활용하는khrêsthai 자질을 돌봐야〔배려해야-옮긴이〕 한다고 답한 것을 기억하실 겁니다.[23] 두 번째 개념은 이성의 기능이 특정 상황에서 어떤 자질의 활용을 결정하는 데 있다는 것입니다. 적절한 상황인가 아닌가? 이런저런 상황에서 이 자질을 활용하는 것이 적절한지 아닌지 결정하는 데 있습니다. 〔여기서〕 카이로스kairos 개념과 만나게 됩니다.[24] 카이로스는 기회, 우리가 자질을 활용할 수 있는 기회입니다. 이것은 아리스토텔레스나 플라톤과도 관계가 있습니다.

아무튼 일정한 기회kairos에 다른 자질의 활용khrêsis을 결정할 수 있는 자질로서 이성에 대한 기술적 정의를 여기서 발견할 수 있습니다. 바로 그렇기 때문에 이성은 그 안에서 우리가 자신을 돌볼 수 있는 **보편적** 자질입니다. 우리가 자신을 돌본다는 것은 어떤 상황에서, 어떤 카이로스에 다른 자질을 활용khrêsthai해야 하는지 정확히 결정할 수 있는 것입니다. 그러므로 우리는 자기 돌봄〔배려-옮긴이〕의 특수한 자질로서 이성이 무엇인지에 대한 실정

23 플라톤, 《알키비아데스》, 127e-130c〔Platon, *Alcibiade*, 127e-130c, *op. cit.*, p. 99-104〕. 'khrêsis'라는 용어와 'khrêstei'라는 동사에 대해 더 자세히 알고 싶으면 다음을 보라. 《주체의 해석학》, 95-98쪽〔HS, p. 55-57〕.

24 고전기 고대 윤리에서 kairos 개념의 역할에 대해, 특히 쾌락을 활용(khrêsis aphrodisiôn)하는 기술에 대해서는 다음을 보라. 〈캘리포니아대학교 버클리캠퍼스 철학과에서의 토론〉, 《비판이란 무엇인가?/자기 수양》, 129-131쪽〔M. Foucault, "Débat au Département de Philosophie de l'Université de Californie à Berkeley", dans CCS, p. 112-114〕; 《쾌락의 활용》, 75-77쪽(제1장 〈쾌락의 도덕적 문제 설정〉, 2절, 항목 2)〔UP, p. 68-70〕; 《자기 배려》, 154-155쪽(제4장 〈육체〉, 3절, 항목 3)〔SS, p. 154-155〕. 파레시아의 실천에서 이 개념이 갖는 중요성에 대해서는 다음을 보라. 《주체의 해석학》, 411-413, 416-418쪽〔HS, p. 367-368, 371-372〕; 《담론과 진실: 파레시아》, 60-64쪽〔M. Foucault, "La *parrêsia*", conférence citée, p. 44-46〕; GSA, p. 201, 206-207; 《담론과 진실: 파레시아》, 269-270쪽〔DV, p. 226〕.

적 정의를 발견할 수 있습니다. 그래서 신이 우리에게 이성을 부여한 것은 우리가 필요로 하는 모든 테크니컬한 대상을 제공하기 위해서였다는 것을 알 수 있습니다. 이성은 다른 것을 대체하는 선물도 아니고, 어떤 결여나 결함의 대용물도 아닙니다. 신은 우리가 좋거나 나쁜 의미에서 다른 자질을 자유롭게 활용할 수 있도록, 부가적 선물로 우리에게 이성을 준 것입니다. 이런 의미에서 인간 존재는 합리적 존재로서 자기 자신을 돌봐야(배려해야-옮긴이) 하는 존재입니다. 하지만 자신의 존재에 뭔가 결여됐기 때문에 자기 자신을 돌봐야(배려해야-옮긴이) 하는 것이 아닙니다. 반대로 인간이 자유롭기 때문에, 이성을 부여받았기 때문에 자기 자신을 돌봐야(배려해야-옮긴이) 한다는 것입니다. 스스로를 탐구 대상으로 삼을 수 있는autê theôrêtikê 자질, 요컨대 다른 자질과 (자기 자신을)[a] 사용할 수 있는 자질로서 이성을 부여받았기 때문입니다. 물론 이 장 끝부분에서 (볼 수 있는)[b] 결함의 문제가 있긴 합니다. 하지만 정확하게는 결함의 문제라기보다 세계의 물질적 제어라는 문제라서, 다른 문제입니다.

저는 이 텍스트의 독서를 요청함으로써 에픽테토스에게서 자기 돌봄(배려-옮긴이)의 철학을 진정으로 발견할 수 있다는 사실을 보여드리고 싶었습니다. 신이 주신 특별한 선물로 이성을 내포한 존재로서 인간에 대한 정의가 발견되는데요, 그 이성은 인간의 결함을 대체하거나 보완한다는 명목으로 정당화되는 것이 아닙니다. 다른 무엇 때문이 아니라 오직 자기 자신을 돌보도록(배려

a 푸코가 끝맺지 않은 문장을 추측했다.

b 푸코는 '살펴본 바 있는'이라고 말한다. 하지만 그는 이 답변에서 이 장의 초두를 주해하지 않는다. 이 장의 시작은 인간이 무엇에 의존하는지(이성)에 할애되고, 말미는 인간이 무엇에 의존하지 않는지(세계의 물질적 제어)에 할애돼 있다.

하도록-옮긴이) 하기 위해 신이 인간에게 이성이라는 능력을 선물로 줬다는 것입니다.

여기서 중단하겠습니다. 마르쿠스 아우렐리우스(의 서신을) 연구할 시간이 몇 분 정도 남았습니다. 이 텍스트를 읽어 오셨으리라 생각하고, 다시 읽지는 않겠습니다. 두 번째 서신을 읽어야겠습니다. 그 전에 이 서신 세 편과 관련해 몇 마디 해보고자 합니다. 특히 첫 번째 서신과 세 번째 서신에 대해서요. 안 읽으신 분 있나요? 없습니까? 미안하지만 시간이 별로 없어서요.

첫 번째로 주목해야 할 점은 당연히 자기 수양에서 글쓰기, 서신, 서신 교환의 중요성입니다.[25] 읽어서 아시겠지만 프론토와 마르쿠스 아우렐리우스는 매일 상대에게 서신 한 편을 썼습니다. 매일 한 편 이상이었을지도 모르겠습니다. 기억하실지 모르겠지만 쿼티디에quotidie[26]라는 말에 대한 지적이 있습니다. 쿼티디에는 그들이 상대에게 쓰는 편지의 수를 표현하기에 충분치 않습니다. 두 사람이 상대에게 매일 편지를 쓴다는 건 상당히 기묘하고 특이합니다. 이런 서신 교환은 사회 최상층에 있는 아주 부유한 사람들 특유의 것으로, 로마 사회의 모든 사람이 편지를 썼다고 생각할 순 없습니다. 이것이 어떤 사회계층에 전형적인 것이긴 했지만, 그럼에도 일정한 사회 계급에서 존재한 자기 기술art de soi, 소위 자기 수양에서 이 서신 교환은 글쓰기의 중요성을 증명한다고 생각합니다. 호모 키비쿠스homo civicus—아시다시피 제가 의미하고자 하는 것은 그리스 사회의 시민으로서 인간입니다—에서

25 이 책 57쪽 각주 15를 보라.

26 Fronton à Marc Aurèle, dans *Lettres inédites de Marc Aurèle et de Fronton*, t. I, livre III, lettre 13, *op. cit.*, p. 191-197.

호모 인테리오르homo interior〔내적 인간–옮긴이〕로 넘어가는 변화가 호모 리테라투스homo litteratus〔문자를 사용하는 인간–옮긴이〕 혹은 호모 에피스톨라리스homo epistolaris〔서신을 주고받는 인간–옮긴이〕라는 단계, 국면을 거쳤습니다. 호모 키비쿠스에서 호모 인테리오르로 넘어가는 변화에서 글쓰기가 필수 불가결한 기술이었다는 사실은 중요합니다. 로마제국의 사회적·정치적 역사에서 이 시기에 글쓰기는 개인적으로나 정치적으로나 중요했다는 사실도 강조하고자 합니다. 저는 여러분이 읽은 세 번째 편지를 참조합니다. 프론토가 쓴 것 말입니다. 프론토는 마르쿠스 아우렐리우스에게 "나는 지금 네게 쓰고 있는 것보다 많은 것을 쓰고 싶다."—사실 그들은 거의 매일 편지를 주고받습니다—"하지만 나는 네가 다른 편지도 많이 써야 한다는 걸 알고 있어"라고 말합니다. 마르쿠스 아우렐리우스는 이 시기에 아직 황제가 아니었지만, 정치적 책무가 있었고 많은 편지를 작성해야 했습니다. 이 시기 안토니우스 왕조에서 제국 관료제가 발전했고, 예를 들어 하드리아누스 황제는 직업적으로 제국의 서신을 작성하는 지방 총독, 지방 대관 등 많은 관료와 함께 관료제를 개편했습니다. 그 결과 관료제의 테크닉으로서 글쓰기와 개인의 테크닉으로서 글쓰기가 동시에 발달하게 된 것 같습니다. 복사해서 나눠드린 이 마지막 편지에서 관료제적 글쓰기와 개인적 글쓰기의 경합이 잘 드러납니다.

또 이 편지는 자기 수양에서 개인적 관계와 타자와 관계의 중요성을 보여줍니다. 이 자기 수양은 결코 이기적이지도, 유아唯我적이지도 않습니다. 이 자기 수양은 항시 다른 사람과 관계를 경유해야 합니다. 아시겠지만 영국의 위대한 역사가 에릭 로버트슨 도즈에 따르면 고대 문화에는 수치심의 문화에서 죄의식의 문화로 넘어가는 경향과 변화가 존재했습니다.[27] 〔수치심의 문화는〕 수치심, 다시 말해 집단의 압력이 윤리에서 결정적 〔역할을 하는〕[a] 문화입니다. 그리고 죄의식은 신과 관계입니다. 우리가 이 가설을 받아들인다면—이 가설을 유지해야 할지 확신할 순 없지만 유지한다면[28]—수치심의 문화와 죄의식의 문화 사이에 거리낌의 문화라 불러야 할 단계를 추가해야 할 것 같습니다. 이 거리낌의 문화에서 문제는 집단의 압력, 어떤 사람에 대한 여론의 압력도 아니고 신에 대한 죄의식도 아닙니다. 두 사람의 심리적 거리낌과 윤리가 문제입니다. 마르쿠스 아우렐리우스와 프론토가 거리낌을 표현하는 방식을 보십시오. 마르쿠스 아우렐리우스는 자신이 적절한 말을 사용하는지 여부를 모릅니다. 그리고 프론토가 수사학 선생이기 때문에 마르쿠스 아우렐리우스는 자신이 이런저런 말을 사용할 때 느끼는 거리낌을 표현합니다. 저는 이 '거리낌scrupule'이라는 말을 사용하고 유지해야 할지 아닐지 잘 모르겠습니다. 아무튼 도시국가의 여론, 신분 집단의 의견이 윤리 의식에 결정적 역할을 하는 문화가 있고 신과 종교적 관계가 윤리 의식에 결정적 역할을 하는 문화가 있다면 그 사이에 한 단계 혹은 한 국면이 더 있다고 생각합니다. 두 사람의 관계가 윤리 의식 형성에 결정적 역할을 하는 〔서면〕[b] 문서로 대표하는 단계 말입니다. 그래서 제가 여러분에게 이 서신을 읽어보시라고 한 것입니다.

제가 두 번째로 강조하고자 하는 점은 이 텍스트에서 의학

---

27 에릭 R. 도즈, 〈2장 수치 문화에서 죄 문화로〉, 《그리스인들과 비이성적인 것》(E. R. Dodds, *Les Grecs et l'irrationnel*, *op. cit.*, p. 37-70) 참조.

a 들리지 않는 구절을 추측했다.

28 〈캘리포니아대학교 버클리캠퍼스 불문과에서의 토론〉, 《비판이란 무엇인가?/자기 수양》, 209쪽(M. Foucault, "Débat au Département de Français", débat cit., p. 172) 참조.

b 거의 들리지 않는 구절을 추측했다.

적 언급이 담당하는 중대한 역할입니다. 그들이 감기에 걸렸다거나 이런저런 병에 걸렸다고 쓰는 것에 대해 놀라셨는지 모르겠습니다. 이 점 역시 대단히 특징적입니다. 이런 종류의 자기 돌봄[배려-옮긴이]에서 신체는 대단히 중요한 역할을 하지만, 체육과는 아주 다른 역할을 담당하기 때문입니다. 이 역할은 고전기에 그토록 중요한 체육과는 하등 관계가 없습니다. 문제는 신체적이고 심리적인 수많은 작은 동요의 요람, 거처로서의 신체입니다. 이 점은 이 서신에서 명확합니다.

세 번째는 사랑의 문제인데, 저는 이와 관련해 뭐라 말할 수 있을지 모르겠습니다. 프론토가 마르쿠스 아우렐리우스에게 보낸 세 번째 편지를 읽어보셨죠.[29] 이것은 소크라테스적 사랑, 에로스적 사랑, 소년애와 전혀 관련이 없습니다. 이것은 우리가 동성애라 부르는 바 혹은 그에 준하는 바와 무관합니다. 이것은 (성적인 관계라고 말할 수 없지만) 육체관계를 수반하는 정열적 사랑입니다. 그들은 서로 포옹합니다. 아무튼 흥미로운 사료라고 생각합니다. 이런 종류의 서신이 너무나 많아서 이 흥미로운 서신이 왜 프랑스에서는 거의 출판되지 않았는지 모르겠습니다. 어쨌든 이 서신은 대단히 흥미롭습니다.

이제 두 번째 서신을 함께 읽어보고자 합니다.

> 안녕, 다정한 내 스승님. 우리는 건강히 잘 지내고 있습니다. 진정된 것 같았지만 여전히 오한이 좀 있어 잠을 설쳤습니다. 그래서 밤 11시부터 새벽 3시까지 있으면서 얼마 동안은 카토의 《농업론》을 읽었고 얼마 동안은 글을 썼습니다. 다행히 어제보다는 좀

29 아마도 다음을 가리키는 것 같다. lettre 13 du livre III. 이 책 246쪽 각주 26을 보라.

덜 썼습니다. 그러고 나서 아버지께 문안 인사를 드린 뒤, 꿀물을 목젖까지 삼켰다가 가글하지 않고—노비우스나 다른 사람들이 '가글한다'고 표현하기에 저도 따라 써봤습니다—다시 뱉어내어 목을 가라앉혔습니다. 하지만 목이 회복되자마자 아버지 곁으로 갔습니다. 아버지가 주재하시는, 신께 바치는 희생 제의에 참여하고 나서 식사하러 갔죠. 내가 뭘 먹었는지 아십니까? 다른 사람들이 굴, 양파, 기름진 정어리를 먹는 걸 바라보면서 빵만 조금 먹었습니다. 그러고 나서 우리는 포도를 수확하기 시작했습니다. 다들 땀을 많이 흘리고 한바탕 소리를 질렀습니다. 우리는 6시에 집에 돌아왔습니다. 공부를 좀 했지만 별다른 결실은 없었습니다. 그러고 나서 침대에 앉아 계시던 어머니와 많은 담소를 나눴지요. "프론토는 지금 뭘 하고 있을까요?"라고 내가 말하니까 어머니는 "그라티아는 뭘 하고 있을까?"라고 응수하셨습니다. 나는 "누구요? 꾀꼬리처럼 귀엽고 사랑스러운 우리 그라티아 말예요?"라고 말했습니다. 이렇게 담소를 나누는 동안, 또 우리 중 누가 더 당신 중 한 사람을 사랑하느냐를 놓고 논쟁을 벌이는 동안 원반 소리가 울리며 아버지가 욕장에 들어가신 걸 알렸습니다. 그래서 우리는 포도 압착실에서 목욕 후에 저녁 식사를 했습니다. 압착실에서 목욕했다는 말이 아니라 목욕 후에 압착실에서 식사했다는 말입니다. 그리고 우리는 마을 사람들의 행복한 대화를 기쁜 마음으로 들었습니다. 귀가 후 자기 위해 모로 돌아눕기 전, 내가 한 일을 펼쳐 늘어놓으며meum pensum explico 내 온몸과 맞바꿔서라도 욕망하고 싶은 탁월한 내 스승께 내 하루를 보고합니다. 잘 지내세요, 프론토. 모든 곳에서 내게 가장 다정한 내 사랑, 내 기쁨. 당신과 나는 어떤 관계일까요? 함께 있지 못한 이여, 사랑합니다."[30]

이 서신은 대단히 흥미롭습니다. 첫째, 이런 종류의 자기 수양에서 전통이기도 했고 습관이기도 한 그 유명한 시골에서 은거하는 와중에 보낸 하루의 기술記述이 문제가 되기 때문입니다. 이 시골 은거는 로마 공화정 말기부터 고대의 뒤늦은 시기까지 발견됩니다. 시골에 은거하는 것은 자연을 가까이하며 자기 자신을 돌보는 시간과 여가를 갖고 신체와 영혼을 위해 적절한 양생술을 실천하는 방식이었습니다. 아시다시피 많은 사람이 시골 별장에서 은거했습니다. 플리니우스는 어떤 편지에서 이런 종류의 은거가 가져다주는 모든 이득에 대해 설명하고, 친구들에게 이따금 은거하라고 권유합니다. 무소니우스 루푸스는 한 텍스트에서 은거는 만인에게 매우 좋은 것이고, 특히 젊은이들에게—확실치 않지만 그렇게 말한 것 같습니다—이따금 시골에 내려가 농부와 동일한 종류의 생활 규범에 따를 것을 권고합니다. 시골에서는 사람들이 일하고 건강한 생활 규범에 따르며, 이런 식으로 자기 자신을 돌볼 수 있기 때문이라는 것입니다. 시골과 자기의 관계, 시골 생활과 자기 돌봄[배려-옮긴이]의 관계는 당대에 대단히 중요하고 일상적인 것이었으며, 아시다시피 자기와 시골이 맺는 관계의 유구한 역사가 존재합니다.

이 편지는 시골에 대한 편지, 시골에서 보낸 하루에 대한 서술입니다. 이 편지에 언급된 요소는 자기 테크닉과 의료 테크닉에서 '양생술'이라 불리던 바의 기본 원리입니다. 양생술에는 수면이 포함되는데, 이는 히포크라테스와 그를 잇는 전통에 따른 것입니다. 이 편지는 마르쿠스 아우렐리우스가 깨어날 때 시작되어 그

30 Marc Aurèle à Fronton, dans *Lettres inédites de Marc Aurèle et de Fronton*, t. I, livre IV, lettre 6, *op. cit.*, p. 249-251. 푸코는 1982년 1월 27일 콜레주드프랑스 〈주체의 해석학〉 두 번째 강의 말미에서 이 편지를 주해했다. 《주체의 해석학》, 191-200쪽[HS, p. 151-158] 참조.

가 잠자리에 들려 할 때 끝납니다. 자고 먹고 마시고(이와 관련된 묘사가 있습니다) 수련하고—어떤 것이 〔빠져 있는데, 바로 성입니다〕[a] —목욕하고. 그러니까 이건 양생술에 관한 서신입니다. 이 모든 것이 흥미롭습니다. 보시다시피 이 양생술은 전형적인 시골풍 양생술입니다. 여기서 음식은 농부의 음식입니다. 마르쿠스 아우렐리우스는 어머니 아버지가 다른 음식을 드실 때 자신은 농부와 똑같은 음식을 먹었다는 것을 자랑스럽게 생각합니다. 내일 세미나에서는 이와 동일한 주제를 다루는 세네카의 서신을 살펴보겠습니다. 보시다시피 마르쿠스 아우렐리우스가 하는 수련은 농부가 하는 일입니다. 마르쿠스 아우렐리우스는 건강을 위한 수련으로 포도 수확을 합니다.

더 이상한 것은 어머니와의 대화입니다. 적절한 양생술 이후에는 저녁 식사를 마치고 대화, 철학적 대화, 중요한 대화가 있어야 합니다. 플루타르코스도 동일한 조언을 하는데, 식사 동안이 아니라 식사 후에 진지한 대화를 나눌 수 있다는 것입니다. 마르쿠스 아우렐리우스는 어머니와 진지한 대화를 나누는데, 그 주제는 사랑입니다. 아시다시피 사랑에 대해 논의하는 것은 대단히 전통적인 것이었습니다. 하지만 고전적 전통에서는 남성의 사랑이나 여성의 사랑에 관해 논의했고, 파트로클로스는 아킬레우스를 사랑하는 자였는지 그에게 사랑받는 자였는지 같은 난해한 문제에 관해 논의했습니다. 그러나 여기 나오는 논의는 제가 아는 한 상당히 새로운 논의 혹은 적어도 대단히 이상한 논의입니다. 마르쿠스 아우렐리우스가 프론토에 대해 느끼는 감정과 마르쿠스 아우렐리우스의 어머니가 프론토의 딸(그라티아는 프론토의 딸입

a 잘 들리지 않는 구절을 추측했다.

니다)에 대해 느끼는 감정에 관해 논의하기 때문입니다. 물론 이것은 크세노폰과 플라톤 등에서 전통적인 에로스에 대한 논의 혹은 사랑의 속성에 대한 논의와 다릅니다. 나중에 등장할, 중세에 발견되는 사랑에 관한 논의와도 다릅니다. 〔중세의 사랑에 대한-옮긴이〕 논의에서 문제가 되는 것은 짐작하시는 대로 결코 성적이지 않은, 강렬한 관계로서 사랑입니다. 바로 이것이 논의의 주제입니다. 이런 강렬한 애정 관계가 진지한 논의의 주제라는 관념은 대단히 특징적입니다.

마지막으로 언급하고 싶은 것이 있습니다. 이것이 가장 중요하기 때문입니다. 이것은 편지 말미에 나오는 구절입니다. "귀가 후 자기 위해 모로 돌아눕기 전, 내가 한 일을 펼쳐 늘어놓으며meum pensum explico (…) 탁월한 내 스승께 내 하루를 보고합니다." 이 글의 라틴어 텍스트를 참조해보면[b] 마르쿠스 아우렐리우스는 'meum pensum explico'라고 말합니다. 그것은 〔마르쿠스 아우렐리우스가〕 행한 모든 것이 쓰여 있는 두루마리입니다. 'explico'는 '펼친다'는 뜻입니다. 이것은 의식 점검입니다. 하루가 끝날 무렵, 잠자리에 드는 순간—이건 내일 세네카를 통해 살펴보겠습니다—그는 사유를 통해 자신의 과업, 즉 하루 동안 해야 할 일과 한 일을 점검합니다. 이것은 책 혹은 메모장의 은유이고—여기서 이것은 실제 책을 의미할 수도 있지만 그가 말하는 것은 은유적인 책이라고 생각합니다—그는 자신이 하루 동안 한 일을 살펴보고 프론토에게 자신이 발견한 것, 이 의식 점검에서 회상한 것을 편지에 적습니다. 그래서 이 편지는 양생술이 무엇인지에 대한 설명

b 영어 번역에 대한 지적은 싣지 않는다.

과 논술입니다(…).[a]

a 녹음이 중단되어 세미나의 마지막 말이 빠졌다.

세 번째 세미나

지난번 세미나에서 오늘 갈레노스와 세네카의 텍스트를 연구하면서 파레시아parrêsia 개념에 대한 몇 가지를 간략히 설명하기로 한 것 같습니다.[1] 그리고 내일은 질문과 답변을 곁들인 자유토론을 할 예정입니다. 오늘 주제는 직언franc-parler이고, 직언에 대해 다룰 것이니만큼 내일 우리 논의와 관련해서도 좋은 자극이 되기를 바랍니다.

파레시아 개념에 대해 논의한 것이 지난번 강연에서인지, 지지난번 강연에서인지 정확히 기억이 나지 않는군요. 파레시아는 영어로는 통상 '프리 스피치free speech'라는 표현으로 번역되고, 프랑스어로는 〔솔직하게 말하다라는 뜻의-옮긴이〕 '프랑 파흘레franc-parler'라는 표현을 씁니다. 프랑스에 대한 애국주의를 표명할 의도는 없지만 영어 번역보다 프랑스어 번역이 훨씬 적합한 함의를 띤다고 생각합니다. '프랑 파흘레'에는 명확한 윤리적 함의가 있지만, '프리 스피치'에는 전혀 그런 함의가 없는 것 같으니까요. 아무튼 어원적으로 파레시아는 우리가 생각하는 모든 것을 말할 가능성, 우리가 생각하는 모든 것을 말할 자유를 의미하는 pan-rêsia입니다.

제가 이 세미나에서 파레시아라는 테마를 선택한 이유를

1 파레시아에 대한 이 설명은 푸코가 이보다 몇 주 전 그르노블대학교에서 진행한 강연 내용과 상당히 유사하다. 《담론과 진실: 파레시아》, 23-88쪽〔M. Foucault, "La *parrêsia*", conférence citée, p. 21-75〕 참조. 푸코는 그르노블대학교 강연의 주요 전개, 즉 자기 돌봄〔배려-옮긴이〕이라는 틀에서 파레시아 분석과 관련된 중대한 전개를 〈주체의 해석학〉 강의, 특히 1982년 3월 10일에 끌고 간 바 있다. 《주체의 해석학》, 397-437쪽〔HS, p. 355-393〕 참조. 이에 더해 푸코는 콜레주드프랑스의 마지막 두 해 강의와 1983년 가을 캘리포니아대학교 버클리캠퍼스 강연을 파레시아 개념에 대한 심층적인 연구에 할애하게 될 것이다. 다음을 참조하라. GSA; 《담론과 진실: 파레시아》〔DV〕; CV.

말씀드리겠습니다.

첫째, 파레시아는 여러 양상을 띠는 복합적 개념입니다. 이 파레시아 개념은 자유-금지라는 이분법적 도식의 관점에 입각해 분석될 수 없다고 생각합니다. 우리는 파레시아와 함께 이런 종류의 도식에서 벗어나고, 허용된 것과 금지된 것에 입각한 분석과는 다른 형태의 분석을 발견해야 한다고 생각합니다. 파레시아는 자유이자 의무입니다. 파레시아는 늘 대화 상대자의 상황에서 어떤 특정한 정황을 내포하고 있습니다. 파레시아는 개인의 상황, 개인의 신분, 대화 상대자의 윤리적 자질과 관련되고, 한 사람이 말하고 다른 사람은 들어야 하는 〔상황도-옮긴이〕 내포하고 있습니다. 파레시아 개념이 내포하는 이 모든 상황은 파레시아가 순수하고 단순한 발언의 자유보다 화자와 청자의 암묵적 계약, 경우에 따라서는 명시적인 계약에 훨씬 더 가깝다는 사실을 보여주고 있습니다. 이런 관점에서 파레시아 개념은 대단히 중요하고, 담론의 화용론적 관점에 입각한 역사적 분석의 좋은 예가 된다고 생각합니다. 이상이 첫째 이유, 즉 이 개념의 복합성입니다.

제가 파레시아 개념에 관심을 갖고 오늘 여러분에게 분석을 제안하는 둘째 이유는 파레시아 개념이 참된 담론, 진실한 담론 개념과 결부돼 있기 때문입니다. 파레시아는 그냥 뭔가를 말할 자유나 의무일 뿐만 아니라 진실을 말할 자유와 의무입니다. 그런데 어떤 진실일까요? 예를 들어 그리스인은 박물학자가 생명 존재에 관한 진실을, 혹은 건축가가 그의 테크네에 관한 진실 요컨대 건축술에 관한 진실을, 혹은 역사가가 역사적 사건에 관한 진실을 이야기할 때 이들이 파레시아를 사용한다고 말하지 않았으리라는 것은 명확합니다. 파레시아에서 문제가 되는 진실은 첫째로 항시 두 특수한 영역, 요컨대 윤리의 영역과 정치의 영역에 속합니다. 과학적 진실은 파레시아를 통해 전달할 필요가 없습니다. 그러나 중요한 여러 사례에서 윤리적이고 정치적인 진실은 파레시아를 필요로 합니다. 이 진실의 두 번째 특징은 진실이 위험하다는 것, 더 정확히 말해 진실을 말한다는 것 때문에 그것을 말하는 자가 위험해진다는 것이며, 진실을 듣는 자를 불쾌하게 하고 상처를 줄 수도 있다는 것입니다. 파레시아는 그 자체로 일종의 위험을 내포하거나 수반하는 윤리적이거나 정치적인 진실입니다. 이 위험은 듣는 자와 말하는 자에게 동일한 것이 아닙니다. 하지만 파레시아를 이용해 발화되는 진실에는 위험이 존재합니다. 파레시아는 정치적이고 윤리적인 영역에서 진실 말하기라는 위험한 게임과 관련돼 있습니다.

제가 파레시아 개념을 선택한 셋째 이유는 이 개념이 윤리적인 동시에 기술적인 개념이기 때문입니다. 파레시아 혹은 파레시아스트(다시 말해 파레시아를 사용하는 자)인 것은 하나의 덕입니다. 그러나 파레시아스트인 것은 하나의 테크네, 즉 기술입니다. 그것은 어떤 수완을 전제합니다. 그리고 이 기술 혹은 기술과 덕의 혼합은 윤리적이고 정치적인 삶에서 중요한 역할을 합니다.

제 관점에서 파레시아 개념이 중요한 넷째 이유는 이 개념의 의미가 고대 문명에서 상당히 변화했기 때문입니다. 고전기부터 원시 그리스도교 시기에 이르기까지 파레시아는 여러 상이한 의미가 있었는데, 이 변화는 고대사회의 정치 구조와 관련되고 또 담론을 통한 자기 인식과 자기 발견의 테크닉과 관련됩니다.[2]

이상이 오늘 파레시아 개념 연구를 제안한 이유입니다. 화

2 푸코는 《담론과 진실: 파레시아》(DV)에서 이런 변화의 연속적 단계를 더 명확한 방식으로 묘사한다.

용론적 담론 분석 관점에 입각한 인식의 역사, 고백의 역사와 관련해 파레시아 개념은 아주 좋은 사례이자 출발점이라고 생각합니다. 물론 고대 전반에 걸친 파레시아의 변천 과정을 추적할 의도는 없습니다. 강연에서처럼 기원후 1-2세기에 관심을 집중해 파레시아의 고전적 의미와 그리스도교적 의미를 대략적으로 기술해보고자 합니다. 이 두 세기를 선택한 이유는 파레시아가 이 시기에 자기 돌봄〔배려-옮긴이〕의 기술과 대단히 긴밀한 관계를 맺고 있었기 때문입니다.

파레시아의 고전적 의미에 대해 몇 마디 하면서 시작해보겠습니다. 고전기 그리스어에서 파레시아라는 말은 세 가지 다른 영역과 연관돼 사용했습니다.

첫째로 이 말은 도시국가의 정체politeia, 더 구체적으로는 민주적 폴리테이아politeia, 즉 민주정과 연관돼 사용했고 더 정확히는 아테나이 민주정과 관련돼 사용했습니다. 예를 들어 폴리비오스의 《역사》, 제2권 제38절에서 아테나이의 정체는 데모크라티아dêmokratia, 이세고리아isêgoria, 파레시아parrêsia[3]라는 세 가지 항, 세 가지 특수성으로 규정됩니다. 사실 이 세 단어, 아니 네 어휘—데모크라티아, 이소노미아isonomia, 이세고리아, 파레시아—는 전통적으로 연결돼 있었습니다. 데모크라티아는 일반적인 용어로 데모스demos—만인이 아니라 시민, 시민의 위상을 가진 자를 의미합니다—가 도시국가에서 권력을 행사한다는 사실을 의미합니다. 이것이 데모크라티아입니다. 이소노미아는 상고 시대에서

3 Polybe, *Histoires*, livre II, 38, 6, trad. fr. P. Pédech, Paris, Les Belles Lettres, 1970, p. 83. "평등과 자유의 체제, 평등과 자유의 이상, 한마디로 민주주의를(isêgorias kai parrêsias kai katholou dêmokratias) 아카이아인에게서보다 완벽하게 찾을 수는 없을 것이다."

고전기로 가면서 의미가 변화했습니다. 고전기에 이소노미아는 노모스nomos(법)가 만인에게 평등하다는 것, 다른 이들은 누리지 못하고 특정한 사람만 누리는 특권은 없다는 것을 의미합니다. 이세고리아는 각자 공적으로 발언할 수 있는 동등한 권리가 있다는 사실을, 정치 무대에서 발언하고 정치적 민회에서 발언할 수 있는 동등한 권리를 의미합니다. 이렇듯 이세고리아는 발언권의 평등을 의미합니다. 파레시아는 정치적 민회에서 자신이 생각하는 모든 것, 자신이 도시국가를 위해 옳고 정의롭다고 생각하는 모든 것을 다른 사람들이 동의하지 않을 때 자신이 한 말의 여파로 희생양이 되는 일 없이 말할 수 있는 자유를 의미합니다. 이것이 파레시아입니다. 이 네 개념—dêmokratia, isonomia, isêgoria, parrêsia—은 아테나이의 정체를 특징짓고 아테나이의 영광으로서 일반적으로 언급되며 아테나이 정체의 본질적 특징으로 언급됩니다. 아테나이의 자유, 아테나이가 자유롭다는 사실, 아테나이가 자신의 시민에게 자유를 부여한다는 사실은 데모크라티아, 이소노미아, 이세고리아, 파레시아라는 이 네 개념을 통해 특징지어지고 분석됩니다.

파레시아 개념을 좀 더 명확히 이해하기 위해 아테나이의 정치 생활과 정치적 개념의 다양하고 흥미로운 몇몇 양상을 자신의 비극 작품에서 소개한 기원전 4세기의 에우리피데스를 참조할 수 있습니다. 에우리피데스의 비극에는 파레시아의 네 가지 경우가 존재합니다.

우선 〈포이니케 여인들〉[a]에서 파레시아의 경우입니다. (자신

a 플루타르코스가 《유배에 관하여》에서 이 구절을 인용했으며, 푸코가 사용하는 영어 번역이 바로 그것이라고 설명하는 문장은 싣지 않는다.

과 오이디푸스의 결혼이 폭로된 이후에도 살아남았다고 상정된) 이오카스테와 그의 아들 폴리네이케스가 나누는 대화입니다. 폴리네이케스는 유배됐고 이오카스테 역시 같은 도시에 유배됩니다.[4] 그리고 이오카스테는 유배된다는 것이 어떤 것인지, 유배가 무엇인지, 왜 유배된 사람들이 세상에서 가장 불행한지, 왜 유배된다는 것이 그런 불행인지 아직 모릅니다. 이것이 이 대화의 주제입니다.

> 이오카스테: 조국을 빼앗긴다는 것이 어떻더냐? 아마 큰 불행이었겠지?
> 폴리네이케스: 가장 큰 불행이죠. 말로 형언할 수 있는 것보다 더 불행하죠.
> 이오카스테: 왜 불행하지? 추방된 자들에게 괴로운 점이 뭐지?
> 폴리네이케스: 가장 나쁜 점은 언론의 자유〔이것이 파레시아입니다: 푸코〕를 박탈당하는 것이지요.
> 이오카스테: 그것은 노예의 운명이로구나. 제 생각을 말할 수 없다니 말이야.
> 폴리네이케스: 통치자들의 어리석음을 참고 견뎌야 하니까요.[5]

아시다시피 파레시아라는 말이 나오는 이 텍스트에서 첫째로 파레시아는 시민에게 속하는 것, 오직 시민에 속하는 것입니다. 시민이 아니면 파레시아를 향유할 수 없습니다. 이것이 첫 번째 사항입니다. 두 번째 사항인 파레시아의 박탈은 시민이 아닌

---

4 〈포이니케 여인들〉에서 이오카스테는 오이디푸스의 실각 이후에도 삶을 끝내지 않고 테베에 남는데, 바로 그곳에서 도시를 포위하고 공격한 폴리네이케스와 대화를 주고받는다.

5 에우리피데스, 〈포이니케 여인들〉, 《에우리피데스 비극 전집 2》, 천병희 옮김, 도서출판 숲, 2009, 240-241쪽〔Euripide, *Les Phéniciennes*, 387-393, dans *Tragégies*, t. V, trad. fr. L. Méridier, Paris, Les Belles Lettres, 1961, p. 170〕. 이 구절에 대한 영어 번역이 제대로 됐는지 묻는 푸코의 지적은 싣지 않는다.

유배된 사람과 노예의 공통된 특징입니다. 노예는 파레시아를 향유할 수 없습니다. 파레시아의 박탈은 노예의 삶을 특징짓습니다. 세 번째 사항은 파레시아를 향유할 수 없고 파레시아의 권리를 갖고 있지 않을 경우 통치자의 어리석음을 용인해야 한다는 것입니다.[a] 달리 말해 노예는 시민과 통치자에게 예속됩니다. 지배자가 우둔한 말이나 어리석은 말 혹은 그런 종류를 말할 경우 응수할 수 없고 그가 하는 말을 용인해야 하며, 그를 비판할 수도 반박할 수도 비난할 수도 없습니다. 그의 어리석음을 용인해야 합니다. 통치자의 어리석음 혹은 우둔함을 용인하고 인고할 의무는 파레시아 박탈의 나쁜 양상 가운데 하나입니다. 반대로 파레시아는 통치자가 어리석은 것, 최악의 것을 말할 때 통치자까지도 비판할 자유입니다. 저는 이 텍스트가 고전기의 파레시아 개념을 가장 잘 특징짓는다고 생각합니다.

하지만 에우리피데스의 작품에서 파레시아의 일정한 양상이 설명된 다른 사례도 발견할 수 있습니다. 그것은 〈박코스 여신도들〉에서, 한 시종이 박코스 여신도들이 빠져 있는 끔찍한 무질서를 펜테우스에게 알리는 순간에 발견됩니다. 펜테우스 앞에 노예가 등장하고 그는 나쁜 소식 전하기를 두려워합니다. 아시다시피 노예가 나쁜 소식을 갖고 왔을 때 그 노예가 처벌받는 것은 유구한 전통이었기 때문입니다(이것도 〈박코스 여신도들〉에서 발견됩니다).[b] "광란하는 박코스 여신도들이 미쳐서 맨발로/이 나라에서 뛰어나가는 것을 저는 보았나이다./그래서 왕이시여, 저는 그들이 나리와 도시에 얼마나/끔찍하고 해괴망측한 짓을 하는지 전

a 에우리피데스 텍스트의 영어 번역에 대한 푸코의 지적은 싣지 않는다.
b 부분적으로 들리지 않는 구절을 추측했다.

하러 왔나이다./그곳에서 일어난 일을 자유롭게 말씀드려도 되는지〔파레시아: 푸코〕, 아니면 제 혀를 억제해야 하는지 듣고 싶나이다./나리의 급한 성미와 지나치게 화를 잘 내시고/지나치게 위압적인 기질이 두려우니까요, 왕이시여!" 그러자 펜테우스는 이렇게 답합니다. "말해보아라. 네가 어떤 말을 해도 처벌하지 않겠다./〔올바른 사람에게 화를 내는 것은 어울리지 않는 일이니까.〕"[6] 그러므로 여기서 파레시아의 지극히 흥미로운 양상을 볼 수 있습니다. 나쁜 소식을 가지고 왔기 때문에 이 노예는 군주의 격노라는 위험에 노출되고, 그는 이런 종류의 파레시아 계약 없이는 나쁜 소식을 전하길 꺼립니다. 다시 말해 "나리께서 저를 징벌하지 않을 것이라는 약속을 해야 모든 진실을 아뢰겠습니다"라는 것입니다. 그러자 펜테우스는 이 파레시아 계약을 받아들이고[7] 이렇게 말합니다. "내게 진실을 고하거라. 내게 모든 진실을 고하거라. 그러면 너는 처벌받지 아니할 것이다." 파레시아 내에서 당신이 말하는 진실은 위험합니다. 타자에게도 당신에게도 모두 위험합니다. 당신이 이야기하는 내용은 타자에게 위험하고, 당신이 그것을 이야기한다는 사실은 당신에게 위험합니다. 이 두 위험, 즉 내용에서 오는 위험과 말하는 행위에서 오는 위험은 파레시아, 파레시아 게임, 파레시아의 리스크와 위험을 구성합니다.

파레시아의 세 번째 사례는 에우리피데스의 〈이온〉에서 발견됩니다. 이것은 우리가 지난번에 본 파레시아의 양상입니다. 이

---

6 에우리피데스, 〈박코스 여신도들〉, 《에우리피데스 비극 전집 2》, 477-478쪽〔Euripide, *Les Bacchantes*, 666-673, dans *Tragégies*, t. VI-2, trad. fr. H. Grégoire, Paris, Les Belles Lettres, 2002, p. 77〕.

7 '파레시아 계약'이라는 개념에 대해서는 다음을 보라. 《담론과 진실: 파레시아》, 36-37쪽〔M. Foucault, "La *parrêria*", conférence citée, p. 29〕; GSA, p. 149-150, 160-161, 187; 《담론과 진실: 파레시아》, 113, 142-145쪽〔DV, p. 93, 120-122〕; CV, p. 13-14. 더 상세하게는 다음을 보라. 《담론과 진실: 파레시아》, 36-37쪽 각주 20〔H.-P. Fruchaud et D. Lorenzini, dans DV, p. 65, n. 20〕.

온은 이방인이 도시에 도착하면 그의 입은 노예가 될 것이라고 말합니다. "그는 파레시아를 가질 수 없습니다kai ouk ekhei parrêsian."[8] 이방인은 파레시아를 소유하지 못합니다.

그리고 네 번째 사례는 〈히폴리토스〉에서 발견됩니다. 그것은 파이드라가 히폴리토스에 대한 사랑을 폭로할 때입니다. 그리고 이것은 대단히 흥미로운데, 이 폭로가 비극의 대단히 중요한 순간이기 때문입니다. 파이드라는 자신의 사랑을 폭로하고 이 사랑을 폭로한 후 자기 자식들을 환기하며 자신의 불명예, 즉 자신이 사랑에 빠진 사실과 그로 인해 존재해야 하는 불명예가 파레시아를 향유하는 명예로운 진정한 시민이 되는 것을 방해하지 않을까 염려합니다.[9] 여기서 문제가 되는 것은 예컨대 노예나 자유인, 시민 혹은 비시민에게서처럼 법적 신분의 문제가 아님을 알 수 있습니다. 어떤 사람이 수치스러운 행동을 했다는 그 단순한 사실만으로도 그에게서 파레시아를 박탈하기에 충분합니다. 이 경우 부모 혹은 둘 중 한 사람이 수치스러운 행동을 했다면 파레시아의 소유권과 혜택을 박탈하기에 충분합니다. 이것은 불명예스러운 유죄판결로 인해 파레시아를 박탈당할 수 있다는 사실과, 어떤 수치스럽고 불명예스러운 행동이 민회에서 정치적이고 윤리적인 발언권을 박탈할 수 있다는 사실을 의미합니다. 이 주제와

8 에우리피데스, 《에우리피데스 비극 전집 2》, 181-182쪽(Euripide, *Ion*, 669-675, dans *Tragégies*, t. III, trad. fr. H. Grégoire, Paris, Les Belles Lettres, 2002, p. 211). "낳아준 어머니를 찾지 못한다면 제 인생은 살 가치가 없어요. / 아버지, 제가 더 바라도 된다면, 저를 낳아준 어머니가 아테나이 출신이었으면 좋겠어요. 제가 어머니로 인해 / 발언의 자유를 가질 수 있도록 말예요. / 이방인이 혈통이 순수한 도시에 가게 되면, / 이름만 시민이지, 그의 말은 노예의 말이고, / 그에게는 발언의 자유가 없기 때문이지요(kai ouk echei parrêsian)."

9 에우리피데스, 《에우리피데스 비극 전집 1》, 천병희 옮김, 도서출판 숲, 2009, 108쪽(Euripide, *Hippolyte*, 421-425, dans *Tragégies*, t. II, trad. fr. L. Méridier, Paris, Les Belles Lettres, 1960, p. 45). "그 애들은 자랑스런 아테나이시에서 자유롭고 떳떳하게(프랑스어 번역: 자유인의 솔직한 말하기를 누리면서) 살아야 해요. 어머니에 관한 한 명성을 누리면서. 어머니와 아버지의 비행을 알게 되면, 아무리 대담무쌍한 사람도 노예가 되고 말지요."

관련한 여러 증거가 있는데, 예를 들어 데모스테네스와 아이스키네스의 사례가 그것입니다. 아이스키네스의 유명한 변론인《티마르코스에 반대하여》가 존재합니다.[10] 이 연설의 주제는 다음과 같습니다. 티마르코스는 데모스테네스의 친구로 필리포스 2세의 사자를 역임했고, 아이스키네스는 티마르코스가 젊은 시절에 매춘을 했다고 고소했습니다. 그리고 티마르코스는 매춘을 했기 때문에 사법적 유죄판결은 결코 아니지만 불명예스러운 상황, 불명예스러운 품행이 문제가 돼서 정치적 권리를 누릴 수 없었습니다. 더 정확히 말해 그는 다른 시민을 위해 발언하는 소임을 담당할 수 없었고, 그가 바라던 아테나이의 사자가 될 수 없었습니다. 그는 파레시아, 즉 발언할 수 있는 권리를 박탈당한 것입니다. 보시다시피 파레시아, 파레시아의 혜택은 자유와 노예 상태, 시민권과 이방인이라는 사실, 명예롭거나 수치스러운 행동이라는 사실과 같은 대립에 달려 있습니다. 이것이 파레시아의 첫 번째 핵심 요점 혹은 양상입니다. 바로 이것이 아테나이 민주정의 중요한 특질 가운데 하나지만, 보시다시피 아테나이의 민주정은 많은 것에 의존하고 있었고, 파레시아를 가질 수 있거나 그럴 수 없는 사람의 일정한 특성에 달려 있기도 했습니다.

민주정의 예 다음으로 고전기 그리스에서 파레시아의 두 번째 중요한 예는 군주제의 그것입니다. 이 군주제의 예는 이소크라테스와 플라톤에게서 발견됩니다.

여러분은 이소크라테스에게서 파레시아의 두 예를 발견할 수 있습니다. 첫째로 아테나이 민주정에서 파레시아에 대한 비판

10 Eschine, *Contre Timarque*, dans *Discours*, t. I, trad. fr. G. de Budé et V. Martin, Paris, Les Belles Lettres, 2002, p. 18-86. 푸코가 파레시아를 분석하면서 이 텍스트를 주해한 것은 이곳이 유일하다.

이 있는데, 아시다시피 이소크라테스는 열렬한 군주제 옹호자였고 〔둘째로〕 군주제의 파레시아를 긍정적으로 평가했기 때문입니다. 우선 첫 번째 비판, 즉 아테나이 정체, 아테나이 도시국가에서 파레시아에 대한 비판과 관련한 두 텍스트가 있습니다. 첫 번째 텍스트는 〈평화에 관한 연설〉 14번째 단락입니다. 이 단락은 아테나이인이 조언자를 선택하는 방식에 대한 비판입니다. 텍스트는 다음과 같습니다. "나로서는 당신들의 정신 상태와 대립하는 것이 힘든 일이라는 것을 잘 알고 민주주의의 한복판에〔텍스트가 이렇습니다: 푸코〕 발언의 자유(파레시아)가 없음을 잘 알고 있다…."[11] 이처럼 파레시아 개념 자체에 대한 비판이 문제가 되는 것이 아니라 아테나이인이 실제로 파레시아, 즉 발언의 자유를 받아들이지 않고 민주정을 이용하는 방식에 대한 비판이 문제입니다. 이소크라테스의 다른 텍스트에서도 파레시아에 대한 철저한 비판이 발견됩니다. 〈아레오파고스론〉 20번째 단락입니다. 이소크라테스는 이렇게 말합니다. "일찍이 도시국가를 다스리던 자들이 수립한 것은 가장 공정하고 온화하다는 평판을 얻는 통치 체제가 아니었다. 관련된 사람들이 보기에 그 통치 체제가 실제 돌아가는 모습은 그런 평판과 어울리지 않았다. 그 체제는 규율 위반 akolasia을 민주주의로, 법의 경시paranomia를 자유eleutheria로, 무례한 발언parrêsia을 평등으로, 함부로 행동할 권리를 행복으로 여기도록 시민을 교육하는 체제가 아니었다. 〔오히려 그런 종류의 인간을 미워하고 벌함으로써 모든 시민을 더 훌륭하고 현명하게 만드는 통치 체제였다.〕"[12] 그

11 Isocrate, *Discours sur la paix*, 14 dans *Discours*, t. III, trad. fr. G. Mathieu, Paris, Les Belles Lettres, 1960, p. 15.

12 Isocrate, *Aréopagitique*, 20, dans *Discours*, t. III, trad. fr. G. Mathieu, Paris, Les Belles Lettres, 1960, p. 68. 푸코는 이 문장의 마지막 부분을 인용하지 않지만, 충분한 이해를 돕기 위해 우리는 전체를 인용한다.

러므로 이것은 아테나이 민주정 자체에 대한 비판입니다. 솔론과 클레이스테네스가 제안한 법은 아테나이에 진정한 민주정, 진정한 자유, 진정한 평등, 진정한 행복을 확립해야 했지만 사실상 그 법이 확립한 것은 무엇이었을까요?

이소크라테스가 군주제에 대해 논의하고 군주제의 모든 장점을 설명하는 또 다른 텍스트 〈니코클레스에게〉에서 파레시아의 아주 흥미로운 용례가 발견됩니다. 이 텍스트에서 〔이소크라테스는〕 파레시아를 두 차례 언급합니다. 우선 그가 젊은 왕자의 파이데이아paideia(교육)를 논하며 젊은 왕자는 파레시아의 혜택을 볼 수 없고, 그가 교육을 받는 동안 파레시아를 가지고 그에게 말할 정도로 담대한 친구를 얻을 수 없다고 말합니다. 바로 이것이 평범한 젊은이, 요컨대 사적인 인간과 왕자의 차이라는 겁니다. 사적인 교육에서 모든 젊은이는 자신에게 진실을 말할, 경우에 따라서는 자신을 비난할 준비가 된 친구들이 있지만 젊은 왕자의 주변 사람 중에는 그에게 파레시아를 행사할 정도로 충분히 용기 있는 사람을 찾기가 어렵다는 것입니다. 이 연설에서 파레시아라는 말의 첫 번째 정황은 이상과 같습니다.[13] 연설의 좀 뒤쪽에서 이소크라테스는 훌륭한 군주의 초상을 그리며 훌륭한 군주는 자신에게 진실을 말해줄 수 있는 조언자를 필요로 한다고 말합니

13 이소크라테스, 〈니코클레스에게〉, 《이소크라테스》, 한기철 옮김, 한국문화사, 2016, 171-172쪽 〔Isocrate, À Nicoclès, 2-4, dans Discours, t. II, trad. fr. G. Mathieu et É. Brémond, Paris, Les Belles Lettres, 1956, p. 98〕. "사람들을 개인적으로 교육하는 데는 많은 것이 필요합니다. 무엇보다 중요한 것은 그들 가운데 사치스러움을 제거하는 것과 그들이 일상생활을 영위하는 데 필요하다고 생각되는 것을 제공하는 것입니다. 그리고 그다음으로 시민으로서 삶을 규정하는 법률입니다. 이에 더하여 발언의 자유parrêsia, 잘못을 저지른 친구를 견책하고 과실을 범한 적敵을 비판할 수 있는 권리가 보장돼야 합니다. 이밖에도 선대의 많은 시인詩人은 그들에게 어떻게 살 것인지 지시하는 교훈을 남겼습니다. 이들 모두의 영향으로 인해 그들이 더 나은 사람이 될 것으로 충분히 기대할 수 있습니다. 그러나 군왕들에게는 그와 같은 도움이 없습니다. 오히려 다른 어떤 사람들보다 철저하게 교육받아야 할 그들은 권좌에 앉는 순간부터 아무런 충고나 훈계 없이 생활합니다. 사람들은 대부분 그들과 가까이하려 하지 않고, 그들 곁에 있는 사람도 대개는 그들의 환심을 사기 위해 그들과 교제할 뿐입니다."〔번역 일부 수정-옮긴이〕

다. 하지만 군주는 친구들이 자신에게 진실을 말하는 것을 두려워하지 않도록 행동하지 않으면 이런 종류의 친구를 얻을 수 없는 것입니다. 그러므로 왕자의 일차 과제 가운데 하나는 조언자들의 파레시아 행사를 허용하는 것입니다. 그것이 이소크라테스가 소아시아의 〔어떤 도시국가〕(어느 국가인지 잊었습니다[14]) 참주의 아들인 젊은 〔왕자〕 니코클레스에게 한 조언입니다. "네가 말할 수 있거나 행할 수 있는 바 모두를 칭찬하는 친구를 의리 있는 친구라 여기지 말고 너의 결점을 비판하는 친구를 진실한 친구로 여겨라. 난감한 문제에 대해 조언해줄 수 있는 자를 얻으려거든 명철한 자에게 말할 수 있는 자유parrêsian를 주어라."[15] 파레시아의 긍정적 정의는 이상과 같습니다.

이소크라테스의 이 텍스트와 아주 유사한 부분이 플라톤의 《법률》 제3권에서 발견됩니다. 그것은 키루스 치하의 페르시아에 대한 긍정적 묘사입니다. 플라톤은 키루스 치하에서 페르시아의 군주는 자신의 조언자에게 파레시아를 행사하도록 허용했을 뿐만 아니라 그에게 진실하고 신실하며 적절한 조언을 할 능력이 있는 자를 존경했다고 설명합니다.[16] 플라톤은 이 훌륭한 군주정 덕분에, 그리고 페르시아의 왕이 자신의 조언자에게 파레시아의 행사를 허용하던 훌륭한 통치 덕분에 이 시대에 페르시

---

14 니코클레스는 키프로스 살라미스의 참주 에바고라스의 아들이다.

15 이소크라테스, 〈니코클레스에게〉, 《이소크라테스》, 179쪽〔Isocrate, *À Nicoclès,* 28, *op. cit.,* p. 105〕.

16 플라톤, 〈3권〉, 《플라톤의 법률 1》, 694a-b〔Platon, *Les Lois*, Ⅲ, 694a-b, dans *Œuvres complètes*, t. XI-1, trad. fr. É. des Places, Paris, Les Belles Lettres, 1975, p. 35-36〕. "키루스 치하에서 페르시아인은 자유와 예속이 적절히 혼합된 삶을 살았는데, 먼저 자신들이 자유민이 된 다음 수많은 다른 민족의 주인이 됐습니다. 치자인 그들이 피치자에게 자유를 나눠주며 평등하게 대하자, 병사들이 지휘관에게 더 호감을 느꼈고 위기에 더 헌신적이었습니다. 또 피치자 중에 누가 지혜로워서 조언해줄 수 있다면 왕은 시기하기는커녕 그들이 직언할 언로를 터주며(didontos de parrêsian) 조언으로 도움을 줄 수 있는 자를 존중했습니다. 그래서 그들 중 사려 깊고 훌륭한 조언을 이는 하는 이는 누구나 자신의 권한과 능력을 마음껏 발휘할 수 있었습니다. 그리하여 당시 페르시아인은 자유와 우애와 견해의 일치에 힘입어(di' eleutherian te kai philian kai nou koinônian) 번창 일로에 있었습니다."〔번역 일부 수정-옮긴이〕

아에서는 엘레우테리아eleutheria(자유), 필리아philia(우정), 코이노니아koinônia(공감, 견해 혹은 감정의 일치)에 힘입어 모든 것이 번성했다고 말합니다. 왕자에게 조언하는 자들이 행사하는 파레시아는 페르시아의 도시나 국가에 자유, 우정, 코이노니아(공감)를 가져다주는 주원인, 주요소입니다. 군주제와 관련해 고전기 그리스어 파레시아가 갖는 의미는 이상과 같습니다.

고전기 그리스어로 파레시아라는 말은 친구의 윤리적 선택을 돕거나 영혼의 향상을 위해 유용하고 필요한 이런 발언의 솔직함과 발언의 자유라는 의미로 사용했습니다. 이것은 사적인 의미, 〔파레시아의 윤리적 의미입니다. 이런 의미는 《고르기아스》에서 발견됩니다〕.[a] 그것은 아주 아이러니한 순간이었지만 파레시아 고유의 의미와 관련해서는 중요치 않습니다. 소크라테스는 칼리클레스에게 어떤 사람이 자신의 영혼을 시험할basanizein 때 다른 사람의 도움이 필요하다고 말합니다. 그것은 대단히 진지한 것입니다. 그것은 아이러니한데 소크라테스는 칼리클레스가 그의 훌륭한 바사노스basanos, 즉 그〔소크라테스 자신〕의 영혼의 훌륭한 시금석이 될 것이라고 말하기 때문입니다. 물론 이는 전적으로 그렇지 않습니다. 하지만 각자는 다른 사람의 도움을 받아 자신의 영혼을 시험해야 합니다. 그리고 영혼의 진실에 필요한 이 타자는 훌륭한 시금석이 되기 위해 세 가지 자질을 갖춰야 합니다. 그는 에피스테메épistémè, 즉 지식 혹은 학식을 갖춰야 합니다. 그는 에우노이아eunoia, 즉 우정과 유사한 호의를 갖춰야 합니다. 그리스의 우정, 즉 필리아philia에는 세 가지 주요소가 있었는데, 그것은 에우노이아, 코이노니아, 호모노이아homonoia입니다. 에우노이아는 어떤 사람

a 부분적으로 들리지 않는 구절을 추측했다.

에게 호의를 느끼는 것을 의미하고, 호모노이아는 친구와 동일한 것을 생각하고 느끼는 것을 의미하며, 코이노니아는 삶에서 모든 것을 공감하는 것을 의미합니다. 이처럼 타자를 위한 시금석이 되기 위해서는 에피스테메, 에우노이아(호의를 느끼는 것) 그리고 파레시아, 다시 말해 자신의 친구에 대해 모든 것을 말할 수 있는 솔직함이 필요합니다.[17]

이것들은 여기서 고전기 그리스어 파레시아의 세 주요 용례와 의미입니다.

쉽게 상상할 수 있듯이 잘 알려진 역사적 이유 때문에 민주정 체제의 도시국가의 주된 특질 가운데 하나, 다시 말해 첫 번째 의미로 이해할 수 있는 이 파레시아 개념은 1-2세기 문헌에서 사라집니다. 이 문헌에서는 파레시아의 상이한 두 의미, 다시 말해 군주제 체제, 군주제 통치와 관련된 파레시아와 윤리적 의미에서 파레시아만 발견됩니다.

첫째로 주로 역사가에게서 발견되지만, 예를 들어 프루사의 디온과 같이 정치적 문제에 관심이 있는 철학자에게서도 발견되는 파레시아는 왕자, 군주와 그 조언자의 일종의 언어 표현의

17 플라톤, 《고르기아스》, 486d-487a〔Platon, *Gorgias*, 486d-487a, dans *Œuvres complètes*, t. Ⅲ-1, A. Croiset, Paris, Les Belles Lettres, 1972, p. 166〕.
"소크라테스: 공교롭게도 내가 금으로 된 혼을 가졌다면, 칼리클레스, 사람들이 금을 시험하는 데 사용하는 저 돌들 가운데 하나를, 그것도 가장 좋은 것을 내가 발견하게 되어 좋아할 거라고 생각하지 않나? 그래서 그것에다 나의 혼을 갖다 대고 시험했을 때, 혼이 보살핌을 잘 받았다고 그것이 나에게 동의해주면, 나는 만족스러운 상태에 있으며 더 이상 다른 시험이 전혀 필요 없다는 것을 마침내 내가 잘 알게 될 거라고 생각하지 않는가?
칼리클레스: 왜 그런 질문을 하십니까?
소크라테스: 자네에게 말하지. 지금 나는 자네를 만나 그런 종류의 횡재를 했다고 믿네.
칼레클레스: 어째서요?
소크라테스: 나의 혼이 의견을 갖는 것들에 대해 자네가 나에게 동의해준다면, 바로 그것들이 마침내 참이라는 것을 내가 잘 알기 때문이지. 올바르게 사는 혼과 그렇지 않은 혼을 충분히 시험하고자 하는 자는 자네가 가진 지식epistêmên과 호의eunoian와 솔직함parrêsian, 이 세 가지를 모두 가져야 한다는 생각에서 하는 말이네."

관계로 정의됩니다. 한편으로 군주는 그의 조언자들이 파레시아를 행사하게 해줘야 하고, 그들이 그에게 파레시아를 행사할 경우 그 파레시아에 그에게 상처가 되는 것이 있을지라도 그들을 처벌하는 것을 자제해야 합니다. 이것이 군주 측의 파레시아입니다. 〔다른 한편으로〕 조언자도 파레시아를 실천해야 하고 그들은 진실을 말해야 하는 의무에 묶여 있지만, 동시에 파레시아를 행사할 수 있도록 허용된 자유로 인해 왕의 분노에서 보호받을 수 있습니다. 군주와 조언자의 이런 파레시아 계약은 군주의 훌륭한 통치의 중요한 조건 가운데 하나입니다. 그리고 군주의 훌륭한 통치의 중요한 조건 가운데 하나로서 파레시아의 문제와 테마는 당연히 로마제정 시대에 발견되지만, 18세기 말까지 절대왕정 역사에서 모든 군주의 통치에서 발견되기도 합니다. 파레시아의 문제는 의회와 언론이라는 두 새로운—영국은 예외로 하고 적어도 유럽에서는 새로운—기관이 18세기 말과 19세기 초에 생겨났을 때 사라졌다고 생각합니다. 의회와 언론의 자유는 파레시아 문제의 진정한 계승자라고 봅니다. 그러므로 적어도 이런 관점에서 파레시아를 개인의 덕이나 이와 유사한 종류에 불과한 것으로 간주해서는 안 된다고 생각합니다. 파레시아는 정치적 사유, 정치적 성찰, 정치적 논의에서 오늘날 우리 사회의 의회 문제나 언론 자유 문제만큼이나 중요했다고 생각합니다. 그리고 이런 관점에 입각해서 군주제의 여러 양상을 분석할 수 있다고 생각합니다. 예를 들면 총신과 재상이 무엇인지, 설교자의 역할은 무엇인지, 궁정이 무엇인지, 궁정인의 역할이 무엇인지, 누가 왕에게 진실을 고해야 하는지 등을 말입니다. 이 모든 것은 잘 알려진 지극히 전문적인 정치적 문제입니다. 요컨대 누가 파레시아스트인가, 왕은 어떻게 파레시아 계약을 존중하거나 존중하지 않는가, 왕실 관료는 어떻게 파레시아 계약을 존중하거나 존중하지 않는가 같은 문제입니다. 이것은 아주 중요한 사안입니다. 제정 시대의 문헌에서 이런 의미가 있는 파레시아가 이렇게 발견됩니다.

〔둘째로〕 같은 시기 동안 자기 돌봄〔배려-옮긴이〕의 기술적 영역에서 사용된 파레시아 개념도 발견됩니다. 파레시아는 군주와 그 조언자의 관계뿐만 아니라 지도자와 피지도자의 관계에서도 필요했습니다. 하지만 제가 강조하고자 하는 바는 파레시아의 두 의미, 즉 군주의 통치에서 정치적 의미와 지도자와 피지도자의 관계에서 윤리적 의미는 사실 대단히 가깝다는 것입니다. 양자에서 문제의 핵심은 통치하는 것, 누군가의 영혼을 통치하는 것입니다. 전자의 경우에는 왕의 영혼을 통치하는 것이 문제고, 후자의 경우에는 어떤 사람, 평범한 개인의 영혼을 통치하는 것이 문제입니다. 한편으로 당연히 타자를 통치해야 하는 왕의 영혼을 통치하는 것이 훨씬 더 중요합니다. 그래서 한편으로 군주, 왕의 영혼을 통치하는 것은 책임을 내포하고, 평범한 개인의 영혼을 통치하는 것보다 훨씬 많은 영향을 미치는 과업입니다. 다른 한편으로 군주가 습득해야 하는 행동의 규칙과 평범한 개인이 적용해야 하는 행동의 규칙에 실제적 차이는 존재하지 않습니다. 그래서 왕의 영혼의 통치와 평범한 개인의 영혼의 통치의 기술적이거나 철학적인 실질적 차이는 존재하지 않습니다. 군주의 덕은 공통의 덕입니다. 그리고 군주의 영혼은 마치 그가 평범한 개인인 것처럼 통치돼야 합니다. 그렇기 때문에 왕의 영혼을 통치하는 것이 훨씬 더 중요하다 해도 왕의 영혼을 통치하는 것은 평범한 개인의 영혼을 통치하는 것과 근본적으로 정확히 동일한 뿌리와 형태를 갖습니다. 군주의 행동의 합리적 원칙과 시민의 행동의 합리적 원칙에는 차이가 없습니다. 이것은 이 모든 기술과 관련해

가장 중요한 점이라고 생각합니다. 둘째로 일상생활에서 영혼의 기술자를 자처하던 사람들이 대부분 군주의 조언자가 되기를 바란 것도 사실입니다. 훌륭한 영혼의 지도자인 것, 만인에게 공통된 정념을 치료하는 훌륭한 의사인 것은 군주의 훌륭한 조언자가 될 수 있게 합니다. 세네카, 무소니우스 루푸스, 프루사의 디온, 심지어 메네마코스를 위해 도시국가의 통치에 관한 논설을 집필한 플루타르코스도 의식의 지도자이자 군주의 조언자였습니다.[18] 그들이 군주에게 적용하려 한 규칙은 그들이 서신 교환자에게 제안한 규칙과 정확히 동일했습니다. 이것은 마르쿠스 아우렐리우스의 경우에 명확합니다. 그는 인간으로서 자신의 임무와 황제로서 직업적 의무를 동일한 표현 방식으로 논의합니다. 다른 예도 있습니다. 필로스트라토스에 따르면 의식의 지도자 아폴로니오스와 에우프라테스는 베스파시아누스가 황제의 권한을 찬탈하려 할 때 그에게 조언했습니다.[19]

자기 돌봄(배려-옮긴이)과 정치적 합리성의 유사성은 서구 역사에서 대단히 중요하다고 생각합니다. 이 유사성은 두 가지 이유에서 중요합니다. 보시다시피 정치적 합리성의 영역과 자기 돌봄(배려-옮긴이)의 영역, 이 두 영역에 공통적인 개념이 하나 있습니다. 그것은 통치 개념입니다. 자기 자신을 통치하는 것, 타자를 통치하는 것, 인류를 통치하는 것, 이 모든 것은 연속적인 하나의 영역을 구성합니다. 그래서 서구의 정치적 사유에는 상이한 두 뿌리가 있다고 말할 수 있습니다. 항시 특권을 누려온 첫 번째

18 Plutarque, *Préceptes politiques*, dans *Œuvres morales*, t. XI-2, trad. fr. J.-Cl. Carrière et M. Cuvigny, Paris, Les Belles Lettres, 2003.

19 Philostrate, *Vie d'Apollonios de Tyane*, dans *Romans grecs et latins*, trad. fr. P. Grimal, "Bibliothèque de la Pléiade", Paris, Gallimard, 1958, p. 1025-1338.

근간은 폴리테이아politeia, 즉 정체입니다. 이것은 아리스토텔레스와 플라톤의 문제였습니다. 또 하나는 통치의 문제, 사람들의 통치의 문제입니다. 사람들의 통치의 문제는 정체의 문제와 완전히 다른 문제라고 생각합니다. 도시국가가 어떻게 구축됐는지, 무엇이 항구적인 법인지, 도시국가의 다양한 부분이 어떻게 평형을 유지하는지 아는 것이 중요한 문제가 아닙니다. 통치의 문제는 결정의 일반적 합리성, 선택, 목표, 사용하는 수단의 일반적 합리성입니다. 통치의 문제는 우리를 통치하는 사람, 타인을 통치하는 사람의 합리성의 문제입니다. 제 생각에 이 두 문제, 즉 플라톤과 아리스토텔레스의 문제인 폴리테이아(정체)의 문제, 인간에 대한 통치의 문제, 요컨대 타키투스와 세네카의 문제이자 1세기 모든 사람의 문제인 통치의 문제는 서로 다른 두 문제입니다. 적어도 17세기 혹은 18세기 이래 우리의 정치적 사유에서 정체의 문제는 통치의 문제에 비해 항시 과대평가됐습니다. 이 점은 제가 가까운 미래에 연구하고자 하는 주제입니다. 이것은 하나는 정체를 지향하고 다른 하나는 통치를 지향하는 두 종류의 정치적 사유 문제입니다.

제 가설은 영혼의 이론이 정체의 정치적 문제와 연관되고, 자기 문제는 통치 문제와 연관된다는 것입니다. 하지만 저는 그것을 여기서 증명할 증거가 없습니다. 정체와 영혼, 폴리테이아 이론, 정체 이론과 영혼 이론은 플라톤과 아리스토텔레스의 경우 명백히 연관돼 있습니다. 그리고 통치 문제와 〔자기〕[a]의 문제는 제가 지금 논의하는 유형의 사유에서는 명백하게 연관돼 있습니다. 단지 가설이지만요.

a 푸코는 'soul'이라고 말하지만, 'self'라고 말하려던 것이 확실하다.

시간이 좀 지체된 것 같은데, 말씀드리기로 한 것으로 넘어가고 파레시아의 역사적 운명의 모든 양상은 놔두기로 합시다. 방금 언급한 것, 요컨대 고전기 파레시아의 의미나 기원후 1-2세기 파레시아의 정치적 의미와 윤리적 의미의 관계로서 통치의 문제와 관련해 질문 있습니까?

제 지적이 적절할지 모르겠습니다만, 동양의 수양에서는 자기 통치에 그 정도 중요성을 부여하지 않는 것 같습니다.

전적으로 적절합니다. 제 생각에 자기 통치의 문제가 아닌 윤리의 중심 문제로서 자기의 문제는 당연히 불교적 삶의 방식, 불교의 중요한 특질 가운데 하나라고 생각합니다. 여러분이 불교를 종교라 부르신다면 말입니다. 하지만 불교는 종교가 아니라 윤리라고 생각합니다. 그리고 그리스-로마 시대의 자기 윤리와 동양 문명에서 자기 윤리를 비교해야 한다고 생각합니다.[20] 흥미로운 것은 19세기 초 서구 문명이 동양의 문명을 발견했을 때 자기 문제와 만나게 됐다는 점입니다. 예를 들어 쇼펜하우어에게서 여

20 〈캘리포니아대학교 버클리캠퍼스 불문과에서의 토론〉, 《비판이란 무엇인가?/자기 수양》, 209쪽〔M. Foucault, "Débat au Département de Français", débat cit., p. 172〕 참조. "불교는 본질적으로 하나의 자기 테크닉으로, 하나의 종교 이상이고, 엄밀한 의미에서 도덕 이상입니다." 선禪과 불교의 영적 테크닉에 대해서, 그리고 그리스도교의 테크닉과 비교했을 때 그것들이 갖는 특수성에 대해서는 다음을 보라. 《철학의 무대》, 51-52쪽〔M. Foucault, "La scène de la philosophie", entretien avec M. Watanabe, dans DE II, n° 234, p. 592-593〕; "Michel Foucault et le zen: un séjour dans un temple zen", propos recueillis par C. Polac, dans DE II, n° 236, p. 621; "Sexualité et solitude", conférence citée, p. 991; GV, p. 183; 《자기 해석학의 기원》, 67-69쪽〔OHS, p. 67-68〕. '서양'의 scientia sexualis라는 용어에 대립되는 용어로 '동양'의 ars erotica에 대해서는 다음을 보라. 《지식의 의지》, 78-84쪽(제3장 5-13문단)〔VS, p. 76-84〕; M. Foucault, "L'Occident et la verité du sexe", dans DE II, n° 181, p. 104; 《철학의 무대》, 112-113쪽〔"Sexualité et pouvoir", entretien avec C. Nemoto et M. Watanabe, dans DE II, n° 230, p. 556-557〕; 〈캘리포니아대학교 버클리캠퍼스 사학과에서의 토론〉, 《비판이란 무엇인가?/자기 수양》, 172-174쪽〔"Débat au Département d'Histoire de l'Université de Californie à Berkeley", dans CCS, p. 145-146〕.

러분은 서구인에게 지극히 생소했고 그리스도교적· 그리스-로마적 자기 경험과도 아주 거리가 먼 자기 윤리의 발견이 서구의 철학 이론에 미친 영향을 발견할 수 있습니다. 제 생각에 쇼펜하우어는 위대한 철학자 가운데 유일하게 이런 이질적인 자기 경험에 반응하고, 이 이질적 자기 경험과 자기 윤리를 서구의 사유에 통합하려고 시도한 철학자입니다. 그리고 19세기에 쇼펜하우어의 영향은 지대했지만 오늘날에는 그의 영향이 사라졌다는 사실이 의미심장합니다. 미국에서 여러분이 쇼펜하우어에 관심이 있는지 잘 모르겠지만 프랑스에서건, 미국에서건 그의 이름이 회자되는 것을 전혀 듣지 못했다고 생각합니다. 이 자기, 자기 테크놀로지, 자기 해방 등과 관련된 탐구 영역에 관심이 있다면 두 상이한 전통이 만나는 중심 지점이 되는 쇼펜하우어와 만나야 합니다.

동양에서는 폴리테이아, 즉 정체보다 통치가 강조된 것 같습니다.

저도 그렇게 생각합니다. 하지만 제게 이 문제에 대한 해답을 드리거나 그것을 증명할 능력은 없습니다. 아무튼 자기와 통치의 관계 혹은 영혼과 폴리테이아의 관계라는 것은 아마도 완전한 헛소리라고 생각합니다.

이제 기원후 초기의 엄밀히 윤리적인 의미에서 파레시아로 돌아갑시다. 제가 강조하고자 하는 점은 첫째로 자기 수양에서 파레시아의 중요성, 특권적이고 지배적인 역할에 관련된 지적이 많다는 사실입니다. 파레시아는 지도자와 피지도자의 관계에서 가장 명시적으로 요구되는 조건 가운데 하나입니다. 지도자와 피지도자의 이런 종류의 관계를 언급하는 모든 텍스트는 파레시아가 하나의 의무지만 지도자 측의 의무라는 사실을 명확히 보여줍니다. 자신이 진실이라고 생각하는 모든 것을 일정한 방식으로 말해야 하는 의무나 자유로서 파레시아는 (…)[a] 분명히 여러 텍스트에서 발견됩니다.

저는 루키아노스의 상반된 텍스트를 선택했는데, 사회학적 관점에서 대단히 좋은 텍스트이기 때문입니다. 물론 〔이 텍스트 중 어떤 것은〕 상당히 공격적인 측면이 있지만 말입니다. 루키아노스는 파레시아가 말하는 방식이나 사람들을 지도하는 방식에 불과한 것이 아니라 생활의 방식이기도 하다는 것, 적어도 특수한 생활의 방식과 관계에서 타자를 지도하는 방식이라는 것을 보여주면서 파레시아가 무엇인지 설명합니다. 루키아노스는 두 인물을 묘사합니다. 철학자에 관한 그의 묘사 가운데 첫 번째는 페레그리노스에 대한 대단히 공격적인 묘사입니다. 루키아노스는 페레그리노스 같은 사람을 혐오했습니다. 페레그리노스는 대단히 이상한 인물입니다. 그는 견유주의 철학자였으나 그리스도교로 개종했다가 견유주의로 돌아갑니다. 그리고 그는 오리엔트에서 온 것으로 추정되는 전통에 따라 2세기 말 올림픽 제전에서 대중이 보는 가운데 분신했습니다.[21] 루키아노스는 이런 페레그리노스를 혐오했고, 페레그리노스가 로마로 가서 로마 황제가 그를 유배할 수밖에 없는 방식으로 처신했다고 설명합니다. 물론 페레그리노스는 자신이 진정한 철학자라는 것을 사람들이 믿게 만들기 위한 행동도 했다고 루키아노스는 설명합니다. 페레그리노스는 파레시아parrêsia와 과도한 자유agan eleutheria로 인해 추방당한 철학자라

a 녹음 중단.

21 페레그리노스는 기원후 165년에 사망한다. 페레그리노스라는 인물에 대해 상세히 알고 싶다면 다음을 보라. CV, p. 167, 180-181, 233-234.

고 회자됐고, 이런 관점에서 그와 유사한 대우를 받은 무소니우스 루푸스, 프루사의 디온, 에픽테토스와 다른 철학자에 가까웠습니다.[22] 루키아노스는 또 다른 견유주의 철학자 데모낙스를 긍정적으로 묘사합니다. 루키아노스는 그에 대해 다음과 같이 말합니다. "어린 시절부터 아름다움을 향한 열망과 철학에 대한 선천적 사랑에 고무된 그는 인간의 모든 재화를 경멸했다. 그는 자유와 솔직히 말하기에 헌신하면서 곧고 건강하며 흠결 없는 삶을 부단히 영위했으며, 그를 만나고 그의 말을 듣는 자들에게 양식과 철학적 실천에서 진지함의 모범을 보였다."[23] 페레그리노스에게 적대적인 텍스트와 데모낙스에게 호의적인 텍스트에서 파레시아는 담론 영역에서 엘레우테리아, 즉 자유이며, 엘레우테리아는 일상에서 파레시아라고 말할 수 있지 않을까 생각합니다. 엘레우테리아는 어떤 사람들, 바로 훌륭한 철학자들이 자신의 일상에서, 삶의 방식에서 자신이 파레시아스트임을 보여주는 방식, 다시 말해 자신이 아무것도 숨기지 않으며 사유하는 대로 삶을 영위한다는 것을 보여주는 방식입니다.

이것들은 이런 종류의 문헌에서 파레시아의 주요 양상이라 생각합니다. 이제 몇몇 텍스트를 검토해보고자 합니다. 두 텍스

---

22 Lucien de Samosate, *Sur la mort de Pérégrinos*, 18, dans *Portraits de philosophes*, *op. cit.*, p. 293. "그는 자신이 성장한 곳에서 이탈리아 쪽으로 항해에 나섰다. 배가 육지에 닿자마자 그는 모든 사람을, 특히 황제를 모욕하기 시작했다. 그는 황제가 매우 온화하고 관대하다는 것을 알고 있었기 때문에 그의 대담함은 위험을 감수하지 않은 것이었다. 황제는 당연히 그의 욕설을 별로 신경 쓰지 않았고 철학자로 위장한 남자, 무엇보다 사람들을 모욕하는 것을 업으로 삼는 남자의 말을 가지고 벌하고 싶어 하지 않았다. 이 때문에 그 인물의 명성은 무지한 자들 사이에서 더 높아졌고, 그는 횡설수설로 유명 인사가 됐으며, 이런 자신의 태도에서 큰 기쁨을 느꼈다. 도시의 지사인 어떤 지혜로운 자가 그를 추방할 때까지는. 그는 이 도시국가에는 이런 종류의 철학자가 필요하지 않다고 선언했다. 이 사건은 그에게 영광을 더했다. 모든 사람은 그 솔직함과 너무 큰 자유 때문에(dia tên parrêsian kai tên agan eleutherian) 내쫓긴 이 철학자의 이름만 말했다. 사람들은 그를 무소니우스, 디온, 에픽테토스 그리고 그런 상황에 있을 수 있는 모든 사람과 비교했다."

23 Lucien de Samosate, *Vie de Démonax*, 3, dans *Portraits de philosophes*, *op. cit.*, p. 9. CV, p. 155-156, 184-185 참조.

트를 복사해 왔는데 하나는 갈레노스가 집필한 텍스트이고, 다른 하나는 세네카가 쓴 텍스트입니다. 파레시아에 대해 논하는 중요한 네 텍스트가 존재합니다. 첫 번째로 기원전 1세기에 위대한 에피쿠로스주의자 필로데모스가 쓴《파레시아에 대하여》라는 논설이 있습니다.[24] 파레시아에 할애된 논설 가운데 유일하게 보존된 것입니다. 이 논설은 보존 상태가 좋지 않아 이 텍스트의 단편만 존재합니다. 그리고 이 텍스트 자체는 상당히 훼손됐습니다. 필로데모스의 이 텍스트는 번역본이 존재하지 않습니다. 영어 번역본도, 프랑스어 번역본도, 스페인어 번역본도, 이탈리아어 번역본도, 라틴어 번역본도 모두 존재하지 않습니다. 아주 능력 있는 분들이 현재 이 단편을 해석하려고 시도하고 있습니다.[25] 저는 그럴 능력이 없어서, 이것이 에피쿠로스주의 철학에서 유일하게 파레시아에 할애된 텍스트지만 유감스럽게도 이 책을 제외합니다. 훨씬 더 명료하고 훨씬 더 수다스러운 두 번째로 중요한 텍스트는 플루타르코스가 쓴 것인데, 보시다시피 수다쟁이의 전형입니다. 이 텍스트의 제목은 〈아첨꾼과 친구는 어떻게 구별할 수 있는가〉[26]입니다. 세 번째 텍스트 혹은 세 번째 계열의 텍스트는 세네카의 서신 여러 편입니다.[27] 네 번째 텍스트는 파레시아를 연구하는 자들이 거의 인용하지 않는 텍스트라 말해야 할 것 같은데,

---

24 Philodème, *Peri parrêsias*, éd. A. Olivieri, Leipzig, Teubner, 1914.

25 푸코는 마르첼로 지간테의 작업, 특히 다음을 참조하고 있다. M. Gigante, "Philodème, sur la liberté de parole", art. cit.

26 플루타르코스, 〈아첨꾼과 친구는 어떻게 구별할 수 있는가〉, 《플루타르코스의 모랄리아》, 243-360쪽〔Plutarque, *Les moyens de distinguer le flatteur d'avec l'ami*, dans *Œuvres morales*, t. II-2, trad. fr. J. Sirinelli, Paris, Les Belles Lettres, 1989, p. 84-141〕.

27 푸코가 암시하는 세네카의 이 편지는 대개 1982년 3월 10일 콜레주드프랑스 〈주체의 해석학〉 강의 후반부와 그르노블대학교에서 파레시아에 대해 강연할 때 길게 주해한 편지 75에서 발견된다. 다음을 참조하라. 《주체의 해석학》, 429-436쪽〔HS, p. 384-389〕; 《담론과 진실: 파레시아》, 73-79쪽〔M. Foucault, "La *parrêsia*", conférence citée, p. 52-55〕.

제가 복사해 온 갈레노스의 텍스트입니다.

파레시아라는 주제와 관련된 가장 탁월한 연구는 1964년인가 1965년에 이탈리아 저자 스카르파트가 쓴 텍스트[28]로 도서관에 있습니다. 이 책은 파레시아 개념에 할애돼 있습니다. 고전적 참고 문헌과 관련해 중요한 가치가 있고 아주 적절한 가치가 있는 텍스트이며, 그리스도교 문헌과 관련해 대단히 적절한 텍스트입니다(스카르파트는 성직자이기 때문에[29] 특정 텍스트에 정통합니다). 스카르파트는 세네카에 대한 책도 썼습니다.[30] 하지만 이 책은 파레시아와 자기 돌봄[배려-옮긴이]의 관계와 관련해 좀 불충분한 점이 있고, 스카르파트는 이 문제의 모든 양상을 문자 그대로 방치했습니다. 예를 들어 스카르파트는 갈레노스를 인용하지 않습니다. 그리고 이 책에서는 훌륭한 문헌학자의 이상한—사실 이상하지는 않습니다—습관을 볼 수 있습니다. 파레시아라는 말이 텍스트에서 발견되지 않는 것입니다. [이 개념은 텍스트에 존재하지 않습니다].[a] 갈레노스의 이 텍스트를 읽으면서 파레시아 개념을 떠올리지 않기란 불가능하다고 생각하지만, 이 파레시아라는 말은 [이 텍스트에 등장하지 않습니다].[b] 그러므로 스카르파트는 갈레노스를 인용하지 않습니다.

갈레노스로 넘어가기 전에 플루타르코스에 관해 몇 마디 해보고자 합니다. 오늘 갈레노스를 끝내지 못하면 내일 계속하겠습니다. 그래도 될까요? 확실하죠? 그럼 플루타르코스로 시작해

28 G. Scarpat, *Parrhesia. Storia del termine e delle sue traduzioni in latino*, Brescia, Paideia, 1964 (nouvelle édition revue et augmentée: *Parrhesia greca, parrhesia cristiana*, Brescia, Paideia, 2001).

29 푸코가 착각한 것으로, 주세페 스카르파트는 성직자가 아니다.

30 G. Scarpat, *Il pensiero religioso di Seneca e l'ambiente ebracio e cristiano*, Brescia, Paideia, 1983.

a 들리지 않는 구절을 추측했다.

b 푸코가 끝맺지 않은 구절을 추측했다.

보겠습니다. 그에 관해서는 간략히 하고 싶으니까요. 갈레노스는 2세기 말에 저술했습니다. 플루타르코스는 2세기 초에 파레시아론으로 보기에 충분한 텍스트를 저술했습니다. 그것은 아첨에 관한 논설입니다. 이 아첨에 관한 논설이 왜 파레시아론일까요? 아첨이 파레시아의 반대라는 단순한 이유 때문입니다. 그리스-로마 같은 유형의 사회에서 아첨이 그토록 중요했던 모든 이유를 알고 계시겠죠. 개인의 영향력과 인기 전술이 너무나 중요한 이런 종류의 위계화된 사회에서는 아시다시피 위계화된 구조, 사람들의 사적 관계, 그 관계에 대한 의존이 아첨의 중요한 맥락을 형성했습니다. 철학적 관점과 윤리적 관점에서 아첨은 무엇일까요? 누가 아첨하는 자일까요? 플루타르코스에 따르면 아첨하는 자는 대화 상대자의 환심을 사기 위해 거짓말하고, 자기 자신의 기만적이고 가식적인 이미지를 대화 상대자에게 주는 자입니다. 그리고 어떤 사람에게 자신의 기만적 이미지를 주기 때문에 아첨은 자기 돌봄〔배려-옮긴이〕에 훨씬 더 위험한 것입니다. 플루타르코스는 자기 인식gnôthi seauton의 최악의 적이 아첨꾼이라고 강하고 명확하게 표현합니다. 아첨꾼이냐 자기 인식이냐, 이런 대립입니다. 그렇기 때문에 아첨꾼이 아니라 파레시아스트를 신뢰해야 한다는 것입니다.

문제는 어떻게 진정한 파레시아스트를 식별할 것인가 혹은 어떻게 진정한 아첨꾼을 식별할 수 있는가입니다. 플루타르코스에 따르면 노련한 아첨꾼은 자신이 아첨꾼이라고 하지 않습니다. 자신이 아첨꾼임을 현시하는 아첨꾼은 위험하지 않습니다. 위험한 아첨꾼은 자신을 감추는 자, 아첨한다는 것을 감추고 파레시아스트인 척하는 자입니다. 그러므로 문제는 진정한 파레시아스트와 파레시아스트를 가장한 아첨꾼을 구별하는 일입니다. 그래서 플루타르코스의 논설은 아첨과 관련된 기호론의 문제에 관한 것입니다. 여기서 마침내 제가 처음으로 '기호론'[31]이라는 용어를 사용해 기쁩니다. 여러분 중 기호학자가 계시다면 이 텍스트를 아첨과 파레시아스트의 기호론으로 독서하실 수 있습니다. 하지만 이 기호론이 흥미롭지 않다고 생각하실까 염려됩니다. 플루타르코스가 다음과 같은 철학적 주제로 곧바로 나아가기 때문입니다. 아첨꾼은 여러분이 듣기 좋아하는 것을 말하기에 식별할 수 없고, 자신을 아첨꾼이 아니라 파레시아스트로 믿게 만들기 위해 여러분을 비판하고 질책하므로 식별할 수 없습니다. 그들은 불쾌한 것을 말할 것입니다. 그들이 불쾌한 것을 말한다는 것이 아첨의 징표는 아닙니다. 징표는 아첨꾼이 여러분의 입장 변화에 따라 혹은 그가 처하거나 여러분이 처한 상황에 따라 혹은 자신과 함께 있는 사람들의 상황에 따라 의견과 품행, 생활의 방식을 바꾼다는 사실입니다. 여러분은 여러분을 비판하는 자가 자신의 삶에서 자신을 위해 한 선택이 〔여러분을 위해 조언하는〕[a] 선택과 일치할 경우 그가 아첨꾼이 아니라는 것을 확신할 수 있습니다. 파레시아스트에게서 〔그가 하는 말과 그의 실존이 일치하는 것〕[b]을 보면 그것은 그가 아첨꾼이 아니라 실제로 파레시아스테스라는 징표입니다. 자신이 말하는 바와 자신의 실존의 일치, 〔전 생애에 걸친〕[c] 자신의 실존과 일치, 이 두 일치는 진정한 파레시아의 징표입니다. 요컨대 자신이 말하는 바와 자신의 실존의 일치, 자신의 실존과 일종의 항상적 틀의 일치가 그것입니다.

31 기호론에 할애된 학회의 틀 안에서 열린 세미나를 반어적으로 암시하고 있다.
a 들리지 않는 구절을 추측했다.
b 들리지 않는 구절을 추측했다.
c 거의 들리지 않는 구절을 추측했다.

아첨꾼과 친구는 어떻게 구별할 수 있는가?

그렇다면 아첨꾼의 가면을 벗기는 방법은 무엇인가? 그리고 어떤 차이점에 근거해 아첨꾼이 실제로는 같은 마음의 소유자(친구—옮긴이)가 아니거나 심지어 같은 마음의 소유자가 될 가능성도 없는 자로서, 단지 이런 성격을 모방(친구인 척—옮긴이)하고 있다는 것을 간파할 수 있을까? 첫째, 그의 취미가 단일하고 변함이 없는지 관찰할 필요가 있네. 다시 말하면 그가 항시 같은 것에서 기쁨을 누리는지, 언제나 같은 것을 칭찬하는지, 자유인 태생이자 유쾌한 우정과 친교의 애호가가 되는 한 가지 방식에 따라 자기 자신의 생활을 영위하는지 말이네. 이런 것이 친구의 행위이기 때문이네. 그러나 아첨꾼은 특성상 한곳에 오래 머무르지 못하고, 자신의 선택인 인생이 아니라 남의 삶을 선택하고 거기에 적응해 살아가기 때문에 단순하지도 않고, 한 사람이라고 할 수 없지. 그 속에는 많은 사람이 들어 있어 변화무쌍하네. 그는 이 그릇에서 저 그릇으로 그릇의 모양에 따라 부어지는 물처럼 늘 이곳에서 저곳으로 이동하고, 자기를 받아들이는 사람에 맞게 변신한다네.

원숭이를 잡아보면 알 수 있네. 원숭이는 사람이 하는 대로 움직이고 춤을 춰서 사람을 모방하려고 애쓰지. 그러나 아첨꾼 자신은 다른 사람에게 다가가 유인하기는 하지만, 모든 사람을 똑같이 모방하는 것이 아니라 사람에 따라 다른 방식을 취하지. 어떤 때는 춤추고 노래하는 사람과 어울리고, 어떤 때는 레슬링을 하면서 흙먼지를 뒤집어쓰기도 하네. 그가 수렵을 좋아하는 사냥꾼을 만나면, 그를 따라가면서 파이드라의 말을 외칠 뿐이네.

(…)

더 증거를 대라면 이름난 아첨꾼과 선동 정치가의 행동에서 찾아볼 수 있지. 그들 중 가장 위대한 자가 알키비아데스네. 아테나이에서 그는 경솔한 농담에 몰입하고, 경마용 말을 갖고 있었으며, 도시풍의 즐거운 생활을 만끽하며 지냈지. 하지만 스파르타에서는 어땠는지 아는가? 그는 머리를 짧게 깎고, 옷은 가장 초라하게 입었으며, 찬물에 목욕했네. 트라케에 있을 때는 싸움꾼이고 술고래였지. 그러나 티사페르네스에게 왔을 때 그는 안락한 생활과 사치, 허례허식으로 살아갔네. 그는 이렇게 자기 자신을 이 모든 사람과 똑같이 만들고, 그들의 방식에 적응함으로써 그들을 달래고 호감을 사도록 노력했네. 이런 유형에 속하지 않는 사람은 에파메이논다스나 아게실라오스지. 이들은 수많은 사람과 도시, 생활양식을 접했지만, 어디서나 복장, 행동, 언어와 생활에서 고유한 특성을 유지했네.[32]

이상으로 파레시아의 기준이었습니다. 질문 있습니까?

지금 우리가 들은 내용은 세네카가 말한 바나 투키디데스가 알키비아데스에 대해 말한 바와 아주 유사합니다. 투키디데스가 알키비아데스에 대해 묘사[33]한 것이 플루타르코스가 알키비아데스에 대해 묘사한 것과 정확히 일치하는지요?

이 틀 개념은 복장, 품행, 언어, 생활이라는 구체적 형태를 〔포함합니다〕. 스톨레stolê는 복장, 의복입니다. 디아이테diaitê는 섭생,

---

32 플루타르코스, 〈아첨꾼과 친구는 어떻게 구별할 수 있는가〉, 《플루타르코스의 모랄리아》, 259-262쪽(Plutarque, *Les moyens de distinguer le flatteur d'avec l'ami*, 52A-F, *op. cit.*, p. 91-92). 푸코는 이 텍스트 독해의 말미에 조금 뒤 주해하게 될 파레시아스트의 네 가지 기준에 대한 마지막 문장을 다시 읽어보라고 한다.

33 특히 다음을 보라. Thucydide, *La guerre du Péloponnèse*, livre VI, 15 et livre VIII.

식이요법, 다시 말해서 먹고 마시고 훈련 등을 하는 방식이고 지극히 기술적 개념입니다. 로고스logos는 사람이 말하는 바와 말하는 방식을 지시합니다. 비오스bios는 (…)[a] 이 네 분야 내 단일하고 **유일하며 동일한** 틀의 실존입니다. 이 틀이 일생 동안 동일하다는 사실, 바로 이것이 이 사람이 아첨꾼이 아니라 진정한 파레시아스트임을 증명합니다.

이런 생각과 주제는 대단히 중요합니다. 보시다시피 파레시아스트를 선택하는 문제는 두 양상을 띠기 때문입니다. 자신을 돌보는 데 도움을 받기 위해 파레시아스트가 필요할 때 우선적으로 확실히 해야 하는 것은 그가 진지한지 여부, 그가 생각하는 대로 말하는지 여부입니다. 하지만 그가 이야기하는 것이 진실인지 여부도 확실히 해야 합니다. 그가 정말로 진지하면서도 어리석은 말을 할 수도 있기 때문입니다. 보시다시피 이 문제는 플루타르코스의 텍스트에(갈레노스의 텍스트에도) 등장하지 않습니다. 비오스, 로고스, 디아이테, 스톨레, 요컨대 어떤 사람이 사는 방식의 모든 징표가 그가 생각하는 바의 진실임과 동시에 그가 말하는 바의 진솔성의 증거이므로 그가 이 문제를 제기할 필요가 없기 때문입니다. 사유의 진실과 말의 진솔성은 동일한 것 혹은 적어도 동일한 증거에 속합니다. 이는 어떤 사람이 말하는 것과 그것을 말할 때 진솔성의 동일한 시금석입니다. 그렇기에 모든 영역에서 통일적이어야 하고 일생 동안 한결같아야 하는 이 틀 개념이 중요합니다. 사실 이 틀은 진실과 진솔성의 증거이고, 〔자신의〕 로고스의 진실과 자신의 비오스 내에서 진솔성의 증거이기도 합니다. 이것은 파레시아 개념에서 대단히 중요한 어떤 것이라 생각합

a 들리지 않는 구절을 추측했다.

니다. 그 이유는 아시다시피 말해진 바와 말하는 자의 실존의 지시 관계가 대단히 명확하기 때문입니다. 파레시아스트는 자신이 말하는 바의 진실이 자신의 실존에 의해 증명되는 그런 말을 하는 사람입니다. 말해진 바와 인간 실존의 연루는 파레시아스트라는 존재의 유형에 내재합니다.

아시다시피 그리스도교의 고해에도 이런 종류의 연루가 존재할 것입니다. 고해자는 자신이 누구인지에 대한 진실을 말해야 하는 자입니다. 그러나 말해진 바의 진실과 말하는 자가 누구인지의 관계, 요컨대 이 지시 관계는 완전히 다릅니다. 전자의 경우 지도자인 철학자가 삶을 영위하는 방식은 그가 피지도자에게 말하는 바의 진실과 진솔성의 증거가 됩니다. 후자, 즉 고해자의 경우 피지도자가 말하는 것은 현실 속에서 피지도자가 누구인지 드러내는 것이어야 합니다. 그래서 보시다시피 진실을 말할 의무를 지도자에서 피지도자 쪽으로 양도하는 이행, 이 운동은 말해진 바의 진실과 말하는 자의 현실태의 관계 구조를 변화시킵니다. 이 두 변화는 파레시아의 역사에서 결정적입니다.

질문 있습니까? 제가 마지막 부분을 명백히 설명했는지 모르겠습니다.

다시 설명해주실 수 있습니까? 명확히 설명하셨지만….

저를 좀 도와주셔야겠습니다. 제 영어가 썩 좋지 않거든요. 불명확한 것, 모호한 것이 있을까요?

저는 그리스도교 고해로의 이행과 선생님께서 생활의 틀의 구체적 형태와 관련해 앞서 말씀하신 것의 관계를 잘 이해하지 못했습니다.

두 종류의 이행이 있습니다. 첫 번째 이행은 고대의 지도에서는 진술해야 하는 자, 자신이 생각하는 모든 것을 말해야 하는 자는 지도자, 스승이었습니다. 그리고 제자, 피지도자는 말할 것이 전혀 없거나 거의 없습니다. 우리는 세네카와 세레누스의 경우에서 세레누스가 말해야 할 것이 얼마나 적은지 살펴본 바 있습니다.[34] 그러므로 진실을 말해야 하는 의무, 파레시아스트여야 하는 의무는 스승 자신의 의무입니다. 그리스도교의 전통, 그리스도교의 고해에서는 이와 정반대[입니다]. 자신이 생각하고 느끼는 모든 것, 자기 마음속에서 일어나는 모든 것을 말해야 하는 자는 제자입니다. '파레시아스트' 혹은 파레시아라는 어휘가 변형되는 게 사실입니다. 하지만 정말 다른 건 아닙니다. 이 점에 대해서는 나중에 논의하겠습니다. 이해하시겠지요?

두 번째 이행은 이렇습니다. 스승이 진실을 말한다는 것을 어떻게 증명할 수 있을까요? 그리고 스승이 진솔하다는 증거는 무엇일까요? 스승이 평생 자신의 모든 품행과 관련해 단 하나의 틀을 보여준다는 사실입니다. 그래서 스승의 현재 상태가 그가 말하는 바의 증거입니다. 이와 반대로 그리스도교의 고해에서 고해자는 자신이 생각하는 모든 것, 느끼는 모든 것, 행하는 모든 것 등을 말해야 합니다. 하지만 그가 말하는 것, 그가 자신에 대해 말하는 것을 통해 자신의 현재 상태가 드러나야 합니다. 이것은 그리스도교의 고해, 그리스도교 고해의 실천과 이론에서 문제가 될 것입니다. 지도자는 피지도자가 말하는 것이 진실임을 어떻게 확신할 수 있을까요? 피지도자가 진솔하다는 증거는 무엇일

34 세네카, 〈평상심에 관하여〉, 《세네카의 대화: 인생에 관하여》, 270-292쪽(Sénèque, *De la tranquillité de l'âme*, 4-15, dans *Dialogues*, t. IV, trad. fr. R. Waltz, Paris, Les Belles Lettres, 2003, p. 72-74) 참조. 이 책 132쪽 각주 48을 보라.

까요? 두 가지 해답이 있습니다. 첫 번째는 고해자가 자기 영혼의 심층부를 지도자에게 보여줄 때 그것을 신에게도 보여주기 때문에, 신은 모든 것을 보고 피지도자가 거짓말하는 것을 알 수 있기 때문에, 신은 시간과 속세의 시작부터 이 인간의 영혼과 그 심층부를 봤기 때문에 피지도자가 거짓말해봐야 아무 소용이 없다는 것입니다. 신은 고해자가 거짓말하는 것을 안다는 것입니다. 그래서 고해자의 진솔성의 징표 문제는 그리스도교에서 그다지 중요하지 않습니다. 훌륭한 파레시아스트를 선별하는 문제는 고대의 실천에서 대단히 중요했습니다. 그리스도교의 실천에서 그것은 그만큼 중요하지 않습니다. 하지만 지도자가 피지도자에 대해 생각하는 바에 달려 있는 사티스팍티오satisfactio(만족)를 결정하는 일이 중요합니다. 그러므로 지도자는 피지도자의 진솔성의 징표를 발견하려고 시도해야 합니다. 고해성사 교범에는 피지도자의 진솔성의 단서와 지표를 제공하는 것으로 상정되는 몇 가지 징표가 존재했다는 것을 알 수 있습니다. 예컨대 얼굴이 붉어진다거나 눈물을 흘리는 등 고해하는 동안 피지도자의 행동거지가 주로 그 징표가 됩니다. 이 모든 것은 인간이 진솔한지 아닌지 모든 것을 아는 신 앞에서 일어나기 때문에 그다지 중요하지 않습니다.

바로 그렇기 때문에 웅변술이 초기 그리스도교에서 문제가 되는 것 같습니다. 웅변술을 잘 구사하면 거짓 고해도 할 수 있을 테니 말입니다.

네, 분명 그렇습니다. 어떤 사람이 고해에서 진솔한지 여부를 식별하는 방식에 관한 흥미로운 지적이 이 교범에서 발견됩니다. 하지만 그것은 실제로 윤리적 문제도, 신학적 문제도 되지 않습니다.

이런 변화 속에 삶의 틀은 무엇이 되는지 궁금합니다. 고대에 지도자에게 시험대가 되는 것은 그의 말과 그의 삶의 방식의 관계였습니다. 더 늦은 시기 그리스도교에서—6세기와 17세기 청교도의 자서전 등을 생각할 수 있는데요—이 틀은 예수의 삶입니다. 초기 그리스도교에서는 사정이 어땠는지요?

전적으로 옳습니다. 이 모든 문제는 청교도 문화나 루터와 칼뱅의 문화와 함께 16세기에 심층적으로 변화했다는 것을 알 수 있습니다. 원시 그리스도교에서 틀 개념은 수도원 생활 규정에서 발견됩니다. 아시다시피 수도원 문헌에서 이 '틀'은 생활 방식과 옷차림을 의미합니다. '틀'의 기술적 의미는 수사가 생활하는 방식과 옷 입는 방식입니다. 카시아누스의 《제도집》 초반부에는 삶의 방식을 분명히 표현하는 옷차림으로 이 틀의 영적 의미를 훌륭하게 분석하는 부분이 있습니다.[35] 바로 이 대목에서 틀 개념이 발견됩니다. 피지도자는 하나의 틀을 얻어야 합니다. 하지만 이 틀은 이제 한 사람이 말하는 바의 진솔성, 피지도자의 진솔성이 아니라 지도를 통해 얻는 것입니다.

선생님 설명은 이 변화가 함축하는 바가 무엇인지 자문하는 것으로 귀결됩니다. 하지만 그 함의를 말씀하시지 않았습니다.

함의라는 말로 뭘 의미하시는 거죠?

이 변화가 어떻게 일어났고 어떤 식으로 나타났는지 알고 싶다는 말입니다.

35 카시아누스, 《요한 카시아누스의 제도집》, 21쪽(Jean Cassien, *Institutions cénobitiques*, I, *op. cit.*, p. 35).

첫 번째 질문은 이 〔변화의〕[a] 원인이 무엇이냐는 것이지요. 이에 답하기는 대단히 어렵습니다. 우선 자기 수양의 발전을 설명할 수 있는 로마제정 초기의 사회적이고 정치적인 구조상에서 중대한 변화가 있습니다. 아마 내일 이에 대해 좀 설명할 수 있을 것 같습니다. 이 문제의 한 양상은 다음과 같습니다. 이 자기 수양은 사회와 문명의 개인주의적 형태의 발전과 관련이 있는 걸까요? 사람들은 대체로 개인주의와 자기의 문제를 혼동합니다. 저는 로마제국을 통해 개인주의 사회가 전혀 아니었으면서 대단히 확산되고 대단히 풍요로운 자기 수양을 발전시킨 사회의 적절한 예를 발견할 수 있다고 생각합니다.[36] 로마 사회는 결코 개인주의적 사회가 아니었습니다. 제가 지도자와 피지도자 사이에 필요한 관계와 관련해 말씀드린 것, 주된 형태의 지도, 즉 스토아주의적 형태의 지도, 요컨대 자기 수양은 사람들의 **모든** 사회적·가족적·성적 관계를 정당화하는 결과를 발생시켰는데 이 모든 것은 자기 수양의 발전이 개인주의 사회의 결과가 결코 아니라는 증거이기도 합니다. 그것은 어떤 다른 것의 결과입니다. 그리고 사회의 통치 심급이라 부를 수 있는 것에서의 변화가 발생시킨 결과라고 생각합니다. 한 사회에는 지배계급 말고도, 많은 통치 심급이 있으니까요. 로마제국에서는 위계의 배분, 모든 권력 심급의 조직화, 사회에서 통치상 심층적 변화가 목격됩니다. 그리고 그 결과 새로운 형태의 합리성과 합리적 수단을 통한 새로운 형태의 자기 통치와 새로운 형태의 타자 통치의 추구가 목격됩니다.

이런 종류의 사회에서 그리스도교 사회로 나아가게 되는 변

a 푸코가 문장을 끝맺지 않아 추측했다.
36 이 책 177쪽 각주 2를 보라.

화의 문제는 훨씬 더 난해합니다. 아니, 훨씬 더 단순합니다. 이 그리스도교의 자기 돌봄[배려–옮긴이]에서 목격되는 것은 수양에 큰 영향을 끼쳤지만 적어도 4세기와 5세기에는 상당히 고립된 채로 남아 있던 작은 단체인 수도원에서 일어난 것이기 때문에 훨씬 단순하다고 할 수 있습니다. 그러므로 이런 변화를 총체적 사회 변화로 설명해서는 안 됩니다. 이후 수도원 제도 내부에서 발전된 이런 종류의 모델이 사회 전체에 [여러 시대를 관통해][a] 엄청난 변화가 확산됐습니다. 왜 그럴까요? 이 모든 것은 해답이 아니라 하나의 지적입니다. 이유가 뭐냐는 게 첫 번째 질문이었죠?

그 결과는 어땠을까요? 지금으로서는 거기에 답할 수 없을 것 같습니다. 지금 제가 해볼 수 있는 것은 이 자기 테크닉의 역사의 시작에 대해 설명하는 것입니다.

원하신다면, 그리고 관심이 있으시다면 내일 세미나 초반부를 갈레노스의 이 텍스트에 할애할 것을 제안합니다. 그러고 나서 다음 시간은 일반적인 질문에 답하는 데 할애할까 합니다. 그러면 충분할 것 같습니다. 동의하십니까? 감사합니다.

자유롭게 발언해도 됩니까?

그럼요, 자유롭게 발언하십시오.

a 매우 듣기 힘든 구절을 추측했다.

네 번째 세미나

오늘은 갈레노스로 시작하겠습니다. 〔그러고 나서〕 원하신다면 세네카에 대해 좀 언급하고자 합니다.[1]

이어서 이번 세미나와 직접적으로 관련된 질문으로 시작해 강연과 관련된 질문, 그리고 결정적 해답은 없습니다만 진실에 대한 질문을 각자 자유롭게 하셔도 될 것 같습니다.

갈레노스의 이 텍스트는 읽어보셨죠. 적어도 텍스트 복사본은 받으셨겠죠.[ab]

> 오류는 그릇된 의견에 기인하는 반면 정념은 비합리적 충동에 기인하기 때문에 나는 나 자신을 우선 정념으로부터 해방해야 한다고 생각했다. 말하자면 정념 때문에 그릇된 의견을 만들어 내는 것은 사실인 것 같다. 그래서 만인이 알다시피 영혼의 정념은 격노, 분노, 공포, 비탄, 과도한 성적인 욕구나 욕망 같은 것이다. 어떤 것이든 극단적으로 좋아하거나 싫어하는 것도 정념이라고 생각한다. 절도가 없는 것은 결코 아름답지 않기 때문에 "중용이 최선"이라는 격언이 정말 옳은 것 같다. 정념이 있다는 것을 사전에 의식하지 않고 어떻게 그것을 적출할 수 있단 말인가? 그런데 앞서 말했듯이 우리는 자신을 지나치게 사랑하기 때문에

1　　사실 푸코는, 아마도 시간이 부족해서 세네카에 대해 말하지 않을 것이다. 이 책 278쪽 각주 27을 보라.

a　　푸코가 주해하는 다른 텍스트와 달리 청중이 이미 갈레노스의 텍스트를 읽은 듯 보이고, 눈앞에 그 복사물을 놓은 듯 보이기에 그는 참가자 한 명에게 그 텍스트를 읽도록 시키지 않는다.

b　　아마도 목이 쉬었기 때문에 푸코가 덧붙인다. "제가 마를레네 디트리히Marlène Dietrich 같군요." 그리고 청중 가운데 한 사람이 답한다. "그래서 선생님 개구리 같아요."

정념이 있다는 걸 의식할 수 없다. 하지만 이런 추론이 당신 자신을 판단하게 해줄 순 없다 해도 당신이 좋아하지도 싫어하지도 않는 타자를 판단할 순 있게 해준다. 그러므로 〔좋아할 줄도 싫어할 줄도 모르는〕[a] 도시국가의 어떤 사람이 아첨을 하지 않아 많은 사람의 칭찬을 받는다는 소문이 들리면 그와 자주 만나 과연 사람들이 말하는 대로인지 체험을 통해 판단해보라. 그가 부자, 힘 있는 자, 군주의 집에 계속해서 분주히 드나들면 — 이런 아첨꾼은 거짓말을 몰고 다니기 때문에 — 그리고 그가 그들에게 경의를 표하고 그들을 호위하고 그들과 연회에 참석하면 그가 진솔한 사람이라는 평판은 공허한 것임을 알아야 한다. 사실 그는 이런 종류의 삶을 선택함으로써 진솔하지 않게 될 뿐만 아니라 필연적으로 모든 악덕을 갖게 된다. 그는 부, 권력, 명예나 영광을 전체적으로 혹은 개별적으로 추구하기 때문이다. 반면 부자 혹은 힘 있는 자를 칭송하거나 호위하지 않고 그들과 향연에 참석하지도 않으며 규율에 따르는 삶을 사는 자는, 그가 진솔하기를 기대하면서 심층적으로 그를 알기 위해 노력하고 오랜 친교를 통해 그가 어떤 사람인지 알려고 노력해야 한다. 그가 진솔하다고 생각하면 단둘이 대화해보고, 당신 안에서 앞서 언급한 정념을 확인하면 즉시 말해달라고 부탁해야 한다. 당신은 그의 최고의 호의를 알게 되고, 그가 당신의 신체를 질병에서 구제해준 것보다 위대한 구제자로 그를 생각하게 될 것이기 때문이다. 어떤 경우에 당신이 이 정념에 사로잡히게 되는지 당신에게 알려준다고 약속하고 가까이 지낸 지 며칠이 지나도 그가 아무 말 하지 않을 경우,

a 푸코가 주해하는 영어 번역에 없는 이 각괄호 안의 구절은, 어떤 사람들에 따르면 가필된 것이라고 한다.

그 사람을 비판하고 언제 당신이 정념에 사로잡히는지 신속하게 말해줄 것을 예전보다 강력하게 한 번 더 부탁해보라. 그가 아무 말도 하지 않은 것은 당신에게서 이런 정념을 발견하지 못했기 때문이라고 대답하면 곧이곧대로 믿지 말고, 단번에 오류에서 해방됐다고 생각하지도 말아야 한다. 그 이유가 다음 중 하나라고 생각하라. 당신의 부탁을 받은 자가 태만해서 당신에게 무관심했거나 신중해서 당신을 비난하지 않으려 침묵했거나. 진실을 말하는 사람은 보통 모두에게 미움받는다는 것을 알고 미움받지 않으려 했거나. 그도 아니라면 그가 입을 다물고 있는 건 아마 당신에게 도움을 주고 싶지 않기 때문이거나 찬양할 수 없는 다른 이유 때문일 것이다. 사실 당신이 오류를 범하지 않는 것은 불가능하다. 이제 나를 믿어라. 모든 사람이 매일 오류를 범하고 정념에 사로잡혀 있고 그것을 의식하지도 못하는 것을 목격한다면 나를 찬양하게 되리라. 그러니 당신 자신을 한 사람의 인간과 다른 존재로 생각해서는 안 된다. 당신이 모든 일에서 한 달 동안이 아니라 하루만이라도 적절히 행동했다는 확신이 들면 당신을 한 사람의 인간 이상으로 생각할 수 있다!

당신이 반론하기를 좋아한다면—자발적 선택이나 나쁜 습관으로 그렇게 됐든, 본성상 호전적이어서든—당신은 내가 지금 제공한 추론에 입각해 현자는 평범한 인간 이상의 존재라고 생각할 수도 있을 것이다. 이런 당신의 추론에 우리의 두 단계 추론이 대립한다. 첫 번째 추론은 현자만은 모든 오류에서 자유로울 수 있다는 것이고, 두 번째 추론은 첫 번째 추론의 결과로 현자가 오류에서 자유롭다면, 그런 관점에서 그는 인간이 아니라는 것이다. 그렇기 때문에 당신은 가장 오래된 철학자들이 지혜는 신적인 것과 같다고 말하는 것을 듣게 될 것이다. 하지만 당신이 갑 자기 신에 필적하는 자가 될 순 없다. 정념을 없애는 훈련을 평생 해온 이들도 신의 경지에 이르렀다고 여겨지지 못하는 마당에, 전혀 훈련하지 않은 당신은 더더욱 그럴 것이다. 그러므로 당신이 정념에 사로잡혀 행동하는 것을 결코 보지 못했다고 말하는 사람을 믿지 마라. 그가 그렇게 말하면 그가 당신에게 쓸모 있기를 원치 않기 때문이거나, 그가 당신의 나쁜 행동에 주의를 기울이고 싶지 않기 때문이거나, 그가 당신이 그를 싫어할까 경계하기 때문이라고 생각할 필요가 있다. 당신의 오류와 정념을 비판한 누군가에게 당신이 욕하는 걸 그가 봤다면 당신이 자신의 오류를 낱낱이 알고 싶다고 그에게 말해도 그가 당신의 진솔성을 믿지 않아 침묵하는 것일 수 있다. 하지만 애초에 당신이 정념의 상태에서 범한 행동에서 해방되는 것에 조용히 동의한다면 곧바로 당신을 진솔하게 교정해줄 준비가 된 사람들을 발견할 수 있을 것이다. 당신을 비판하는 자에게 오류에서 해방해준 것에 감사할 줄 안다면 그 이상도 발견할 수 있을 것이다. 당신은 그가 당신에게 하는 비판이 진솔한 것인지 그릇된 것인지 철저하게 점검하는 것이 유익한 것임을 깨닫게 될 것이다. 그리고 지속적으로 이렇게 행동하면 당신이 진정으로 그렇게 되기로 결심한 인간, 요컨대 선한 인간이 될 것이다.

그러므로 첫째로 아무리 깊이 조사해봐도 사람들이 당신을 모욕적인 방식으로 잘못 비난했다고 생각할 수 있지만, 당신이 아무 오류도 범하지 않았다고 확신하지 말아야 한다. 반대로 당신 명상의 첫 번째 주제는 자존심 상함을 참는 것이어야 한다. 그러고 나서 당신의 정념이 충분히 억제됐다는 생각이 들 때 당신을 자존심 상하게 하는 사람과 대항해 자신을 방어하라. 신랄함을 표현하지 말고 단호함이나 호전성도 보이지 말며 그를 굴복시키려고 하지도 말고 당신의 이익만 생각하라. 당신의 반론에 그가 설득력 있게 답하면 그가 당신보다 나은 인식을 하고 있다고 납득하든가, 더 멀리까지 탐구를 진척시켜 그의 비난에서 벗어나는 상태가 되면 된다. 제논은 아무도 비판해달라고 부탁하지 않았는데도 친구들을 비판할 준비가 되어 있는 수많은 사람을 〔경멸적인 의미에서–옮긴이〕 교육자라 불렀으며, 그들 앞에서는 즉각 자신을 방어해야 하는 것처럼 적어도 매사에 확실하게 행동해야 한다고 판단했다.[2]

제가 할 수 있는 것은 이 텍스트에 대해 느낀 것을 전달하는 것입니다. 이 텍스트는 파레시아의 문제를 분명하게 다루고 있다고 생각합니다. 이 텍스트에서 갈레노스는 파레시아라는 말을 사용하지 않지만, 예컨대 우리가 아첨에 관한 플루타르코스의 논설에서 마주친 문제가 관건입니다. 진정한 파레시아스트와 아첨꾼에 지나지 않는 자를 어떻게 구별하는지가 문제였다는 것을 기억하시죠? 갈레노스의 이 논설 초반부는 바로 그 문제, 진정한 파레시아스트를 어떻게 식별할 수 있는가에 답한다고 혹은 답하려고 시도한다고 생각합니다. 이 텍스트에서 흥미로운 점은 이 텍스트가 대단히 단순하다는 점, 즉 철학적 주장을 과도하거나 크게 하지 않는다는 점입니다. 이 텍스트는 당신이 자신을 돌보고자 할 때 당신을 도와줄 능력이 있는 사람을 어떻게 찾아낼 수 있는가와 같은 매우 현실적인 문제에 답하는 것 같습니다. 지극히 사실적인 분석이지만 이 텍스트의 철학적 맥락은 흥미롭습니다.

첫 번째로, 하나는 정념의 진단과 치료에 할애되고 다른 하

2 Galien C., *Du diagnostic et du traitement des passions propres à l'âme de chacun*, 3, *op. cit.*, p. 7-11.

나는 오류의 진단과 치료에 할애된 〔갈레노스의〕 두 논설이 있습니다. 《각자의 영혼에 고유한 정념의 진단과 치료에 관하여》는 갈레노스가 에피쿠로스주의 정념론에 쓴 답변입니다. 여러분에게 드린 복사본을 여기서 발췌했습니다. 안토니오스가 쓴 이 에피쿠로스주의 논설은 보존되지 못하고 현재는 소실된 상태입니다. 그것이 어떤 것이었는지 알 수 없지만, 안토니오스의 분석에서 그가 "정념에 저항해 자신을 방어하고 보호하기"라는 표현 혹은 주제를 통해 의미하고자 하는 바가 불분명하다고 갈레노스가 이 논설에 반론을 제기한 점이 흥미롭습니다. 갈레노스는 다음과 같이 말합니다. 안토니오스는 정념에서 자신을 방어하고 보호해야 한다고 말하지만, 이 에피쿠로스주의 논설에는 경계, 진단, 교정의 명확한 구분이 없다고 말입니다.[3] 갈레노스에게 정념에 대한 감시와 정념으로부터의 보호는 특수한 세 가지 활동으로 이뤄졌다는 것을 의미합니다. 〔첫째로〕 자기 자신과 자신의 정념에 대한 지속적이고 항구적인 주의를 기울이는 경계가 있고, 〔둘째로〕 사람들이 앓고 있는 정념이 어떤 것인지, 이 정념의 징후는 무엇인지, 이 정념의 원인이 무엇인지 등을 확인하는 특수한 진단 활동이 있고, 셋째로 교정과 치료가 있습니다. 진단적 태도와 활동, 치유, 교정, 치료 등이 있습니다. 이것이 첫 번째 요점입니다.

두 번째로 이 텍스트의 배면에서 중요한 세 가지 관념이 도처에서 발견된다는 것입니다. 정념과 오류는 서로 다르며 정념이 오류의 근원이라는 관념이 첫째 관념입니다. 이 두 원리, 정념과 오류의 구분(정념은 오류가 아니고 오류는 정념이 아니다)과 정념이 심층적 원인이고 오류의 근원이라는 관념, 적어도 여러분 중 몇몇 분

3 *Ibid.*, 1, p. 3-4.

은 잘 아시는 두 테제는 스토아주의의 주된 테제, 스토아주의의 주요 원리와 정반대입니다. 적어도 초기 스토아주의 철학에서는 정념과 오류에 차이가 없었고 정념이라 불리는 것, 다시 말해 영혼의 비합리적 운동—이것은 스토아주의 철학에서 표준적이고 고전적인 정의입니다—은 오류의 결과였습니다. 여기서 갈레노스가 스토아주의 철학의 영향을 많이 받긴 했지만 위의 두 테제는 후기 스토아주의적인 형태로도 발견됩니다. 아시다시피 초기 스토아주의를 특징짓던 주지주의적 입장은 여기서 사라집니다. 정념의 영역은 오류의 영역과 대단히 다르고, 정념의 영역은 너무나 심오하고 강력해서 오류의 진정한 기원이 돼버립니다. 이것이 첫째 관념입니다.

둘째 관념, 둘째 대원칙은, 정념이 오류가 아니라 오류의 원인이라 해도 정념을 치료하는 데는 인식이 필요하다는 것입니다. 이 점은 대단히 명확해야 합니다. 이 두 관념과 관련한 혼동이 빈번하기 때문입니다. 정념이 오류와 완전히 무관한 것일 수도 있습니다. 정념이 오류의 영역이 아닌 특수한 영역을 구축할 수도 있습니다. 그리고 오류만이 아니라 정념을 치료하기 위해 진실이 필요할 수도 있습니다. 당연히 진실은 오류와 정념에 대한 일반적 치료제입니다. 그리고 진실이 오류에 대한 치료제가 되는 방식은 인식과 진실이 정념에 대한 치료제가 되는 방식과 다릅니다. 오류에 대해 진실은 오류의 반박을 통해서만 치료제가 될 수 있습니다. 정념은 '자기 인식gnôthi seauton'에 의해 돌봄(배려–옮긴이)받을 수 있기 때문에 진실이 정념의 치료제가 될 수 있습니다. 자기 인식이라는 수단을 통해 진실은 정념에 대한 치료제가 될 수 있습니다. 이것이 이 텍스트 도처에서 발견되는 둘째 관념입니다.

이런 자기 인식은 타인의 도움이 없으면 불가능하다는 것이

셋째 관념입니다. 여러분은 자신을 혼자서 인식할 수 없고 다른 사람에게 항시 의존해야 한다는 것입니다. 여러분이 자신을 인식하는 데 타인이 필요한 이유는 자기애, 즉 자신에 대한 사랑이 자신의 과오를 볼 수 없게 만들기 때문입니다. 자기애와 관련된 자기 인식의 이런 필요성은 대단히 중요합니다. 이것은 소크라테스나 플라톤의 개념에서는 발견되지 않습니다. 이것은 초기 스토아주의 정식에서도 발견되지 않고 중기와 후기 스토아주의에서 전개되는 테마입니다. 그러므로 정념과 오류는 다르다는 것, 오류와 정념에 대한 치료제, 치유로서 진실이 필요하다는 것, 하지만 정념의 치료는 자기 인식의 형태를 취한다는 것, 자기애가 자기 인식의 장애가 되기 때문에 자기 인식은 타자의 도움을 필요로 한다는 것은 이 텍스트의 배면에 있는 주된 양상이라고 생각합니다.

복사한 이 텍스트에서 상당히 중요하다고 생각한 몇 가지 요소가 있는데, 이것에 대해서는 나중에 논의하겠습니다. 이 텍스트는 다음과 같이 시작됩니다. "오류는 그릇된 의견에서 기인한다(…)." 오류와 정념의 관계와 구분이 관건이고 정념은 우리가 그릇된 의견을 만들어내는 근원과 원인이라는 사실이 관건입니다. "정념이 있다는 것을 사전에 의식하지 않고 어떻게 그것을 적출할 수 있단 말인가?" 요컨대 정념을 치료하기 위해서는 자기 인식이 필요하다는 것입니다. "앞서 말했듯이 우리는 자신을 지나치게 사랑하기 때문에 정념이 있다는 걸 의식할 수 없다." 즉 자기애와 자기 인식의 관계, 자기애의 치료로서 자기 인식이 문제가 됩니다. "하지만 이런 추론이 당신 자신을 판단하게 해줄 순 없다 해도 당신이 좋아하지도 싫어하지도 않는 타자를 판단할 순 있게해준다." 이 구절은 흥미롭습니다. 기억하시겠지만 플라톤의

《알키비아데스》에서도, 세네카에서도, 아마도 플루타르코스에서도, 아무튼 대부분의 텍스트에서 자기 돌봄〔배려–옮긴이〕은 타자의 도움을 필요로 하는데, 이 자기 돌봄〔배려–옮긴이〕에 필요한 타자는 친구여야 하고 〔인도받는다고〕[a] 간주되는 자와 정서적 관계를 맺어야 하며, 필리아philia(우정)는 자기 돌봄〔배려–옮긴이〕에서 도움에 필수적인 맥락이라는 관념이 발견되기 때문입니다. 타자의 역할은 우정과 결부됩니다. 이 우정은 사랑 요컨대 에로스eros의 형태를 취할 수도 있고, 일상적 의미에서 우정의 형태를 취할 수도 있습니다. 〔반면–옮긴이〕 여기서는 보시다시피 지도자와 피지도자, 두 상대방 간에 일종의 감정의 중립 상태가 존재해야 합니다. 제가 아는 한에서 이 감정의 중립에 대한 최초의 언급이 여기서 발견됩니다. 이 언급은 이후 그리스도교 영성에서 발견됩니다. 하지만 고대 2세기 말에 쓰인 이 텍스트는, 정서적이고 감정적인 관계인 우정이 자기 돌봄〔배려–옮긴이〕에 필요하다는 논설과 비교해볼 때 상당히 새로운 것입니다. 〔한편–옮긴이〕 에픽테토스에서는 필리아나 에로스가 필요하다는 관념도, 감정의 중화 상태라는 관념도 발견되지 않는다고 말씀드리겠습니다. 아무튼 제 기억에 감정적 관계의 필요성이나 감정의 중립 상태에 관한 그 무엇도 존재하지 않는 것 같습니다.

갈레노스의 이 텍스트에 자기 돌봄〔배려–옮긴이〕과 필리아의 관계가 존재하지 않는 것과 관련해 무슨 말을 할 수 있을까요? 우선 이 부재는 당연히 필리아의 소멸과 연관됩니다. 고대 문명과 문화에서 주요한 사회적 관계이자 정서적 경험 가운데 하나였던 필리아가 소멸한 것입니다. 필리아의 소멸, 필리아의 사회적·정

a 푸코는 '인도한다고'라고 말한다.

치적·정서적 역할의 소멸은 정말 중요합니다. 그리고 고대의 수양 전반에 걸쳐 대단히 중요했던 필리아의 대대적 **소멸**의 한 징조가 여기에 있는 것 같습니다.[4] 이 시기에 자기 돌봄〔배려-옮긴이〕의 전문화를 확인할 수 있습니다. 자기 돌봄〔배려-옮긴이〕은 점차 철학자, 교수 같은 전문가의 일이 됩니다. 하지만 대단히 신중하게 말할 필요가 있습니다. 잠시 후 보시겠지만 지도자를 선택하기 위한 전문적 기준은 존재하지 않았기 때문입니다. 이 텍스트에서 필리아의 소멸, 즉 우정의 소멸은 분명하지만 자기 돌봄〔배려-옮긴이〕의 전문화는 분명하지 않다고 생각합니다.

"그러므로 〔좋아할 줄도 싫어할 줄도 모르는〕[a] 도시국가의 어떤 사람이 아첨을 하지 않아 많은 사람의 칭찬을 받는다는 소문이 들리면 그와 자주 만나 과연 사람들이 말하는 대로인지 체험을 통해 판단해보라." 이 구절은 보시다시피 대단히 흥미롭고 새롭습니다. 저는 자신을 돌보기 위해 어떤 사람이 필요할 때 잘 모르는 사람을 찾아가야 한다는 발상을 이 시대의 다른 어떤 텍스트에서도 발견한 적이 없습니다. 여러분의 친구나 부모, 지인 가운데 〔그런 사람을 찾아서는 안 됩니다〕. 여러분은 도시국가 안에서 이런 자질이 있는 사람을 찾아야 합니다. 이것은 참 이상한 일입니다. 바로 이것이 제가 이 텍스트를 선택한 이유 가운데 하나입니다. 보시다시피 여러분이 찾는 지도자가 될 이 사람을 여러분은 평가하고 시험해야 하며 능력을 검증해야 하는데, 이 또한 대단히 흥미

4 이런 소멸에 대해, 또 근대에 동성애에 대한 사회적·정치적·의학적 문제계와 이런 소멸의 관계에 대해서는 다음을 보라. M. Foucault, "Michel Foucault, un interview: sexe, pouvoir et la politique de l'identité", entretien avec B. Gallagher et A. Wilson, dans DE II, n° 358, p. 1563-1564.

a 각괄호 안의 구절은 푸코가 주해하는 영어 번역에 나타나지 않는다.

롭습니다. 예를 들어 에픽테토스가 자신을 찾아와 제자로서 바람직하지 않게 행동하고 그가 돌보고 싶지 않은 방식으로 행동한 젊은이를 거부했다는 사실을 기억하시죠. 에픽테토스는 제자들에게 그들의 **역량**, 자신의 지도를 받을 수 있는 능력을 요구합니다.

이 텍스트에서 상황은 정반대입니다. 갈레노스는 피지도자에게 〔지도자를〕 시험하라고 권합니다. 이것은 아첨꾼과 파레시아스트를 구분하는 방식과 관련해 우리가 어제 논의한 플루타르코스의 논설에서 그가 이야기한 것에 아주 가깝습니다. 하지만 아시다시피 플루타르코스에게 문제가 된 것은 파레시아의 몇몇 징표를 해독해내는 것이었습니다. 바로 여기에 지도자 혹은 잠정적 지도자와 피지도자의 진정한 게임이 존재합니다. 피지도자는 지도자가 실제로 관심을 받을 만한 사람인지, 믿을 만한 사람인지 알기 위한 일련의 시험을 조직합니다. 이것도 대단히 흥미롭습니다. 피지도자 혹은 피지도자가 되기를 바라는 자가 지도자를 시험에 들게 하는 것을 살펴보면 전문적인 능력이 문제는 아니었다는 사실, 영혼이나 신체나 인간의 본성 등의 인식에 대해 전혀 언급이 없다는 사실, 철학자로서 지도자에 대한 언급이 전혀 없다는 사실을 발견할 수 있습니다.

유일한 문제는 파레시아의 문제, 즉 솔직함의 문제이고 모든 시험은 솔직함과 관련됩니다. 솔직함의 시험은 지도자가 부자와 힘 있는 자에게 처신하는 방식과 관련됩니다. 요컨대 지도자가 부, 권력, 명예, 명성 등을 추구하는지 여부를 아는 것과 관련됩니다. 지도자의 사회적 행실이 그의 파레시아의 진정한 시험인 것입니다. 능력, 철학적 지식과 관련된 것이 결코 아닙니다. 이렇게 해서 어떤 사람이 자신과 사적인 관계, 정서적인 관계가 없는 사람 중에서 자신이 알지는 못하지만 파레시아스트의 명성을 갖춘 어떤 사람을 찾아 나서고 그에게 일련의 시험을 제안하고 자신의 파레시아스트가 돼줄 것을 제안하는 대단히 이상한 상황을 보실 수 있습니다. "당신은 (…) 그가 당신의 신체를 질병에서 구제해준 것보다 위대한 구제자로 그를 생각하게 될 것이기 때문이다." 그렇기 때문에 보시다시피 이런 상황에서 두 상대방 간에 일어나는 일은, 그들 사이에 봉사officium의 관계가 수립되고 피지도자는 지도자가 그를 위해 하는 일을 오피키움, 요컨대 봉사로 생각할 것을 약속하게 되는 것입니다. 여기서 보수는 직접적으로 문제가 되지 않지만, 이 텍스트는 보수를 암시하는 여지를 줍니다. 아무튼 피지도자가 지도자에게 지불하는 보수의 상호성에 대한 구체적 언급은 없습니다.

제가 세 번째로 강조하고자 하는 점은 피지도자가 지도자에게 던지는 질문이 매우 구체적이라는 점입니다. 우선 내가 무엇인지 혹은 누구인지 묻습니다. 보시다시피 피지도자는 할 말이 거의 없습니다. 그는 거의 말하지 않습니다. 그는 누가 필요하다고 말하고, 지도자의 도움을 요청하며 자기 자신에 대해서는 거의 말하지 않지만 그것으로 충분합니다. 그러고 나서 피지도자가 누구인지 말하는 것은 지도자의 임무가 됩니다. 이것은 우리가 그리스도교의 영성에서 발견할 수 있는 것과 명백히 다릅니다.

그리고 마지막 네 번째로 강조하고자 하는 점―이 모든 것에 대해서는 나중에 논의할 수도 있을 것입니다―은 이 텍스트 전반에 걸쳐 자기 자신에 대한 불신이 지배적이라는 사실입니다. 이 테마가 지도자와 피지도자의 게임 전반을 지배합니다. 지도자가 여러분에게 여러분이 오류를 범하지 않았고 나쁜 점이 전혀 없다고 말한다면 그를 의심해야 한다는 겁니다. 지도자가 여러분에게 아무 문제가 없다고 말해도 그는 틀릴 수 있습니다. 어쨌든 여러분은 실수하고 오류를 범하고 정념을 품기 때문입니다. 따라서 지도자가 여러분이 오류를 범하고 정념을 품었다고 말한다면 그를 신뢰할 수 있습니다. 여러분은 지도자가 여러분이 오류를 범하고 정념을 품었다고 말하는 한에서 그를 신뢰해야 합니다. 그가 여러분에게는 정념이 없다고 말한다면 그를 의심해야 합니다. 여러분은 평생 자신을 의심해야 하기 때문입니다. 갈레노스가 정념도 없고 오류를 범하지도 않는 것으로 간주되는 현자에 대해 한 말은 대단히 흥미롭습니다. 당연히 현자는 오류를 범하지 않고, 오류에서 완전히 자유로우며, 현자는 인간이 아니고, 그가 인간이 아닌 이유는 그가 신이거나 신에 근접한 자이기 때문이라고 말하는 짧은 구절에 여러분이 주목하셨는지 모르겠습니다. 이처럼 여러분이 인간인 이상 여러분은 정념을 품고 오류를 범한다는 것입니다. 그래서 여러분과 지도자의 게임은 다음과 같습니다. "제가 범하는 오류를 말해주시고 제가 고통 받는 정념을 말해주십시오. 제가 오류를 범하지 않거나 정념이 없다고 말씀하신다면 이것은 당신이 제게 관심이 없다는 의미이거나 당신이 제 오류를 지적해 제가 당신에게 화낼까 봐 우려한다는 의미입니다." 지도자가 피지도자에 대해 그릇된 비판을 하지만 피지도자가 그것이 그르다는 것을 알고 있는 경우를 갈레노스가 가정하는데, 이 역시 대단히 흥미롭습니다. 텍스트는 다음과 같이 말하고 있습니다. 아무튼 지도자가 하는 말이 그릇된 것이라면 여러분이 부당하게 비판받는 것은 적절한 시험이라고. 그리스도교 영성에서 발견되는 관념과도 매우 유사한 이런 관념은 고대의 전통적 자기 수양에서는 매우 희귀한 것입니다.[a]

이 텍스트에 대해서는 더 말하고 싶지 않습니다. 이 텍스트는 대단히 이상하고 괴상하며 당대의 스토아주의, 요컨대 최후 형태의 스토아주의 맥락에 깊은 뿌리를 두고 있습니다. 이 텍스트는 스토아주의에 깊이 뿌리를 두지만 이후 그리스도교 영성에서 자기 돌봄(배려-옮긴이)의 주된 특질이 될 것과 아주 유사하다고 생각되는 몇몇 양상을 보입니다. 아무튼 이런 종류의 관계의 기술적·실천적 묘사는 대단히 흥미롭습니다.

사람들이 고백하는 대상은 실제로는 중립적 관찰자인데 은유적으로는 아버지나 형제입니다. 그렇다면 그리스도교 내에는 필리아의 관계와 지금 언급된 중립적 관찰의 조합이 존재한다고 말할 수 있을까요?

그리스도교에서 필리아의 관계, 요컨대 우정의 관계는 고해자와 신의 관계, 고해자와 예수그리스도의 관계, 고해자와 고해신부의 관계에 훨씬 가깝다고 말하는 것이 바람직할 것 같습니다. 하지만 16세기와 17세기 반종교개혁 시대에 가톨릭의 영혼의 치료에서 영혼의 우정과 그 문제를 언급하는 텍스트가 많습니다. 이런 실천은 대단히 중요하고 많은 영향력이 있었으나, 그것에 관한 구체적 정보는 존재하지 않습니다. 고백 자체에는 우정이 존재하지 않는다고 생각합니다. 우정은 신과 인간의 매개자인 예수그리스도에게 더 많이 존재합니다.

이 텍스트와 관련한 질문 더 없습니까? 이 주제와 관련한 여러분의 반응은 어땠습니까? 아무도 놀라지 않으셨습니까?

자기 돌봄(배려-옮긴이)상에서 변화가 목격될 뿐만 아니라 타자와 관계상의

a 갈레노스 텍스트의 영어 번역에 대한 푸코의 지적은 싣지 않는다.

변화도 목격된다고 생각합니다. 중립성이 필리아를 대체합니다.

대단히 중요한 질문입니다. 저는 필리아의 소멸에 대해 말했습니다. 그것은 소멸이 아니라 필리아가 그 맥락의 일부, 그 사회적 토대의 일부 등을 상실했다는 것입니다. 우정을 위한 자리와 역할을 마련하는 것은 그리스도교 윤리와 그리스도교 사회의 중대한 문제 가운데 하나였다고 생각합니다. 물론 예수그리스도에서의 형제애나 교회에서의 형제애는 우정에 어떤 종류의 위상을 부여하는 수단이었지만, 개인적이고 선별적인 관계—어떤 사람의 친구라는 것은 다른 사람의 친구가 아니라는 것을 의미하기 때문에—로서 우정, 우정의 개인적이고 선별적인 관계는 모든 그리스도교인 혹은 교회의 모든 사람의 일반적 형제애와 대단히 다릅니다. 우정은 집단적 구조가 아니라 개인적 구조이고, 예수그리스도 내에서 형제애는 집단적 구조입니다. 그렇기 때문에 그리스도교는 이 우정과 많은 문제가 있었습니다. 수도원과 관련된 초기 그리스도교 텍스트에서 수도사들의 우정 혹은 지도자와 피지도자의 우정, 고참 수사와 신참 수사의 우정, 신참 수사들의 우정 문제가 얼마나 곤란한 문제였는지 보는 것은 대단히 흥미롭습니다. 그리고 이 우정의 문제와 더불어 나중에 동성애가 될 것에 대한 매우 분명한 경계심이 확산됩니다. 저는 이 점과 관련해 보즈웰이 그리스도교와 동성애에 대해 쓴 글에 동의하지는 않습니다.[5] 보즈웰에 따르면 10세기 이전의 그리스도교에서 동성애에 대

5 J. Boswell, *Christianity, Social Tolerance, and Homosexuality. Gay People in Western Europe from the Beginning of the Christian Era to the Fourteenth Century*, Chicago, The University of Chicago Press, 1980; trad. fr. A. Tachet, *Christianisme, torérance et homosexualité. Les homosexuels en Europe occidentale des débuts de l'ère cchrétienne au XIVe siècle*, Paris, Gallimard, 1985. M. Foucault, "Entretien avec M. Foucault", entretien avec J.-P. Joecker, M. Ouerd et A. Sanzio, dans DE II, n° 311, p. 1109-1111 et

한 법적 금지가 존재하지 않은 것은 사실입니다. 〔하지만〕 수도원 구조 내에는 이 모든 것에 대한 명백한 텍스트, 우정의 위상에 대한 아주 흥미로운 텍스트, 〔10-12세기 이 영역에서 변화가 일어났는지 아닌지라는 문제와 관련된 텍스트〕[a]가 존재합니다.

피지도자뿐 아니라 지도자 쪽에도, 그러니까 양측 모두에 이득이 존재했다는 것은 명백하다고 생각합니다. 하지만 갈레노스의 이 텍스트에서 지도자의 이득은 어떤 것이었는지 궁금합니다.

예, 이 텍스트에서 그것은 대단히 수수께끼 같습니다. 지도의 직업화와 관련된 중립화가 있지만, 지도자의 전문적 위상에 관한 것은 전혀 없습니다. 유일한 요소는 이 텍스트〔의 다음과 같은 구절〕입니다. "당신은 그의 최고의 호의를 알게 되고, 그가 당신의 신체를 질병에서 구제해준 것보다 위대한 구제자로 그를 생각하게 될 것이기 때문이다." 이는 의학적 실천을 참조하는 것 같습니다. 아시다시피 그리스 사회에서 의사는 오늘날과 달리 보수를 받지 않았습니다. 의사는 우정이나 사회적 의무로 시술한다고 여겼습니다. 물론 그는 선물로 보답받았습니다. 이런 종류의 관계(중립성, 직업화, 보상, 선물)는 여기에 함축됐지만, 개인의 능력에 대해서는 아무 언급도 없는 듯 보입니다. 이 점과 관련해서는 당대의 스토아주의 텍스트에서 철학자만 훌륭한 조언자이고 그 외에 아무도 신뢰해서는 안 된다는 관념이 발견됩니다. 여기서는 이외에 아무것도 없습니다. 이 관계에는 오직 파레시아만 요구되는 것 같습니

"Choix sexuel, acte sexuel", entretien avec J. O'Higgins, dans DE II, n° 317, p. 1139-1140 참조.

a 듣기 어려운 구절을 추측했다.

다. 이것이 이 텍스트의 근본 구조입니다.

이런 종류의 봉사를 하는 사람의 동기는 뭘까요?[b]

우리는 아무 동기도 볼 수 없습니다. 아시다시피 그리스-로마 사회에서 이 관계는 오피키움(봉사)의 토대에서, 어떤 사람이 명예를 얻거나 지참금을 마련하거나 집을 사거나 하는 종류를 위해 다른 사람을 돕는 봉사의 토대에서 수립됐습니다. 전적으로 실리를 추구하는 이런 관계의 토대에서 개인적 관계가 수립되고 상호성을 〔내포〕[c]하는 것이 전통이었습니다. 이는 그 시대 사람들보다 우리에게 훨씬 이상하지만요. 아무튼 아주 이상합니다.

이 텍스트 전반을 관통하는 의학적 은유가 의미하는 바는 무엇일까요?

예, 플라톤과 데모크리토스 이후로 그렇습니다. 데모크리토스는 정념이 질병처럼 치료를 받아야 한다고 처음 말한 사람으로 간주됩니다. 이 은유가 왜 사용됐느냐는 질문입니까?

예, 그 의미가 무엇인가요?

의미signification를 어떻게 이해하고 있습니까? 이 문제 — 왜 이 은유가 사용됐는가의 문제, 이 은유의 문제뿐만 아니라 자기 돌봄〔배려-옮긴이〕과 의학적 치료의 유사성 문제 — 는 몇 마디 말

b 부분적으로 들리지 않는 질문을 추측했다.
c 들리지 않는 구절을 추측했다.

로 대답할 수 있는 문제가 아니라고 생각하기 때문입니다. 그러기 위해서는 그리스 의학사 전반, 자기 돌봄〔배려-옮긴이〕의 역사, 그리스 사회사 등을 탐색해야 합니다. 그것은 광범위한 문제입니다. 기원후 1-2세기 이후 의료 제도, 의학적 치료와 자기 돌봄〔배려-옮긴이〕이 몇 가지 이유로 점차 긴밀해진 것은 흥미롭다고 생각합니다. 그 이유 가운데 하나가 로마제국 초기에 의학의 사회적·문화적·과학적 중요성이 점증했다는 사실입니다. 예를 들어 제정 초기 그리스 의학의 역할은 아주 인상적인 것이었습니다. 아시다시피 로마제국에는 대중적 문화의 지지를 받던 공공 의료 시술이 존재했습니다. 황제들도 이 의료 정책을 〔지지했습니다〕.[a] 사람들은 자신의 삶의 의학적 측면에 점증적으로 관심을 갖게 됐습니다. 체육과 신체 훈련은 중요성을 상실하고, 예를 들어 제정기의 젊은 로마인은 이런 훈련—그리스인에게 아주 중요한 체육—을 거의 하지 않았지만 건강에 강박적으로 신경을 썼습니다. 세네카가 그 예입니다. 그리고 에픽테토스가 자신의 학원이 실은 이아트레이온iatreion, 즉 진료소, 병원이라고 말하는 것을 볼 수 있습니다. 에픽테토스는 사람들이 뭔가를 배우러 자신의 학원에 오는 것을 원치 않았습니다.[6] 제정기 철학이 자기 돌봄〔배려-옮긴이〕이라는 한에서 철학과 의학의 근접은 그리스도교에 의해 어느 정도 중단됐습니다. 그리스도교는 성직자의 역할이 (…)[b] 사람들의 영혼을 돌보는 것이라고 생각했기 때문입니다. 하지만 이것은 전반적인 문제에 대한 답변은 아닙니다.

---

a　듣기 힘든 구절을 추측했다.

6　에픽테토스, 《에픽테토스 강의 3·4》, 162-163쪽〔Épictète, *Entretiens*, III, 23, 30-31, *op. cit.*, p. 92〕.

b　들리지 않는 낱말들.

지도자가 진실하지 않은 말을 하는 것이 나쁜 이유나 나쁜 동기 때문은 아닙니다. 지도자는 그게 진실하다고 생각하고, 그런데 〔그건 오류이고〕[c] 그래서 책임을 묻지 않게 된다거나, 지도자는 피지도자를 시험하기 위해서 진실하지 않은 말을 하는 것입니다. 제가 어제 언급했듯이 파레시아는, 그것 덕분에 여러분이 돌보는 자에게 유용한 수단을 자유롭게 사용할 수 있고 사용하는 기술, 테크닉일 수 있습니다. 여러분은 호기를 선택해야 하고 여러분의 어떤 판단은 완화해야 하며—이것은 파레시아의 기술에서 흔한 일이었습니다—때로는 지극히 엄격해야 하고 때로는 지극히 유연해야 합니다. 지도자가 파레시아스트임에도 불구하고 피지도자를 시험하기 위해 훨씬 더 가혹하고 사실에 부합하지 않는 말을 하는 것도 상정할 수 있습니다. 이것은 그리스도교 영성에서, 적어도 원시 그리스도교에서 빈번히 발생하는 일입니다. 그래서 피지도자에게 완전히 부조리한 제안을 하는 지도자도 볼 수 있습니다. 예를 들어 사제 요한*의 유명한 사례—정확히 기억나지 않지만 그가 맞는 것 같습니다—가 있는데, 그는 신참 수사 시절 스승의 지시에 따라 사막에 심긴 지팡이에 매일 물을 주러 가야 했습니다. 1년이 지나자 스승은 지팡이에 꽃이 피지 않았다고 신참 수사에게 역정을 내기 시작했습니다. 그래서 신참 수사는 1년 더, 하루에 두 번씩 지팡이에 물을 줘야 했습니다. 그리고 두 번

c 들기 힘든 구절을 추측했다.

* 성 요한, 리코폴리스의 요한, 테베의 예언자. 《제도집》(제4권, p. 23~26)에 그에 관한 몇 가지 일화가 실려 있다.

째 해 마지막 무렵에 장미가 피어났습니다.[7] 이렇게 스승이 일정한 상황에서 피지도자에게 그릇된 말을 하고 황당한 명령을 내리는 것은 파레시아의 반례가 아니라고 생각합니다. 그것은 진정한 파레시아스트가 되는 한 방식입니다.

그리스인에게는 헤르메네이아hermeneia(해석)를 통해 해석해야 할 기호가 세계, 자연, 의학적 증후를 수반하는 신체, 감각 등 도처에 있었습니다. 신체와 언어와 세계에 공통적으로 숨겨진 수포지툼suppositum(근본 속성)이 있다고 생각합니다. 그리고 이 수포지툼을 토대로 선생님께서 말씀하신 자기 인식, 자기 돌봄(배려-옮긴이), 파레시아의 의무가 구축된다는 거지요. 이런 해석이 정확한지, 이 수포지툼의 속성은 어떤 것인지 알고 싶습니다.

제가 질문을 정확히 이해했는지 모르겠습니다. 예를 들어 그리스 의학에는 징후와 증후가 있었고, 자기 자신을 치료하기 위해 기호와 증후 그리고 텍스트 등을 사용했으며, 헤르메네이아가 징후 아래 숨겨져 있는 진실을 드러내기 위한 기술이었다고 언급하셨는데 그것은 정확히 옳은 지적입니다. 하지만 헤르메네이아의 모델, 이 모든 것의 근간은 기호 체계의 관념이 결코 아니었다고 생각합니다. 오늘날 해석학의 주된 모델이 언어라는 것, 요컨대 우리가 사용하는 언어기호를 우리가 갖고 있다는 사실은 분명하다고 생각합니다. 하지만 그리스 해석학의 모델은 결코 언어학적이거나 기호학적인 것이 아니었다고 생각합니다. 신탁은 해석돼야 한다는 사실만이 문제가 됐습니다. 제 생각에 신탁과 신

7 카시아누스, 《요한 카시아누스의 제도집》, 92-94쪽(Jean Cassien, *Institutions cénobitiques*, IV, 24, *op. cit.*, p. 155-157) 참조. 카시아누스 버전에서는 수사의 복종이 주제이며 지팡이에서 꽃이 피지는 않는다. 이 주제에 관해서는 다음을 보라. M. Senellart, dans GV, p. 278, n. 73.

탁의 종교적 경험이 핵심적 경험이었습니다. 신탁은 기호를 사용하지 않고 모호하게 말할 뿐입니다. 그리고 신탁의 관계는 어둠과 빛의 관계, 요컨대 발설된 모호한 것과 이 모호한 말을 통해 말해진 숨겨진 의미의 관계입니다. 모호함에서 숨겨진 의미로 가는 이 모델은 기호〔모델〕와 정확히 동일한 것이 아닙니다. 물론 주어진 어떤 시기에 그리스인은 기호론, 의학적 기호론, 스토아주의의 일반 기호론을 전개하기 시작했고 문법학자들도 〔기호론을〕[a] 전개했습니다. 하지만 결정적인 경험은 언어나 기호의 체계보다는 오히려 신탁이었다고 생각합니다. 〔질문에〕[b] 답변이 됐는지 모르겠습니다.

그것은 이어서 제가 논의하려던 사항과 완전히 부합합니다. 저는 선생님께서 하신 구분에 동의합니다. 중요한 시기는 기호의 문제였던 이 헤르메네이아의 시기입니다.[c]

여러분 중 아르테미도로스의 《꿈의 해석》[8]을 읽어보신 분 있습니까? 아무도 없습니까? 아르테미도로스는 그리스 저자로 아마 의사였던 것 같은데 아무도 그가 의사였는지 정확히 알 수 없습니다. 그는 2세기 말에 꿈의 해석에 관한 책을 저술했습니다. 아시다시피 꿈의 해석은 그리스는 물론 로마에서도 대단히 확산돼 있었습니다. 그리고 수많은 텍스트가 하나도 보존되지 않은 것도 사실입니다. 정신분석학의 영향으로 최근에 영어와 프랑스

a 푸코가 끝맺지 않는 문장을 추측했다.
b 푸코가 끝맺지 않는 문장을 추측했다.
c 부분적으로 들리지 않아 질문을 추측했다.
8 푸코는 이 말(onirocritique)을 프랑스어로 한다.

어로 번역된 아르테미도로스의 텍스트 외에는 모든 텍스트가 소실됐습니다.[9] 헤르메네이아의 문제에 관심이 있으면 이 텍스트를 읽어보셔야 합니다. 저는 이 텍스트를 논평하려고 했는데 아마도 제가 인용했지요? 이 텍스트는 대단히 흥미롭습니다. 프랑스어 번역본은 200-250쪽에 이르는 상당히 긴 텍스트인데, 거기에 수십 개 꿈이 해석돼 있기 때문입니다. 해석의 원리가 유비와 유사의 원리이기 때문에 흥미롭습니다. 꿈은 그 의미와 전적이며 직접적인 유사성을 보여주므로 사건의 예고에 불과합니다. 예를 들어 어떤 사람이 배 위에 있는데 배가 좌초합니다. 실제로 그는 배에 있고, 꿈을 꾼 지 얼마 안 돼 배가 좌초합니다. 이것은 완전한 꿈입니다. 그것은 출발점입니다.

이외에도 다른 꿈이 많은데, 모든 해석은 이 동일한 모델에서 파생합니다. 성에 관련된 꿈에 관한 세 장에서 아르테미도로스가 프로이트와 정반대로 꿈을 해석하는 것을 보는 것은 흥미로운 일입니다. 아르테미도로스는 수백 개의 꿈이 존재하는 책 전체에서 두세 번, 말하자면 열 번 정도 밖에 성적인 해석을 하지 않습니다. 수십 개 성적인 꿈을 그는 항상 사회적이고 직업적이며 경제적으로 해석합니다. 어떻게 성적 관계가 사회적 관계인지, 성적 관계의 진실이 사회적 관계에 있음을 보는 것은 대단히 흥미롭습니다. 이것은 그리스 문화에 깊이 뿌리내린 것이라고 생각합니다. 성행위의 가치는 성적인 관계에 적용된 사회적 관계의 가치와 결부됩니다. 성행위의 진실은 사회적 진실입니다. 오늘날 우리

---

9 Artémidore d'Éphèse, *La clef des songes*, trad. fr. A.-J. Festugière, Paris, Vrin, 1975; Artemidorus, *The Interpretation of Dreams. Oneirocritica*, trad. anlg. R. J. White, Park Ridge, Noyes Press, 1975. 아르테미도로스의 저서에 대한 푸코의 다른 주해는 다음을 보라. SV, p. 49-103; M. Foucault, "Rêver de ses plaisirs. Sur l'*Onirocritique* d'Artémidore", dans DE II, n°332, p. 1281-1307; 《자기 배려》, 18-54쪽 (제1장 〈자신의 쾌락을 꿈꾸기〉, 1-3절)〔SS, p. 16-50〕.

에게 그것은 정반대입니다. 우리의 사회적 관계에 숨겨진 심층의 진실, 현실은 성현상입니다. 아르테미도로스에게 그것은 정반대입니다. 여러분이 성적인 꿈에 감춰진 것을 보고 드러내기를 원한다면 여러분은 사회적 관계를 발견하게 된다는 것입니다. 이것은 대단히 흥미롭습니다. 주말에 한가하면 아르테미도로스를 읽어 보세요. 분명 도서관에 있을 겁니다. 이 책의 영역본은 1970년대 초반, 아마도 1975년에 출간됐습니다.

선생님은 지도자에서 피지도자로 이행한 말할 의무의 역전을 분석하셨습니다. 그리스 사회와 원시 그리스도교 사회에서 이런 역전과 사회적 관계의 작동 방식에는 어떤 관계가 존재할까요?

이런 종류의 질문을 하시는 것은 지극히 합당하다고 생각하지만, 담론의 화용론적 분석이 필요하다는 답변 말고는 그 문제에 답할 능력이 없습니다.[10] 제가 말하는 것은 언어 행위가 아닙니다. 언어 행위가 일정한 분석의 수준인 것은 분명합니다. [하지만] 제가 하려는 건 언어 행위의 분석이 아니라 담론의 분석, 다시 말해 그 내부에서 많은 언어 행위가 발견되는 게임의 분석입니다. 그러나 담론으로 이뤄진 게임은 언어 행위와 다릅니다.[11] 담론을 특징짓는 이 게임에서 말하는 자의 역할과 경청하는 자의

10 푸코가 J. L. 오스틴에게 영감을 얻어 여기서 자신의 작업을 '담론의 화용론'이라는 용어로 소개한 것이라면(다음을 보라. M. Foucault, "la *parrêsia*", conférence citée, p. 36-37), 몇 달 뒤인 1983년 1월 12일 콜레주드프랑스 〈자기 통치와 타자 통치〉 강의에서 그는 반대로 이런 관점에서 명확하게 떨어져 나와, 차라리 '담론의 극적 효과dramatique du discours'라고 말하게 된다. GSA, p. 65-66 참조. 상세하게는 다음을 보라. 《담론과 진실: 파레시아》, 48쪽 각주 34[H.-P. Fruchaud et D. Lorenzini, dans DV, p. 68, n. 34].

11 푸코는 《지식의 고고학》, 128-129쪽[*L'archéologie du savoir*, Paris, Gallimard, 1969, p. 114 *sq.*]에서 이 점에 관해 논의했다. J. Benoist, "Des actes de langage à l'inventaire des énoncés", *Archives de Philosophie*, vol. 79, 2016, p. 55-78를 보라.

역할은 형식적 관점과 동시에 기술적 관점, 사회적이고 정치적인 관점에서도 분석할 필요가 있다고 생각합니다. 예를 들어 자기 자신에 대한 진실을 말하는 것이 그리스 사회에서는 타자의 임무이고, 그리스도교 사회 혹은 우리 사회에서는 여러분 고유의 임무라는 단순한 사실은, 제가 강연에서 시도한 기술적 설명을 필요로 할 뿐만 아니라 이런 〔통제〕[a]와 그 배면에 존재하는 권력 관계에 대한 분석을 필요로 합니다. 거기서 우리는 사목 권력의 문제를 발견합니다. 오늘 아침 강연에서 사목 권력에 대해 질문하셨죠. 요컨대 그리스도교 사회에 사람들의 품행을 통제할 뿐만 아니라 그들이 누구인지, 그들의 삶과 의식, 비밀, 영혼 등을 알 수 있는 특권, 임무, 의무를 가진 자들이 존재했다는 사실은 대단히 중요하고 결정적인 것, 우리 사회에서 대단히 특수한 것이었습니다. 물론 그리스와 로마에서 예를 들어 자기 돌봄〔배려-옮긴이〕은 중요하지만 아무도 목사나 신부 같은 사람에게 복종할 의무가 없었기 때문입니다.[12] 이 모든 관계는 자발적이었지만 〔반면에〕 그리스도교 내에서는 이 모든 것이 그리스도교 사회에서 사목제를 특징짓는 권위적인 구조를 수반하는 의무가 됩니다. 이 문제, 요컨대 내가 왜 다른 사람에게 나 자신에 대해 말해야 하는지, 내가 왜 사람들에게 나 자신에 대한 진실을 말해야 하는지, 이 문제의 배면에는 역사적이고 사회적인 무거운 맥락이 존재합니다. 이것은 지극히 구체적이고 지극히 기술적인 〔양상〕[b]을 띠는 정치적이

a 듣기 힘든 낱말을 추측했다.

12 고대 그리스 - 로마에서 '사목' 권력의 부재에 대해서는 특히 다음을 보라. 《안전, 영토, 인구》, 193-212쪽〔M. Foucault, *Sécurité, territoire, population. Cours au Collège de France. 1977-1978*, éd. M. Senellart, Paris, Seuil-Gallimard, 2004, p. 139-151〕, 노엄 촘스키·미셸 푸코, 〈옴네스 에트 싱굴라팀: 정치적 이성 비판을 향하여〉, 《촘스키와 푸코, 인간의 본성을 말하다》, 이종인 옮김, 시대의창, 2015, 220-221쪽, 226-232쪽〔"'Omnes et singulatim': vers une critique de la raison politique", dans DE II, n° 291, p. 955, 959-963〕.

b 푸코가 끝맺지 않은 문장을 추측했다.

고 사회적인 문제입니다. 보시다시피 이런 전개에서 저는 단지 기술적인 수준에 위치합니다. 저는 이 진실을 말하는 의무의 문제를 취해 적어도 이 실천에서 사용된 기술이 어떤 것인지, 우리가 자신과 맺는 관계의 형성을 위한 기술은 무엇이었으며 그것의 함의는 무엇인지 살펴보고 지적하려고 시도했습니다. 하지만 역사적이고 사회적인 맥락은 방치했습니다.

논의하고 싶은 사항이 하나 있는데, 어제 이것과 관련해 몇 마디 언급했습니다.[13] 그것은 개인주의 사회와 〔자기 돌봄〔배려-옮긴이〕의 발전〕[c]의 관계 문제입니다. 이런 자기 돌봄〔배려-옮긴이〕의 배면이 되는 것 혹은 역사적 맥락이 되는 것은 결코 개인주의 사회의 대두가 아니라 로마제국의 정치적·사회적 구조의 전면적 재구성이라고 생각합니다.

갈레노스의 텍스트와 관련해 충격 받은 사실이 하나 있습니다. 피지도자는 자기가 모르는 지도자를 선택했습니다. 그리고 며칠 뒤 지도자는 그 사람에 대한 진단을 내릴 수 있다고 여겨집니다. 마치 의사와 환자 관계처럼요. 피지도자는 훈련을 하는 것도 아니고, 지도자의 방향을 정할 수 있는 글을 쓰는 것도 아닙니다.

예, 분명 그렇습니다. 글쓰기가 전혀 없었습니다. 전적으로 옳습니다. 그리고 아주 신속해 보입니다. 예를 들어 갈레노스가 아픈 여인이 실은 어떤 배우를 사랑한다는 사실을 발견하게 된 방식에 관한 텍스트가 존재합니다. 그는 도착해서 이 여인을 관

13 이 책 293-294쪽을 보라.

c 푸코가 끝맺지 않은 문장을 추측했다.

찰하고 그녀가 심하게 괴로워하는 것을 봅니다. 그는 그 이유를 자문해보고 그가 이 배우의 이름을 말하자 그녀의 얼굴이 붉어지는 것을 간파합니다. 갈레노스가 이룬 대단한 발견, 지극히 중요하고 난해한 것으로 소개되는 것은 사실 아주 단순합니다. 그리고 이상하게도 이 텍스트를 19세기 초에 피넬이 인용합니다. 피넬은 이 텍스트를 갈레노스의 놀랄 만한 통찰력의 증거로 인용합니다. 예, 맞는 말씀입니다. 이 관계에 훈련 따위는 존재하지 않습니다. 갈레노스는 이 텍스트에서 피지도자에게는 개인적이고 지속적이고 항상적인 훈련이 평생 필요하다고 분명히 강조합니다.[14] 하지만 스승은 몇 차례 제자를 만난 뒤 진실을 말한다고 여겨지는 일종의 추상적인 지점이라고 생각합니다.

> 선생님께서 연구한 것과 관련된 화용론에 대해 논하셨습니다. 화용론은 대단히 상이한 목표를 가질 수 있습니다. 예를 들어 진실한 기술記述을 수행한다거나(이것이 언어 행위 이론의 목표입니다) 하버마스의 보편적 화용론 혹은 역사적 화용론 같은 비판적 역할을 수행하는 것을 목표로 할 수 있었습니다. 말씀하신 것은 우리의 주체성이나 자기 의식에 관한 것도 아니고, 어떤 인식이 진실하기 위한 조건에 관한 것도 아니고, 주어진 한 시기의 사회에 관한 것입니다. 그것에 비판적 기능이 있다고 생각하십니까? 그렇다면 어떤 방식으로 그럴 수 있을까요?

제가 지금 저 자신이 하는 바를 특징짓기 위해 화용론이라는 말을 사용한다고 말씀하셨는데, 그것은 전적으로 옳습니

14 Galien C., *Du diagnostic et du traitement des passions propres à l'âme de chacun*, 4. *op. cit.*, p. 12. "우리는 모두 거의 평생 완벽한 인간이 되기 위해 훈련해야 한다."

다. 과거에 저는 이 용어를 사용하지 않았습니다. 하지만 죽음을 30초 앞두고 평생 한 일을 정확히 말해야 한다면 진실한 담론의 화용론적 역사를 연구하려 했다고 말할 것입니다.[15] 우리 사회에서 어떤 사람이 진실을 말하기로 돼 있을 때, 진실을 말하는 자로 받아들여질 때, 그가 하는 말이 진실로 회자될 때 그 역사적 근간 혹은 조건이 되는 화용론은 무엇일까요? 예를 들어 서구 문명에서 우리가 '광기는 무엇일까, 광기는 어떻게 해서 질병으로 분석될 수 있는 것일까(이것은 과거에 그다지 자명하지 않았습니다), 언제 일정한 사람들이 광기에 관한 진실을 말하고 어떤 사람을 정신병원에 감금해야 하는지 아닌지 판단할 자격을 인정받게 된 것일까' 등등을 자문해보기 시작했을 때 역사적 화용론은 무엇일까요? 정신의학의 제도를 연구하는 것은 제 문제가 아닙니다. 다른 사람들이 이것을 연구하고 있고, 저보다 훨씬 잘하십니다. 이것은 제 문제가 아닙니다. 어떻게 해서 이 제도의 실제적 역사가 일정한 사람들에게 광기에 관한 진실을 말할 자격을 부여하는 결과를 초래했는지, 어떤 종류의 담론이 생산됐는지, 오늘날 광기에 관한 진실을 말할 권리가 있는 자는 어떻게 그 자격을 인정받았는지 등이 제 문제입니다.[16] 이것은 역사적 화용론입니다. 제가 《말과 사물》에서 연구하려 한 것은 과학적 담론의 화용론, 17세기 경험과학적 담론의 화용론입니다. 요컨대 그것은 경제학, 문법, 자연과학에 관한 진실을 말한다고 여겨지던 사람이 충족해야 했던 조건은 무엇이고, 어떤 형식적 요구가 그에게 부과됐고, 그가 말하는 바에 부과됐으며, 그가 사물을 바라보는 방식에 부과

15 이 책 313쪽 각주 10을 보라.

16 《광기의 역사》(HF) 참조.

됐는지에 관한 역사적 화용론입니다.[17] 이제 제 문제는 자기 자신에 대한 진실을 말할 의무, 특히 성현상의 문제와 관련해 자기 자신의 진실을 말할 의무의 배면에 존재하는 화용론은 무엇인지, 사람들은 왜 그리고 어떻게 해서 자신의 성적 행동과 관련해 오늘날 우리의 성적 경험과 심층적으로 연관된 것을 말하게 됐는지에 관한 것입니다.[18]

선생님께서는 그리스의 자기 수양에 큰 가치를 부여하시는 것 같습니다. 우리의 비루한 현재와 대립되는 그리스의 자기 수양으로 돌아가자고 권하시는 건가요? 그리스의 자기 수양과 쾌락 개념은 어떤 관계가 있나요?

첫 번째 질문에 관련해서는 이렇게 답변 드리겠습니다. 제 의도는, 우리 상황일 수도 있는 끔찍한 상황과 실낙원일 수도 있는 그리스 사회를 대립시키는 것이 결코 아니었다고 명확하게 말씀드립니다. 예를 들어 감옥을 분석할 때 저는 감옥에 어떤 합리적이고 보편적인 필연성이 없었고, 감옥은 주어진 어떤 시기에 특수한 어떤 상황과 결부돼 있었다는 사실을 보여주려고 했습니다. 감옥이 있기 전이 더 좋았다는 식으로, 그러니까 손수건 하나 훔쳤다고 교수형을 당하던 시절이 더 좋았다는 식으로 말하려던 것이 결코 아닙니다. 이런 종류의 분석에 실낙원 같은 건 결코 존재할 수 없습니다! 광인들이 거리를 배회하던 시절, 저는 그 시절이 그들이 정신병원에 수용된 때보다 낫다고 확신할 수 없습니다. 그렇지만 정신병원이 최악은 아니라는 사실이 곧 정신병원이 필연

17 《말과 사물》(MC) 참조.
18 《지식의 의지》(VS) 참조.

적이라는 것을 의미하지는 않습니다. 그렇지 않습니까? 이런 가치 평가와 또 다른 문제, 즉 우리의 자유와 창조성의 문제를 분리해야 한다고 생각합니다. 이런 가치 평가 체계에는 아주 위험한 것이 도사리고 있는데요, 그 가치 평가 체계가 우리를 구속한다는 사실, 우리가 자유롭게 다른 것을 창조하는 것을 방해한다는 사실입니다. 여러분이 현재의 상황이 과거의 상황보다 낫다는 이유로 현재의 상황을 받아들인다면 여러분은 어떤 상황을, 현재의 상황을 마치 그것이 결정적인(결코 변화될 수 없는–옮긴이) 상황인 양 받아들일 위험이 있습니다. 현재의 끔찍한 상황을 실낙원과 대립시킨다면 현재 맥락에서 실제적 변화 가능성을 포기하게 됩니다. 그래서 저는 가치 평가를 중단하고 사태가 어떻게 수립됐는지 보여주고 창조성을 위한 자유의 공간을 남겨두기 위해 가급적이면 최소한의 가치 평가를 하려고 합니다.

두 번째 문제는 쾌락과 성현상에 관한 것입니다. 정말 문제죠! 제게 충격을 주는 것, 제가 그 변화를 이해하는 한에서 고대 후기와 그리스도교 역사에서 충격적인 것은 예를 들면 성과 성의 조절의 문제가 그리스인에게는 쾌락의 문제였다는 사실입니다. 성은 쾌락이었습니다. 아시다시피 그리스인에게 '성현상la sexualité'을 말하기 위한 특별한 어휘는 존재하지 않았습니다. '성현상'이라는 어휘는 19세기 초반에 발명되고 창조된 말입니다. 물론 19세기 초에 이 말이 발명되고 창조됐다는 사실이 과거에는 사람들이 성관계를 하지 않았다거나 성적 행동을 하지 않았다거나 엄밀히 말해 성현상 개념이나 영역이 존재하지 않았다는 의미는 아닙니다. 성현상이라는 어휘가 존재하지 않았다는 것은 사람들이 자신의 성적 행동을 성현상의 영역에 속하는 것으로 의식하지 않았다는 의미로, 이는 대단히 중요합니다. 그리스인에게 하나의 어휘가 있었는데, 이 말을 분석하는 건 대단히 흥미롭습니다. 이것은 명사화된 복수 형용사[19] 타 아프로디지아ta aphrodisia입니다. 아프로디지아는 미의 여신 아프로디테에 속하는 것으로, 쾌락을 지시하고 쾌락인 한에서 성적 행동을 지시합니다. 그리고 그리스도교의 영성, 그리스도교의 자기 기술에서 중요한 것 가운데 하나가 쾌락의 문제였습니다…. 아시다시피 그리스의 아프로디지아의 문제계에서 중요한 첫 번째 문제는 과잉이었습니다. 요컨대 그것은 아프로디지아가 과도한지 아닌지의 문제였습니다. 두 번째 문제는 이 쾌락의 행위에서 능동적인지 수동적인지였습니다. 한계와 과잉, 능동성과 수동성의 문제는 그리스 사회에서 아프로디지아를 지배하던 규범입니다.[20] 그것은 쾌락의 조절이었습니다. 요컨대 쾌락의 주체냐 대상이냐, 제한이냐 과잉이냐의 문제였습니다. 그러고 나서 그리스도교의 자기 기술에서 욕망의 문제가 점차적으로 주된 문제, 주된 개념이 돼가는 것을 명확히 볼 수 있습니다. 그리스도교에서 콩쿠피스켄티아concupiscentia라 불리는 이 욕망의 실존이 분석해야 할 주제가 됩니다.[21] 이와 같은 자기 기술과 콩쿠피스켄티아, 즉 욕망의 문제계의 전개는 고대 말에 발생한 사태였고 이것을 쾌락과 그 과잉, 능동성과 수동성의 문제에 의해 더욱 지배되는 성적 행동과 대립시킬 수 있다고 생각합니다. 쾌락의 문제는 오늘날에 이르기까지 성과 성적 행동의 분석에서 거의 사라진 것을 알 수 있는데 이는 대단히 흥미롭습니다. 심지어 정신분석

---

19 푸코는 이것(adjectif pluriel substantivé)을 프랑스어로 말한다.

20 아프로디지아와 고대 그리스에서 쾌락의 문제화에 대해서는 특히 다음을 보라. SV, p. 78-97 et *passim*; 《쾌락의 활용》, 55-69쪽(제1장 〈쾌락의 도덕적 문제 설정〉, 1절, 항목 1-2) 등〔UP, p. 47-62 et *passim*〕.

21 육욕의 그리스도교적 개념에 대해서는 다음을 보라. 《비정상인들》, 220-231쪽(23-36문단), 241-271쪽(1975년 2월 26일 강의 전체)〔AN, p. 171-180, 187-212〕. M. Foucault, "Le combat de la chasteté", art. cit., p. 1114-1127.

에서조차 쾌락에 관한 것은 하나도 발견할 수 없거나 거의 발견할 수 없습니다. 사람들은 쾌락의 문제와 맞닥뜨리면 이 쾌락을 욕망으로 해석합니다. 이것은 그리스도교 문명과 포스트-그리스도교 문명의 전형적 특징입니다. 그뿐만 아니라 이런 욕망의 문제와 더불어 성적 행동과 성 윤리에서 가장 중요한 구분은 능동성과 수동성의 구분이 아니라 여성과 남성의 역할 구분임을 알 수 있습니다. 그리스의 윤리에서는 수동성 측면에서 당연히 여성과 소년은 물론이고 노예도 발견됩니다. 이 세 범주의 성적 대상은 쾌락의 수동적 측면에서 발견됩니다. 성인 남성은 능동적 측면과 상응합니다. 성인 남성이 상습적으로 수동적일 경우 그것은 스캔들이었습니다. 하지만 여성과 노예, 소년은 수동적이었고 그것이 그들의 역할이었으며 그것은 스캔들이 아니었습니다. 이것이 우리가 동성애라고 부르는 것이, 말하자면 '용인'됐던 주된 이유라고 생각합니다. 이 모든 것은 그리스 사회에서 아무 의미가 없었지만, 남성의 수동성에 대한 금지, 대단히 심각하고 엄격하며 강력하고 억압적인 금기가 존재했습니다. 남성의 역할은 능동적이어야 했기 때문입니다. 아무튼 과잉, 제한, 능동성, 수동성과 관련된 쾌락의 문제계와 욕망의 문제계라는, 성적 행동을 해석하고 분석하는 두 상이한 방식이 존재합니다.

선생님이 제기하신 모든 문제는 이후 신플라톤주의에서 재발견됩니다.

확실히 그렇습니다. 신플라톤주의라는 이름 아래 있던 상이한 사태가 고대 말에 대단히 중요하고도 분석하기 난해한 역할을 했습니다. 하나 말씀드리고 싶은 건 우선 신플라톤주의의 대두 혹은 질문자가 참조하시는 새로운 형태의 신플라톤주의는 제가 연구한 시대 이후의 일이라는 점입니다. 저는 기원후 1-2세기를 연구했습니다.

그럴 수도 있고 아닐 수도… 그것은 대단히 복잡한 역사입니다….

말씀하시는 의미의 텍스트는 기원후 1-2세기에 전혀 발견되지 않습니다. 현재 스위스, 독일, 심지어 프랑스에서도 몇몇 사람이 회의주의적 경향이 있는 전통적 아카데미 주변에서, 플라톤과 신플라톤주의 사이에서 플라톤주의에 일어난 바에 대한 중요하고 대단히 흥미로운 이 문제를 제기하려고 시도한다는 것을 잘 알고 있습니다. 이탈리아의 마르첼로 지간테가 몇 년 전에 그가 '아리스토텔레 페르두토Aristotele perduto'[22]라 부른 것을 창조해 일종의 잃어버린 아리스토텔레스의 실존을 통해 철학사에서 많은 것을 설명하려고 시도했다는 걸 아실 겁니다. 요즘은 사람들이 잃어버린 플라톤에 대해 글을 쓰려는 것 같더군요. 가이저가 이 주제와 관련해 흥미로운 책을 저술했습니다.[23] 하지만 이 시대에 신플라톤주의의 실존에 대한 증거는 존재하지 않습니다. 신플라톤주의의 문제, 신플라톤주의의 도약, 발전은 대단히 흥미롭고 중요한데 이것은 3-5세기에 이교 철학, 비그리스도교적인 종교, 그리스도교, 당대의 동양과 이원론이 그리스도교에 미친 영향 등의 경계 지대에 있고, 대단히 모호하고 흥미로운 거대한 문화적 형상이었습니다. 저는 그것에 대해 논의하지 않았는데, 제 역사적 연구 영역이 아니

22 아리스토텔레스의 잃어버린 논설이 에피쿠로스주의에 영향을 끼쳤다는 가설은 지간테 이전부터 있었다. 이 가설은 에토레 비그노네가 다음에서 처음으로 정식화했다. E. Bignone, *L'Aristotele perduto e la formazione filosofica di Epicuro*, Firenze, La Nuova Italia, 1936.

23 K. Gaiser, *Platons ungeschriebene Lehre. Studien zur systematischen und geschichtlichen Begründung der Wissenschaften in der Platonischen Schule*, Stuttgart, Ernst Klett, 1963 참조.

기 때문입니다.

하지만 그전에 일정한 경향이 존재했습니다….

그것이 신플라톤주의적이라고는 말할 수 없습니다. 그것은 신플라톤주의적이지 않습니다. 정확히 말해 역사가들이 영지주의 시대 혹은 전前 영지주의 〔시대〕라 부르는 바입니다.

이 전통이 완전히 다른 것은 아니라고 생각합니다.

예, 확실히 그렇습니다. 하지만 제 관점은 완전히 다릅니다. 제가 보여주려고 한 것은 이교 사회에는, 기원후 1-2세기 그리스-로마 사회에는 기술, 제도, 철학 등을 갖춘 대단히 명백하고 잘 알려지고 친숙한 자기 돌봄〔배려-옮긴이〕이 존재했다는 사실입니다. 그런 텍스트 혹은 몇몇 텍스트와 증거가 있는데도 신플라톤주의에 비해 훨씬 망각됐습니다. 신플라톤주의에 대해서는 수천 권이 저술됐죠. 제가 보여드리고자 하는 것은 신플라톤주의적이지 않고 아리스토텔레스주의적이지도 않은 이 기술의 실존입니다. 고대 말 이 기술의 역사를 추적해보면 그리스도교 영성과 수도원 제도 등에서도 그 기술들을 발견할 수 있습니다. 이 텍스트 중 어떤 것은 전사됐고 그렇지 않으면 동일한 은유나 관념이 발견되는데, 예를 들어 에픽테토스에서 카시아누스, 카시아누스에서 프로이트에 이르기까지 환전상 관념, 우리가 자신의 사유의 환전상과 같다는 관념을 발견할 수 있기 때문에 중요한 원리가 발견됩니다. 어떤 사유가 우리 의식에 떠오를 때마다 검열이 존재합니다. 아니 프로이트가 그렇게 말했습니다. 카시아누스와 에픽테토스는 우리가 자신의 사유의 검열관이 돼야 하고, 이 사유라는 화폐를 시험해야 한다고 말합니다. 이 점이 흥미롭고, 제가 말하려고 한 바입니다. 신플라톤주의가 실존하지 않았고 중요하지 않다는 말이 아닙니다. 이 모든 것과 아주 다른 어떤 것, 자신의 고유한 실존, 제도, 증인, 효과 등을 갖는 어떤 것이 존재했다는 것입니다. 이것은 분명합니다.

그럼에도 불구하고 저는 문제를 제기합니다.

아니요, 그것은 문제가 되지 않습니다. 신플라톤주의의 문제가 중요하다고 하셨는데 전적으로 옳습니다. 하지만 제 의도는 이 신플라톤주의와 대단히 다른 어떤 것을 보여주려는 것이었습니다.

성 아우구스티누스의 예를 들어보겠습니다. 그의 중요성은 그의 사유에 있다기보다 그의 텍스트가 상이한 담론에서 다시 읽히고 회수될 수 있다는 사실이라고 생각합니다.

예를 드신 성 아우구스티누스의 문제는 대단히 난해합니다. 적어도 성적 행동의 문제와 관련해 성 아우구스티누스는 초기 그리스도교 영성과 연관된 이런 종류의 영적 경험을 법적 용어로 해석한 최초의 인물이라고 말할 수 있다고 생각합니다. 성 아우구스티누스는 중세 교회의 사법적 틀과 아주 다른 영적 체험의 증인으로 해석돼왔습니다. 그리고 16세기 종교개혁 동안에 엄격하고 강력한 사법적 구조에서 벗어나려고 한 사람들은 성 아우구스티누스를 교회의 사법적 구조에 대항해 싸우는 데 필요한 영성의 스승 자격으로 참조했습니다. 루터가 그렇습니다. 하지만 다른 측면에서 이 사태를 생각해볼 경우, 다시 말해 고대 말에서 성 아우구스티누스에 이르는 측면에서 볼 경우 성 아우구스티누스는 물론 이 초기의 영성을 계승한 자임을 알 수 있다고 생각하지만 그가 처음으로 신학을 창조했다고 봅니다. 물론 오리게네스가 문제가 되고, 성 아우구스티누스가 정확히 신학의 창시자는 아니었다 할지라도 그는 교회가 인정하고 찬양하는 최초의 위대한 신학자입니다. 그는 몇몇 영성의 테마를 사법적으로 해석하기도 했고, 이 사법적 전사, 해석은 교회가 이 윤리를 사회적 윤리, 사목적 윤리로 조직하고 이 윤리에 제도적 근간 혹은 적어도 보장, 제도적 틀을 부여할 가능성을 제시했습니다. 이것은 성적 행동, 결혼 등과 관련해 지극히 명백합니다. 예를 들어 순결, 결혼, 성적 행동은 영성의 문제였고 이것은 4세기 올림포스의 메토디오스에서 니사의 그레고리오스에 이르는 영적 경험의 맥락에서 대단히 중요했습니다. 그리고 이것은 성 아우구스티누스와 더불어 기혼자의 성적 행동의 규범이 되기 시작했습니다. 요컨대 성 아우구스티누스는 기혼자를 위한 성적 행동의 규범을 실제적으로 창조한 인물입니다.[24] 예를 들어 《교사》[25] 제2권 제10장에서 기혼자를 위한 성적인 규범을 부여하는 알렉산드리아의 클레멘트와 비교할 경우 그는 무소니우스 루푸스, 세네카, 다른 사람들에게서 발견되는 바를 그대로 반복합니다. 그리스도교의 성현상이 문제가 아니라 3세기 초에 〔참조 문헌을 그대로〕[a] 정확히 반복한 이교의 성현상이 문제가 됩니다. 두 세기 후 3-4세기의 대대적인 영성 운동 이후에 성 아우구스티누스가 나타나 이 자료에 작업을 가해 성적

24 성 아우구스티누스의 *De bono conjugali*에 대한 짧은 토의는 다음을 보라. SV, p. 232-233.

25 Clément d'Alexandrie, *Le pédagogue*, *op. cit.*

a 듣기 힘든 구절을 추측했다.

행동과 결혼 그리고 〔순결성과〕[a] 관련된, 실제적으로 순수하게 그리스도교적인 최초의 규범을 만들어내고 이것이 요한 바오로 2세에 이르기까지 성적 행동에 관한 모든 그리스도교 윤리의 근간이 돼왔습니다.

마지막 강연에서 선생님은 창조적인 자기 정치의 가능성에 대해 언급하셨습니다. 그것이 어떤 방향으로 나아갈지 궁금합니다. 요컨대 어떤 특수한 자기 테크놀로지를 선택하는 것이 문제인지, 자기 테크놀로지의 일반적 기획을 문제화하는 것이 관건인지 알고 싶습니다.

테크네techně 혹은 테크놀로지는 우리의 합리적 품행의 구성적 특성입니다. 그렇기 때문에 모든 종류의 테크놀로지에서 벗어나는 것을 제 기획이라고 말할 수 없습니다. 하지만 이 자기는 우리가 자신과 맺는 관계 그 이상도 이하도 아닙니다.[26] 아무튼 이 관계는 테크놀로지, 테크니컬한 행동, 테크네의 대상, 테마, 토대, 표적입니다. 그리고 우리가 어떻게 이 테크닉을 이용해 우리와 우리가 맺는 관계를 고안하고 창조하며 혁신하거나 변화시킬 수 있는지 아는 것이 문제입니다. 당신의 질문은 테크닉의 문제와 더불어 하이데거의 관점에서 나온 것이라는 느낌이 듭니다. 아무튼—나중에 논의하겠지만—우리가 하이데거가 정치적 관점에서—철학적 관점에서 말씀드리는 것이 아닙니다—테크네에 부여하는 위상 혹은 의미를 받아들인다 해도, 자기 테크놀로지는

---

a 들리지 않는 구절을 추측했다.

26 〈캘리포니아대학교 버클리캠퍼스 철학과에서의 토론〉, 《비판이란 무엇인가?/자기 수양》, 136쪽〔M. Foucault, "Débat au Département de Philosophie", débat cit., p. 117〕 참조. "자기는 자기와 맺는 여러 관계 외의 그 무엇도 아닙니다. 자기는 관계입니다. 자기는 현실이 아닙니다. 그것은 애초부터 주어져 있는 구조화된 어떤 것이 아닙니다. 그것은 자기와의 관계입니다."

창조되고 재창조됐으며 쇄신되고 변화된 어떤 것입니다. 하지만 이것은 테크놀로지가 무엇인지, 자기 테크놀로지의 위상이 무엇인지, 테크네의 위상이 무엇인지, 이런 문제를 우리가 제기하는 것을 막을 수 없습니다. 이런 문제 제기도 정치적 함의가 있습니다. 하지만 우리는 이 모든 문제, 요컨대 자기 테크놀로지의 이 정치적 문제를 테크네가 하이데거의 관점에 입각해 철학적으로 제기돼야 한다는 이유로 방치해서는 안 된다고 생각합니다. 구체적으로 말씀드리자면 여러분은 우리 문명에서 광기가 무엇인지 문제를 제기함으로써, 예를 들어 정신병원의 현재 상태를 변화시킬 수 있습니다. 이런 정치적 문제의 철학적 함의가 정치적 문제·논쟁·투쟁에 현존하지만, 정치적 투쟁은 철학적 문제가 해결될 때까지 기다려서는 안 됩니다.

저는 세 번째 강연과 여섯 번째 강연에서 선생님께서 언급하신 것에 문제를 제기합니다.

두렵습니다….

선생님은 자기 혁명과 자기 해방의 가능성을 언급하셨고, 저는 선생님에게 자기 혁명과 자기 해방의 관념이 해방적 성격보다 억압적 성격을 띠고 있다는 생각이 들었습니다. 그렇습니까?

정확히 그렇지는 않습니다. 제가 혁명에 대해 언급했을 때, 그것은 단지 이론적이거나 역사적 관점에서였습니다. 문제가 된 것은 현재 혁명이 전형적으로 우리의 20세기에 속하거나 경우에 따라서 19세기와 20세기 전반에 속하는 현상으로 연구된다는 사실, 하지만 실제적 가능성이나 위협보다는 오히려 역사적 형태로 연구된다는 사실이었습니다. 혁명을 역사적 형태로 간주하면서 혁명을 자기 테크닉의 문제와 관계 짓는 것은 대단히 흥미로울 수 있습니다. 혁명은 사회운동이나 정치 운동으로만 구성된 것이 아닙니다. 혁명이 사람들에게 주는 매력은 그들의 자기 돌봄〔배려-옮긴이〕, 그들 자신의 위상, 그들 자신의 변화, 즉 아스케시스askêsis에 혁명이 대단히 중요한 것이었다는 사실과 연관돼 있습니다.[27] 그리고 사람들이 그토록 혁명을 하고 싶어 했다면 그것은 단지 (…).[a]

27 이 책 127-128쪽, 127쪽 각주 40을 보라.

a 녹음 끝. 토론의 마지막 말이 빠져 있다.

옮긴이 해제

자유를 위한 진실인가,
예속을 위한 진실인가?

1.

주체와 진실

오늘날 우리에게도 여전히 부과되는, 자기 자신에 관한 진실을 말할 의무는 어디로부터 기원하는 것일까? 푸코는 1976년 《성의 역사 1: 앎의 의지》에서 성과 관련된 금지, 그리고 자기 해독의 의무의 관계에 대한 문제를 제기한 바 있고, 이 문제를 이 책 《자기 자신에 관한 진실 말하기》에서 다시 제기한다. 이 책의 주된 내용은 1982년 토론토 빅토리아대학교에서 행해진 일련의 강연과 세미나다. 여기서 푸코는 소크라테스에서부터 니사의 그레고리우스에 이르는 역사적 시기, 즉 한편으로는 고대 그리스-로마 시대, 다른 한편으로는 그리스도교 수도원의 수덕주의가 발달하게 되는 초기 그리스도교 시대에 집중한다. 여기서 관건은 서구 역사에서 자신을 돌보는 기술을 특징짓는 자기 돌봄과 자기 인식을 이론적 담론의 측면에서가 아니라 자기 실천, 자기 테크닉, 자기 테크놀로지의 관점에서 연구하는 것이었다.

푸코에 따르면 플라톤의 《알키비아데스》에서 자기 돌봄은 자기 인식에 흡수·통합되었다가 제정기가 되면 삶의 형태가 된다. 이 시대에 에피쿠로스, 마르쿠스 아우렐리우스, 세네카 등에게 중요한 것은 자기 자신의 최고권자가 되는 법을 터득하는 것이다. 그래서 주체는 자기 자신과 관련해 비판의 대상, 투쟁의 장, 병리의 중심지가 된다.

그런데 이러한 자기 자신에게로의 회귀는 결국 그리스도교의 개종과 자기 수양에서 변화하게 된다. 철학적 자기 수양은 자기 제어와 세계에 대한 대비를 목표로 했던 반면 그리스도교의 자기 수양은 세속 세계로부터의 해탈과 자기 자신의 포기로 귀결된다. 푸코는 이것에 입각해 주체가 진실과 맺는 두 유형의 관계를 대조한다. 이교 자기 수양에서 개인은 자기 변화를 통해 진실을 획득한다. 반면 그리스도교 자기 수양에서 개인은 다른 현실에 도달하기 위해 자기 자신을 변화시킨다. 그래서 인식이 돌봄보다 우세해진다. 그리스도인은 성서의 진실을 믿는 동시에 자신의 내면 상태를 파악해야 한다. 푸코에 따르면 바로 이 이중의 해석(성서 해석과 자기 해석)에서 자기해석학이 기원한다.

자기 돌봄

푸코가 다른 책에서 지적하는 바에 따르면 자기 돌봄의 원칙은 자기 수양의 필요성을 정당화하고 그 발전을 요구하며 그 실천을 체계화한다. 이 자기 수양은 고대 사회에 견고하게 뿌리내리고 있으면서 여러 철학 이론의 토대가 되었다.[1]

푸코에 따르면 자기 돌봄은 "그리스인들과 로마인들에게 중요한 윤리적 원리들 가운데 하나, 그들의 삶의 기술의 중대한 규칙들 가운데 하나"로서 "천 년 동안 지속"되었다.[2] 푸코는 1980년대 외국에서 행한 강연과 콜레주드프랑스 등에서 이 자기 돌봄〔배려〕의 구체적 양태들에 관해 연구한 바 있다. 이 자기 돌봄은 주체에 부여된 존재론적 위상을 통해 규정되기보다는 개인들이 일상생활을 영위하기 위해 활용하는 다양한 테크닉을 통해 규정된다.

푸코는 이 자기 돌봄의 기원을 플라톤 초기 대화편들에서 발견한다. 소크라테스는 자기 인식의 인간이기보다는 자기 돌봄의 인간이라는 것이다. 그런데 여기서 돌봐야 하는 자기는 영혼이다. 정치가가 되고 싶은 청년 알키비아데스와 소크라테스의 대화에서 중요한 것은 자신의 재산, 의복, 도구, 신체를 돌보거나 신경 쓰는 것이 아니라 자신의 영혼을 돌보는 것이다. "제가 돌아다니면서 하는 유일한 일은 여러분이 젊든 늙었든, 자신들의 영혼이 최선의 상태가 되도록 영혼을 돌보는 것보다 더 큰 돌봄 또는 동등한 돌봄을 몸이나 재물에 대해 해서는 안 된다고 설득하는 일입니다."[3]

그런데 자기인 영혼을 제대로 돌보려면 우선 그것을 인식해야 한다. 영혼이 자기 자신을 인식하기 위해서는 영혼과 동일한 속성을 가진 거울이 필요하다. 즉, 신성한 요소 속에서 영혼 자신을 응시할 수 있어야 한다. 이 관조 속에서 영혼은 자기 자신을 돌보면서도 정의로운 행동의 근거가 되고 또 정치적 행위의 규칙들을 부여하는 원리들과 본질들을 발견할 수 있다. 《알키비아데

1 미셸 푸코, 《성의 역사 3: 자기 배려》, p. 59-60
2 《비판이란 무엇인가?/자기 수양》, p. 103
3 플라톤, 《소크라테스의 변론》, 30b.

스》에서 자기 돌봄은, 타자 돌봄이 자기 돌봄의 능력을 전제한다는 점에서 정치 입문을 준비하는 청년을 위한 실천이며 자기 인식과 상호 내포 관계에 있다. 이때의 자기 인식은 이후 초기 그리스도교의 자기해석학에서처럼 자신의 내면에 은폐된 것을 찾아내 고백하는 것과는 아무 관계가 없다.

한편 로마 제정기의 자기 돌봄은 정치 입문을 준비하는 청년 등 특수한 상황에 있는 사람들에게만 한정되지 않는다. 그것은 교양 있는 계층에 널리 확산된 실천이었고, 특히 몇몇 에피쿠로스주의자 그룹들이 대중을 모집했었다는 것, 그리고 견유주의자들이 길거리에서 연설했었다는 것을 고려해보면 대단히 폭넓은 계층에 확산된 사회적 실천이었다. 구도적 삶을 지도하는 자들은 자기 테크닉에 관련된 교육을 조직했고, 이제 제정기의 자기 돌봄은 플라톤의 자기 돌봄과는 많이 달라진다. 이를테면 이제 자기 돌봄은 삶을 위한 일시적이고 단순한 채비가 아니라 삶의 형태다. 여기서 자기 돌봄 수련은 자기 자신으로 회귀하는 영혼의 관조에 집중된다. 특히 이러한 심도 있는 자기 내면의 점검은 교육 모델보다는 의학 모델에 훨씬 가깝다.

그리스-로마의 자기 테크놀로지

푸코는 세 번째 강연에서 자기 돌봄 수행에 필요했던 구체적 테크닉들을 설명한다. 우리는 무용수처럼 몸의 모든 가능한 움직임을 익히는 대신 전사처럼 방어와 공격에 꼭 필요한 동작만을 익혀야 한다는 것이다. 사건들에 당황하지 않는 법, 그것이 야기할 수 있는 감정들에 휘둘리지 않는 법을 습득해야 한다. 그런데 현실을 직면하고 미래와 맞서는 데 필요한 장비는 진실된 담론이므로, 언제라도 사용할 수 있고 상황에 따라 동원할 수 있는 진실된 담론들을 갖춰야 한다. 푸코는 여기서 플루타르코스가 사용한 약pharmakon의 은유를 참조한다. 진실된 담론들은 실존의 모든 역경으로부터 우리 스스로를 보호하기 위해 갖춰놓아야 하는 상비약이라는 것이다.

시련과 명상

자기 수양에는 진실을 자기 것으로 체현하는 데 사용되는 구체적 테크닉들이 있는데, 그중에는 이를테면 시련과 명상이 있다. 시련은 주체가 일어나는 사건들을 마주할 수 있는지, 또 주체가 갖춘 진실된 담론들을 사용할 수 있는지를 점검할 수 있게 해준다. 한편 모든 명상 가운데 미래에 닥칠 수 있는 불행에 대한 명상praemeditatio malorum에 대해서는 당대에 많은 이의가 제기되었고 에피쿠로스주의자들은 이를 배척하기까지 했다. 닥치지도 않은 나쁜 일을 미리 겪는 것은 무용하다는 것이다. 그러나 최악의 사태를 상상하는 것은 우울해지기 위한 것이 아니라 미래의 불행을 적나라하게 사유하는 수련을 통해 그것을 사전에 극복하기 위한 것이다. 절제, 내핍, 신체의 지구력 훈련들은 실제적 시련들과 관련되어 있고, 외부 세계와 관련해 개인의 독자성을 확립하고 그것을 시험하기 위한 것이다. 이 스토아주의 자기 테크닉의 정점에 죽음에 대한 명상meletê thanatou이 있는데 이는 죽음이 삶 속에 실재하도록 하는 것이다.

파레시아

파레시아 테크닉도 있다. 이것은 특히 제정기 그리스-로마 철학에서 사용된 테크닉으로, 모든 것을 솔직히 말하는 실천이다. 이 시기에 주체 형성에 관여하는 진실된 말을 하는 자는 스승, 인도자, 지도자다. 진실된 말을 표명할 수 있는 자는 자기 돌봄에 반드시 필요한 타자이고 제자는 침묵 속에서 경청한다. 파레시아는 자기 자신을 돌보는 기술을 습득하고자 하는 자에게 그가 실제로 어떤 상태에 있고 그가 누구인지를 직언해줄 수 있는 대화 상대자인 스승의 진솔한 발언 행위다.

하지만 파레시아는 개인의 윤리적 테크닉에 국한되지 않는다. 특히 통치자에게 직언하는 문제, 즉 어떻게 군주의 노여움을 살 위험을 무릅쓰고 직언할 것인가라는 문제는 플라톤과 이소크라테스 같은 철학자들과 퀸틸리아누스 같은 웅변술사들이 고심한 문제였다. 여기서 파레시아는 군주가 타자들에게 부여하는 발언의 자유 속에서, 그리고 신하가 군주에게 군주의 영혼의 상태에 대해 솔직히 말할 수 있는 용기 속에서 작동하는, 궁정 사회와 불가분의 관계에 있는 도덕적 자질이다.

윤리적이든 정치적이든 파레시아는 사회적 관계 설정에서 각자가 타자에게 부여하는 신뢰를 문제화한다. 신뢰가 수반하는 위험은 내게 나에 대한 진실을 말해줘야 할 타자가 아픈 진실을 말해주는 대신 아첨할 수 있다는 사실과 관련된다. 여기서 진정한 파레시아스트의 테크닉을 가려내고 파레시아를 아첨과 구분해낼 수 있게 해주는 파레시아의 세 가지 특징이 제시된다. 우선 파레시아는 델포이 격언인 자기 인식gnôthi seauton과 직접적 관계에 있다. 아첨꾼은 델포이의 격언을 공격하는 자, 사람들이 자기 자신을 알지 못하도록 방해하는 자다. 둘째로 파레시아는 자유로운 형식을 갖는다. 파레시아는 수사학과도 다르고, 엄밀한 의미에서의 철학적 논증과도 다른 담론 형식이다. 세 번째로 파레시아는 반드시 두 사람 사이의 작용으로, 각자가 특정한 방식으로 자기 역할을 담당해야 한다. 한쪽은 상대방의 발언의 자유를 허락해야 하고 다른 한쪽은 상대방의 분노를 일으킬 위험을 무릅쓰고 진실을 말해야 하는 것이다.

글쓰기

글쓰기도 고대의 중요한 테크닉 중 하나다. 상기, 자기 쇄신, 자기 영혼의 점검이 글을 통해 행해진다. 푸코가 휘포므네마타, 즉 말해진 바를 다시 상기하기 위한 요약 메모를 중요한 기술적 개념으로 강조하는 이유는, 이것이 철학자의 말을 적은 것이기 때문이다. 이렇게 전사된 수련 노트들을 정기적으로 다시 읽어 상기해야 스승의 말이 제자의 내부에서 지속적으로 재활성화될 수 있다. 이 휘포므네마타는 우선 자기 자신을 위한 것이지만, 타인도 사용할 수 있다. 휘포므네마타에는 자신의 성찰이나 자기 내면의 움직임도 담을 수 있기 때문에 그것은 외적인 것과 내적인 것이 교차하는 지점에 위치한다. 휘포므네마타는 말해지지 않은 것을 폭로하는 것이기보다는 이미 말해진 것, 이미 경험한 것들을 드러낸다. 중요한 것은 외부 요소들의 단편들, 요컨대 상기의 경험을 통해 물화된 일정 부분의 담론을 묵상하는 데 있다.

상기

일반적으로 상기는 자기 테크닉 중에서도 매우 중요하게 여겨진다. 진실을 드러내려면 주체가 망각한 목록 속에서 주체의 진실을 스스로 찾아내야 한다. 이 절차를 설명하기 위해 푸코는 세네카가 설명했던 저녁 점검의 예를 든다. 주체가 망각한 진실은 자신의 본질, 기원, 초자연적인 힘 같은 것이 아니라 그가 했어야 했던 것, 다시 말해 그가 배운 일련의 행동 규칙이다. 세네카의 자기 점검은, 존재론적 토대를 파악할 수 없는 주체의 어두운 부분을 밝혀내고자 하는 자기해석학과 반대된다. 세네카의 저녁 점검은 실수를 세심하게 분석함으로써 삶의 규칙들에 부합하는 행위들을 실행에 옮기기 위해 활용된다.

자신을 돌본다는 것, 자신의 행동이 적절한지 여부를 반추한다는 것은 그러므로 주체와 진실의 직접적 관계 맺음을 의미한다. 진실은 의식의 뒤편이나 아래, 영혼의 어두운 심층부에 은폐된 것이 아니다. 반대로 진실은 개인을 어떤 목표 쪽으로 끌어당기는 인력이다. 자기에 관한 자기의 고백, 그리고 자기의 진실은 의지와 인식의 일치를 근간으로 구축된다. 요컨대 이 격언적 자기는 의지와 진실의 중첩을 통해 구성돼야 한다.

그러므로 푸코는 고대의 자기 테크닉이 주체가 적절한 행동을 하는 데 필요한 매개 수단들을 발견해낼 수 있는 능력이라고 간주한다. 이와 같은 자기 윤리는 주체를 침묵하게 하는 담론을 활용한다. 파레시아로서의 저녁 점검은 직접적 구두 표현을 배제한다. 휘포므네마타는 자기에 대한 적극적 표현을 허용하지만 오직 글로만 한다. 자신에 관한 진실은 주체 내면의 심층부에 있지 않다. 그것은 실천하기로 했던 윤리와 그 행동의 현실태 사이에 존재하는 간극에서 출현한다. 그러나 일상생활의 테크닉을 사용함으로써 구축되는 주체의 구조는 그리스도교에서 고백의 종용으로 인해 점차 변화한다.

초기 그리스도교의 고백 테크놀로지

그리스도교는 수도원 제도 이전에 이미 주체와 진실의 일정한 관계를 의무화하는 자기 테크닉들, 즉 세례와 참회를 발전시켰다. 여러 행위와 테크닉을 통해 영혼은 매순간 자신의 진실과 자신의 구원을 향해 나아가고, 그 과정에서 자신의 현재 상태를 계속해서 고백하고 현시해야 한다. 세례는 생성되고 있는 그리스도인에게 진실의 시련이 되기 때문에 심문과 점검이 그 주요 특징을 이룬다. 요컨대 사탄을 몰아내는 구마의식, 진실의 행위로서의 신앙 고백, 그리고 자신이 죄인의 상태에 있음을 인정하는 엑소몰로게시스exomologesis가 그 특징이라 할 수 있다. 여기서 푸코는 특히 엑소몰로게시스에 주목한다. 그것은 수도원 제도 등장 전, 교회 규범에 따라 행해지던 참회이며, 그리스도인의 삶에서 금지와 의무를 정하는 전반적 신분이었다. 특히 세례 때 동원되는 테크닉들과 유사한 특별한 진실의 테크닉들이 참회 행위를 예식화한다. 집단적으로 행해져야 하는 자기 점검이 있고 나서 다시 한번 엑소몰로게시스가 행해진다. 그리스도인의 진실과의 관계에 기초한 이러한 실천들의 특징은 그것이 조용히 이루어지는 것이 아니라 매우 극적이라는 데 있다. 자기 테크닉의 이런 변화는 수도원 제도 등장 이전부터 고대의 개인이 자기 자신과 맺는 관계를 서서히 변형해간다.

《주체의 해석학》에서 푸코가 인용하는 알렉산드리아의 필론은 《명상에 관하여》에서 고행자 단체를 소개한다.[4] 그들은 그리스도교 초기에 자기 자신에 의한 자기 제어를 수행한다. 이들

4 《주체의 해석학》, p. 152.

은 수면과 몽상을 개인이 진실과 맺는 관계의 기준으로 설정한다. 그리스도교 목회자들도 이렇게 영혼의 상태를 보여주는 거울 역할을 하는 꿈에 점차 관심을 갖게 된다. 꿈을 통해 미래를 예언하는 이교의 전통이 한동안 초기 그리스도교로 파고든다. 그러나 그리스도인에게 꿈은 참회를 환기하면서 미래를 예고하는 역할을 하는 게 아니라 주체의 죄의식을 폭로하는 역할을 담당한다. 그리스도교는 고대의 진실 테크닉을 이런 식으로 변형한다. 그리스도교는 고대의 진실 테크닉을 완전히 소거하는 대신 그것을 그리스도교 복음화의 도구로 변형시켰다.

푸코는 고대 이교의 자기 테크닉과 5-6세기 수도원의 자기 테크닉 간에 연속성이 있는지 살펴보지만, 〈주체성과 진실〉에서 고대의 "격언적 자기", 다시 말해 "의지와 인식의 일치"는 그리스도교의 자기 테크놀로지와 근본적으로 다르다고 지적한다. 그리스도교의 자기 테크놀로지는 자신 안에 은폐된 것을 발견하기 위한 것, 해독해야 할 텍스트나 책과 같은 것이기 때문이다.[5]

그리스도교 세계에서 자기 테크닉을 지배하는 것은 고백이다. 고백은 주체가 자신에 관한 진실을 생산하는 능력을 체계화한다. 푸코는 5세기 카시아누스에게서 그리스도교적 자기를 구성하는 근본 요소들을 포착한다. 과거 이교 세계에서 자기 자신에 관한 진실을 찾으려면 주체는 스승의 말을 경청해야 했지만 이제 그리스도교 세계에서 주체는 복종하기 위해 자기 자신에 관해 말해야 한다. 이때 고백자는 자신의 행위나 과오를 말하기보다는 자신의 사유에서 일어나는 운동을 지속적으로 고백함으로써 그 사유의 운동을 해석해야 한다. 주체는 사유의 흐름, 그 내적 변화,

5 《자기해석학의 기원》, p. 60-61.

가장 은밀한 지향점 등을 재구성할 수 있어야 하고, 인도자에게 자신 안에서 일어나는 변화를 상세히 고백해야 한다. 그러면 인도자는 그가 가진 더 큰 경험을 통해 무슨 일이 일어나고 있는지 파악할 수 있다는 것이다. 이렇듯 그리스도교 수양에서 고대의 자기 테크놀로지는 변화한다.

스승이 제자의 고백을 통해 뭔가를 알게 되는 것보다도 제자가 스승에게 고백했다는 사실 자체가 중요하다. 요컨대 고백이라는 구두 표현 행위가 결정적 요소다. 고백은 진실의 증거이자 현시다. 어떤 생각을 회피하고 싶다거나 그 생각이 떠오를 때 동요된다면 그러한 현상 자체가 그 생각이 선하지 않다는 증거이며 그 속에 악마가 숨어 있다는 증거다. 발설과 폭로의 빛은 어둠 속에 도사리고 있는 사탄의 정체를 드러낸다. 그리스도교가 자기 테크닉의 구조와 관련해 행한 근본적 전복이다. 고백이라는 구두 표현은 단 한 번의 활동으로 수도사들의 일상 수련을 강화하고 그 속에서의 교의도 동시에 강화하는 새로운 탁월성을 갖게 된다. 푸코는 카시아누스에 의거해 이렇게 말한다. "이 구두 표현 행위는 그것이 사유의 심층적 움직임을 외부의 빛 쪽으로 이동시키는 것과 마찬가지로 또한 동일한 절차에 따라 사탄의 군림으로부터 신의 계율 쪽으로 인간의 영혼을 인도합니다. 이는 희랍 교부들이 말했듯, 구두 표현 행위가 개심의 효과, 즉 메타노이아가 전개되고 그 효력을 발휘하기 위한 수장이라는 것을 의미합니다. 왜냐하면 사탄의 군림 아래서 인간 존재는 자기 자신에 집착하고 있었고, 신으로 향하는 움직임으로서의 구두 표현 행위는 사탄을 포기하는 것, 자기 자신을 포기하는 것이기 때문입니다. 구두 표현 행위는 자기 희생입니다."[6] 이 항상적 구두 표현 행위는 엑사고레우시스exagoreusis라 불렸다.

엑사고레우시스와 엑소몰로게시스는 초기 그리스도교에서의 핵심적인 두 가지 진실 생산 테크닉이다. 자기에 대해 말하는 표현 방식과 목적은 고대에서 초기 그리스도교로 넘어가며 변화했고 이와 더불어 자기 테크닉에도 중대한 변화가 발생한다. 푸코에 따르면 이미 피타고라스와 세네카의 저녁 점검에서 영혼의 움직임을 글로 기록하는 것은 공개 고백과 동일한 역할을 한다. 문자로 쓰이는 순간 타인에게 보여주는 것과 같기 때문이다. 이런 글쓰기 테크닉은 사실 그리스도교 초기 신학 논쟁의 주제, 요컨대 은둔 수도와 공동생활 수도, 고독한 삶과 공동체 생활을 둘러싼 논쟁의 주된 테마로 자리 잡는다. 푸코의 다른 강의에서 인용된바, 은둔 수도자 안토니오스에 따르면 쓰인 문자는 잠재적으로 타자들에게 읽힐 수 있는 것을 구축함으로써 논쟁의 딜레마를 해결한다. 타자와의 관계는 이제 영혼에서 일어나는 모든 것의 기록, 쓰인 문자를 매개로 확보된다.[7] 그러므로 고백은 매개 수단을 전제로 한다. 애초에 이 매개 수단은 고백을 듣고 영혼의 온갖 움직임을 들으며 잠정적으로 사탄에 의해 오염될 수 있는 담론의 어두운 구석을 포착하는 영혼의 지도자에 의해 확보된다. 그러나 글쓰기는 독자적으로 고백을 재구성하게 해주고 또 그 구체성을 부여한다. 이 시기는 서구 주체의 역사에서 결정적으로 중요하다. 이 시기가 자기해석학의 시대, 요컨대 영혼의 움직임에 관한 세심한 탐색을 거치는 적극적 자기 신문의 시대이기 때문이다.

---

6 《자기해석학의 기원》, p. 91-92.

7 Michel Foucault, *Mal faire dire vrai,* p. 141-143.

푸코는 1983년 〈자기 테크닉〉에서 이 분석을 확대하고 구원의 종교 중에서도 그리스도교의 특수성을 부각하면서 수도원의 고백 실천을 탐구한다. 그리스도교는 개인을 하나의 현실에서 그와 다른 현실로, 죽음에서 삶으로, 시간에서 영원으로 인도하는 것을 임무로 삼는 종교 중 하나로, 이런 목표를 달성하기 위해 자기 변화를 목표로 하는 일련의 조건과 행동 규칙을 부과한다. 그러나 그리스도교의 구원론적 토대 때문에 자기와 진실 간에 긴밀한 관계가 부과되는 게 아니다. 진실 말하기는 진실, 교의, 교회법의 엄격한 의무 준수 내에서 구축된다. 신앙과 초월의 관계뿐 아니라 고백의 정치학도 중요하다. 그러므로 각자는 자신이 누군지 알아야 하고 자신 안에서 무슨 일이 일어나는지 알려고 해야 하며 자신의 과오들을 확인하고 자신의 유혹들을 인정하고 욕정들의 위치 확인을 위해 노력해야 한다. 자기에 관한 진실은 이렇게 자기에 대해 남김없이 말하고 자기 사유의 움직임을 지속적으로 추적하는 수련을 통해 비로소 모습을 드러낸다.[8]

초기 그리스도교는 상당수의 고대 자기 테크닉을 전유한다. 특히 글쓰기를 전유하여, 지속적 상기를 위해서가 아니라 주체의 시련을 위해 사용한다. 글쓰기에서 중요한 것은 신도들이 범할 수 있는 교리로부터의 일탈을 그들이 고백한 말을 통해 판단하는 일이다. 자신이 자신이라고 말할 수 있는 가능성이 이 진실 탐구 내에서 작동한다. 자기 자신 안에 있으면서 항상적 고백 작업을 통해 표면으로 끌어낼 수 있는 것으로서의 자기 자신 말이다. 중요한 것은 고백을 듣는 자가 고백하는 자의 영혼에 은폐된 것을 적발해내는 것이다. 사유의 가장 어두운 부분들을 파헤쳐 거기에

8 Michel Foucault, "Les techniques de soi", in *Dits et écrits*, IV, p. 804-805.

숨어 있을 수 있는 사탄을 몰아내는 것이 주체가 자신의 사유의 흐름을 파악하는 것보다 더 중요하다. 따라서 그리스도교는 고대 자기 테크닉의 일부를 변형시켜 그것들을 교의에 통합한다고 할 수 있다. 고백 실천을 통해 탐색된 각 신체와 영혼은 개종의 강력한 매개 수단이 된다.

자기와 실존의 미학

이 책의 제목은 "Dire vrai sur soi-même"이지만, 푸코가 캐나다에서 강의할 당시의 영어 제목은 "The discourse of self-disclosure"였다. 여기서 'disclosure'는 문자 그대로 '폭로', '누설'을 의미하고 얼핏 보기에 숨겨진 의미와 관련된 것처럼 보인다. 그러나 이 책에서 푸코가 보편적 주체와 그 의식의 심층부에 숨어 있다고 상정되는 은밀한 진실을 재발견하려 시도한 것은 아니다. 푸코가 'soi' 혹은 'soi-même'라 명명하고 우리가 '자기' 혹은 '자기 자신'으로 번역하는 바는 결코 이런 주체가 아니다.

푸코에 따르면 '자기 자신'은 선험적으로 주어진 것이 아니라 역사를 통해 구축된 것이다. 그것은 그 존재의 보편성과 확실성 그리고 불변성에 이의를 제기하는 모든 비판 공세에 맞서 사수하고 보존해야 할, 고유의 정체성을 갖춘 자아와 같은 것이 아니다. 그것은 작업의 결과, 실천의 결과, 요컨대 윤리적 실천의 결과물, 특히 '예술 작품'처럼 일정한 테크닉과 실천을 통해 구축되고 부단히 변형할 수 있는 어떤 것이다. 푸코는 이점을 강조하기 위해 이렇게 지적한다. "저를 놀라게 하는 것은 우리 사회에서 예술이 이제 대상과만 관계하고, 여러 개인 혹은 삶과는 관계하지 않게 되었다는 사실입니다. 그리고 동시에 예술이 전문화된 영역이 되어버렸다는 사실, 즉 예술가라는 전문가들의 영역이 되어버렸다는 사실입니다. 하지만 모든 개인의 삶이 하나의 예술 작품일 수는 없을까요? 도대체 왜 램프나 집 같은 것은 예술의 대상이 되고 우리의 삶은 그렇지 않은 것일까요?"[9] '실존의 미학'이라는 말로 푸코가 의미하고자 하는 바가 바로 이런 것이다. 윤리로부터 미학으로의 이행은 우리에게는 생경할 수 있다. 하지만 이 이행은 주체에 관한 푸코 사유에서 핵심이 주체성subjectivité이라는 역사적 개념과 그것이 진실과 맺는 관계라는 사실을 잘 보여준다. 주체에도 역사가 있고 진실에도 역사가 있다는 것이다.

다른 한편 푸코는 윤리를 미학과 연결시킴과 동시에 도덕과 단절시키려고 시도한다. 그리스도교의 자기해석학은 다양하고 구체적인 이교의 자기 실천을 해석학적 의식 점검의 강제로 유도하면서, 윤리를 도덕으로 환원한다. 그리스도교의 의식 점검은 고백과 속죄를 등가적 교환 관계로 설정하고, 신의 은총에 의해 만인에게 보장된다고 상정되는 속죄에 지불해야 할 대가로 개인의 내면에 대한 세심한 탐색을 부과한다. 도덕은 무엇인가? 그것은 외부의 보편적인 법 혹은 유일신과 이성 등과 같은 절대-보편적 타자의 법에 복종할 것을 개인에게 종용하는 추상적 의무 체계다. 또 도덕은 이 타자의 법에 복종하는 것이 개인이 자신의 정체성, 즉 선과 악의 투쟁이 부단히 벌어지고 있는 내면 극장을 동요와 파괴의 위험으로부터 온전히 보존할 수 있는 유일한 방법이라고 가르친다. 그렇기 때문에 도덕에서는 부정의 작업이 지배한다. 이 부정의 작업은 비극적 대립의 극단으로 내던져진 동일자와 타자

9 Michel Foucault, *Dits et écrits* IV, p. 392.

간 차이의 심연을 더욱 깊게 파내려간다. 그러나 푸코는 윤리의 길을 택함으로써 이러한 대립을 제거하려 하는데, 특히 변증법적 중재를 통해 이 대립에서 벗어나려는 게 아니라 윤리를 통해 그 대립을 근본적으로 제거하려고 시도한다. 요컨대 푸코는 동일자와 타자를 서로 환원 불가능한 어떤 양자택일의 항들로 다루지 않고 대립을 소거하려 시도하는 것이다. 푸코는 이 대립을 하나의 주체성이 갖게 되는 복수의 양태로 다룬다. 주체성은 자기 자신에게 작업을 가하면서 타자를 발견한다. 하지만 이 타자는 외부의 보편적이고 절대적인 법 안에 있는 존재가 아니다. 그것은 항시 실현해야 하는 것으로 남아 있는 자신의 존재의 잠재적 차원들과 같은 것이다. 이러한 조건하에서 자기로 존재한다는 것은 불변의 정체성을 유지하고 보존하는 것이 아니라, 어떤 정체성이 다른 것이 되는 것을 받아들이는 것, 타자성과 차이성에 자리를 내어주는 것이다.[10] 고해신부, 정신분석가, 각 분야의 전문가, 재판관은 만인에게서 '동일성'을 찾아내어 그것을 만인에게 환기하고 강제하려 하지만, 동일자로 존속하기를 갈망하는 것은 일종의 굴종이다.

그러므로 윤리적 관점에서 '자기 자신'은 개인이라는 통일체, 실존의 중핵, 특정 개인과 같은 것이 아니라 형성되는 와중에 있는 자기와의 관계, 끊임없이 지연되는 통일성을 추구하는 자기와의 관계, 절대-보편적 타자와의 관계가 아니라 자신과 동일한 작업을 수행하고 있는 타자들과 맺는 다양한 형태의 관계를 통해

10 "만약 정체성의 문제와 관련해 우리가 입장을 취해야 한다면 그것은 우리 각자가 독자적인 한에서여야 합니다. 그러나 우리가 우리 자신과 맺어야 하는 관계는 정체성의 관계가 아니라 차이화, 창조 혁신과 같은 관계여야 합니다. 항시 동일한 상태에 있다는 것은 대단히 진절머리나는 일입니다" (*in* Michel Foucault, *Dits et Écrits*, t. IV, no 358, p. 739)

재구축해가야 하는 그런 것이다. 푸코가 '윤리의 실질(la substance éthique)'을 논의할 때 타깃으로 설정하는 것은 바로 이 고정 불가능하고 변조 가능한 이 자기가 자기와 맺는 복수의 관계이다. 요컨대 이 자기와의 관계는 유동적이고 유연하며 부단히 변형되고 생성되는 와중에 있는 현실이고, 관계의 현재의 존재론이 부과하는 에토스의 영역에서 맥락에 따라 작동하는 현실이다. 바로 이러한 특성이 이 현실을 위험과 대가를 감수하고 부단히 재구축해야 하는 어떤 것이 되게 한다. 그러므로 이 자기와의 관계는 선험적으로 결정된 동일성의 이상에 따르는 보편자와 정반대의 것이다. 그러므로 자기는 데카르트의 경우처럼 하나의 사물, 사유하는 하나의 사물처럼 이미 거기에 있는 것으로 상정되어야 하는 자아가 아니다. 자기는 예측 불가능한 변신 운동이고 이 운동을 통해 정체성은 자기를 한정한다. 그리고 사건들을 통해 기회가 주어지면 자기를 다른 토대 위에서 재구축한다. 이렇게 정체성은 자기에 의해 창조되는 것이다. 달리 말해서 이 정체성은 그대로 재생산하기만 하면 되는, 사전에 규정된 규범성의 모델에 따르는 게 아니라 자신의 가시성의 규범을 스스로 만들어낸다.

푸코가 '실존의 미학'을 통해 지시하고자 하는 것은 바로 이런 부단한 재구축 작업이다. 이 작업은 시간과 역사를 초월해 주어진 미와 같은 것에 대한 숭배가 아니다. 고대인들의 자기 돌봄은 막연한 실존의 불안과 같은 것이 아니다. 그것은 구체적 상황 속에서 이 상황에 대한 엄밀한 분석을 통해 만들어내야 하는 테크닉들을 부단히 탐색하는 실천이다. 이 기술적 규칙들을 찾아내 자기 자신에게 적용하기 위해 필요한 것은 자기 포기나 자기 고백이 아니라 자기 실천과 자기 제어와 자기 통제다. 그러므로 그것은 푸코가 세네카나 에픽테토스와 같은 그리스-로마 철학자들에게서 그 모범적 사례를 발견하는, 자기 수양과 같은 것을 필요로 한다. 그것은 재개되어야 하고 그 결과를 사전에 예측할 수 없는 부단한 자기 변혁 작업이다. 그것은 실험적으로 사는 것이다.

이러한 작업에 필요한 도구 중 하나가 앞서 언급했던 휘포므네마타, 즉 고대의 개인 수첩이다. 이 수첩에는 자기를 더 잘 알기 위해 행한 학습 과정에서 체험한 경험들이 적혀 있다. 이것은 정신적 경험들에 대한 상세한 고백으로 구성된 내면 일기가 아니다. 그것은 의식의 비밀을 밝히는 정화도 아니고, 해독할 수 없는 것의 추적이나 숨겨진 것의 폭로도 아니다. 이미 말해진 것, 듣거나 읽은 것을 수집해서 자기 자신을 구축하는 것이 중요하다.[11]

이러한 구축 행위는 '자기 자신'이 열린 개입의 영역이라는 점을 분명히 한다. 자기는 비판적으로 성찰될 수 있고 변혁될 수 있다. 주체는 그 역사를 통해 다양한 양태들을 갖게 되고 최종적으로는 양립 불가능하게 된다. '주체의 해석학'에 관한 푸코의 강의는 과거에 이교와 그리스도교가 자기 자신이 무엇인지, 그리고 자신을 안다는 것이 무엇을 의미하는지 물음을 제기할 때 양자가 택한 상이한 윤리의 방향을 강조한다. '해석학(herméneutique)'은 그 역사적 기원에서 보면 두 구별되는 절차로 환원될 수 있고 그 결과로 두 유형의 주체성이 나타난다. 주체성을 구축하는 상이한 두 방식이 있다는 것이다.

> "개략적으로 말해 그리스도교의 수련에서 궁극적 목표는 세계로부터의 해탈과 자기 포기입니다. 그리스도교의 수련은 자기를

---

11 Michel Foucault, "A propos de la généalogie de l'éthique" *in* Michel Foucault, *Dits et écrits*, IV, p. 405.

포기해야 합니다. 그리스도교의 자기는 자신이 거기로부터 해방되어야 하는 세계에 속해 있고, 또 역으로 그가 세계와 〔맺는-옮긴이〕 관계가 그를 하나님으로부터 벗어나게 만드는 자기 자신에 대한 관용의 표현이기 때문에 그는 세계로부터 해방되어야 합니다.
반면 이교적 수련 혹은 철학적 수련은 소유와 최고권의 관계를 자기 자신과 수립해야 했고, 그와 동시에 개인에게 세계와 대결할 채비를 갖추게 하는 것을 가장 중요한 목표로 설정했습니다."[12]

요컨대 철학적 수련에서 주체는 세계 내에 있거나 세계와 대면하고 있다. 반면 그리스도교적 수련에서 주체는 세계와 분리되어 있고 결과적으로 자기 자신과 분리되어 있다. 달리 말해《정신현상학》에서 헤겔이 기술한, 의식의 여정의 원동력이 되는, 객관성과 주관성의 양자택일의 문제는 그리스도교가 발명해낸 것이지 양자를 조화롭게 일치시키려고 노력한 고대인들의 문제는 아니다.

2.

여기서는 각 세미나에서 이루어졌던 주된 질의응답과 푸코의 강독 내용을 정리하려고 한다.

12 이 책 122쪽.

첫 번째 세미나

푸코는 왜 자신에게 익숙했던 연구 분야, 즉 중세 말 르네상스부터 근현대로부터 멀리 건너뛰어서 갑자기 그리스-로마 철학, 그리고 초기 그리스도교로 넘어가게 되었는가? 푸코가 연구하고자 했던 것이 실은 주체성의 역사였기 때문이다. 이와 관련된 글은 잘 알려진 〈주체와 권력〉에서 이미 표명된 바 있다.[13] 푸코가 말하는 주체성은 특히 현상학적 주체성, 즉 자기에 대한 근원적이고 직접적인 경험과 같은 것이 아니다. 그가 연구하고자 하는 바는 우리와 우리 사이를 매개하는 사회적, 역사적 기술적 영역과 구조, 그리고 그 효과였기 때문이다. 이를테면 우리가 자신 안에서 미쳤다고 여기는 부분을 의식하고 경험하는 것, 또 우리가 법이나 위반, 범죄 및 과오와 맺는 관계 같은 것은 역사적, 사회적, 문화적으로 결정된다는 것이다. 우리가 성과 맺는 관계 역시 마찬가지다. 그러나 오늘날 우리 주체성의 역사를 연구하고자 할

---

13 드레피스·라비노우, 《미셸 푸코; 구조주의와 해석학을 넘어서》, 서우석 옮김, 1989, 나남출판, 297-319쪽〔*Michel Foucault: Beyond Structuralism and Hermeneutics*, p. 208-226〕. 자신의 연구가 실은 주체성의 역사였다고 밝히는 대목은 297-298쪽에 등장한다. "(…) 지난 20년 동안 나의 작업이 가진 목적(…)은 권력의 현상들을 분석하거나, 혹은 그러한 분석의 기초를 정식화하는 데 있지 않았다./오히려 나의 목적은 우리〔서구〕 문화에서 인간이 주체로 만들어지는 여러 양식들의 역사를 창조하는 것에 있었다. (…) 따라서 내 연구의 일반적 논제는 권력이 아니라 주체다./그 첫째 것은 스스로에게 과학의 지위를 부여하고자 하는 탐구inquiry의 양식〔인간과학의 대상으로서 근대적 인간을 형성한 주체화 양식〕이다. 예를 들어 일반 문법, 문헌학, 언어학 등에서는 말하는 주체를 대상화한다. 이 양식의 두 번째 예인 부의 분석과 경제학에서는 생산하는 주체, 즉 노동하는 주체를 대상화한다. 세 번째 예는 박물학이나 생물학에서 살아있다는 사실 자체를 대상화하는 것이다〔이상은 《말과 사물》로 대표되는 '지식의 고고학' 시기에 수행했던 작업〕./내 작업의 두 번째 부분에서 나는 "분할하는 실천"〔지식과 권력이 결합된 장치의 대상으로서 근대적 개인을 형성하는 주체화 양식〕이라 부른 것 안에서 이루어지는 주체의 대상화를 연구했다. 주체는 자신 안에서 분할되거나, 혹은 다른 자들로부터 분할된다. 이러한 절차가 그 주체를 대상화한다. 예를 들어 우리는 미치광이와 제정신인 자, 병든 자와 건강한 자, 중범죄자들과 "착한 아이들"을 가른다〔이상은 《감시와 처벌》로 대표되는 '권력의 계보학' 시기에 수행했던 작업〕./마지막으로 내 현재 작업은 인간이 자기자신을 주체로 변환시키는 양식〔미학적 기준에 따라 자신의 실존을 형성하는 능동적 주체화 양식〕을 연구하려 했다. 예를 들어 나는 성현상sexuality의 영역을 선택했다. 그러니까 인간이 자신을 어떤 방식으로 '성현상'의 주체로 인식하는 것을 배우게 되었는가를 묻는 것이다〔이상 《성의 역사》로 대표되는 윤리의 시기, 혹은 실존의 미학 시기에 수행했던 작업〕."〔가독성을 고려해 번역 수정〕.

때, 중세의 종교개혁과 반종교개혁을 연구의 출발점으로 삼을 수는 없겠다고 생각한 그는 고대 후기와 초기 그리스도교에서 자기 수련과 진실이 맺는 관계들에 주목하게 된다.

그리스-로마 사회의 개인주의가 자기 테크놀로지를 결과시킨 것 아닐까? 개인주의와 관련해 푸코는 마지막 강연에서 다룰 예정이었다고 밝히는데, 첫 번째 세미나에서의 질문에 대한 답변으로 먼저 등장하며, 개인주의의 결과로 자기 돌봄이 중요하게 여겨진 것이 아니냐는 질문이 여러 번 반복될 때마다 답변 역시 반복된다. 이 질문과 답변이 중요한 이유는, 개인주의가 자기 돌봄 및 자기 돌봄에 필요한 자기 테크닉들과 혼동되는 것을 푸코가 원치 않았기 때문이다. 타자와의 관계는 고대의 자기 돌봄에 필수적이었다. 푸코는 자기 테크놀로지의 역사가 개인주의의 역사보다 오래되었고, 오히려 개인주의가 자기 테크놀로지의 결과가 아닐까 추측하며, 자기 돌봄 실천자들은 대부분 개인주의자가 아니었으며 사회·정치적으로 활발하게 활동했다는 말을 덧붙인다.

다음 질문은 고대 그리스-로마 사회에서 자기 테크닉과 사회적 범주(귀족과 노예, 남성과 여성 등)의 관계를 묻는다. 먼저 귀족과 노예의 문제와 관련해, 푸코는 분명 로마 사회가 수직적이었고 자기 돌봄은 기본적으로 귀족의 실천이었지만 주요한 예외들이 있다고 지적한다. 첫째, 귀족 가까이에서 귀족의 영향을 받아 훗날 자기 돌봄의 대표자가 되는 노예 출신 자유인들이 있었다. 둘째, 정치 활동과 자기 수양의 관계는 긴밀한데, 그리스 도시국가들의 경우 평민과 상인 역시 정치 활동에 참여했기 때문에 자기 수양 역시 실천할 수밖에 없었다. 셋째, 그리스도교 탄생 이전의 모든 종교 운동들은 대중 운동의 성격을 띠었으며, 사람들의 자기 배려를 돕는 것이 그 운동의 목표 중 하나였다. 넷째, 초기 에피쿠로스주의는 지방 호족에 적대적인 민중 운동이자 철학 운동으로서 참주정 및 군주정의 주요 근간이었으며, 견유주의 운동과 스토아주의적 견유주의 운동은 공화주의 이념과 연관된 민중 운동으로서 귀족에 반대하고 군주제를 지지했지만, 이들 모두에서 다종다양한 자기 테크닉을 발견할 수 있다. 이 모든 것을 고려해볼 때 푸코는 자기 돌봄이 귀족 집단뿐 아니라 고대 사회 역사 전반에 광범위하게 확산되어 있었을 것이라고 결론 내린다. 여성의 문제와 관련해서는 푸코는 여성이 자기 수양에서 배제되지 않았다고 주장한다. 물론 여성들이 자기 수양의 능동적 행위 주체로 등장하지 않는 것은 사실일지라도 말이다. 특히 그리스에서와는 달리 헬레니즘 로마 시대에는 경제·사회 영역에서 여성의 역할이 증대되고, 로마 시대에는 정치 영역에서도 여성의 역할이 점차 중요해진다고 지적한다.

다음으로 푸코는 플라톤의 《알키비아데스》를 강독한다. 플라톤 대화편 중에서도 《알키비아데스》가 중요한 이유는, 그것이 정치적 플라톤주의와 영적 플라톤주의라는 두 계열의 뿌리가 되기 때문이다. 푸코가 《알키비아데스》를 중요하게 다루는 것은 거기서 자기 돌봄의 의무가 명확히 출현하기 때문이기도 하다. 또 이후 제정기와 비교할 때 교수법과 자기 돌봄의 관계가 다르다는 것도 주목할 만한 부분이다. 《알키비아데스》에서는 자기 돌봄이 불충분한 교육의 대체물이지만 제정 초기에 자기 돌봄은 교육에 대한 비판이 된다.

잠시 다양한 질문들에 대한 답변들이 이어진다. 우선 고대 그리스의 자기 테크닉이 동양(여기에 극동아시아는 포함되지 않는다고 보는 것이 좋다)의 무속적 수양들로부터 왔을 가능성에 대한 언급, 이것들이 기원전 6-7세기에 그리스에 나타나 피타고라스주의자들과 오르페우스교에게서 반복된다는 언급이 있다. 또 플라톤의 텍스트들에서는 영혼의 이론이 중심을 차지하는 반면, 로마제국 초기의 자기 수양에서는 영혼의 형이상학이 배척되는 대신 의학적 지식과 정념의 활동 문제가 훨씬 더 중요하게 다뤄진다는 언급이 있다.

다시 《알키비아데스》로 돌아와, 여기서 돌봐야 할 '자기'란 신체와 대립되는 것이면서 신체를 사용할 수 있는 능력으로서만 정의되는 영혼이라는 점이 지적된다. 영혼의 형이상학이 자기 돌봄과 직접 연관되어 있다는 것이다. 소크라테스의 초기 대화편에는 등장하지 않는 영혼 개념이 《알키비아데스》에서 등장한다는 것, 그리고 그 개념은 훗날 아리스토텔레스의 텍스트들에서 발견되는 개념이라는 점이 흥미로운 지점이다. 푸코는 자기 영혼을 응시하는 거울로서의 신성한 실체에 관한 구절은 그리스도교도 저자에 의해 가필된 것으로 추정한다. 또 플라톤의 《파이돈》과 《파이드로스》에서는 영혼의 형이상학적 위상과 관련된 전통적인 교의적 해답들이 제시되지 않지만 《알키비아데스》에서는 그것들이 제시된다는 점이 특이하다.

푸코는 이어서 에픽테토스를 강독한다. 거기서는 자기 돌봄의 주제가 드러나고 플라톤의 《알키비아데스》는 간접적으로, 《소크라테스의 변론》은 직접적으로 인용된다. 이 텍스트는 2세기 초, 스토아주의자 몇몇과 견유주의자들 대부분에게서 발견되는 소크라테스의 부활을 증거한다. 에픽테토스는 소크라테스적인 사람이 되어 자기 시대의 소피스트들에 맞서고자 하며, 소크라테스와는 유사하면서도 다른 방식의 문답법인 디아트리베(강의 후 스승이 주로 답변하는 토론)를 활용한다. 소크라테스는 《알키비아데스》 등에서는 정치적 기획을 가진 젊은이들에게만 말을 걸었지만

《소크라테스의 변론》에서는 정치적·연령적·에로스적 선택을 하지 않는다. 에픽테토스는 후자의 모델을 선택한다. 그리스에서 철학은 원래 소수를 위한 것이었으나 에픽테토스에게서 철학은 '만인에게 외쳐지지만 소수만 주목하는 것'이 되고, 이는 훗날 그리스도교가 확산될 수 있었던 한 문화적 조건이 되며, 구원의 종교가 갖는 전형적 구조를 이룬다.

에픽테토스의 다음 텍스트는 젊은 수사학자들이 스승에게 거절당한 내용을 담고 있다. 여기서 젊은 수사학자들은 자기 돌봄을 배우러 왔음에도 불구하고, 적절하게 자기를 돌보지 못하고 있다는 이유로, 즉 수사학이 그렇듯, 아름답지 않은 것을 아름다워 보이게 만드는 방식으로 자기 자신을 꾸미고 있다는 이유로 에픽테토스의 냉대를 받게 된다. 여기서는 학생이 먼저 자기 자신을 적절한 방식으로 돌보고 있어야만 스승으로부터 자기 돌봄을 배울 수 있다고 하는, 어떤 순환적 구조가 나타난다. 플라톤의 상기설이 갖는 순환성이 역전되어 있는 상황이다. 에픽테토스에게서는 학생이 적절한 자기 돌봄의 방법을 선택하고 스승 앞에서 그것을 현시해야만 스승의 개입을 기대할 수 있다.

두 번째 세미나

강의 초반, 자기해석학이 고대의 자기 수양에서 갖는 중요성에 대한 질문에 대해 푸코는 고대 자기 수양에 해석학이라는 것은 존재하지 않았고, 주체의 해석학은 그리스도교 영성이 있고 나서야 시작될 수 있었다고 답한다. 그러나 그리스도교에서 활용되는 것들과 거의 동일한 자기 테크놀로지들은 이미 그리스도교 탄생 이전 이교 세계에서부터 꾸준히 사용되어왔다.

다양한 질문들이 다소 산만하게 이어진 후, 에픽테토스 강독이 이어진다. 자기 돌봄이 인간의 특권으로 제시되는 이 텍스트는 우선 동물과 인간을 비교하면서 시작한다. 다른 텍스트들은 다른 동물과 비교했을 때 나타나는 인간의 결핍과 그 결핍을 보완하는 것으로서의 인간 이성을 제시한다. 그러나 에픽테토스의 분석은 전혀 다르다. 동물이 모든 것을 갖추고 있는 것, 동물에게 결핍이 없는 것은 인간이 인간 고유의 탁월함인 이성을 이용해 인간 아닌 존재들을 돌보는 대신 인간 자신을 돌볼 수 있도록 하기 위해, 즉 스스로를 돌볼 자유를 인간에게 남겨주기 위해서라는 것이다. 에픽테토스는 동물들이 스스로 알아서 잘 살아가는 것을 두고 동물들이 자기를 돌본다고 결코 말하지 않는다. 또한 인간이 이성을 사용해 뭔가를 생산하더라도, 자연이 준 것을 재료로 그 가공품을 만들어내는 것은 중요하게 여겨지지 않는다. 인간의 이성은 훨씬 더 중요한 것을 위한 것이기 때문이다. 에픽테토스는 오히려 유용함이 없는 잉여적이고 부수적인 것들, 이를테면 남자의 수염과 같은 것이야말로 인간에게 중요한 징표라고 말한다.

잠시 유용성과 자기 돌봄 간의 관계에 대한 질문이 들어온다. 푸코에 따르면 우리 자신을 잘 돌보면 그 자연스럽고 논리적인 귀결로 타인에게도 유용한 것이 된다고 여겨진다. 이를테면 마르쿠스 아우렐리우스는 황제였지만 그에게 인간의 과제가 아닌 황제만을 위한 추가적 과제는 없다.

에픽테토스는 인간이 동물과 달리 자유롭게 자기를 돌볼 수 있는 존재라는 데 대해 신께 감사해야 한다고 주장한다. 이는 4-5세기 이후 그리스도교 영성에서 발견되는 것들과 유사하지만, 그리스도교에서처럼 자기 망각과 자기 포기와 관련해 감사해야 하는 것이 아니라 자기 돌봄과 관련해 감사해야 한다는 점에서 차이가 있다. 철학자의 임무, 의무는 자기 돌봄의 임무를 권유하는 것이며, 인류의 장식과 같은 것으로써 미학적으로 인류를 영광스럽게 하는 것이기도 하다. 철학자는 무지한 탓에 신께 감사하지 못하는 자들을 대리한다. 여기서 우리는 그가《소크라테스의 변론》에서의 소크라테스를 참조했다는 것을 발견할 수 있다.

인간의 능력 가운데 스스로를 탐구 대상으로 삼을 수 있는 유일한 능력, 즉 반추할 수 있는 능력을 가진 것이 인간의 이성이다. 이성은 다른 자질들을 활용하는 능력이며, 그 자질들을 활용할지 말지 결정하는 능력, 그 적절한 상황을 판단하는 능력이다. 이성에는 어떤 상황에서 어떤 능력을 써야 할지 결정할 수 있는 능력이 있으며, 이러한 측면 때문에 카이로스, 즉 적기 개념과 만나게 된다. 에픽테토스에게 이성은 인간의 보편적 자질이지만, 그것은 다른 것을 대체하는 것도 아니고 결여를 채우기 위한 것도 아닌, 인간에게 부가적으로 주어진 것이다. 우리는 결핍 때문에 자기를 돌봐야 하는 것이 아니라, 부가적으로 주어진 그 이성 덕분에 합리적 존재로서 자기를 돌볼 수 있고 또 돌봐야 한다.

다음으로 마르쿠스 아우렐리우스의 서신은 자기 수양에서 글쓰기, 특히 서신 교환이 갖는 중요성을 잘 보여준다. 푸코에 따르면 서신을 교환하는 인간의 국면은 시민적 인간에서 내적 인간으로 변모하는 와중의 중간 단계를 형성한다. 이러한 변화는 제국 관료제에서 글쓰기의 중요성이 증대되어 발생한 것인데, 이는 또한 자기와 맺는 관계와 타자와 맺는 관계의 중요성을 보여준다. 타자와 서신을 교환하는 실천이 자기 수양에서 중요했다는 것만 보아도 자기 수양은 이기적이거나 유아唯我적인 것이 아니었음을 알 수 있다.

한편 푸코는 시민적 인간은 집단의 압력이 결정적 역할을 하는 수치심과 윤리적으로 관련되어 있었고, 내적 인간은 신과의 관계가 결정적 역할을 하는 죄의식과 윤리적으로 관련되어 있었다면, 서신을 교환하는 인간은 그 중간에서 두 사람의 관계가 결정적 역할을 하는 거리낌과 윤리적으로 관련되었던 것은 아닌지 추측한다. 또 이 서신에서는 신체와 관련된 것이면서도 체육과는 무관한 의학적 언급이 자주 등장하는데, 이것은 신체적이고 심리적인 작은 동요들의 거처로서의 신체가 중요하게 여겨지고 있다는 것을 의미한다. 또 사랑의 문제 역시 중요하게 다뤄지는데, 여기서의 사랑은 성적이지 않으면서도 신체적 관계를 수반하는 정열적인 사랑이다. 이 마르쿠스 아우렐리우스의 서신에서는 자기 자신과의 관계 맺기와 관련된 양생술, 즉 농부의 일과 식사를 따르고 수면에 관심을 두는 것이 중요하게 언급되고, 강도 있는 사랑 역시 중요하게 언급된다.

세 번째 세미나

파레시아가 주요 주제로 다뤄지는 자리이다. 파레시아는 자유와 금지의 이분법적 도식의 관점에서 분석될 수 없는, 진실을 말할 자유이자 의무이다. 그것은 늘 특정 상황에서의 특정한 정황을 내포하며, 화자와 청자 간의 암묵적이거나 명시적인 계약으로 나타난다. 그러므로 정황과 맥락이 필요하지 않은 과학적 진실은 파레시아를 통해 전달될 필요가 없다. 파레시아에서의 진실은 윤리와 정치의 영역에 속한다. 그 진실이 말하는 자를 위험하게 하기 때문이다. 파레시아의 기술과 덕의 혼합은 윤리적이고 정치적인 삶에서 중요한 역할을 한다. 이 파레시아 개념은 고대 문명에서 변화해왔는데, 이는 고대 사회 정치 구조의 변화와 관련되며, 담론을 통한 자기 인식과 자기 발견의 테크닉과 관련된다.

민주정의 파레시아

먼저 민주정의 파레시아에 대한 논의가 있다. 파레시아의 고전적 의미는 아테나이 민주정과 연관된다. 아테나이 민주정은 네 요소로 구성된다. 시민이 권력을 행사함을 의미하는 데모크라티아, 노모스가 만인에게 특권 없이 평등함을 의미하는 이소노미아, 공적 발언권의 평등을 의미하는 이세고리아, 그리고 타자의 동의를 받지 못한 발언의 여파로 희생되지 않고 말할 수 있는 자유를 의미하는 파레시아가 그것이다. 고대 그리스 민주정에서 파레시아는 에우리피데스의 여러 희극에서 나타난다. 파레시아는 통치자까지도 비판할 수 있는 자유를 의미하며, 이때 타자와 자신 모두에게 위험할 수 있는 진실을 말한다고 여겨진다. 파레시아의 권리는 노예도 아니고 이방인도 아닌 시민의 권리로서 나타난다. 그러나 법적 신분을 갖췄더라도 자기 자신이나 부모님이 명예에 상처를 입어 수치스러운 상태에 있는 경우 민회에서의 정치적이고 윤리적인 발언권을 박탈당할 수 있다.

이소크라테스는 두 차원에서 민주정의 파레시아를 비판한다. 우선은 민주정에서 발언의 자유를 받아들이지 않는 데 대한 비판이다. 이는 민주정을 제대로 운용하지 못하는 것을 비판하는 것이지만, 여기에는 민주정 자체에 대한 비판도 발견된다. 사람들이 규율 위반을 민주주의로, 법의 경시를 자유로, 무례한 발언을 평등으로, 함부로 행동할 권리를 행복으로 부르는 우를 범하고 있다는 것이다.

군주정의 파레시아

1-2세기 문헌에서 파레시아는 주로 역사가, 그리고 정치적 문제에 관심 있는 철학자들에게서 발견되며, 더 이상 민주정이 아닌 군주제 통치와 관련해서만 언급된다.

평범한 사람과 달리 젊은 왕자는 교육을 받을 때 파레시아의 혜택을 누리기 힘들다. 이미 가장 높은 위치에 있기에, 위험을 감수하며 타인에게 진실을 말할 기회를 가질 수도 없고, 자신에게 파레시아를 행사해줄 만큼 담대한 스승이나 친구를 두기도 힘들다. 그러나 훌륭한 군주에게는 진실을 말해줄 조언자가 필요하며, 그런 상대를 얻기 위해서는 상대가 두려워하지 않게끔 행동해야 한다. 군주의 의무는 조언자의 처벌을 자제하는 것이며, 조언자의 의무는 파레시아를 실행하는 것이다. 이런 의미에서 플라톤은 키루스 치하의 페르시아를 긍정적으로 묘사하기도 한다.

한편 플라톤은 《고르기아스》에서 우리는 우리 영혼을 시험하는 시금석이 될 만한 타자의 도움이 필요하다고 말한다. 이때 훌륭한 시금석의 조건으로서 에피스테메(학식), 에우토이아(호의), 그리고 파레시아를 든다.

푸코에 따르면 파레시아 문제는 18세기 말-19세기 초, 의회와 언론이 생겨나면서 사라졌다고 한다. 의회와 언론의 자유가 파레시아 문제의 진정한 계승자라는 것이다. 의회와 언론이 등장하기 전까지는 파레시아와 관련된 문제들이 오늘날 의회나 언론의 문제만큼 중요했다는 뜻이기도 하다. 그러므로 파레시아는 개인의 덕에 불과한 것이 아닌, 전문적인 정치의 영역에 속하는 것이었다. 누가 파레시아스트인지, 왕은 파레시아 계약을 존중하고 있는지, 궁신은 파레시아를 제대로 행사하고 있는지 등은 무엇보다도 정치적인 문제계를 형성하고 있었다.

한편 같은 시기, 즉 기원후 1-2세기에 파레시아는 자기 돌봄의 기술과도 긴밀한 관계에 있었다. 기원후 초기 윤리적 의미에서의 파레시아는 자기 수양에서 특권적이고 지배적인 역할을 했으며, 지도자 측의 의무로 여겨지기도 했다. 군주의 자기 돌봄을 돕는 지도자의 윤리적 파레시아는 군주의 타자 돌봄을 돕는 조언자의 정치적 파레시아와 매우 가까운 것이었고, 이 둘 모두에서 핵심은 통치의 문제였다. 통치 개념은 정치적 합리성과 자기 돌봄의 영역에 공통되는 개념이며, 자기 통치와 타자 통치 그리고 인류의 통치가 연속적인 하나의 영역을 구성한다.

푸코의 가설에 따르면 서구의 정치적 사유에는 두 개의 뿌리가 있다. 그중 하나는 영혼의 이론을 말하는 아리스토텔레스와 플라톤으로 대표되는 폴리테이아, 즉 정체의 문제다. 다른 하나는 자기의 문제를 말하는 타키투스와 세네카로 대표되는 통치의 문제다. 정체의 문제가 도시국가의 구축, 항구적인 법, 도시국가 내 다양한 부분 간의 평형 유지를 문제 삼았다면 통치는 결정의 일반적 합리성, 선택과 목표와 수단의 일반적 합리성, 통치자들의 합리성을 문제 삼는다. 그리고 서구의 17-18세기는 늘 통치보다 정체의 문제를 과대평가해온 것은 아닌지 묻는다. 푸코는 자신의 이러한 가설에 대해 '완전한 헛소리'라고까지 표현할 정도로 자신 없어 하지만 흥미로운 대목이다.

동양의 수양에서는 자기 통치에 별로 중요성을 부여하지 않는 것 같다는 질문이 들어온다. 푸코가 보기에 자기 통치가 아닌 윤리의 중심 문제로서의 자기는, 종교라기보다는 윤리로서의 불교에서의 중요한 특질 중 하나이며, 그리스-로마 시대의 자기 윤리와 동양 문명에서의 자기 윤리를 비교해볼 필요가 있다고 본다. 그러면서 19세기 초 서구 문명이 동양 문명을 발견하면서 만나게 되는 자기 문제, 즉 그리스도교적이지도 않고 그리스-로마적 자기 경험과도 거리가 먼 자기 윤리의 발견은 동서양의 두 전통이 만나는 지점으로서의 쇼펜하우어에서 엿볼 수 있다고 한다.

푸코의 인용에 따르면, 루키아노스는 파레시아를 말하는 방식이나 타자를 지도하는 방식을 넘어서는 삶의 방식으로도 보았다. 그는 과도한 자유로서의 파레시아를 행사하는 자는 공격적으로 묘사하는 한편, 자유와 솔직히 말하기에 헌신하면서 곧고 건강하고 흠결 없는 삶을 영위하는 자는 긍정적으로 묘사한다. 여기서 파레시아는 담론 영역에서의 엘레우테리아, 즉 자유다. 엘레우테리아는 훌륭한 철학자들이 삶의 방식 속에서 자신들이 파레시아스트임을 보여주는 방식, 아무것도 숨기고 있지 않으며 자신들이 사유하는 대로 삶을 영위한다는 것을 보여주는 방식이다.

다음으로는 파레시아를 파레시아의 반대편, 즉 아첨 쪽에서 다루는 두 텍스트를 살펴본다. 둘 중 하나는 플루타르코스의 〈친구와 아첨꾼을 구별하는 방법들〉이고, 네 번째 세미나에서 다뤄질 텍스트는 갈레노스의 텍스트다. 플루타르코스가 보기에 아첨꾼은 기만적이고 가식적인 이미지를 제공함으로써 상대의 자기 인식을 방해하는 자다. 특히 자신이 아첨꾼임을 감추고 파레시아스트인 척하는 자일수록 더 위험한 아첨꾼이다. 차라리 대놓고 아첨하는 자는 덜 위험한 편이다. 플루타르코스가 제안하는 바에 따르면 우리는 비판자의 말과 삶이 일치하는지를 기준으로 삼아 그가 아첨꾼인지 파레시아스트인지 구분할 수 있고, 이런 식으로 친구와 친구인 척하는 자를 가려낼 수 있다. 아첨꾼은 자신이 바라는 삶이 아닌 타인이 바라는 삶을 살며 타인을 본뜨는 까닭에 삶이 일관되지 못하고, 줏대 없이 늘 상대방의 방식에 따름으로써 그들의 호감을 사려고 하는 특징을 보인다고 한다. 여기서 파레시아의 기준으로서 복장, 행동, 언어, 생활을 포함하는 일관된 삶의 형태가 제시된다. 말과 실존의 연루는 파레시아스트의 존재 유형에 내재한다.

그리스도교 고해로의 이행은 파레시아의 역사에서 결정적인 변곡점을 이룬다. 말해진 바와 말하는 자의 실존 간의 관계 구조가 바뀌어 버렸기 때문이다. 고해자는 자신의 삶과 말을 일치시키려는 자이기보다는, 자신이 누구인지에 대한 진실을 말해야 하는 자가 된다. 이교 문화에서 진실을 말해야 하는 자는 지도자였던 반면, 그리스도교에서는 피지도자가 진실을 말해야 한다. 또 진솔함을 증명하는 방식은 이제 자신의 삶 속에서 자신의 말을 실현시키는 것, 즉 실존을 일관되게 유지하거나 변화시키는 것이 아니라, 자신의 말을 통해 자신의 현재를 드러내는 것, 즉 자신의 실존을 발견하고 분석하는 것이다. 이때 거짓말을 가려내는 것은 별로 중요치 않다. 신은 고해자의 거짓말을 이미 다 알고 있다고 상정되기 때문이다. 그러므로 이전에는 잠재태를 현실태로 바꾸는 것, 이론을 실천으로 옮기는 것이 문제였지만, 이제는 숨겨진 것을 드러나게 하는 것이 중요해진다.

이러한 변화는 로마의 개인주의 때문에 촉발된 것이 아니다. 무엇보다 푸코가 보기에 로마는 개인주의적 사회도 아니었다. 푸코가 찾은 원인은 사회의 통치 심급의 변화다. 로마제국에서는 위계의 배분, 권력 심급의 조직화, 사회에서 통치상에서의 심층적 변화가 목격된다. 그리고 특히 그리스도교 사회에서의 변화는 수도원이라는 고립된 단체에서 비롯되어 확산된 모델의 결과다.

네 번째 세미나

파레시아를 그 반대쪽에 있는 아첨의 연구를 통해 다루는 두 번째 텍스트는 갈레노스의 텍스트다. 플루타르코스와 마찬가지로 그는 파레시아라는 말을 명시적으로 사용하지 않지만, 자신을 돌보고자 할 때 도와줄 사람을 찾기 위한 구체적인 방법으로서 진술한 사람을 구별하고자 한다. 이 텍스트에서는 네 가지 사항이 주요하게 논의된다. 첫째, 정념에 대한 감시와 정념으로부터의 보호는 세 가지 활동, 즉 경계, 진단, 그리고 교정이나 치료로 이루어진다. 둘째, 정념과 오류는 서로 다르며, 정념이 오류의 근원이다. 이는 스토아주의의 주요 원리와는 정반대되는 생각이다. 스토아주의는 정념과 오류를 분명하게 구분하지 않았으며, 정념은 오류의 결과라는 주지주의적 사유를 했다. 그러나 갈레노스는 정념과 오류를 서로 다른 것으로 보았는데, 그럼에도 정념의 치료를 위해서는 인식이 필요하다고 보았다. 진실은 오류와 정념의 치료제이기 때문이다. 오류는 반박함으로써 치료할 수 있고, 정념은 올바른 자기 인식을 통해 치료할 수 있다. 그런데 우리는 자기애 때문에 혼자서는 자신의 과오를 인식하기 힘들다. 그래서 타인이 필요하다. 타자의 필요성의 근거가 되는 이 자기애 개념은 소크라테스나 플라톤, 그리고 초기 스토아주의에서는 발견되지 않는 것으로, 갈레노스가 속해 있는 후기 스토아주의에서만 전개되는 개념이다.

알키비아데스, 세네카, 플루타르코스 등에서 타자의 역할은, 에로스의 형태를 반드시 배제하지만은 않는 필리아(우정)의 형태를 취하지만, 갈레노스에서는 감정의 중화 상태가 필요하다고 여겨진다. 이 감정의 중화 상태는 이후 그리스도교 영성에서 다시 발견될 것이다. 푸코가 보기에 이는 고대 문화에서 주요한 사회적 관계이자 정서적 경험 중 하나였던 필리아가 대대적으로 소멸했다는 것을 의미한다. 이제 자기 돌봄은 철학자나 교수 같은 전문가의 일이 된다.

갈레노스의 텍스트에서 논의되는 세 번째 사항은 그리스도교 영성에서와는 다른 피지도자와 지도자의 관계이다. 피지도자가 자기에 대해 고백해야 하는 그리스도교와 달리, 갈레노스의 텍스트에서 피지도자가 누구인지 말해줘야 하는 것은 지도하는 쪽의 임무이기 때문이다. 네 번째로는 이 텍스트가 특징적으로 자기 불신이 지배적이라는 점을 논한다. 자기에게 단점이나 오류가 없을 리 없으므로 그것을 말해주지 않는 자는 솔직한 사람이 아니라는 식이다. 게다가 부당하게 비판받는 것조차도 적절한 시험으로서의 가치를 갖는다. 이는 고대의 자기 수양에서는 희귀하며, 오히려 그리스도교 영성에서 발견되는 관념과 매우 유사하다. 이처럼 갈레노스의 텍스트는 스토아주의에 뿌리를 두고 있지만, 훗날 그리스도교 영성에서의 자기 돌봄의 특징이 될 것과 유사한 몇몇 양상을 나타내고 있다.

소소한 질문이 이어진다. 그리스도교와 필리아의 관계에 대한 물음에서 푸코는 로마 시대에 필리아가 그 사회적 토대의 일부를 상실했으며, 그리스도교에는 집단적 구조를 갖는 일반적 형제애는 있지만, 개인적이고 배타적일 수도 있는 우정은 없다고 답한다. 개인적이고 배타적인 우정은 오히려 수사들 간의 동성애로 발전할 수 있다고 보고 매우 경계했다.

또 갈레노스의 텍스트에서 지도자의 이득과 관련해 푸코는 당시의 의사는 사회적 의무나 우정으로 시술했으며, 보수보다는 선물을 받았고, 갈레노스가 말하는 지도자 역시 비슷했으리라고 추측한다. 다만 스토아주의 텍스트들에서는 철학자만이 훌륭한 조언자이며, 그에게는 오직 파레시아만이 요구되고 있다고 한다. 그들의 그런 봉사는 아마도 상호적 실리 추구의 관계 속에서 이루어졌을 것이라고도 추측한다.

의학적 은유의 의미에 대한 질문을 받기도 한다. 정념을 치료의 대상으로 본 최초의 사람은 데모크리토스라고 한다. 자기 돌봄과 의학적 치료 간의 유사성은 간단히 답할 수 없는 광범위한 문제다. 다만 기원후 1-2세기 이후로 의학적 치료와 자기 돌봄이 점차 긴밀해진 것은 흥미롭다. 로마제국 초기에는 의학의 중요성이 점차 커졌고 공공 의료 시술도 있었다. 이에 반해 이 시기 체육과 신체 훈련은 상대적으로 중요성을 잃어갔다. 그러나 철학과 의학의 근접은 그리스도교에 의해 중단된다. 신도들의 영혼을 돌보는 것이 더 중요하게 여겨졌기 때문이다.

지도자가 진실되게 말하지 않아도 치료 의미를 가질 수 있을 것인지에 대해 푸코는, 파레시아는 돌보는 자에게 유용한 수단들을 사용하는 기술일 수도 있다고 말한다. 말하자면 호기, 적기를 선택해야 하고, 엄격할 때와 유연할 때를 선택할 수 있어야 한다는 것이다.

그리스인들의 헤르메네이아(해석)에 관한 질문에 대해서는 그리스의 해석학 모델이 오늘날과는 달리 언어학적이거나 기호학적이지 않았다고 답한다. 이를테면 프로이트가 성적이지 않은 꿈의 내용을 성적인 것으로 해석하는 것과는 정반대로, 아르테미도로스는 꿈에서의 성적 관계들을 사회적 관계로 해석해낸다.

푸코는 고대 그리스-로마로부터 초기 그리스도교로 넘어가면서 말할 의무가 지도자로부터 피지도자로 이동한 것을 짚는데, 그리스도교 사회에서 진실의 말할 임무를 파악하기 위해서는 그

배면의 권력관계를 분석할 필요가 있으며, 거기서 사목 권력이 발견된다고 지적한다. 진실 말하기는 그리스-로마에서는 의무이기는 해도 여전히 자발적인 것이었으나, 그리스도교에서는 권위적 구조를 수반하는 의무라는 것이다. 다만 푸코는 자신이 진실을 말할 의무의 실천에서 사용된 기술, 우리가 우리 자신과 맺는 관계 형성을 위한 기술에 대해서는 알아보았지만, 그 역사적이고 사회적 맥락은 다루지 않았다고 말한다.

푸코는 자신이 한 일을 정확하면서도 매우 간략하게 설명해야 한다면 "진실한 담론의 화용론적 역사"를 연구하려 했다고 말할 것이라 한다. 어떤 사람이 진실을 말한다고 여겨질 때의 역사적 조건을 연구한 역사적 화용론이라는 것이다. 이를테면 《말과 사물》은 17세기 경험과학적 담론의 화용론, 즉 경제, 문법, 자연과학에 관한 진실을 말하는 자가 충족해야 할 조건에 대한 연구였다고 할 수도 있다. 그리고 이제는 진실을 말할 의무를 성현상의 문제와 관련시켜 자기 자신의 진실을 말해야 할 의무의 배면에 존재하는 화용론을 말하겠다고 한다.

다음으로 중요한 질문이 등장한다. 푸코가 고대 그리스나 초기 그리스도교를 연구하는 것이 혹 우리의 비루한 현재와 대립되는 그 시절로 돌아가자고 권하는 것이냐는 것이다. 푸코는 그렇지 않다고 답한다. 푸코가 어떤 것의 역사를 연구하는 것은 과거와 현재를 대립시키고 과거를 더 나은 것으로 제시하기 위한 것이 아니라 현재의 필연성을 부정하기 위해서다. 현재의 상태, 이를테면 현재의 감옥이나 정신요양원이 최악이 아니라고 해서 곧 그것들이 필연적이라는 의미는 아니기 때문이다. 현재가 과거보다 낫다는 이유로 현재를 그대로 받아들인다면, 현재의 상황을 결코 변화될 수 없는 것으로 받아들일 위험이 있다. 어떤 완벽한 실낙원을 상정하고 현재의 비루함을 강조할 필요도 없다. 그렇게 하면 현재를 변화시키려는 시도를 포기하게 되기 때문이다.

그리스의 자기 수양과 쾌락 개념 간의 관계에 대해 푸코는, 고대 그리스에는 19세기 초반에 발명되어 오늘날 우리가 사용하고 있는 성현상과 같은 어휘는 존재하지 않았다고 지적한다. 고대 그리스인들은 자신들의 성적 행동을 성현상의 영역에 속하는 것으로 의식하지 않았다. 그들에게는 다만 쾌락과 쾌락인 한에서의 성행위, 그리고 한계와 과잉, 능동성과 수동성을 고려한 쾌락의 조절이 중요했을 뿐이다. 그런데 그리스도교에서는 욕망이 분석의 주제가 되고, 오늘날에도 사람들은 쾌락보다 욕망에 관심을 기울이는데, 이는 그리스도교 문명과 포스트-그리스도교 문명의 전형적 특징이라고 한다. 또 고대 그리스에서는 오늘날과 달리 남성과 여성의 구분보다는 능동성과 수동성이 더 중요한 문제였기 때문에, 남성이 남성과 성관계를 갖는 것 자체는 문제 삼지 않았지만, 노예도 아니고 소년도 아닌, 그러므로 수동성을 배척해야 할 성인 남성 자유인이 성행위에서 상습적으로 수동적 역할을 담당하는 것은 심각하게 문제 삼았다. 성적으로 모두 허용되었던 것이 아니고 분명히 성적 스캔들이 있었지만, 그 이유가 오늘날과는 매우 달랐다는 것이다.

이상 세미나에서 진행되었던 질문과 강독의 내용을 정리해 보았다.

이 책에서 푸코는 자기 자신에 대한 진실 말하기를 비롯한 여러 자기 테크닉이 어떤 목적으로 쓰이는지에 따라 자유를 향할 수도 있고 예속을 향할 수도 있다는 것을 계보학적 차원에서 밝히고자 한 것으로 보인다. 소위 오늘날 유행하는 자기계발을 위한 것이든 고대의 자기 테크닉에서 차용한 것이든 우리는 얼마든지 그것들을 활용할 수 있지만, 그것이 어떤 목적에 따라 사용되는지, 그런 자기 수련에 참여하는 이유가 무엇인지에 대해 다시 한번 생각해볼 필요가 있을 것이다.

2024년 5월 31일 우이동 연구실에서

오트르망 심세광, 전혜리

찾아보기

〈ㄴ〉

〈ㄷ〉

〈ㅇ〉

〈ㅈ〉

〈ㅍ〉

〈ㅎ〉